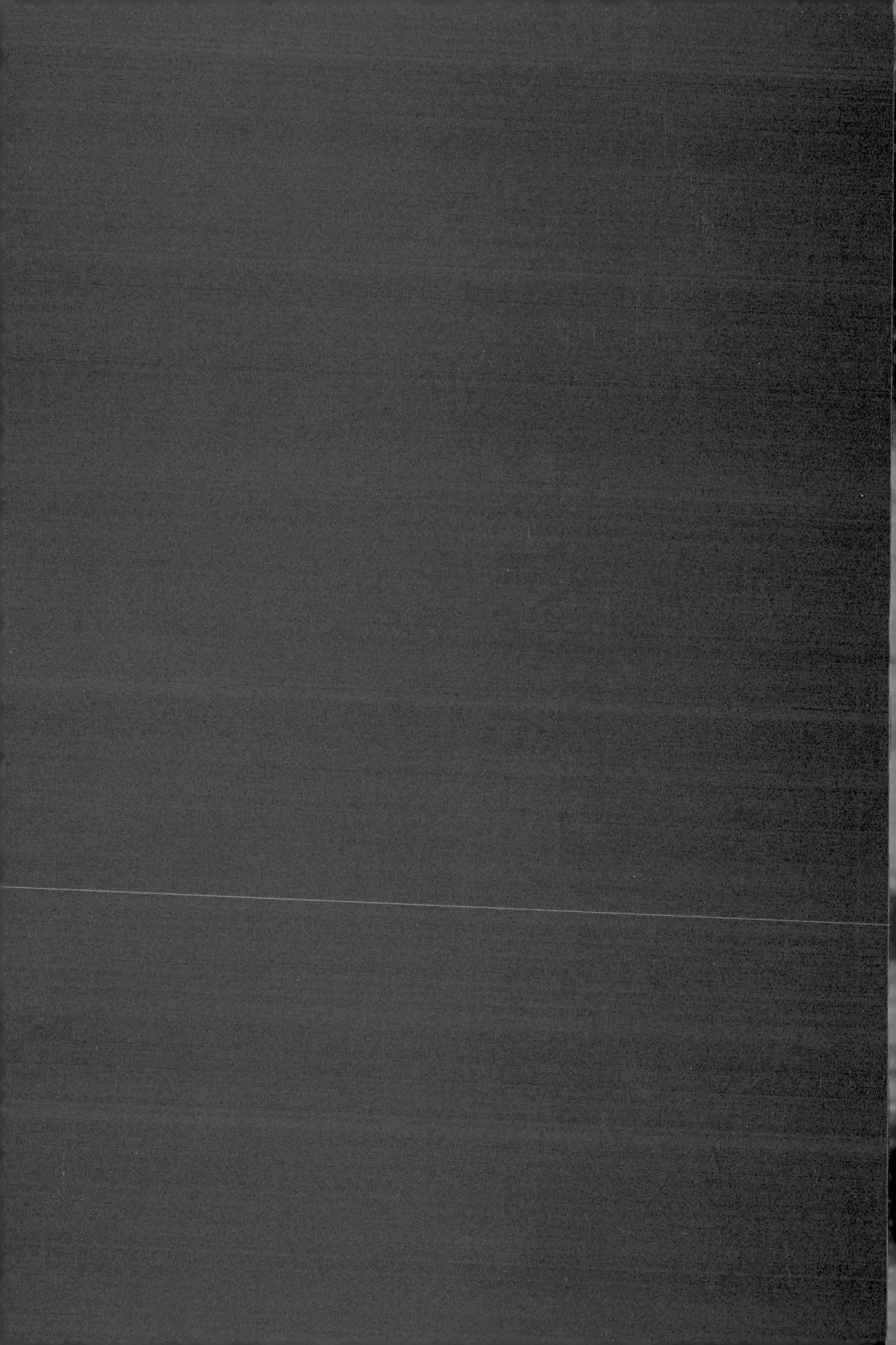

社 会 协 商 论

SHEHUI XIESHANGLUN

周友苏　等著

撰稿人：

周友苏　黄　进　郑　鈜　廖冲绪　赵志立

韩　旭　郑文睿　姜　芳　冼志勇

人民出版社

责任编辑：张伟珍
封面设计：林芝玉

图书在版编目（CIP）数据

社会协商论／周友苏等 著 . —北京：人民出版社，2017.11
ISBN 978－7－01－017994－0

I.①社… II.①周… III.①社会主义民主－政治制度－研究－中国
 IV.① D621

中国版本图书馆 CIP 数据核字（2017）第 186280 号

社会协商论
SHEHUI XIESHANGLUN

周友苏 等 著

人 民 出 版 社 出版发行
（100706 北京市东城区隆福寺街 99 号）

北京龙之冉印务有限公司印刷 新华书店经销

2017 年 11 月第 1 版 2017 年 11 月北京第 1 次印刷
开本：710 毫米 ×1000 毫米 1/16 印张：25.5
字数：367 千字

ISBN 978－7－01－017994－0 定价：65.80 元

邮购地址 100706 北京市东城区隆福寺街 99 号
人民东方图书销售中心 电话（010）65250042 65289539

目　录

第一章

绪　论

一、研究缘起与研究价值

（一）研究缘起

自 2012 年党的十八大在中共历史上首次提出了建立社会主义协商民主制度之后，中共中央一直高度重视社会主义协商民主制度的健全和发展，并在历次重大会议上反复申明和强调。十八大《报告》明确提出了"社会主义协商民主"，并指出要"完善协商民主制度和工作机制，推进协商民主广泛多层制度化发展"。十八届三中全会强调，"在党的领导下，以经济社会发展重大问题和涉及群众切身利益的实际问题为内容，在全社会开展广泛协商，坚持协商于决策之前和决策实施之中"。这些重要论述和部署，为中国社会主义协商民主的发展指明了方向。习近平总书记在政协成立六十五周年大会上，对社会主义协商民主作出更进一步的总结阐述，强调"人民群众是社会主义协商民主的重点"，"构建程序合理、环节完整的社会主义协商民主体系，确保协商民主有制可依、有规可守、有章可循、有序可遵"。他在中央全面深化改革领导小组第六次会议的讲话中也强调，要"有组织、有重点、分层次积极稳妥推进各方面协商"。十八届四中全会除再次重申"加强社会主义协商民主制度建设，推进协商民主广泛多层制度化发展，构建程序合理、环节完整的协商民主体系"之外，还特别强调建立健全协商沟通机制。2015年2月9日，中共中央印发了《关于加强社会主义协商民主建设的意见》。《意见》"明确了社会主义协商民主的本质属性和基本内涵，阐述了加强社会主义协商民主建设的重要意义、指导思想、基本原则和渠道程序，对新形势下开展政党协商、人大协商、政府协商、政协协商、人民团体协商、基层协商、社会组织协商等做出了全面部署，是指导社会主义协商民主建设的纲领性文件"。① 在短短两三年之内，社会主义协商民主经历了最初的概念提出阶段、中期的初步至全面的战略部署阶段之后，已经进入到发展三部曲中至关重要的实施推进阶段，既需要全方位、成体系地建章立制，也需要分层次、有重点地探索研究。

在广泛多层制度化的社会主义协商民主的发展进程中，社会协商是社会主义协商民主体系中不可或缺的重要组成内容。党的十八届三中全会通过的《中共中央关于全面深化改革若干重大问题的决定》首次使用了"社会协商"的概念，并将其与立法协商、行政协商、民主协商、参政协商相并列，共同作为社会主义协商民主的分类形式。之后，习近平总书记在2014年9月在中国人民政治协商会议成立六十五周年大会讲

---

① 《中共中央印发〈关于加强社会主义协商民主建设的意见〉》，http://news.xinhua-net.com/politics/2015-02/09/c_1114310670.htm，2016年2月访问。

话中也提到了社会协调，他强调，"拓宽中国共产党、人民代表大会、人民政府、人民政协、民主党派、人民团体、基层组织、企事业单位、社会组织、各类智库等的协商渠道，深入开展政治协商、立法协商、行政协商、民主协商、社会协商、基层协商等多种协商"。在当前社会主义协商民主实施推进的大背景下，亟须朝着广泛多层制度化方向发展，构建程序合理、环节完整的协商民主体系。社会协商作为社会主义协商民主不可或缺的重要内容之一，其理论体系和法律制度建构的全面系统研究对于社会主义协商民主理论和制度的丰富完整和健全发展显得尤为重要和迫切。

与其他协商民主形式相比，社会协商是目前社会主义协商民主体系中相对崭新但又陌生和薄弱的环节，其理论研究和制度建设上都存在着很多的未知领域和空白地带，远远落后于当下协商民主整体蓬勃发展的实践。我国对社会协商的研究不仅起步时间晚，还曾经一度中断，且现有的成果多数为对协商民主的附带性研究，全面系统、专门深入的探讨非常之少。社会协商理论尚不成熟，在认识和政策规定上很不统一和成型，对于究竟何为社会协商、社会协商的主体有哪些、如何进行社会协商、社会协商的效力如何等一系列核心关键问题，或尚未触及，或莫衷一是。同时，社会协商在制度机制上还很不完善，尽管有了不少的实践形式，但还很不健全，也缺乏理论上的抽象概括。社会协商的法治化水平较低，现有的一些依据大多停留在政策层面，尚未形成规范化、制度化、法制化的实践活动常态。社会协商理论及制度体系远未形成。这一现状严重制约了我国社会协商功能作用的发挥，也严重制约了社会主义协商民主体系的健全发展和稳步推进。鉴于此，社会协商的理论体系建构与法律制度建构都迫在眉睫。其中，理论体系建构是法律制度建构的前提和基础，需要从法学、政治学、社会学、管理学等多学科角度，结合社会协商在我国的实践和功能的实证分析，对社会协商的内涵外延、表现形式、主体能力、实现途径等内容进行深入研究和必要界定，在理论构建的基础上创设具有中国特色、符合中国国情的社会协商法律制度。

还必须看到，建立科学有效的社会协商机制也是当下中国解决社会矛盾冲突、应对群体性事件的迫切现实需要。随着市场经济的发育，多元化利益群体的博弈和社会矛盾的不断加剧使得社会断层不断拉大，群体性事件频发。2008年以来全国各地出现的一系列重大群体性事件都反映出当前社会矛盾冲突剧增而社会治理没有跟上的现实。新时期社会矛盾触点多、燃点低、处理难，而社会治理的理念思路、体制机制、法律政策、方法手段上却存在着诸多问题，如公民利益表达渠道不畅、公共政策局部失衡、执政党和政府在利益协调和治理方面能力不足等。这就必然要求在社会治理方式上的转型和创新，要求探索更为有效的社会矛盾解决途径和方式，使不同群体之间的利益诉求能够更加多快好省地通过一定的机制、渠道和平台及时顺畅地表达出来。构建社会协商机制，用协商的理念指导社会治理，用协商的办法化解社会矛盾，用协商的手段处理社会冲突，是加强社会治理的重要举措。现有研究和实践表明，社会协商机制作为一种创新的社会治理形式，是权力机构与民众沟通对话的必要机制，能有效避免因信息不对称而导致的误解误判，能使不同利益群体向权力机构表达自己的诉求和关切，对于解决群体性事件彰显出了不可替代的功能和作用。在全面推进依法治国、建设社会主义法治国家、构建社会主义和谐社会的美好愿景下，建立有效的社会协商机制的必要性显得比以往任何时候都更加突出和迫切。

(二) 研究价值

本书根据我国社会协商理论和实践的现状，结合全面推进依法治国、加强创新社会治理、应对群体性事件的现实需求，从理论和实务上开展对社会协商机制的全方位研究，力图建构具有中国特色的社会协商理论体系和法律制度，就目前完成的研究成果而言，应当至少具有以下学术价值和应用价值。

1. 学术价值

（1）初步构建起中国特色的社会协商理论体系。本书从价值论、实践论、制度论等视角全面系统地分析阐释社会协商的基本内涵、理论基础、内外在价值、国内外社会实践及影响、制度内涵等诸多重大理论问题，厘清社会协商的构成要素、功能和生长机理、载体和基本形态、步骤和限度、内涵外延、基本特征等诸多核心问题，初步构建起较为完整的社会协商理论体系，对于建立和完善中国特色的程序合理、环节完整的社会主义协商民主体系具有重要的学术参考价值。

（2）为社会协商理论研究注入新的内容，丰富和发展现有的研究范式和分析框架。针对目前关于社会协商理论研究还十分薄弱，而且基本沿袭西方协商民主研究范式和分析框架的现状，本书通过梳理现有较为分散的研究成果，从社会治理创新的现实需求出发，注重社会协商与政治协商的联系和区别，更多从治理模式视角对社会协商的基本范畴进行深入揭示和必要界定，努力构建起与中国社会主义制度相适应的社会协商理论体系，为社会协商在实践中的应用提供系统性的理论支撑和指导，改变目前对社会协商的本体性认识和具体表现方式的政策法律规定还很不统一的状况，并结合我国应对处置群体性事件的实践，力图在研究范式和分析框架上有所突破，丰富现有理论研究的库藏。

（3）填补我国社会协商制度类型化研究的空白。本书在社会协商基本内涵研究的基础上，通过对国内外社会协商具体制度的制度特点进行类型化分析，总结出不同的制度分类，如上情下达的信息公开制度、下情上达的诉求表达制度、双向互动的民主决策制度、化解冲突的矛盾调处制度等，并结合我国现实的国情需要，进行制度比较和选择，进一步完善社会协商制度类型化规则设计。

2. 应用价值

（1）为建立中国特色的社会协商法律制度框架提供了相应的依据，加快推进社会协商的法治化进程。通过对社会协商机制的内容和表现形式进行梳理和类型化研究，以信息公开制度、诉求表达制度、民主决策制度、矛盾调处制度、主体能力建设、公共话语平台建设来搭建社会协商法律制度体系的基本架构，并以此为基础构建各项制度的具体内容和规范，提出相应的立法论证方案，促进社会协商的法治化，进而有利于依法治国进程的全面推进。

（2）为社会协商机制的建立和完善提供具有典型意义的实证分析样本，促进社会治理创新建立在坚实的实践依据之上。近年来国内发生的群体性事件呈上升频发态势，其中不少重大事件颇具代表性和典型性。本书通过对调查样本的实证分析与评估，尤其结合现有的社会协商形式在重大事件中的功能发挥情况，运用科学方法进行必要的定量分析和定性分析，总结其规律性行为、应对经验和存在问题。另外，本书还专门设计了调查问卷，广泛了解社会各个主体对社会协商的认识和对社会协商制度建设的意见和建议，为社会治理的创新和社会协商机制的建立完善提供准确的实践依据。

（3）完善"党委领导、政府负责、社会协同、公众参与"的社会治理格局，为应对群体性事件提供新的路径选择。社会协商作为社会主义民主政治的构成部分，把社会生活权利运行与政治生活中的权力运作有机地结合在一起，促进社会治理模式的转型，不仅可以提高各级党委和政府的责任心，而且可以使民众自律，提升民众自治水平，增强对权力的监督，能够更好地应对社会矛盾凸显期的挑战。社会协商机制建立，可以成为社会治理的一种创新形式，发挥出与政府管理既相同又互为补充的功能。

（4）为党委政府提供切实可行的对策建议。根据中央关于加强社会治理创新和"要以解决影响社会和谐稳定突出问题为突破口"的基本要求，通过社会协商机制与群体性事件之间的结合性研究，发现社会协商机制运行中存在的问题，从事前预防、事中应对、事后处理三个方面为党委、政府和立法机关提供针对性强、符合客观实际并切实可行的对策建议，促进社会协商机制的建立健全。

二、国内外相关文献综述与研究现状的评述

当下我国语境中的"社会协商"，其涵义还并不十分清晰，既带有中国本土传统话语体系下生成的概念的痕迹，同时又与西方的"协商民主"（deliberative democracy）相联系。在西方语境下，这部分内容是自然地包含在协商民主理论体系范围之内的。协商民主本身就涵盖了对国家治理及公民自治中，政治党派间及社会公共领域事务中参与、协商的相关决策机制及治理模式的研究运用。而国内，无论是 20 世纪八九十年代相关论文中对苏联及东欧国家"社会协商对话机制"相关经验的推介描述，还是 21 世纪以来对社会协商的进一步发展思考，都始终强调党派之间、政府与群众之间的沟通对话机制、群众意见表达等协商内容。两种截然不同的政治、社会生态，都不约而同地表现出对同类型民主产品的共同需求，同样注重、强调公众参与及协商沟通。事实上，协商行为古已有之，无论是古希腊时期的直接参与式民主，还是中国古代周公、召公和平说服的协商政治，都有所体现。但真正形成一定的理论体系却是近三十年西方协商民主理论形成之后的事。因此，对我国社会

协商理论体系及法律制度的研究、建构，离不开对协商民主理论资源的吸取及对域外相关制度实践的研究和借鉴。

（一）国外研究文献综述

20 世纪 80 年代，西方一些学者在对竞争式代议制民主进行批判时，在吸收阿伦特、巴伯和佩特曼等人所主张的"参与式民主"的基础上，形成了协商民主理论。罗尔斯、哈贝马斯等著名学者的加入"使协商民主理论影响提升，并逐渐成为当前民主理论的显学"①。协商民主理念的兴起是人们对于自由民主反思的结果。1980 年，"约瑟夫·毕赛特在其所著的《协商民主：共和政府的多数原则》一文中首次在学术意义上谈到'协商民主'这一概念，他主张公民参与而反对精英主义的宪政解释"。②1987 年，伯纳德·曼宁提出协商不仅要求多样的观点，而且需要冲突的观点。1989 年，乔舒亚·科恩将达成共识看成是协商民主的一个关键特征。之后，罗尔斯、哈贝马斯等许多西方学者对协商民主理论做了进一步的阐述和研究。罗尔斯在《正义论》和《政治自由主义》中深刻论述了作为协商民主重要基础的公共理性。哈贝马斯深刻论述了协商民主的内容和重要意义，从分析自由派和共和派的对立入手提出了第三种民主模式即协商民主模式。③詹姆斯·博曼提出了关于理性对话的思考。约翰·德雷泽克极力提倡通过讨论、审议来解决事关集体的问题，还把协商民主引进到国际领域，当今在欧盟多层治理中许多实验也

---

① 马奔：《协商民主问题研究》，山东大学博士论文，2007 年。

② 陈家刚：《协商民主：民主范式的复兴与超越》，载陈家刚选编：《协商民主》，三联书店 2004 年版，第 23 页。

③ ［德］哈贝马斯：《在事实与规范之间：关于法律和民主法治国的商谈理论》，童世骏译，三联书店 2003 年版，第 368 页。

引入协商民主的理念。詹姆斯·费什金不仅对协商民主理论有深入的研究，还对协商民主的不同实践有比较详细的介绍。伊恩·奥佛林用协商民主分析了多元社会的分裂问题。此外，西方学者还运用协商民主理论分析中国不同领域的协商民主，尤其是中国人民政治协商制度和基层民主问题。目前，协商民主已形成基本的原则框架，理论体系不断充实完善，并已开始付诸于多种多样的实践形式。

1. 关于协商民主的含义

协商民主是一种决策机制和方式，要让所有受决策影响的公民都能够平等地参与到决策的过程中，都有条件自由地发表意见、交流信息。这是协商民主最初的涵义，也是最被普遍接受的观点。尽管对协商民主存在着不同理解，但却"都同意这样的观点：所有受集体决策影响的人或代表都应参与其中，这是民主的面向；所有决策都应通过持理性与无私价值的参与者讨论决定，这是协商的面向"。① 协商民主认为国家和社会的治理应当扩大公众的参与，使决策的过程和结果更多地体现人民的意志。同时，设计一种机制使公民在公共决策过程中就公共问题进行充分地协商和交流，以实现相互之间的妥协，达至理性立法和公民自治。②

2. 关于协商民主的特征

一般更多被提及的特征有：公开性（publicity）、透明性（transparent）、平等性（equality）、互惠性（reciprocity）、包容性（inclusion）、责任性（accountability）、权威性（authorization）、回应性（responsiveness）。

3. 关于协商民主的实践形式

主要有立法听证（legislativehearing）、公民陪审团（citizen jury）、

---

① Jon.Elster: "*Introduction*", *Deliberative Democracy*, Cambridge: Cambridge University press, 1998. p8. 转引自孙存良：《当代中国民主协商研究——协商民主理论的视角》，中国人民大学博士论文，2010 年。

② 杨炳超：《协商民主：中国宪政民主的可能路径》，山东大学博士论文，2008 年。

协商民意测验（deliberative polling）、城镇会议（town meeting）、专题小组（focus group）、公民会议（citizen conference）、大规模协商大会（mass consultative assembly）、愿景工作坊（scenario workshop）等。

4. 关于协商民主的研究动态

第一代协商民主理论者，如哈贝马斯和罗尔斯，认为协商民主完全建立在理性交流的基础上，但未考虑到当代社会的复杂性。第二代协商民主理论者，尤其是詹姆斯·博曼、艾米·古特曼和丹尼斯·汤普森在考虑协商民主的制度化的时候，着重考虑社会的复杂性，但并没有提出更多实质性的细节说明。第三代协商民主理论者认真考虑了协商民主应当如何在实际中展开运作的问题。目前，西方的协商民主理论正经历着由规范研究向实证研究、由单一领域向多元领域、由一国研究向多国研究的转变，研究视角的不断变化是推动这一进程的动力。①

（二）国内研究文献综述

社会协商是协商民主理论在社会公共领域的延伸和应用。其在中国的政治源头是1987年党的十三大报告《沿着有中国特色的社会主义道路前进》中所提到的"社会协商对话制度"。报告第五部分"关于政治体制改革"中专门列出的第五项改革举措就是"建立社会协商对话制度"。其中明确指出："正确处理和协调各种不同的社会利益和矛盾，是社会主义条件下的一个重大课题。各级领导机关的工作，只有建立在倾听群众意见的基础上，才能切合实际，避免失误。领导机关的活动和面临的困难，也只有为群众所了解，才能被群众所理解。群众的要求和呼声，必须有渠道经常地顺畅地反映上来，建议有地方提，委屈有地方

---

① 聂鑫：《协商民主理论视野中的公共决策问题研究》，吉林大学博士论文，2009年。

说。这部分群众同那部分群众之间，具体利益和具体意见不尽相同，也需要有互相沟通的机会和渠道。因此，必须使社会协商对话形成制度，及时地、畅通地、准确地做到下情上达，上情下达，彼此沟通，互相理解。建立社会协商对话制度的基本原则，是发扬'从群众中来、到群众中去'的优良传统，提高领导机关活动的开放程度，重大情况让人民知道，重大问题经人民讨论。当前首先要制定关于社会协商对话制度的若干规定，明确哪些问题必须由哪些单位、哪些团体通过协商对话解决。对全国性的、地方性的、基层单位内部的重大问题的协商对话，应分别在国家、地方和基层三个不同的层次上展开。"

当时，"社会协商对话"这一概念一经提出便引起了学界的广泛研究和讨论。党的十三大之后的最初几年，尤其是 1988 年，学界掀起了对社会协商对话制度研究的一个小高潮，涌现出了一批研究成果。不过，这一阶段的成果多为政论性文章，理论纵深挖掘者很少。只是笼统提出社会协商的含义、内容、特点、形式、原则、意义，并没有展开具体论证，也没有形成基本的学术共识。① 此后，社会协商的相关制度建设及执行效果并不理想，相关理论研究也几乎停滞。1992 年至 2002 年的十年间，成果寥寥，几近中断。2002 年至 2012 年的十年间，逐渐有所恢复，每年有少量零星研究成果出现。这一阶段的成果多为附带性研究，通常是作为解决某一社会性问题的一种手段机制而出现的，专门对其进行全面系统研究的文献数量极少。

相对而言，与此相关的协商民主的研究虽起步较晚，但发展迅速，专门研究成果极为丰富，为社会协商的相关研究提供了很好的助益。21世纪初，我国改革进程中导致的各种体制性、政策性社会矛盾渐趋激烈，政学两界纷纷寻求理论及实践资源指导时，协商民主理论开始引起

---

① 参见马蕾：《社会协商研究综述》，《重庆社会主义学院学报》2014 年第 6 期。

人们注意，2004 年以来围绕着协商民主这一重大命题展开了广泛深入的研究讨论和实践探索。随着对协商民主理论的研究重心由政治领域向社会领域的逐渐转移，社会协商机制也重新被人们所关注。偶有零星研究成果出现，但大多比较零散，且没有专著问世，更没有引起学界的关注和重视。

自 2012 年党的十八大首提"社会主义协商民主制度"以来，尤其是自 2013 年党的十八届三中全会首提"社会协商"后，随着党中央对社会主义协商民主建设的高度重视和大力推进，社会协商也屡被提及，日益受到重视。为响应社会主义协商民主广泛多层制度化发展的现实需求，学界对社会协商的研究重新兴起，掀起了又一个对社会协商进行研究的小高潮。仅 2014 年就有 20 篇专门研究社会协商的学术论文，数量超过之前 20 年专门研究成果的总和。可以说，当前社会协商的研究和发展遇到了前所未有的良机。

1. 关于协商民主的研究

国内学界对于协商民主的研究起步较晚。2004 年，陈家刚整理的论文集《协商民主》是中国引入协商民主理论的第一本译作，但篇幅有限，许多经典文章都未收入。2006 年，中央编译局出版的协商民主译丛、2007 年，谈火生教授的译作《审议民主》论文集，以及杨立峰、葛水林、应奇翻译的古特曼与汤普森的专著《民主与分歧》，将西方协商民主的成果进一步引入。同时，谈火生以卢梭与哈贝马斯的合法性理论为中心，从政治思想史的思路系统地总结了政治合法性和民主意志形成之间的关联，以及协商民主在其中的作用。何包钢介绍评述了西方协商民主理论，以中国地方协商民主经验讨论了西方民主协商理论中的基本问题，阐述了协商性民主化模式及其对中国民主化的意义，具有较高的学术价值。韩冬梅对西方协商民主理论的缺陷、得失做出历史唯物主义的剖析，也具有一定的独创性。目前，从协商民主相关文献的数量上看，呈稳步递增态势；从研究内容来看，仍以基本理论研究居多。随着研究的不断深入，对协商民主制度建构、民主实践方面的研究在不断加强。

（1）关于协商民主的基本内涵

陈家刚认为，协商民主是指政治共同体中的自由、平等公民，通过参与立法和决策等政治过程，赋予立法和决策以合法性的治理形式。其核心概念是协商或公共协商，强调对话、讨论、辩论、审议与共识。[①] 马奔认为，协商民主有两个主要方面：第一，强调参与；第二，强调协商。这两个方面促使公共决策由注重少数精英的权力、知识和金钱转到注重普通公民的公共讨论和协商的力量。[②] 杨炳超认为，协商的过程使公共决策的合法性不仅仅出自于多数的意愿，而且还基于所有人（或者其代表）的理性反思的结果，这种反思是通过在政治上的平等参与来完成的。[③] 夏金梅认为，协商民主提倡公民通过自由而平等的讨论、协商参与公共生活和政治决策，在表达自己偏好的同时，关注他人的偏好，在关心个人利益实现的同时也更多地关注公共利益的实现。既是一种参与式民主，也是一种功能性民主。是一种决策机制，也是一种解决社会冲突，增强稳定的治理模式。[④] 侯莎莎认为，目前学术界对究竟什么是协商民主还未形成一致看法，但总的来说，国内学者在协商民主的定义上也基本遵循西方学者的看法。一是把协商民主看成是一种决策方式。二是把协商民主看成是一种治理模式。还有学者认为，协商民主不是一个非此即彼的单一范畴的概念，而是众多范畴并列其中。[⑤]

---

①　陈家刚：《协商民主：民主范式的复兴与超越》，载陈家刚选编：《协商民主》，三联书店 2004 年版，第 24 页。

②　马奔：《协商民主问题研究》，山东大学博士论文，2007 年。

③　杨炳超：《协商民主：中国宪政民主的可能路径》，山东大学博士论文，2010 年。

④　夏金梅：《群体性事件与协商民主》，《唯实》2011 年第 2 期。

⑤　侯莎莎：《协商民主视野下完善工资集体协商制度的思考》，《求实》2011 年第 6 期。

（2）关于社会主义协商民主

第一，关于社会主义协商民主的概念。齐卫平认为，中国的协商民主就是在中国的基本制度框架下，所有受到决策影响的行为主体，围绕政治社会生活中的议题，通过咨询、商议、讨论的方式，达成共识的一种民主形式。① 范会勋认为，社会主义协商民主是指我国人民内部各方面通过国家政权机关、政协组织、党派团体、自治组织等渠道，就经济社会发展重大问题和涉及群众切身利益的实际问题，通过协商方式实现人民当家作主的一种民主实现形式。它包括中国共产党领导的多党合作和政治协商制度、社会协商对话制度和多种形式的基层协商民主制度。②

第二，关于社会主义协商民主的内涵。范会勋认为，中国社会主义协商民主的内涵有三个层面：第一个层面，中国社会主义协商民主首先体现一种民主价值。第二个层面，中国社会主义协商民主是指一种民主制度——中国社会主义协商民主制度。第三个层面，中国社会主义协商民主还指一些具体的民主实现形式。③ 王萌认为，社会主义协商民主是一种合理的民主制度设计，是一种新型的民主形态，是一种有效的民主治理形式。④

第三，关于社会主义协商民主的特征。王敏捷认为，社会主义协商民主具有现代性与多元性、主导性与统一性、有序性与合作性等特征。社会主义协商民主制度是中国现代化发展在政治上的必然要求和结果。现代性是社会主义协商民主所具备的时代特征。多元性是既作为社会主义协商民主的发生背景又作为其指导原则的一个重要特征。中国共产党

① 齐卫平、陈朋：《中国协商民主 60 年：国家与社会的共同实践》，《中国延安干部学院学报》2009 第 5 期。

② 范会勋：《中国社会主义协商民主问题研究》，中共中央党校博士论文，2014 年。

③ 同上。

④ 王萌：《试论社会主义协商民主的发展现状和完善》，太原理工大学硕士论文，2014 年。

是社会主义协商民主构建的主导力量。社会主义协商民主的统一性首先通过人民主权原则与中国共产党领导的辩证统一，直接民主与间接民主的辩证统一充分体现。社会主义协商民主构建所要达成的社会状态必然是有序的合作、合作的有序，两者相辅相成。① 范伟认为，中国特色社会主义协商民主制度是许多要素耦合而成的严密的关联系统。其中，中国共产党是指针向导，现行政治制度是基础保障，中华传统文化是思想积淀，民主实践是历史根基，马克思主义是灵魂精髓。这五个组成部分相辅相成、相互联系，共同构成了中国特色社会主义协商民主制度的基本特征。②

　　第四，关于社会主义协商民主制度的框架结构。迄今为止主要可以概括为三种学术分歧：一分法，两分法，三分法。一分法认为，社会主义协商民主主要就是政治协商。在党的领导下，人民政协既然可以搞好政治协商，自然也可以搞好与民协商——社会协商。两分法认为，中国特色协商民主制度的基本架构，客观上由执政党倡导的政治协商制度与社会协商制度两个部分构成。如，黄国华认为，除了已经基本成型的政治协商制度外，其余的协商民主形式与制度，似都应属于社会协商的范畴。这两种协商民主制度最大的区别在于，政治协商制度主要是执政党与党外代表人士就国事问题的协商，具有精英协商的特点；而社会协商对话制度，主要是执政党与政府就民众切身利益相关的实际问题，与基层民众的协商，具有公民协商的特点。③ 三分法认为，社会主义协商民主制度体系由三部分构成。如，李金河主张的政治协商、社会协商和基

---

　　① 王敏捷：《社会主义协商民主背景下的公民意识培育》，上海大学博士论文，2014 年。

　　② 范伟：《中国特色社会主义协商民主制度的基本特征》，《福州党校学报》2013 年第 1 期。

　　③ 黄国华：《社会主义协商民主若干基本问题辨析——兼及十八大后社会主义协商民主一些新认识》，《中国政协理论研究》2014 年第 1 期。

层协商;① 林尚立主张的政治协商、社会协商和公民协商;② 房宁主张的政治协商、行政协商和社会协商。③

第五，关于社会主义协商民主制度的完善。任晓宇认为，应健全政协制度，推进政治协商科学民主；加强政社互动，建立政府决策协商机制；发展基层民主，创新基层民主协商制度；规范决策程序，增强民主协商的实效性；完善监督机制，推进民主政治和谐发展。④

（3）关于中西方协商民主理论的差异

张红国认为，中国形态的协商民主并不是对西方协商民主的简单引入与倡导，而是主要缘起于近代以来中国政治实践基础上对传统政治文明的继承与发展。中国的协商民主与西方的协商民主理论是两种本质上完全不同的民主。从语义、理念、发展程度和进程、协商主体、内容、形式和运行机制均不相同，但在实践中两者所追求的精神、价值与体现出来的一些原则具有某种契合性。⑤ 龚群认为，我国协商民主政治实践的范围已经远远超出政治协商机构，而成为党中央、全国人民代表大会以及各级政府决策的一个基本模式。这也是中国的协商民主与西方的协商民主根本区别的一个重要方面。⑥

（4）关于群体性事件与协商民主的关系

夏金梅认为，社会转型时期，中国在经济高速发展的同时积累了许

---

① 李金河：《如何正确认识社会主义协商民主》，《中央社会主义学院学报》2014 年第 2 期。

② 林尚立：《协商民主是中国发展的动力》，《联合时报》2013 年 5 月 28 日第 6 版；《公民协商与中国基层民主法治》，《学术学刊》2007 年 9 月。

③ 房宁：《发展协商民主是中国民主建设的重点》，《中国政协理论研究》2014 年第 1 期。

④ 任晓宇：《社会主义协商民主制度建设与改革》，2013 年"公平、公正、平等：世界社会主义的理论与实践"学术研讨会暨当代世界社会主义专业委员会年会论文。

⑤ 张红国：《人民政协与中国协商民主》，《重庆社会主义学院学报》2011 年第 1 期。

⑥ 龚群：《中国协商民主与西方协商民主的本质区别》，《红旗文稿》2011 年第 8 期。

多以利益为主要矛盾的社会矛盾，群体性事件呈上升趋势。群体性事件频发暴露出公民利益表达渠道的不畅通和公共政策的局部失衡，也反映出政府在利益协调、协商治理方面能力的不足。协商民主在解决群体性事件中具有重要的价值。扩大公民参与，协商治理是解决群体性事件的理性选择。通过平等的沟通和协商，实现信息公开和治理方式的转变，有利于增强执政合法性，制定科学的公共政策，化解利益矛盾，实现经济与社会的和谐发展。只有从制度上加以完善，保障公民权益，制定各群体博弈的公平规则，扩大公民的参与，实现协商治理，才能更好预防和解决群体性事件。①

（5）中国协商民主的实践形式

何包钢等认为，我国协商民主的实践形式，主要有民主恳谈会，公民评议会，村民或居民代表议事会，社区论坛、互联网论坛，地方人大立法过程中的协商和政治协商会议中的公民参与。在这些创新的"协商性民主"形式中，以浙江温岭的民主恳谈会影响最大。它以关系到老百姓利益的"政策议题"作为交流和对话的基础，并开始探索相应的决策方式，而不再局限于干群交流之间的一般性沟通功能。② 马奔认为，"民主恳谈会"将朝制度化、规范化和程序化方向发展，并成为村、镇和市职能部门作出重要事项决策的必经程序。但是，民主恳谈会所强调的普通公民参与和讨论的特征仍然被局限在改善干群关系、基层民主建设等语境内，这些注重普通公民参与和协商的形式，并没有上升到协商民主的高度。③

2. 关于社会协商的研究

国内专门关于社会协商的研究成果并不丰富，多数都是在相关著作

---

① 夏金梅：《群体性事件与协商民主》，《唯实》2011 年第 2 期。

② 何包钢、陈承新：《中国协商民主制度》，《浙江大学学报》（人文社会科学版）2005 年第 3 期。

③ 马奔：《协商民主问题研究》，山东大学博士论文，2007 年。

及论文中略有论及。大部分著作对社会协商的探讨均为附带性研究，零散分布在各相关领域，全面、系统、专门、深入的研究非常少。早期研究内容多集中于对社会协商本体内容的相关阐释上，但对社会协商的认识基本囿于十三大报告的框架思路，多为政治服务，政治色彩浓厚，欠缺理论挖掘和推导，说理性不强。后来，随着协商民主理论及现实民主诉求中社会民主的扩张，对社会协商的认识也逐渐拓展。这些研究对于推进我国社会协商理论建构具有重要意义，但由于受时代背景和政治实践的限制，学界对社会协商的研究总体上理论深度不够，社会协商理论及制度体系尚未形成。

沈荣华主编的《社会协商对话》、员文贤主编的《社会协商对话引路》、孟春等的《协商对话的理论与艺术》等，对社会协商对话的涵义、特征、形式、原则、艺术等内容进行了较全面探讨。迟福林在《第二次改革——中国未来 30 年的强国之路》一书中从民间组织的角度探讨社会协商的作用。唐钧在《公共部门的危机公关与管理——政府与事业单位的危机公共关系解决方案》一书涉及主体部分责任情形的处理方案中谈到了社会协商模式的运用。林尚立在《制度创新与国家成长——中国的探索》一书中谈到了社会协商制度的成长对建立和谐社会的现实意义和重大价值。靳江好、王邹强主编的《和谐社会建设与社会矛盾调节机制研究》一书探讨了社会协商对话机制的社会利益整合功能。褚松燕在《权利发展与公民参与——我国公民资格权利发展与有序参与研究》一书中从公民参与路径这一角度对社会协商对话制度进行了探讨。麻宝斌在《中国社会转型时期的群体性政治参与》一书中从制度化的群体性政治参与的角度探讨社会协商对话制度。汤益诚在《促进社会和谐的瑞典经验——制度变革与政策选择》一书中对劳资关系中的社会协商进行了探讨。娄胜华、潘冠瑾、林媛所著的《新秩序：澳门社会治理研究》对如何在参与式合作型治理体制中以咨询机制建设为契机形成社会协商和网络体系进行了探讨。近年来，社会问题频发，社会协商在许多对相关社会问题的研究中，更多被作为预防和解决社会矛盾纠纷的一项机制从实用性角度被提及。关注焦点更多及于对社会公共事务治理过程中社会协商的功能性探讨。如，周忠伟在《群体性事件及处置》一书中将建立社会协商对话机制作为对群体性事件预防的有效手段并进行探讨。

（1）关于社会协商的本体研究

第一，关于社会协商的概念。林尚立认为，从中国的政治逻辑来看，能够同时提升政府与社会治理能力，并促进它们协调、合作和融合的有效机制，就是社会协商。从社会建设角度看，社会协商就是国家与社会在建构与维护旨在促进社会进步与发展的社会秩序中所形成的沟通、协调与合作机制。① 王洪树认为，社会协商是中国政治——社会结构变迁的内生产物，是促进底层社会自治和政治——社会沟通合作的多元民主活动、对话平台与整合机制，是中国对社会民主的一种独特探索，是以协商为主要民主偏好的中国特色协商政治的重要组成内容和建构渠道。中国语境下的社会协商，是以社会内部自主性的社会自治协商为基础，是国家与社会之间的双向运动与相互合作，是共同创造和共享社会秩序的系列民主活动。② 贺善侃认为，社会协商是党政群团之间、公民之间、社团之间以及不同利益群体之间进行对话沟通、寻求共识的民主形式。③ 阎孟伟认为，社会协商既不是一个按协商领域划分的概念，也不是一个按协商内容来划分的概念，而应当从国家与社会的互动关系

---

① 林尚立：《社会协商与社会建设：以区分社会管理与社会治理为分析视角》，《中国高校社会科学》2013 年第 4 期。

② 王洪树：《社会协商：中国的内生缘起与理论探索》，《探索》2015 年第 1 期。

③ 贺善侃：《社会协商：统一战线推进协商民主的新使命》，《重庆社会主义学院学报》2014 年第 6 期。

中理解社会协商的特定内涵。国家与社会的二分意味着协商民主体系至少应当包含三个基本层次：①发生在政治共同体内部的民主协商过程；②国家与社会、政府与民众直接互动的民主协商过程；③社会民众之间有组织的民主协商过程。可以把发生在政治共同体内部的民主协商称之为"政治协商"，它包括立法协商、行政协商、参政协商等，而把国家与社会、政府与民众直接互动的民主协商和社会民众之间的有组织的民主协商，统称为"社会协商"。① 刘亮认为，社会协商是协商民主在社会层面的具体运作形式。②

第二，关于社会协商的特征。刘俊奇认为，社会协商对话具有对话主体的广泛性、内容的丰富性、形式的直接性、实质的民主性等特点和优点。③ 王洪树认为，社会协商与其他四类协商形式（立法协商、行政协商、民主协商和参政协商）之间有区别。就协商主体而言，参与社会协商的主体更为多元与广泛；就协商客体（内容）而言，社会协商的主题更为丰富、界面更为宽泛；就协商形式而言，社会协商形式更为多样、手段更为灵活；就协商规则或程序而言，社会协商的规则更为多元与繁杂；就协商效果而言，社会协商也更为迅速和准确。④

第三，关于社会协商的主体。周忠伟主张，社会协商对话的主体，基本上可分为两大方面：一是各级领导机关，他们对一定区域内的工作负有领导责任，是组织和开展协商对话的经常性主体；二是广大的群众，他们是社会协商对话的基本方面。群众参与社会协商对话，或表现为群众代表或部分群众的直接参与，或表现为各种群众团体代表他们各

---

① 阎孟伟：《协商民主中的社会协商》，《社会科学》2014 年第 10 期。
② 刘亮：《社会协商对话制度的法规范分析》，《宁波广播电视大学学报》2013 年第 4 期。
③ 刘俊奇：《略论社会协商对话制度》，《南都学坛》1988 年第 2 期。
④ 王洪树：《社会协商：中国的内生缘起与理论探索》，《探索》2015 年第 1 期。

自联系的那部分群众参与。① 于咏华、祁海军认为，社会协商从社会治理理念出发，承认国家安全和社会稳定不仅仅依赖政府这一主体的独治，而是还要承认市场主体和社会组织主体对国家安全和社会稳定的作用，发挥社会各方的共治功能。因此，其主体不能不包括社会组织。承认社会组织是社会协商的平等主体。②

第四，关于社会协商的客体。黄杰认为，社会协商对话的内容必须是有关国家社会生活或本地区、本单位的重大问题和重大事项，而不是日常琐碎的事务。当前需要重点进行的社会协商对话的领域主要包括：一是立法等公共政策，尤其是与民众利益息息相关的民生政策，需要进行有效的公民参与、展开有效的社会协商；二是在进行重大事项特别是重大工程项目的决策之前，党和政府应当同各利益相关者进行必要的社会协商。③ 于咏华、祁海军认为，要对社会组织所关心的公共事项内容（包括重大事项和公众切身利益问题）进行协商，倾听公众呼声，取得公众理解和支持，完善公共政策。④

第五，关于社会协商的基本原则。张孝初认为，主要有民主性原则、双向性原则、开放性原则、真实性原则、参与性原则、高效性原则、平等性原则、疏导性原则。⑤ 周忠伟认为，社会协商应坚持维护正常社会秩序的原则、坚持不激化矛盾的原则、坚持求真务实的原则、坚持维护法制的原则。⑥

① 周忠伟：《群体性事件及处置》，江西人民出版社 2006 年版，第 37 页。
② 于咏华、祁海军：《论协商民主体系中的社会协商》，《黄河科技大学学报》2014 年第 4 期。
③ 黄杰：《社会协商对话：中国共产党沟通和回归社会的有效机制》，《甘肃理论学刊》2013 年第 5 期。
④ 于咏华、祁海军：《论协商民主体系中的社会协商》，《黄河科技大学学报》2014 年第 4 期。
⑤ 张孝初：《社会协商对话制的基本原则》，《社会科学研究》1988 年第 4 期。
⑥ 周忠伟：《群体性事件及处置》，江西人民出版社 2006 年版，第 37 页。

（2）关于社会协商机制的实践应用

麻宝斌认为，十三大以后，不同形式、不同内容、不同层次的社会协商对话活动在全国迅速展开，成效显著。首先，进一步发挥人民政协、各民主党派、各群众团体等原有社会协商对话渠道的作用；其次，开通了国家、地方和基层单位各级领导机关的负责人与人民群众或他们的代表之间的协商对话渠道。设市（县）长接待日、公布市长电话邮箱、和当地最高行政负责人直接沟通、建立了各种形式的决策咨询机构等；再次，利用新闻工具开展与全社会的直接对话；最后，建立社会调查和民意测验机构，及时调查和了解各方面群众对党和国家政策的理解与拥护程度，收集不同意见和要求，供各级领导机关参考。①

（3）关于社会协商与群体性事件的关系

毛寿龙认为，群体性事件发生的根本性原因在于个人无法找到协商机制和利益维护机制，找不到常规的说话渠道。② 林小丽认为，群体性事件之所以发生，往往是民众缺乏沟通的渠道，有苦无处诉。不把事情闹大，没有人出来倾听诉求，问题也就没有得到解决的希望。此种情况在目前社会中较为普遍。党政部门已意识到此问题的严峻，建立了综治维稳中心、完善处置机制等，当务之急是建立更为畅通有效的协商机制。③

（4）关于社会协商机制的表现形式

近年来，学界对与社会协商相关的某些具体制度本身的研究进展迅速。尽管多数并未明确从社会协商这一理论视角来认识和研究，但事实

---

① 麻宝斌：《中国社会转型时期的群体性政治参与》，中国社会科学出版社 2009 年版，第 213 页。

② 《群体性事件敲响警钟》，新华网网址：http://news.xinhuanet.com/herald/2009-01/04/content_10601092.htm，访问日期：2009 年 1 月 4 日。

③ 林小丽：《我国群体性事件的预防机制初探》，华南理工大学硕士论文，2010 年。

上对社会协商机制的丰富和完善起到了客观的推进作用。在专门研究中，中央党校政法部林喆教授总结出社会协商机制中的九大基本制度：首长接待制度，行政听证制度，发言人制度，党务政务公开制度，特别信息公开制度，对话制度，谈话制度，举报人保护制度，人大代表、政协委员公开述职制度。近年来，国内学术界对社会协商机制的制度研究，主要集中在以下四方面：

第一，上情下达的信息公开制度。周建东认为，目前国内关于信息公开法律制度建设的研究，主要在于讨论制定政府信息公开法，制定与之相配套的行政程序法、个人隐私权法，修改完善保密法、档案法等。研究信息公开的法律制度怎样有效解决信息公开与个人隐私之间的关系，如何平衡个人隐私权的保护与政府信息公开的需要；怎样做到既保障公民的信息获取权、行政监督权，又能有效地避免因信息公开给国家和个人带来的风险等问题。具体对于信息公开法律制度的探讨一般是从规范层面介绍信息公开法律的发展过程，论述信息公开法律制度的宪政理论基础和行政法基础和原则，阐述信息公开的主体、范围、方式、程序、监督与责任、法律救济等方面。①

第二，下情上达的利益表达制度。张炜认为，在现代政治体系中，几乎所有的利益表达行为都可以分为制度化的与非制度化的两类。制度化的利益表达是在合法体制框架内进行的，是公民政治权利的重要内容和民主政治的重要组成部分，也是政府政策的警示器和社会稳定的缓冲阀。②

第三，双向互动的决策制度。褚松燕认为，听证制度是目前较为成熟的社会协商对话制度。近年来，公共产品如铁路客票价格的变化、公

---

① 周建东：《"公共性"视野下的政府信息公开研究》，山东大学博士论文，2007年。

② 张炜：《公民的权利表达及其机制建构》，人民出版社2009年版，第47页。

共物品和公共服务方式的改变，以及某些制度的变化等都将听证作为决策的一个重要前置程序。①

第四，多元纠纷解决制度。贺荣认为，科学的纠纷解决机制主要体现为以下方面：一是正规的纠纷解决方式与非正规的纠纷解决方式之间处于和谐状态；二是正规纠纷解决方式内部的不同方式之间处于和谐状态；三是非正规纠纷解决方式内部的不同方式之间处于和谐状态；四是纠纷解决机制与其他机制之间处于和谐状态。除纠纷解决机制外，还需要建立社会舆情汇集和分析机制，畅通社情民意反映渠道。②

（5）社会协商载体建设

王中汝认为，为构建有利于促进社会和谐的利益表达机制，就应进一步拓宽利益表达渠道，扶持社会组织，推进社会组织化进程，建立健全以社会组织为载体的社会协商对话制度。③杨炳超认为，政府应当为网络民主提供更开明、更规范的电子政务平台。网络是政治参与的载体，公民通过网络了解政府的政务信息，并对其进行价值判断，通过积极地参与影响政府的决策，这为公民参与公共决策提供了新的平台。在这方面，我们虽然已经取得了相当的进步，但总体来说，网络政治参与在很大程度上还处于一种无序的状态，政府应当进一步加强引导和规范。④

（6）社会协商主体能力建设

李夕思认为，协商对话的成效与参与对话主体的素质成正比。在协商对话中，领导者的民主意识、道德修养、学识才干、决策水平、工作成绩都要受到公开的检验。要了解群众、熟习群众，具有民主的作风，在平时的工作言行中以身作则，培养人民群众的主体意识。同时，应强

---

① 褚松燕：《我国公民参与的制度环境分析》，《上海行政学院学报》2009年第1期。
② 贺荣：《行政纠纷解决机制研究》，中国政法大学博士论文，2006年。
③ 王中汝：《利益表达与当代中国的政治发展》，《科学社会主义》2004年第5期。
④ 杨炳超：《协商民主：中国宪政民主的可能路径》，山东大学博士论文2010年。

化公民自身的参政意识和参政能力。公民主体意识的培养是一项长期艰巨的任务，应大力发展文化教育事业，积极开展基层群众性的自治活动。①

（7）关于社会协商法律机制构建

孙建等认为，社会协商法律体系应由立法过程中的协商机制、行政过程中的协商机制、司法过程中的协商机制、非公权力介入下的协商机制这几部分来构成。可以将自主协商机制、人民调解、仲裁制度、社会团体及行业协会协调多元化利益主体之间的协商机制、律师介入社会主体之间利益协调机制等问题划入到社会协商机制的法律体系建构当中。基本形成社会协商机制的法律体系建构的基本框架。② 阳珥桥认为，在我国现行的法律法规中，有关社会协商对话方面的法律制度已经有所建立。但严格地说，这些法律法规中的某些条文，只是体现了社会协商对话的精神，本身并不是对社会协商对话制度的直接规定。社会协商对话作为我国民主政治生活的一种制度，尚未来得及从法律上予以确认。社会协商对话法律制度既包括实体法内容，又包括程序法内容。实体法内容应明确规定"重大情况"、"重大问题的含义及范围"。③ 程序法内容可分为四部分：公开制度、参与制度、咨询制度和公决制度。④

（三）我国研究现状评述

我国学界对社会协商问题的研究大体上可以分为两个阶段：一是

---

① 李夕思：《论社会协商对话的制度化》，《探索》1988 年第 3 期。

② "社会协商机制的法律体系建构研究"课题组，孙建、洪英、卜开明：《社会协商机制的法律体系建构研究》，《中国司法》2011 年第 12 期。

③ 阳珥桥：《中国法学新思维》，陕西人民出版社 1989 年版，第 134 页。

④ 郁忠民：《简论检察机关性质的重新确定》，《社会科学》1989 年第 7 期。

十三大报告提出"社会协商对话"概念之后，这一时期对社会协商的研究尚处于起步阶段。研究内容宽泛且比较零散，研究成果不多，且大部分为论文，仅有三部专著①。二是十八届三中全会报告提出"社会协商"概念之后，这一时期对社会协商的研究尚处于探索阶段。研究视角大多是从广泛多层的社会主义协商民主制度框架中寻找社会协商的定位、制度内涵等，通过对政治文件的解读重新认识和建构社会协商制度。迄今为止，由于历时较短，研究成果不多，大多为论文，也有个别专著问世。② 这两个研究阶段的共同特点就是都在相关政治文件出台后引发了研究社会协商的小高潮，主要都是围绕中央政治报告的解读和展开，充分体现了政治与学术的密切联系，而且在二者之间，明显是政治发挥了先导性作用，学术的积淀酝酿、前瞻引领作用并不充分。

总体而言，目前学界对社会协商的主要问题远未形成共识，多数成果只是从自身角度提出了各自观点，并未做全面深入探讨，大都属于较浅层次、局部性或附带性研究，专业性、理论性、综合性、系统性均较差，关于社会协商实践形式的归纳也存在明显的不足，直接影响着社会协商机制的建立和完善，大致可以概括为几个方面的问题：

第一，缺乏对社会协商的系统性研究。至今学界对社会协商的内涵、外延、特征、作用、原则、目的、主体、形式、程序、责任机制等基础性问题仍然莫衷一是，未做出清晰明确的界定，也未能产生专门集中系统深入的研究成果，社会协商还没有形成一个比较完整的理论体系。

第二，对社会协商的实证性考察研究明显不足。缺少对社会协商机

---

① 分别是：沈荣华主编：《社会协商对话》，春秋出版社1988年版，第122页；员文贤主编：《社会协商对话引路》，陕西人民教育出版社1988年版，第58页；孟春、侯玉兰：《协商对话的理论与艺术》，白山出版社、沈阳出版社1989年版，第78页。

② 如王洪树主编：《社会协商对话》，中央文献出版社2015年版，第48页。

制在不同事件类型、不同社会情境下功能的发挥程度，参与主体协商能力差异对协商效果的影响程度，协商双方非对称的地位及力量对比关系、协商机制的强制性程度对协商过程及最终结果的影响程度的分类考察和对比分析。

第三，对社会协商与群体性事件之间的结合性研究尚显薄弱。对社会协商机制在解决群体性事件中的价值、框架、具体方法及程序要求等缺乏深入细致的探讨和设计。

第四，社会协商机制的相关制度性研究仍显匮乏。目前研究大多倾向于理论层面的思考，操作性不强。应加深理论同实践的结合，提出适合不同行政区域、不同社会领域、不同事件类型的更具操作性的法律制度建构设计。

三、主要研究内容与研究方法

（一）主要研究内容

本书的主要研究内容除绪论外，还涉及以下五个方面。

1. 社会协商的理论建构

社会协商目前还是一个具有创新意义和有待制度建构的概念，很难用现有的政策法规性文件和理论研究成果来准确界定其内涵外延。社会协商的相关提法最早可以追溯到1987年党的十三大报告，当时使用的是"社会协商对话"的表述。严格来讲，社会协商对话与社会协商是有所区别的。社会协商的外延更为宽泛。

社会协商作为现代民主政治极富发展前景的一种表现形态，对于构建和谐社会、实现中华民族伟大复兴的中国梦，具有重要的现实作用，既具有协商制度的一般特点，同时也带有我国社会主义民主政治建设的时代特色。社会协商是以协商为核心的柔性治理方式、社会治理创新的重要手段，是党的群众路线的重要体现，是基层民主协商的重要方式。

社会协商作为沟通国家与社会的协商形式，从包容度和涵盖面来看，并不与立法协商、行政协商、民主协商、参政协商处于完全并列的层级，而应当与政治协商处于并列的层级，共同属于协商民主之下的第一层级的协商形式。因此，我们认为，社会协商主要是指党委政府与社会主体之间采取面对面交流或借助大众传媒等公共话语平台为载体，通过对话或信息公开的方式，就经济社会发展的重大问题和涉及群众切身利益的实际问题进行平等协商，形成共识，是人民群众参与社会治理、体现我国协商民主的重要形式，对于妥善处理处置群体性事件、减少和化解社会矛盾冲突，实现社会和谐具有很强的现实意义。

社会协商的主要构成要素包括主体和客体两个方面。社会协商可以分为同质化主体间协商和异质化主体间协商。社会协商主要指向异质化主体间的协商，主要指向党委政府与社会主体的协商，即官民之间协商。因此，社会协商包括三类主体：党委政府、社会团体和公民个人。社会协商的客体是指社会协商具体指向的事项，即协商的内容。目前主要被提及的有两大类："社会事务"、"经济社会发展重大问题和涉及群众切身利益的实际问题"。

社会协商的主要功能是妥当解决与处理社会事务或化解因未妥当解决与处理社会事务所导致的社会矛盾冲突。社会协商的生长机理可以用一个公式来表示：即"现实需求/社会矛盾＋国家推动＋社会培育"。归结起来，就是在政社互动的基础上追求社会协商功能的实现，在这个过程中使得社会协商得以生存和发展。

社会协商的载体即社会协商主体作用于客体的凭借或媒介。非当面交流的社会协商需要借助大众传媒等公共话语平台作为载体。社会协商可以通过多种形式来进行。社会协商的实质在于通过协商双方的沟通和交流，最终形成共识。共识的形成可以采取多种方式：既可以是协商双方双向度的互动对话方式；也可以是以协商一方单向度的信息公开方式。

社会协商基本按照"公共协商——理性沟通——偏好转换"三个步骤进行。社会协商具有一定的限度，也存在着潜在困境，不能过分依赖社会协商。"协商到什么程度"，只能结合权力主体与社会主体的协商情况来具体考量。

社会协商的理论基础有：协商民主理论、治理理论、集体行动理论、博弈理论、国家与社会关系理论、社会冲突理论、权力监督理论、政治妥协理论、和谐社会理论。社会协商具有中庸和谐、民主、法治、经济、工具、思维方式调整等诸多方面的价值。

我国社会协商的制度化法律化的程度还很低。对于社会协商的制度化建构，应满足如下基本判断：在新的历史背景下，符合社会发展趋势，以权力机构与社会主体互动为基础，彼此对与社会主体利益息息相关的社会事务进行沟通、磋商、交流，柔性化解群体性事件与危机。对"社会协商"的立法建构将采取如下做法：即整合、完善现行法律制度，同时弥补现行法律制度所缺少的内容。在进行社会协商制度设计时，需要对个人主义和团体主义进行结合与平衡。从个人模型到团体模型的转换，将有助于提升社会协商（法律）制度中社会主体的协商能力。如果制度设计中引入团体法的概念和内容，会有助于完善现行法律制度。

2. 社会协商的表现形式

社会协商的表现形式是指社会协商从理念上的抽象思维到物化实际信息的具象表现，是各种社会协商活动的存在和表达，以及这些社会协商活动在人脑中的规律性反映。随着我国社会主义民主政治建设的不断深化，数十年来已有层出不穷的协商民主探索和创新。尤其是改革开放以来，人民群众主体意识的唤醒和基层民主的不断发展，催生出越来越多的社会协商相关实践。面对如此庞杂的社会协商内容和形式，按照一定标准对社会协商的表现形式进行规律性的梳理，对社会协商进行表现形式的分析，是对于高度抽象的社会协商概念及其理论的实践和检验，有助于增强社会协商达成共识和广泛传播。

以核心要素和范畴特质为依据，以特定的法律规范为基础，大体上可将社会协商表现形式分为五大类：信息公开（information disclosure）、协商会议（conference）、协商听证（hearing）、协商询议（consulting & evaluation）和创新形式（innovation）等。

信息公开。社会协商必须以信息公开为前提，以信息交互为内容。信息公开作为一种社会协商的表现形式，其主要体现在信息在不同协商主体间的反复传递，形成协商主体的沟通和交流，最终形成共识。由此也可以将单方面的信息发出、静态、孤立的信息接收排除在社会协商的范围之外。社会协商的核心在于对公共事务的协商，其根本依据在于公共事务信息公开，其基础就是政务公开。政务公开制度具有提升社会协商效率程度的功效。社会协商信息公开方式主要包括信息披露、新闻发布、公众旁听、政府开放日、领导接待等。

协商会议。社会协商的基础建立在不同主体间的意思表达和意见交流之上，因此会议一般被作为社会协商的主要形式。在排除以会议形式展开的具有普遍意义上的社会协商会议，包括具有专题协商性质的普遍性社会协商会议的基础上，主要有四种一般意义上的社会协商会议：一是较具代表意义的一般性社会协商会议，如国内常见的社区议事会和国外的公民会议；二是专门性社会协商会议，主要包括专题协商会、立法协商会议以及劳动协商会议等典型特殊社会协商会议；三是在实践中较受重视也较为独立的社会协商恳谈会议；四是以论坛、讲坛等形式存在社会协商活动。

协商听证。听证其实也是会议的一种，但考虑到听证具有更加严格和独特的会议形式，因此单独列为社会协商的一类表现形式。主要有立法协商听证和重大社会事务协商听证两种情形。立法协商听证包括人大的立法听证和政府的立法听证。立法听证贯穿了信息传递、公众参与、民意表达等过程，属于典型的社会协商表现形式。社会事务协商听证包括行政许可设定听证、价格听证社会协商、环境保护听证社会协商等法定协商听证，以及对重大社会事务如医疗改革、教育改革、社会保障、政府预算等的协定协商听证。

协商询议。主要包括社会协商调查、社会协商咨询和社会协商评价等社会协商活动，具有明显的专业性和程序性，体现出较强的科学观测、考察特点，与其他社会协商活动相比体现出更强的主题特征和独立特性。

创新形式。除以上几种典型的社会协商形式之外，世界各个国家地区还创造出各种以社会协商为目的的社会协商创新形式，包括公民陪审团、愿景工作坊、世界咖啡屋、大规模协商大会等。

3. 社会协商主体能力建设

对于民主意识不强、民主素养较低、急需推进民主建设的中国来说，要进一步促进协商民主和社会协商的快速发展，社会协商能力建设迫在眉睫。在我国，社会协商主要是指党委政府与公众、社会组织、企业等各利益相关方就经济社会发展重大问题和涉及群众切身利益的实际问题进行的协商。在这一过程中，各类社会协商主体都需要协商能力建设。社会协商能力建设是一个主动作为的过程，需要从理论构建、制度设计、能力建设等方面加快推进，才能适应当前民众对协商民主的巨大需求。社会协商能力建设的内容十分丰富。从社会协商主体的类型来看，包括了党委政府的协商能力、社会组织的协商能力、普通公众的协商能力等。从社会协商的过程看，协商能力应从协商准备、协商过程以及协商后期三个方面进行评估。

对社会协商主体的能力要求就构成其能力建设的内容，不同主体的能力既存在相同的共有内容，即共有能力，主要包括：调查研究能力、表达能力、理解能力、辩论能力和偏好转换能力，也存在因其在社会协商中的地位、作用等差异而不同的内容。党委政府的社会协商能力主要是一种群众工作能力，包括：协商执政的能力、协商治理的能力、协商培养动员的能力、协商组织的能力和协商规划设计的能力。社会组织的协商能力主要是一种协同协商的能力，包括：协商倡导能力、协商组织能力和评估监督能力。公众的协商能力主要是一种参与协商的能力，包括：公众的直接参与能力、公众的组织能力和公众的监督能力。

根据对社会协商主体的协商能力及其相关因素的问卷调查，实践中普遍存在着对社会协商重视不够、社会协商能力不足的问题。从党委政府一方来看，目前党委政府对社会协商的重视程度不够，领导能力和协调能力有待进一步提高，其协商策略和技巧也存在明显不足；如果搞走过场的协商，将直接动摇我党的执政基础。从社会主体一方来看，目前社会组织的资源较少，社会协商能力不足；公众的民主技能低，社会协商能力不足。从党委政府、社会组织和民众等三个社会主体的社会协商能力的比较来看，调查显示民众的社会协商能力最低。

社会协商主体的能力建设是广泛开展社会协商活动、构建社会协商制度和机制的基础，根据社会协商主体能力的共有内容和不同的职能定位以及薄弱环节，相应的建设措施包括：共有能力建设主要是提高民主素养、调查研究能力、表达能力、理解能力、辩论能力和偏好转换能力；党委政府的协商能力建设主要是提高群众工作能力；公众社会协商能力建设主要是提高参与能力；社会组织协商能力建设主要是提高协同能力。

4. 社会协商与公共话语平台建设

大众传媒因其公开性、大众性、客观性、时效性等特点成为了各政治主体进行社会协商的最重要、最理想的公共话语平台。自由平等的对话是一切社会协商的基础，也是大众传媒成为公共话语平台的首要条件。大众传媒作为公共话语平台，要充分发挥其社会协调的作用，在切实保障人民群众言论出版自由等基本权利的前提下，通过自由平等的对话和讨论进行社会协商、加强社会整合、促进国家发展。

大众传播是一种制度化的社会传播，它必然会受到各种社会制度尤其是传播制度的控制和制约，包括国家和政府、利益集团和经济势力、广大受众以及传播媒介自身的制约。在当前的历史条件下，一个以增强党和国家活力、调动人民积极性为目标，保障人民享有更多更切实的民主权利的社会协商和公共话语平台正在我国的大众传播中形成。公共话语平台的建设不仅依赖社会主义协商民主制度的健全和完善，还需要建立包括信息公开制度、新闻发言人制度、听证咨询制度、网上提案制度、网络信访制度在内的一系列制度体系。

公共话语平台是一个多主体参与的复杂的社会系统，要它能够正常地运行，就必须建立与之相适应的一整套科学、高效、合理的运行机制。这些机制包括：宣泄抚慰机制、社会对话机制、公共决策机制、舆论引导机制和应急管理机制。

作为公共话语平台的大众传媒不代表其中任何一方的利益，在政府与社会团体、政府与公众的关系中扮演着"第三方"的角色，大众传媒要依照公平、公正、公开的"游戏"规则，让人民群众中各种不同意见和要求在理性的对话中得到综合系统的反映。同时，大众传媒要调动和利用传媒资源，搭建多层次多渠道的对话平台，让更多的公民有直接参加社会协商的机会，使各方在充分表达的基础上化解社会矛盾和冲突。

大众传媒要遵循传播的基本规律，注意社会协商中的传播策略和方法，提高传播的效果。大众传媒要充分发挥"议程设置"的作用，在作好议程设置的同时还要作好的议程的管理。在社会协商和公共话语平台的构建中，同样需要有"意见领袖"，在社会协商中，要充分发挥"意见领袖"在政府与公众之间的传达、沟通、说服、解释的作用。在社会协商的过程中，更要关注"沉默的多数"，要努力营造一个让所有人都能够自由地表达自己意见的"意见环境"，让社会能够听到"最弱小者的声音"。沟通管理尤其是劝服传播在社会协商中具有重要作用，通过沟通管理、特别是劝服传播作大量的深入细致思想工作是非常必须和有效的。在处理矛盾中，正当性建构不但是必要的而且是必须的，社会协商中的各方都要在法律和制度允许的范围内进行正当性建构，以求形成双方都能接受的合情、合理、合法的共识。

5. 社会协商法律机制的建构与完善

社会协商机制的有效运行离不开法律的保障，只有将社会协商机制纳入制度化、法律化的轨道，才能促使其常态化运行，真正发挥该机制的功能。目前，我国社会协商机制存在着概念不明，范围与内涵界定不清，法律地位不明确；社会协商机制政策与法律"边界模糊"，法律保障不足；社会协商机制法治化程度不高；社会协商机制过于行政化，协商双方地位不均衡；社会协商机制的程序性保障较弱；社会协商机制运行不力的救济手段缺乏等问题，使得社会协商机制的功能与作用不能得到很好的发挥。因此，需要从法学理论研究和现实社会需求出发，建立和完善社会协商机制的法律建构。本书以"供给"与"需求"双重视域为理念思路，以"实体解构"与"程序建构"两个层面为理论视角，针对社会治理进程中的纠纷矛盾化解提出社会协商法治化、制度化的路径选择与政策建言。

供给视域与需求视域下，社会协商法律制度的构建与完善路径范式各有不同。供给视域的制度构建与完善着重考察顶层设计，坚持与采用

"自上而下"的改革进路；而需求视域的制度构建与完善聚焦于社会基层，坚持与采用"自下而上"的思路范式。无论是供给视域下的制度构建研究，或者是需求视域下的制度构建探讨，对于我国社会协商法律制度的形成与完善都具有深刻的启发意义。供给与需求两种视域、顶层设计和基层关注两种路径互为补充，每一种范式都不可偏废，均可从中获取社会协商法律制度的构建与完善的灵感和方向。社会协商法律关系是以社会协商法律规范为基础，以协商主体间权利和义务作为呈现形式，为解决政治经济社会发展问题和与公民切身利益相关的社会问题而形成的协商法律关系。社会协商的主体包括公权力主体与社会主体，客体是公权力主体和社会主体间的协商行为，包括涉及经济、社会发展的重大问题和关联公民切身利益的重要问题，如重大的社会改革方案、重要的法律案、关系到社会安定的重大事件、国家政治生活中的重大问题、涉及群众利益的重大事项等。社会协商法律关系的内容包括公权力主体的义务与社会主体的权利。公权力主体与社会主体之间开展的就经济社会发展重大问题和涉及群众切身利益实际问题的各种涉及信息交互、对话协商、意见磋商、监督查核等协商活动都应纳入社会协商的法律方式范畴。

社会协商作为一种制度，需要遵循一定的程序来进行。由于社会协商法律制度尚处于萌芽阶段，无论实体法还是程序法的相关规范都较为零散，缺乏统一完善的社会协商法律，因此社会协商法律程序的完善需要在基层法治实践或先行先试中进行经验归纳并把基层实践总结进行制度化构建，最后通过立法上升至法定程序。从法律制度顶层设计的应然角度看，社会协商的法律程序机制可以概括为三大机制：启动机制：由于公权力主体与社会主体在地位上的天然不平衡，因而在启动社会协商程序上，要遵循平衡原则，具体包括合意启动与单方启动两方面的内容；过程机制：包括确定社会协商当事人、明确社会协商当事人的权利义务、确定社会协商的事项范围、公示公告社会协商信息等；保障机制；包括协商结果的运用和评估保障，推动协商走向成熟。

社会协商法律机制的完善必须以社会协商制度为基础。就目前总体情况看，我国社会协商相关规定散见于一些法律法规之中，缺乏整体制度形态的架构。社会协商制度已经从党的政治改革设想一定程度上得到法律法规的固定，尽管目前还没有从制度层面得到宪法和专门法律的明示确认，但也具备了制度化的基础或已经成为一项制度。社会协商机制的广泛性和复杂性决定了其法律制度的建构是一项庞大的系统工程，是一个不断探索、逐步完善的循序渐进过程。社会协商机制的法律建构的可行性进路之一则是对社会协商法律体系内部的整合与外部保障机制的完善。在整合和完善的方法上，一方面可针对性质不同的各项制度分类立法具有针对性和可操作性；另一方面，在某些专门法律、法规中引入有关社会协商的内容。在整合和完善的内容上，亟须在立法层面明确社会协商主体的平等地位、扩展社会协商主体的范围、保障合理诉求的充分表达以及强化社会协商的法律程序。

（二）研究方法

本书以建构社会协商理论和法律制度为目标，以法学、政治学、社会学、管理学、新闻传播学等学科的理论知识为基础，以马克思主义科学抽象法为核心，以法学的公平正义观、实体法与程序法控制为基础，以民主政治发展为思路，以公共管理和社会调控为手段和目的，综合采用归纳与演绎、规范与实证、整体研究与重点分析、理论研究与实地调研、纵向分析与横向比较相结合的方法，对社会协商的基本理论体系和法律建构进行了多角度多层面的研究。

1. 归纳与演绎的方法

在总结我国历史和其他国家、地区社会协商的一般特性和共同经验时，运用了科学的归纳方法。在把我国历史和其他国家、地区的经验运用到我国当代社会协商理论与实践时，则根据实际情况和特殊性采用演绎的方法进行了改造和创新。

2. 规范与实证的方法

从社会治理创新的现实需求出发，建立社会协商基本理论、社会协商机制表现形式分类、社会协商主体的能力建设、社会协商机制中的公共话语平台建设、社会协商机制的法律建构等几大板块的分析，在研究范式中属于规范分析方法。而社会协商机制应用情况的实证分析则属于实证研究的范畴。此外，采用当前流行的系统建模方法——解释结构模型法（ISM）建立层次分析结构模型，针对不同的社会测量对象，采用定类、定序、定距和定比等方法对指标进行量化分析，体现了规范与实证研究方法的综合应用。

3. 整体研究和个案分析

对社会协商的理论体系建构和法律建构中共性特征、共性模式、共性规律的分析属于整体研究的部分。基于不同区域、不同表现形式，面对不同社会矛盾、不同群体性事件应对的社会协商制度建设中的重点领域和关键环节的研究则属于个案分析的范围。

4. 理论研究和实地调研

对社会协商理论体系和法律建构的一般规律的探索属于理论研究的范畴。而对社会协商机制在应对群体性事件中运用情况研究、社会协商机制中的信息公开制度研究、社会协商机制中的诉求表达制度研究、社会协商机制中的民主决策制度研究、社会协商机制中的矛盾调处制度研究、社会协商主体的能力建设研究、社会协商机制中公共话语平台建设研究则要基于基层调研的经验总结。实地调研主要采用访谈法、问卷法、观察法和文献法进行资料收集。

四、全书构架与主要创新

(一) 全书构架

1.绪论

本部分主要包括研究缘起与研究价值、国内外相关文献综述与研究现状的评述、主要研究内容与研究方法、全书构架与主要创新等。

2.社会协商的基本理论

本部分主要基于目前社会协商理论研究较为薄弱的现状,结合我国国情和社会现实对社会协商进行的基础理论研究,着重讨论了社会协商的基本定义、主要构成要素、功能和生长机理、载体和基本形态、步骤和限度、基本特征、理论基础、内外在价值、社会实践影响、制度路径、类型化等问题。以梳理、凝炼出社会协商的理论体系作为目标,并在此基础上,将社会协商基础理论纳入制度供给与现实需求的矛盾分析中,以群体性事件的应对为重要视点,为社会协商制度的法律构建做好基本的理论储备和支撑。

3.社会协商的表现形式

本部分从五个大类来展开对社会协商表现形式的类型化研究,主要包括社会协商信息公开、社会协商会议、社会协商听证、社会协商询议、社会协商创新形式。

4.社会协商主体能力建设

本部分在阐释了社会协商主体能力建设的含义及其意义的基础上,对社会协商主体能力的基本内容进行了全面分析,并针对当前我国社会协商主体能力存在的问题,建设性地提出了完善社会协商主体能力建设的各项对策措施。

5. 社会协商与公共话语平台建设

本部分在考察大众传媒在社会协调中的功能和作用的基础上，提出建立社会协商机制中公共话语平台的重要性和必要性，探讨了作为社会协商工具的公共话语平台的制度建设、机制创新，并指出了通过大众媒介实现社会协商的路径和方法。

6. 社会协商法律机制的建构与完善

本部分以研究社会协商机制法律制度的建构为宗旨，紧紧围绕社会协商机制的重点和难点问题展开研究，探讨如何通过法律体系的建构来形成并保障社会协商机制，探求各协商机制之间的内部整合性，从外部环境的完善角度将社会协商机制的法律体系建构进行制度的设计与考量。

（二）主要创新

1. 理论构建上的创新

主要从以下几个方面体现出来：（1）根据我国现有社会协商基础理论研究薄弱的状况，分别从理论探讨和历史发展两个层面研究了社会协商的基本定义、构成要素、功能和生长机理、载体和基本形态、步骤和限度、内涵外延、基本特征，以及社会协商理论与社会实践的历史考察、中外比较，初步构建了有中国特色的社会协商理论体系，为社会协商在实践中的应用提供系统性的支撑和指导；（2）通过对社会协商与政治协商、协商民主进行概念辨析，凸显了社会主义制度下社会协商所具有的独特内涵和制度优势；（3）全面、细致地研讨了社会协商与民主政治建设、社会治理创新之间的关系，鲜明地指出了社会协商在社会生活中的重要地位；（4）将群体性事件的应对与社会协商理论和实践相结合，彰显了社会协商的理论意义和实践价值。

2. 分析框架上的创新

本书根据目前研究现状和特点，从社会治理创新的现实需求出发，建立了几大板块的分析框架。这一分析框架具有原创性，旨在超越既有协商民主研究范式，更多从治理模式视角来对社会协商机制的具体构成内容进行研究，有利于为党委政府提供更多切实可行并具操作性的对策建议。

3. 研究广度和深度上的拓展

本书不仅是从一般法律制度和规范角度来进行研究，还设置了社会协商主体的能力建设和公共话语平台建设两个子部分的内容，从主体和载体角度来对社会协商机制进行研究，不仅丰富和拓展本书的广度和深度，而且具有填补相关研究领域空白的理论意义。文献资料检索结果也显示，对社会协商主体的能力建设和对社会协商机制中的公共话语平台建设的专题研究均具有原创性和首创性。

4. 法律制度建构上的创新

主要从以下几个方面体现出来：（1）首次全面系统地提出了社会协商机制法律建构的思路和设计方案；（2）对社会协商机制法律制度的内容进行类型化梳理，以信息公开制度、诉求表达制度、民主决策制度、矛盾调处制度来统摄各项具体制度；（3）提出了社会协商机制法治化所包含的基本要素，这些要素对各项具体法律制度的建设具有一定的普适性，能够保障制度的顺畅运行；（4）对法律建构所采用的立法体例进行分析，提出分类单独立法和在不同法律中引入相关社会协商机制是一种具有合理性和可行性的选择；（5）从法律制度顶层设计的应然角度将社会协商的法律程序机制分为启动机制、过程机制和保障机制。

第二章

社会协商的基本理论

《中共中央关于全面深化改革若干重大问题的决定》（以下简称《深化改革决定》）于 2013 年 11 月 12 日中国共产党十八届三中全会上通过，在党的文件中首次提出"社会协商"的概念，并将其作为我国社会主义协商民主的重要形式之一，提出要使国家政协组织、党政机关等的协商渠道进一步进行拓展，进一步深化民主协商，社会协商和立法协商等等。根据该文本，这意味着从此以后，社会协商制度会在我国民主政治生活和社会生活之中生根发芽。2014 年 10 月 23 日召开的中国共产党召开的第十八届四中全会上，《中共中央关于全面推进依法治国若干重大问题的决定》（下称《依法治国决定》）顺利通过，进一步提出"加强社会主义协商民主制度建设，使得合理的协商民主系统进行有效构建和完善"。2014 年年底，中共中央政治局正式审议通过《关于加强社会主义协商民主建设的意见》。① 我们注意到，社会协商目前还是一个具有创新意义和

---

① 该文件于 2015 年 2 月 9 日以中共中央名义正式印发。

有待制度建构的概念，很难用现有的政策法规性文件和理论研究成果来准确界定其内涵外延。检索为数不多的理论研究成果，社会协商基本还限于"社会协商对话"范围内的讨论，包括对其定义和内涵解读在内的不少本体内容还有没得到普遍的认可；同时，关于社会协商的实践运行也还不成熟，缺乏制度性的规定。如何回应《深化改革决定》的理论创新，需要我们给予社会协商以足够的关注和重视，对其基本定义、构成要素、地位功能、表现形态、理论基础、价值意义、适用范围、关系界分、机制建构、制度设计、法律规范等一系列重要问题展开深入的研究和讨论。

一、社会协商内涵揭示

（一）社会协商认知线索

关于"社会协商"概念的提出，尽管最早可以追溯至 1987 年党的十三大报告，但当时使用的还是"社会协商对话"的表述。严格来讲，社会协商对话与社会协商还有所区别，在我们看来，社会协商的外延更为宽泛，包括了多种表现形式，"对话"当然是社会协商的一种主要方式。早期涉及"社会协商对话"的政策法规性文件和相关的理论研究也基本是对十三大报告的提法的沿用或阐释。由于 20 世代 80 年代末期政治环境的变化，党的十四大报告不再使用"社会协商"的字样，有关社会协商的理论研究也曾一度中断。进入 21 世纪以来，随着我国改革不断深化和经济高速发展，各种体制性、结构性社会矛盾渐趋激烈，政学两界纷纷寻求应对的理论及实践资源指导，协商民主理论开始引起人们注意，社会协商也重新进入学者的视野，但相关分析较多沿用了国外协商民主的分析框架和研究范式，与国内政治实践的契合度并不紧密。2012 年党的十八大报告对有中国特色的"协商民主"作出了系统阐述，社会协商再度引起学者的关注，开始有了一些专门针对中国相关问题研究的文章，但总体上看还缺乏必要的实证分析和理论概括，社会协商明显存在着理论上不成熟的潜在困境，从而也更谈不上对其运作机理的规制以及相应法律制度的建构。

从对"社会协商"语词由远及近的认识梳理中，大致可以窥见政学两界对其关注几条明显的线索：一是扩大社会主义民主的需要，社会协商是不同利益社会群体和人民群众参与社会事务管理的重要途径；二是应对新时期激增的复杂社会矛盾的需要，社会协商是化解利益冲突和维护社会稳定的有效方式；三是完善社会主义协商民主的需要，欲搭建和构造一套精巧完美的协商民主体系，社会协商是其中的重要环节。

概念内涵的揭示可以通过理论推导、事实描述、历史解释的方法来完成。尽管目前还缺乏官方对社会协商的权威阐释，但并不妨碍我们依据已有的理论研究和实践探索，结合《深化改革决定》的精神来对社会协商的有关问题进行深入的探究。

（二）社会协商的主要构成要素

社会协商的主要构成要素可以从主体和客体两个方面来展开。

1. 社会协商主体的类型化：同质化与异质化

协商，很明显，是双方当事人的一种互动。因此，从主体构成要素来看待社会协商的话，则一定是双向或多向的，单方不可能存在着协商。对于社会协商的主体，学界多是从定义社会协商对话的角度来作出的界定，对此有着不同的认识：一种观点认为，社会协商是社会群体之间的协商，社会群体彼此间互为协商主体。社会协商对话，就是具有平等身份的不同社会群体针对社会公共事务进行交谈，以提升具有不同社会利益的社会群体的理解程度和共识程度。① 另一种观点认为，社会协商是两类主体领导机关、群众之间的排列组合，即二者之间、前者之间、后者之间，针对共同关心的重大问题予以直接的平等沟通和商议。② 第三种观点认为，社会协商是对政治协商的非常有效果的补充协商方式。社会协商对话，注重各级党和政府、社会组织和公民之间的对话。③

网络"百度百科"上的"社会协商对话"词条归纳了一些学者的观点，将其分为两种不同的解释，也就是广义的概念和狭义的概念。从广义上而言，社会协商对话，也就是由政府机关的领导同志，就群众关心的重点难点问题，和社会团体、公众群众进行直接的对话，这种对话形式是平等和公开的，通过面对面地对话，对群众的意见和建议进行倾听，对公众所提出的问题进行解答。在中国，指的是政府部门负责人和普通群众之间，普通群众和普通群众之间对一些问题进行交换意见，平等协商，以便对各种社会热点问题和社会矛盾问题进行有效处理和积极协调，使得各种矛盾得到有效化解。从狭义上而言，所谓社会协商对话，指的是党委政府就目前社会中群众所关心的热点难点问题或者是重大的社会问题等，和群众代表或者是群众团体等进行沟通和协商，从而对相关问题进行有效解决，使得各种矛盾得到有效化解，使得群众对政府进一步理解。④

---

① 杨建华：《社会凝聚与协商对话》，《科学社会主义》1990 年第 1 期。

② 沈荣华：《社会协商对话》，春秋出版社 1988 年版，第 4 页。

③ 杨弘、张等文：《中国社会协商对话制度的现实形态与发展路径》，《理论探讨》2011 年第 6 期。

④ 百度百科网站参考文献：赵志宇：《当代中国社会协商对话：要素、特征与功能》，《中央社会主义学院学报》2013 年第 1 期；刘玉娟：《当前协调利益关系的路径选择》，《管理观察》2010 年第 30 期；梅琼：《转型期我国群体性事件中群体心理及行为问题分析》，《理论观察》2009 年第 5 期。百度百科"社会协商对话"词条网址：http://baike.baidu.com/link?url=X2ksi9X9fSvDvYQrmF-5AeHQYllr4sJ7bnX7nxydxvyALiJ-sVWbmr05JZIYwphr，访问日期：2013 年 12 月 17 日。

上述有关社会协商主体的界定具有一个共同的特点，即都是通过对概念定义的方式来对"社会协商对话"主体的解读，而从解读的内容来看，几乎都是对党的十三大报告中相关论述的展开。社会协商对话并非单线性的，而是具有复合性和多层次的特点，即社会协商对话不仅发生于两个或多个具有异质性的主体之间，如党政机关与民众的对话，而且还包括了具有同质性主体彼此之间的对话，如党政机关或民众各自之间的对话。按照十三大报告的说法，要"对哪些问题和哪些事件等需要通过协商和直接面对面对话进行有效解决"。

我们认为，如果按照复合性和多层次的标准来界定社会协商的主体，虽然可以将社会上所有政治主体从外部到内部进行的协商都包揽无遗，但也会出现一些难以协调和处理的问题：一是可能将包括政治协商在内的协商民主的所有形式都装入其中，使社会协商概念外延过于宽泛，不仅理论逻辑难以自治，也不利于社会协商运行机制的形成；二是使社会协商缺乏必要的针对性和目的性，难以明确社会协商要解决当前哪些重点问题，从而降低了社会协商的现实意义；三是使社会协商与相关制度的关系难以厘清，影响对其进行制度层面的顶层设计。

其实，社会协商可以分为同质化主体间协商和异质化主体间协商两个部分：所谓同质化主体间协商，是指协商主体在法律性质、权利义务、占有政治资源上呈现相同或相近的状态。如党政机关无论级别高低都行使着一定的公共权力，可以划归为一类同质化主体，其相互间进行的协商是同质化主体间协商；又如公民无论贫富或社会地位如何都是公共事务决策的利益相关者，也可以划归为一类同质化主体，其相互间进行的协商也是同质化主体间协商。所谓异质化主体间协商，是指两类不同质的主体相互之间进行的协商，如党委政府与公民之间进行的协商。我们注意到，同质化主体之间协商往往可以通过合同的形式来进行，如公民之间的利益关系可以通过民事合同协商的方式来调整，政府机关之间的行政关系也可以通过行政合同协商的方式来调整。鉴于合同协商的方式是为社会广泛接受并熟悉的方式，可以不作为社会协商重点讨论的适用范围。因此，社会协商就可以集中于异质化主体间协商的范围，或者说，应当更多关注社会协商在异质化主体间协商中的适用。

我们界定的社会协商包括三类主体，即党委、政府、社会团体和公民个人。其中党委政府是指执掌政权的机构，也可以称为公权力主体，在我国应当包括作为执政党的各级党委和行使行政权力的各级政府，党委政府的负责人是作为党委政府代表人身份出现的，可以将其一并纳入党委政府的范畴；社会团体和公民作为非公权力主体，也可统称为社会主体，其中社会团体是指代表一定人群利益的组织，公民即法律上具有完全行为能力的自然人。社会协商作为民主政治范畴的概念，其协商并不主要指向同质化主体间利益关系的调整，而是主要指向受公共事务决策影响的利益关系的调整。党委政府作为公共事务决策的公权力主体，包括公民和社会团体在内的社会主体作为受公共事务决策影响的利益相关者，二者对公共事务决策的形成、贯彻和纠偏有着不同的体验和反应，正是社会协商所要界定双方主体的重心所在。

从异质化主体间的协商为社会协商的重心出发，社会协商主要应当指向党委政府与社会主体的协商，即官民之间协商，这一协商大致可以分为两个基本的层次：第一，党委政府与社会主体的协商，包括与社会团体和公民的协商，应当成为社会协商的主要部分；第二，社会团体与公民的协商，社会团体作为党委政府联系群众的桥梁和纽带，与公民的协商实际上也是前一层次协商的延伸。

这一界定的现实意义在于：首先，社会协商可以成为协商民主的一种有特色的独立表现形式，与十八届三中全会《深化改革决定》关于协商民主的论述相契合。具有中国特色的社会主义协商民主体系可以划分为"国家层面的政治协商、国家与社会之间的社会协商和社会层面公民协商"① 三个层面，其中，社会协商作为沟通国家与社会的部分，占有非常重要的地位，尽管社会协商从广义角度也可以将社会主体彼此之间的协商包括在内，但将重心定位于官民之间的协商有助于推进社会主义民主的发展。其次，关于社会协商两个层次的定位，明确不同协商主体的地位和权利义务，可以凸显社会协商作为社会治理创新的现实功能，使之成为协调不同利益群体的关系、化解社会矛盾冲突、有效处治群体性事件的重要手段。再次，社会协商强调党委政府与社会主体间的协商，尤其是将作为执政党的各级党委纳入协商主体的范围，可以密切党和人民群众的联系，体现政府更多还权于社会、还权于民的改革价值取向。

2. 社会协商客体的类型化：社会化与群众化

关于社会协商客体，有过法理学常识的人均可以推断出，其无非即是指"社会协商"这一语词所具体指向的对象，也称协商的内容。社会协商作为协商民主的重要形式，哪些事项属于其应当协商的内容，需要进行必要的界定，对此有两条基本线索值得关注和深入研究。

（1）社会事务。社会协商顾名思义也可以解释为对社会建设相关事务的协商。我国宪法在对国家政体的表述中使用了"社会事务"的概念，即"人民依照法律规定，通过各种途径和形式，管理国家事务，管理经济和文化事业，管理社会事务"。② 其中涉及人民参与管理的几类事务，与作为"四位一体"社会主义建设总体布局的经济建设、文化建设、政治建设和社会建设正好一一对应，同时也表明社会事务是与社会建设相对应的范畴。我国目前正处于社会转型的重要时期，随着社会建设的地位越来越突出，社会事务的范围也在不断扩大。按照党的十八大报告第

---

① 刘佳义：《推进协商民主广泛多层制度化发展》，《〈中共中央关于全面深化改革若干重大问题的决定〉辅导读本》，人民出版社 2013 年版，第 216 页。

② 《中华人民共和国宪法》第 2 条第 3 款。

七部分中对社会建设任务的列举，涉及教育、就业、增加居民收入、城乡保障体系建设、医疗卫生等方面①。也就是说，根据党中央的意见以及社会成员的切身感受，社会事务是与社会成员的切身利益息息相关的事务，是执政者保障和改善民生的重点内容，也是执政者决策涉及的重要内容。社会协商作为对社会事务的协商方式，贯穿于社会事务的决策与处理善后的全过程，不仅涉及社会事务决策前的协商，也涉及社会事务处理过程中出现问题的协商，还涉及社会事务因决策或处理不当而引发矛盾冲突、尤其是产生群体性事件时的善后协商。可见，社会协商不仅要针对社会事务的正确决策和妥当处理，而且要针对处理社会事务产生的矛盾冲突的化解。在这个意义上，社会协商也是社会治理创新的重要方式和内容。

（2）经济社会发展重大问题和涉及群众切身利益的实际问题，党的十八届三中全会《深化改革决定》明确将其作为协商民主的具体事项之一，欲在全国实现协商的广泛性（空间角度），并将协商贯彻于决策始终（时间角度）。但值得注意的是，"经济社会发展重大问题和涉及群众切身利益的实际问题"毕竟还是一个概括性和原则性的表述，尚需在实践中进一步细化。

就"经济社会发展重大问题"而言，首先，"重大问题"没有统一的标准，应当针对不同的层级有着不同的要求。如对于上一层级可能是属于局部性的非重大问题，而在下一层级则可能是影响其经济社会发展全局的重大问题。因此，确定社会协商的事项，一定是指本地区或本部门的重大问题。其次，经济社会发展重大问题更多关涉前瞻性、全局性、战略性的重大决策，为了增强决策的可行性、正确性、民主

---

① 可参见党的十八大报告原文，如"加强社会建设，必须以保障和改善民生为重点……解决好人民最关心最直接最现实的利益问题，在学有所教、劳有所得、病有所医、老有所养、住有所居上持续取得新进展，努力让人民过上更好生活"。

性和科学性，需要通过实践智慧所创造的无穷多样的方式来进行民主协商，如建立健全决策咨询制度、充分发挥专家智库作用等，但社会协商是其中最为重要的形式。在社会协商中，党政机关不仅可以直接与民众个体进行协商，而且还可以通过群团组织（如工会、共青团、妇联）与民众个体进行协商，因此社会协商是最为广泛的吸收和容纳社会团体和社会公众的参与，能够听取更多的不同意见和建议的协商方式。

就"涉及群众切身利益的实际问题"而言，基于"群众利益无小事"，事关党的"三个代表"核心内容和党的群众路线。因此，从这个角度来审视"涉及群众切身利益的实际问题"客体事项，其恰恰是社会协商直接指向的最主要也是最重要的内容，凡与群众利益密切相关的重大政策、重大改革措施、重大工程项目、重大公共安全事项和重大活动等，应当在决策前纳入经常性协商的常态事项。通过党政机关及其领导干部与群众沟通交流和平等协商，可以倾听群众意见，了解群众疾苦，尊重和维护群众的合法利益，修正决策中可能出现失误或失当之处，并通过必要的妥协和让步来缓和或化解一些矛盾尖锐的利益冲突，使决策能够更多得到群众的理解和支持，提升决策的科学性、权威性和公信力。

对比上述因循两条基本线索来界定的社会协商的客体，作为群众化概念的"经济社会发展重大问题和涉及群众切身利益的实际问题"所涉及的范围显然比作为社会化概念的"社会事务"范围要更为宽泛。因为前者不仅限于社会建设的相关事务，还涵盖到与政治建设、经济建设和文化建设在内的其他事务，涉及不同领域、不同部门的直接或间接的利益，从协商内容的层级和重要性角度来看，涉及不同领域内重大问题和决策，体现了社会协商的特征和特点等。

（三）社会协商的功能作用和生长机理

1. 社会协商功能作用：两种

从性质上来讲，社会协商属于一种对话机制。"对话机制"一词在外交上用得较为频繁，如 XX 国与 XXX 国建立战略（经济）对话机制，这种用法针对的是国际间的政治事务。然而，对于国内的社会事务其实也是可以采取对话机制这种提法的。当对话机制用于社会协商时，则至少意味着可以从"对话"与"机制"两个角度去理解。对话机制中的"对话"，表明社会协商具有互动性、交流性、沟通性、双向性。这些特点使得社会协商可以成为一种手段或工具，用来协调权力主体与社会主体之间的利益关系。对话机制中的"机制"，表明社会协商以一定的运作方式把权力主体与社会主体联系起来，使该制度或拟建立的制度协调运行并最大限度地发挥作用。

应当强调的是，正因为社会协商属于一种对话机制，使得社会协商具有可被使用或适用的功能。这种功能能够为协商主体所接受，并成为社会治理创新的一种手段。从这个角度而言，社会协商必须具有可操作性，无论现在进行制度理解（解释论层面），还是未来再进行立法建构（立法论层面），都需要把握对话机制的最大特性"可操作性"。也就是说，一旦解释论或立法论应用的结果是无法施行，那么这种解释论的结论或立法论的结论就不可取。

作为对话机制并具有可操作性的社会协商，其主要功能就是妥当解决与处理社会事务或化解因未妥当解决与处理社会事务所导致的社会矛盾冲突。

首先，针对"妥当解决与处理社会事务"，社会协商可以作为一种重要的社会治理工具被运用。这实际上又会出现一个值得思考的问题，即"妥当解决与处理社会事务"在什么情况下可以适用社会协商？社会协商是否应作为第一顺位的妥当解决与处理社会事务的手段？这两个问题可以再进一步转化为社会事务是否全部能够用社会协商予以妥当解决与处理，以及社会协商与其他社会治理手段之间的序位关系如何？对于第一个问题来讲，如果单单从历史逻辑的角度来看的话，在政治建设为主的历史阶段，政治协商手段可以用来解决政治事务；在经济建设为主的历史阶段，合同协商（经济协商 / 市场协商）手段可以用来解决经济事务；在社会建设为主的历史阶段，社会协商手段当然可以用来解决社会事务。只不过，逻辑和现实可能存在着些许的差距，二者未必一定能够吻合。现实生活中，肯定存在对社会事务的妥当解决与处理没有采取社会协商手段的情况。这就说明，肯定存在其他的手段被运用于社会事务的妥当解决与处理中。由此，就涉及了第二个问题，社会协商与其他社会治理工具的适用序位。社会事务的复杂多变，决定了社会协商不可能是唯一的工具，也不宜确定所有社会事务的妥当解决与处理都必须是第一顺位的工具，更精准的说法应当是根据具体的情况，来决定是否作为第一序位的治理工具。

其次，针对"化解因未妥当解决与处理社会事务所导致的社会矛盾冲突"，社会协商亦可以作为一种重要的社会治理工具被运用。由此可以看出协商的手段实际上能够贯穿社会治理的始终。当第一个层面的问题社会事务没有得到妥当解决与处理后，可能会引发一定的社会矛盾冲突，此时社会协商就作为第二层面的工具去化解该社会矛盾冲突。社会协商的互动性、交流性、沟通性、双向性恰恰全部都指向社会矛盾冲突，通过权力主体与社会主体之间的对话机制，达成妥协、谅解、让步等，由此以非暴力的方式就可能彻底地解决问题，而不是将问题激化引发更大的冲突，包括但不限于群体性事件。应当说，跟社会协商的第一个功能引发的理论问题一样，因未妥当解决与处理社会事务所导致的社会矛盾冲突是否全部能够用社会协商予以化解，以及社会协商与其他社会治理手段之间的序位关系如何？答案依旧为社会协商不是唯一的社会治理工具，需要根据具体的情况，来决定是否作为第一序位的治理工具。

2. 社会协商生长机理：三步

社会协商的生长机理其实可以用一个公式来表示：即"现实需求 / 社会矛盾 + 国家推动 + 社会培育"。归结起来，就是在政社互动的基础上追求社会协商功能的实现，在这个过程中使得社会协商得以生存和发展。

首先，所谓的"现实需求 / 社会矛盾"与社会协商的两个功能是对应的。现实需求意味着确有社会事务应得到妥当解决与处理；而社会矛盾则特指未妥当解决与处理社会事务所导致的社会矛盾，且该矛盾应予化解。实际上"现实需求 / 社会矛盾"涵盖了社会协商的功能，正是因为社会协商具有妥当解决与处理社会事务或化解因未妥当解决与处理社会事务所导致的社会矛盾冲突的功能与作用，所以可以被协商主体所充分吸纳、运用与采用。但如果国家没有推动社会协商的"发芽"，或者整个社会没有促进社会协商的"培育"，均可能导致社会协商成为一纸空谈。这就意味着"现实需求 / 社会矛盾"只是社会协商生长机理的必要条件之一，还必须配合"国家推动 + 社会培育"两个其他的必要条件。

其次，"国家推动"是指在国家权力层面上，权力主体认清现实需求与社会矛盾，积极自上而下地去使用社会协商来解决问题。权力主体解决问题的手段有很多，包括但不限于行政命令、强力维稳、制定政策等等，只不过这些手段的刚性非常强，不像社会协商那样具有柔性。有些时候，柔性的社会治理方式可能更会得到社会的认可与接受。这实际上也从另一个角度指出了各种社会治理手段的适用前提。当一项事务本应通过柔性社会治理方式去解决会更好时，那么就需要适当地减少或尽量不去使用刚性社会治理方式。最好的方法就是刚柔相济，刚与柔互相补充，该刚则刚，该柔则柔，恰到好处。凡是应通过柔性社会治理方式去解决的，国家就需要积极推动这种方式的采用，而不是背道而驰，更不是设置障碍来阻碍社会协商的适用。

最后，"社会培育"是指在社会权利层面上，社会主体认清现实需求与社会矛盾，积极自下而上地去使用社会协商来解决问题。社会主体解决问题也有刚柔之分，刚性的手段如暴力抗法、群体性纠纷、游行、示威等等，柔性的手段如谈判、社会协商等等。我国自古以来就是一个农业社会，这种特性根深蒂固，追求平和、安详、和谐是社会的一贯表现。《论语·学而》中提出的"和为贵"就广为社会所接受。如此，说明社会具有培育社会协商这种柔性手段适用的文化氛围和生存土壤。在这样的背景之下，社会主体为妥当解决与处理社会事务或化解因未妥当解决与处理社会事务所导致的社会矛盾冲突，就可能更倾向于息事宁人、妥协让步的做法，于是，为社会协商的适用起到了积极的促进作用。

"国家推动＋社会培育"通过自上而下和自下而上的双向互动，表明了社会协商在本质上是政社互动的产物，进一步来讲，在政社不分或者政社分离的背景下，即使存在"现实需求／社会矛盾"，社会协商亦难以生存和发展。

（四）社会协商的载体和基本形态

1. 社会协商载体：多渠道

社会协商的载体即社会协商主体作用于客体的凭借或媒介。社会协商可以分为主体间当面交流与非当面交流两大类别，当面交流要求协商主体双方之间通过口头的方式进行直接的交谈和沟通。然而，并不是任何情况下在任何时间与任何地点，协商主体彼此间都能够进行当面的交流，因此，非当面交流形式就有存在的必要，而非当面交流需要借助大众传媒等公共话语平台作为载体。公共话语平台的提出与"公共话语空间"。该空间的提出又起源于德国学者哈贝马斯所倡导的"公共领域理论"，形成一个理论吸收借鉴的传递链条。公共话语平台是为协商主体提供的交流平台，在这个平台上，权力主体与社会主体均可平等地、自由地发表意见，讨论公共社会事务，享有公开的话语权，不受其他力量所左右。

2. 社会协商的基本形态：多样态

社会协商可以通过多种形式来进行。如果将社会协商等同于社会协商对话，那么协商的形态就相对简单，即直接指向"对话"的形式。"对话"很容易被理解为对话主体双方互动的过程，包括直接"面对面"的交流和"一对一"讨价还价的谈判，"问与答"是对话典型的互动方式。我们认为，社会协商的实质在于通过协商双方的沟通和交流，最终形成共识。共识可以是双方意思表示一致的认识，也可以是彼此妥协后形成的尊重对方观点的认识。共识的形成可以采取多种方式：既可以是协商双方双向的互动对话方式，包括"面对面"的直接互动对话和借助网络大众传媒等公共话语平台的间接互动对话，如咨询、听证、恳谈、党政领导热线、信访等；也可以是以协商一方单向的信息公开方式，如进行"广而告之"的信息公示、新闻发布会、公众旁听、政府开放日、自由参加的讲坛论坛等，使协商另一方能够在知悉了解相关情况的基础上，认同对方的主张和观点，最终形成双方共识。在单向信息公开的情况下，协商双方不再是"面对面"和"一对一"的协商对话，而可能是"一对多"或"多对一"的交流沟通。信息公开尽管从外部形态上看似乎是单向度的，但由于其可以达到让双方沟通和交流的目的，因此也具有双向度的协商功能，也可以成为协商的一种重要方式。我们注意到，信息公开是政府政务公开，依法行政的基本要求，也是政府与社会主体主动协商的重要方式。通过这种方式，可以让社会各个层面的人们能够了解党委政府的相关政策和决策，从而也使这些政策和决策能得到更多的社会公众的理解和支持。因此，协商对话和信息公开构成社会协商的两种基本形态。在现代信息技术迅速发展和广泛运用的情况下，网络大众传媒等公共话语平台已经成为社会协商的重要载体。

（五）社会协商的步骤和限度

关于社会协商的步骤和限度的分析是基于社会协商的性质和特点，从理论建构的角度来作出的讨论。

1. 社会协商步骤：三个步骤

社会协商自有其独特的运行机制，如果从理论抽象的角度来看，基本按照"公共协商——理性沟通——偏好转换"三个步骤进行。

就第一步"公共协商"而言，本质上是对社会协商的一种动态表现。"为了具有合法性，公共协商必须是包容性的，因而应该是结构性的，这样，所有公民都能够合理预期他们将影响决策。"[1] 也就是说，协商主体之间通过协商来妥当解决与处理社会事务或化解因未妥当解决与处理社会事务所导致的社会矛盾冲突。社会主体能够经由协商来影响权力主体的决策与行动，反之，权力主体亦能够经由协商来影响社会主体的决策与行动。公共协商的进行，彰显了民主的特性，即所谓的"公共协商利用自由、开放的公共领域中所体现出来的自由平等，使得民主的过程富有创造性和连续性"。[2] 更进一步来讲，"正是通过公共协商，我

---

[1]　［美］詹姆斯·博曼：《公共协商：多元主义、复杂性与民主》，黄相怀译，中央编译出版社 2006 年版，中文版序第 2 页。

[2]　同上书，中文版序第 3—4 页。

们才能最好地保存一个合作的、宽容的、多元主义的民主"。① 从这个角度来讲，社会协商由于具有公共协商的运行机制，成为协商民主的重要表现形式。中央出台的《深化改革决定》中，对协商民主制度明确提出，欲实现这个目标，除了现有的人民代表大会制度和政治协商制度等等，包含了公共协商运行机制的社会协商亦是推进协商民主广泛多层制度化发展的重要环节。

就第二步"理性沟通"而言，是对公共协商提出的要求，排除非理性状态。与前一步骤公共协商相连接，协商就是对一个更加合理的整治秩序进行，在政治决策理论中至少要涵盖公开理论。② 这里，借鉴了经济学的理性人假设，认为每个主体都会趋利避害，以最少的成本获取最大的利益，如果能够做到的话，就认为具有理性。换一种说法就是，在人们共同的理想和一致的原则下，社会秩序是自由和平等的，公民对这样的社会状况充满期待。③ 同样，理性沟通与公共协商一样，都具有民主、开放、多元的特性，这种特性是通过对话的方式进行的，尤其是透过面对面交流和借助大众传媒等公共话语平台这些载体在公共协商中实现理性沟通。更进一步来讲，理性沟通需要权力主体与社会主体之间反复论辩、不断论争，在这种民主沟通程序的基础上，来追求真理共识的达成。当然，能够达成真理共识，还必须经过第三个步骤"偏好转换"。

就第三步"偏好转换"而言，实际上是对社会协商运行结果实现其目标的一个必要条件。由于协商可能会成功，可能会失败，权力主体与社会主体之间欲通过协商来妥当解决与处理社会事务或化解因未妥当解决与处理社会事务所导致的社会矛盾冲突时，必须要进行所谓的偏好转

---

① 　[美] 詹姆斯·博曼：《公共协商：多元主义、复杂性与民主》，黄相怀译，中央编译出版社 2006 年版，前言第 2 页。

② 　同上书，第 2 页。

③ 　同上书，第 7 页。

换才能达成一个成功的协商共识。换句话来讲，至少要有一方要在一定程度上进行让步与妥协。但现实所面临的困境是偏好为一个主观的概念，它本质上是隐藏在人们内心的一种情感和倾向，偏好无法直观地表现出来，再加上引起偏好的感性因素远多于理性因素，这些就都使得协商最终可能功亏一篑。也就是说，没有实现偏好的转换，将会使得社会协商运行机制实现劣的结果。

"公共协商——理性沟通——偏好转换"三个步骤的环环相扣与逻辑展开是贯穿社会协商始终的程序要求与运行方式，三者缺一不可，相互作用、相互影响，以最终实现权力主体与社会主体之间通过协商来妥当解决与处理社会事务或化解因未妥当解决与处理社会事务所导致的社会矛盾冲突的目标。

2. 社会协商限度：两个问题

社会协商具有一定的限度，不是说为了创新社会治理、为了构建和谐社会、为了柔性治理就可以无限度地一直协商下去，纠缠不清，进而丧失了效率。社会协商的限度其实要回答两个具有关联性的问题，即社会协商存在限度的原因是什么？在原因作用下，协商到什么程度？对第一个问题的回答将有助于对第二个问题的理解。

针对第一个问题"社会协商存在限度的原因是什么"，需要区分社会协商本身与社会协商结果两个概念。

首先，就前者社会协商本身而言，要求行为主体之间应具有平等性，这也是政社互动的前提条件。从理论上，确实可以假设乃至认为协商主体之间具有平等性。于是二者之间能够采取对话和信息公开的方式，通过面对面交流和借助大众传媒等公共话语平台，进行协商参与社会治理，以妥当解决与处理社会事务或化解因未妥当解决与处理社会事务所导致的社会矛盾冲突。但实际协商过程中，由于协商双方主体地位上的差异，协商并不一定是完全按照平等自愿的方式来进行，达成的结果也可能并非双方妥协退让形成的共识。因此，实践中还不能完全依赖社会协商去处理社会问题。

其次，就后者社会协商结果而言，由于结果具有不确定性，这就决定了协商具有一定的限度，否则就可能是在做无用功，浪费成本。症结的关键主要在于价值的多元。此处的价值包括主客观两个层面的内容，既有主观方面的价值观，也涵盖了客观方面实实在在的利益。不同的主体就可能持有不同的价值观，亦可能具有不同的实在利益，由此导致社会协商的结果具有不确定性。最优的状态是协商主体之间可能会达成共识，但还有其他情形的可能，包括但不限于双方处于僵持状态各不让步，其中一方压根不进行协商，抑或是妥协之后反悔等等。这也说明不能完全依赖社会协商去处理社会问题。

在此，还可以引申出国外学者如苏珊·C.斯托克斯在《协商的困境》一文中较喜欢使用的两个术语：诱发性偏好和虚假认同。诱发性偏好是指"人们由于自身能力欠缺或自我意识不足等原因导致协商过程中容易被所发出的信号所控制和误导，从而形成一种操纵、误导，形成一种发出信号者不能对真实意志和利益诉求进行真实反映的偏好"。[①]"公共交流可能不仅会改变偏好，而其事实上会改变认同，某些认同如'虚假认同'，它的含义是政党、政府等根据其自身利益和需求作出一种抽象的叙述，而与之协商的人们由于自身能力欠缺或自我意识不足等原因，会认可该抽象叙述，然而在这种缺失抽象叙述的状态下，公众会基于自身经验的基础上，相信其他的不同的说法。"[②] 这两个概念在本质上都是在强调社会协商存在限度，不能过分依赖社会协商。

针对第二个问题"协商到什么程度"，这是一个很难回答的问题。

---

① 参见［美］约·埃尔斯特主编：《协商民主：挑战与反思》，周艳辉译，中央编译出版社 2009 年版，第 122 页。

② 参见上书，第 134 页。

具体问题具体分析，可能是对这个问题的较好回应。正是因为形式上的平等而实质上的不平等破坏了社会协商本身，外加社会协商结果的不确定性，使得协商只能是结合权力主体与社会主体的协商情况来具体考量。

讨论社会协商的限度也涉及社会协商本身的局限。与其他所有制度一样，社会协商不可能做到非常完美，还有许多漏洞和不足之处。

首先，社会协商还存在自身的局限性，例如效率不高，对一些急需解决的问题和事项不能及时进行圆满解决。在当事人之间进行协商，当事人都有自己的底线，因此最后是否能够使得双方的意见达到一致，是否使得双方对协商意见都取得满意，和协商的主体之间所提出的相关要求或者是相关诉求是否存在一致性息息相关。同时，还和参与协商的主体的积极性如何、是否是采取真诚的态度去解决问题、是否对协商人有信任感等等都息息相关。这些问题，最终都对协商的结果产生着直接的影响，良性的方面会使得协商出现好的效果，而如果产生不良的影响，将导致协商没有任何结果。例如云南昆明的市民们对 PX 石化项目持有的态度是反对的。昆明市政府部门召开了很多次民主恳谈会，到最后，该市市长对市民承诺说：在这个石化项目中，倘若反对的居民占多数，那么政府部门将会根据民意，对这个项目进行取消。其实，昆明市的资源是非常多的，比如该市拥有的得天独厚的旅游资源等，而 PX 石化项目对于该市来说并不是一个非得上马的项目。如果这个项目发生在经济基础比较落后的地区，而这个项目在该地区中所发生的作用会非常大，会成为该地政府部门的唯一可以依靠的政绩的时候，这时候想要让这个项目通过协商而不再立项是很难实现的。即使说通过社会协商达成了一定的共识，在实施中，当事双方也会出现反悔的现象。而这种事情在现实中也是非常常见的。这样，因为某种利益的考虑，一方会对原来协商的结果进行推翻，从而使得冲突和矛盾再次出现。不管是最后协商没有达成一种共识，或者是达成一定的共识后一方又处于某种利益后出现反悔和推翻的现象，这些都将使得原来所进行的协商成果没有效果，使得时间成本白白增加，机会丢失。现实中更加严重的是，一些事情通过社会协商不能进行有效解决，最后就一直协商下去，这样的协商对协商中的民主根本就没法进行体现，这种无休止的协商其实就是对争议进行搁置，对问题根本就没有进行任何实质性的解决，相反却还导致在人力、物力和财力上成本过大过多的投入。基于经济学的视角来进行观察，就是成本过高，而产出效益却不高，投入和成本不成比例。尤其是社会协商中如果主体人数比较多的情况下，因为主体人的价值理念是不一样的，这样导致价值理念繁杂，使得效率更加低下，最后使得问题更加不能有效解决。学者赵鼎新曾经在其论著中提出：国家实施的决策项目，并不是每一个都要进行协商后来实施的。在某一些问题上，通过协商是永远不可能达成一致的意见。因此，在一些关键问题上，国家一定要发挥自己的决策作用。如果什么问题都通过协商来进行解决，只会导致行政效率不高，成本投入过大；同时，一些问题必须在短时间内解决到位，而通过社会协商，只会使得机会白白失去，使得一些事情拖延而使得问题越来越大。①

其次，形式上地位平等的背后有可能隐藏着实质上的不平等。很多因素，只会导致社会协商最后流于形式。例如事件发生的背景，协商主体的职权，协商主体之间的关系和资本等等，都对社会协商的效果产生着直接的影响。在协商中，弱势一方的机会相对要少得多，或者是在协商中一方故意压迫另一弱势方，使得弱势方最后不得不屈服于权势或者权威而放弃或者是违背自己的意愿。学者詹姆斯·博瓦德在其论著中就曾经说过：在协商中，其实最大的危险是通过协商，让人们在协商中把

---

① 赵鼎新：《民主的限制》，中信出版社 2012 年版，第 33 页。

一些不合理的事情合理化。这样，充其量协商只是一种对公众进行蒙蔽的方式，从而使得公众错误地认为，自己有能力和有权利对政府部门进行控制。[①] 实践中权力部门没有考虑与民众就针对涉及后者切身利益的社会事务进行协商的情况也确实存在，甚至根本没有与他们协商的意识。除此之外，更有甚者是通过行政强制手段迫使协商一方放弃自己的意愿而屈服于协商的事情也经常发生。例如在生活中比较常见的拆迁问题等。虽然形式上看似是平等的，其实从实质上而言，存在的却是极大的不平等。而这种形式上的平等的背后，是社会协商在实际应用和实践中的制度性设计还不够，缺乏有效的约束措施，在哪个时间内是需要进行协商的，哪些情况是需要进行协商的，进行协商的时间需要多少，实施协商的次数有多少等，协商的内容有哪些规定等等，在当前的制度设计中都没有明确清晰的规定，从而对协商的有效性和适用性等都产生了不利的影响。

最后，一些利益集团和媒体等有可能对社会协商进行控制和操纵。诺贝尔经济奖获得者阿克洛夫、蒂格利茨、斯彭斯等，对社会最大的贡献是提出了"信息不对称"相关理论。这些学者提出，在社会中，信息不对称现象是必然存在的，因为对信息的占有的不同。而和信息源最接近的利益集团和媒体等，就有可能出现因为其占有的信息源，对相应的信息进行屏蔽，实施隐瞒，或者是模糊信息和篡改信息等，从而使得社会协商的最终效果向自己方倾斜，也就是说使得社会协商的后果有利于自己。但是，当公众最后明白过来，看到了问题的实质性后，也就是明白这些社会协商被利益集团和媒体所控制和操作后，就会对社会协商持一种怀疑态度，就会不再信任社会协商。学者赵鼎新在其相关论著中

---

① 　[美] 詹姆斯·博瓦德：《协商民主及其理论缺陷》，张等文译，载中国宪政网，2012 年 11 月 23 日。

就提出：如果社会上发生了突发事件，倘若媒体没有在第一时间内进行报道，那么这个时候公众对网上的言论是相信的；而一旦媒体这时候发声，其发声和网络上的言论有不一致的地方，这时候公众会选择相信网络上的言论；而当媒体的发声和网络的言论相同的时候，这时公众又会认为，媒体只是因为网络的压力或者是公众的压力，最后不得不对事件中很小的一部分进行报道。[①] 作为对突发事件进行解决的关键手段的社会协商，在实施中需要以信任为基石，如果在协商中失去了彼此的信任，那么协商的一致性是很难达到的。

（六）社会协商概念的基本界定

1. 我国民主政治中社会协商的定位

协商的民主性的关键表现形式之一就是社会协商。在协商民主中属于下位概念。在党的十八大报告中，对民主和政治协商、协商民主等都进行了提及，这是三个层次的不同概念。"民主"的下位概念至少有两个，一为"选举民主"，另一则为"协商民主"，或者说，民主包括了选举民主和协商民主两种主要的形式；而协商民主在我国又至少包括政治协商和社会协商两种主要表现形式，这也意味着，社会协商是与政治协商并列的概念。

体现选举民主主要是直接和间接选举相结合的方式来进行；也就是说，在县以下行政级别中所采取的选举是直接选举，而县以上的选举是采取代表大会的形式来进行选举的。历史和现实都决定了我们不能走西方"选举民主"的老路，应当从中国实际出发，充分利用和发挥自己的政治优势和资源，推进我国社会主义民主政治建设。选举民主虽然有着

---

① 赵鼎新：《民主的限制》，中信出版社 2012 年版，第 179、181 页。

民主的优点，但也存在一定的不足，协商民主在西方是作为选举民主的补充而存在，西方的协商民主是建立在三权分立、多党竞争的资本主义民主基础上。我国的协商民主经过了半个多世纪的实践，它已在我国的民主政治中得到了深切融合①，使得人民群众的民主权得到了有效保证，因此有着其他所不能比拟的优势。协商民主与选举民主共同构成社会主义民主的两种重要形式，互相促进、共同发展。在我国当今正经历的社会转型过程中，协商民主的地位更为突出，实践中对"协商民主"尤其是其表现形式之一的"政治协商"的运用更为普遍和娴熟。

协商民主在我国包括了政治协商和社会协商等表现形式。政治协商与社会协商都具有"协商民主"所包含的"参与"、"关心的话题"、"多数"、"审慎"、"妥协"等意蕴。政治协商经过六十多年的发展，已经成为我国的基本政治制度，为我国社会主义民主政治建设发挥了重要的作用。从协商特点上看，中国共产党作为执政党，与其他参政党的政治协商并非自由谈判，也不要求协商一定要具有结果，协商过程中所提出的问题与建议是作为决策的参考而并不等于决策。这些特点也为社会协商的讨论提供了基础。

社会协商在我国民主政治中的定位可以通过与前述几个相关概念之间的逻辑关联图示来体现（参见图 2-1）。图示中，"民主"为最上

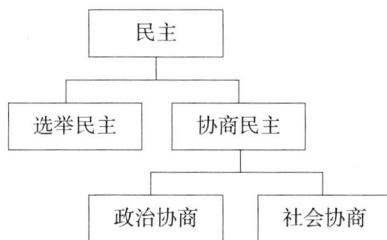

图 2-1　各相关概念之间的逻辑层级结构图

---

① 习近平:《在庆祝中国人民政治协商会议成立 65 周年大会上的讲话》。

位的概念，民主的下位概念为选举民主和协商民主，接下来，"协商民主"包括三种基本实现方式，一为政治协商，二为社会协商，三为合同协商。其中，政治协商主要指向国家和地方大政方针的协商；合同协商主要指向公民之间的利益协商；社会协商则介乎于政治协商和合同协商之间，是联通国家与社会的协商形式，在协商民主中占有非常重要的地位，是对协商民主理论和实践的丰富与发展。如前所述，鉴于合同协商是公民之间的利益关系协商的方式，可以不作为本书讨论的内容。

2. 社会协商与十八届三中全会提出的其他协商形式的关系界分

《中共中央关于全面深化改革若干重大问题的决定》首次在党的最高文件中使用了"社会协商"的定义，同时还列举了包括社会协商在内的五种形式，其原文为："对环节完整和程序合理的协商民主系进行有效构建，使得国家政权机关和党派团体等参与协商的路径得到进一步拓宽。进一步实施行政协商、立法协商、社会协商、参政协商、民主协商等。"对于这一表述，可以作出不同的解读。其中关于社会协商等五种形式的逻辑关系属于学术探讨的解释选择问题，只要能够自圆其说、不违反基本的逻辑关系，就属于可以接受的理论，不存在对错之分。但是，言说的主体、技巧、频率等等因素可能会影响到对不同理论见解的接受程度。如果言说的主体具有较高的权威性、言说技巧高超、反复不断地言说，就可能会使得该种观点被更多的人所理解和接受。鉴于目前暂时没有针对此问题的面对面的受众，言说的技巧和频率可以忽略，而起到较大作用的因素应当是言说的主体。我们注意到，人民出版社于2013年11月出版的《〈中共中央关于全面深化改革若干重大问题的决定〉辅导读本》作为一种有效的、权威的学习文本，其中也没有专门对五种形式的逻辑关系作出说明。我们认为，从学术角度进行探讨，可以对此有两种解读：

第一种解读：联系该段表述的上下文结合五个概念所在句子的前一

句话，将不同的主体依次对应后一句的协商方式，即①国家政权机关→立法协商、行政协商；②政协组织→民主协商；③党派团体→参政协商；④基层组织、社会组织→社会协商。那么，五种协商形式应当属于并列平行关系（见图2–2）。

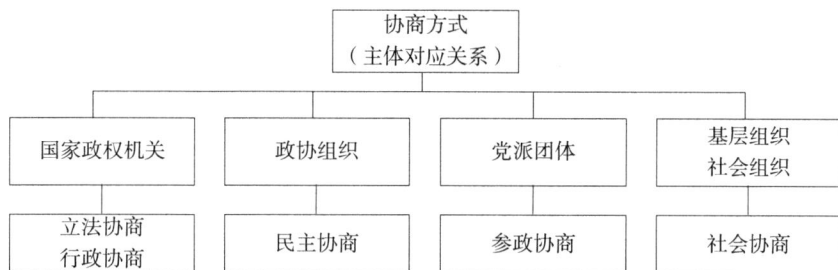

图2–2　协商的五种方式的并列平行关系图示

这一解读存在的主要问题包括：首先，如果将国家政权机关对应于立法协商和行政协商，那么，立法协商和行政协商的列举就可能是不完全的，势必将也是国家政权机关之一的司法机关开展的司法协商排除在外；其次，如果将政协组织对应于民主协商，民主协商的外延显然大于政治协商，那就需要对民主协商作出限缩解释，使其与政治协商相等同，因而政协组织对应民主协商并不见得妥当；再次，如果将基层组织、社会组织对应于社会协商，那么社会协商与政治协商就不是平行的概念，而是属于比政治协商更低层次的下位概念。可见，以主体来对应协商方式的解读在逻辑上是难以自洽的。

第二种解读：以政治协商和社会协商为协商民主之下并列的两种主要形式，以协商事务和召集主体的不同来进行划分，五种协商方式呈现出相互包容、交叉重合的关系（见图2–3）。

从图示可见，首先，根据协商事务内容，可以将协商民主之下的协商形式分为政治协商和社会协商，政治协商以涉及国家和地方的大政方

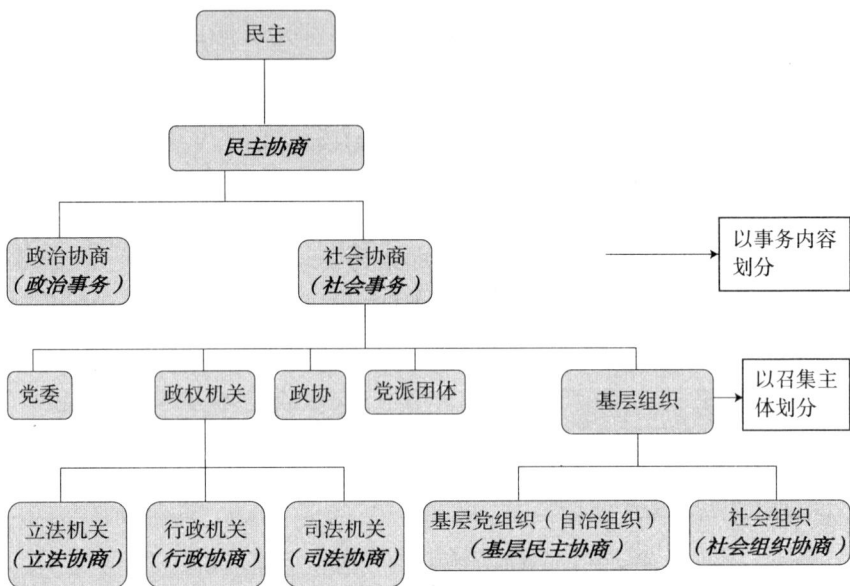

图 2-3 五种协商方式的相互包容、交叉重合关系图示

针和重要决策的政治事务为主要协商内容；社会协商以涉及民生的社会
事务（如关系人民群众切身利益的实际问题）为主要协商内容；其次，
根据协商召集主体的不同，社会协商可以分为由党委、政权机关、政
协、党派团体、社会组织等召集进行的社会协商形式。其中，由政权机
关负责召集的社会协商可以进一步划分为立法机关召集的立法协商、行
政机关召集的行政协商、司法机关召集的司法协商；由基层组织负责召
集的社会协商可以进一步划分为基层党组织（自治组织）召集的基层民
主协商、社会组织召集的社会组织协商等。

　　基于上述分析，我们认为，党的十八届三中全会《深化改革决定》
在协商民主之下列举的五种形式的含义和关系是：立法协商是指具有立
法权的人大和政府（如国务院、省级人民政府）就立法方面的问题与社
会各界进行的协商；行政协商是指各级政府就行政事务方面的问题与社
会主体进行的协商；参政协商主要指各级政协就国家的和地方中的相关

重大问题举行的有民主党派、社会团体负责人、各族各界代表参加的协商。民主协商主要是指基层党组织和自治组织就民生问题与民众进行的协商，社会协商则主要指党委政府与社会主体就社会中一些牵涉老百姓实际利益的问题实施协商。可见，五种协商形式是从不同层级角度来进行的划分，从协商主体和协商内容来看，彼此间存在相互包容、交叉重合的情况。其中，社会协商涵盖面和包容度最广，渗透延伸到其他各协商形式之中，如立法协商、行政协商中的政府与社会主体协商的内容。

由此观之，社会协商作为沟通国家与社会的协商形式，从包容度和涵盖面来看，并不与立法协商、行政协商、民主协商、参政协商处于完全并列的层级，而应当与政治协商处于并列的层级，共同属于协商民主之下的第一层级的协商形式。

论述至此，我们可以为社会协商勾勒出一个基本的定义：社会协商主要是指党委政府与社会主体之间采取面对面交流或借助大众传媒等公共话语平台为载体，通过对话或信息公开的方式，就经济社会发展的重大问题和涉及群众切身利益的实际问题进行平等协商，形成共识，是人民群众参与社会治理、体现我国协商民主的重要形式，对于妥善处理处置群体性事件、减少和化解社会矛盾冲突、实现社会和谐具有很强的现实意义。

（七）社会协商的基本特征

社会协商作为现代民主政治极富发展前景的一种表现形态，与党的十八大提出的奋斗目标，有着相当的契合性，对于构建和谐社会、实现中华民族伟大复兴的中国梦，具有重要的现实作用，既具有协商制度的一般特点，同时也带有我国社会主义民主政治建设的时代特色。

1. 社会协商是以协商为核心的柔性治理方式

社会协商的核心词是协商，从政治学和法学意义上看，协商至少包含着以下几层意思：

（1）协商是一种非强制的方式。国家治理包括强制和非强制的手段。所谓强制手段，即管理者借助强大的国家机器为后盾，采取压迫、剥夺权利或自由的方式来使作为被管理者的社会成员服从和接受，从而消除或减轻对政治秩序的威胁危害和破坏。在这个意义上，强制意味着强力和强迫，管理者和被管理者之间处于命令与服从的非平等状态。所谓非强制手段，即管理者与非管理者之间并非命令与服从的关系，协商意味着主体间有"讨价还价"的空间，管理者与非管理者可以就涉及利益关系的问题进行商议和谈判。在政治社会领域进行协商，实际上是社会成员及其代表"以对话、讨论、辩论等形式参与公共决策过程以形成能够最大限度满足所有公民愿望的公共政策这样一种民主形式"。①

（2）协商建立在平等自愿和尊重对方的基础之上。协商主体无论是政治精英还是平民百姓、党政机关还是社会团体，也无论本身的法律地位或占有政治社会资源是否存在差异，在协商过程中都是讨论商议的参与者，协商中的相关权利和享有的义务是平等的，各个协商的主体的人格等，都受到我国法律的保护，在协商中，要对对方的意见和人格等等进行尊重，不能做出攻击对方人格的事情，除非一方自愿作出让步，否则另一方不能把自己的意志强加给对方。协商应该使商议的影响进一步扩大，而在协商中，将要尽量缩小财富和权力等对决策结果的影响。②

（3）协商是参与主体形成共识的过程。共识即参与各方的意思表示

---

① 韦幼苏：《试论健全与发展中国特色社会主义协商民主》，《江淮论坛》2013 年第 5 期。

② 参见何包钢：《中国协商民主制度》，陈承新摘译，网址：http://www.chinaelec-tions.org/list.asp?SortID=8。

一致，在此上协商与合同的订立相类似。合同的订立也有协商的过程，但政治领域的协商与合同订立的协商区别在于：前者各方达成意思表示一致往往不表现为要约承诺的过程，也无需以达成书面协议为最终结果，协商参与者在了解相关信息的前提下，参与讨论，畅所欲言，在相互尊重的基础上交换意见，以形成协商各方的共识为最终结果，共识往往表现为对公共决策的认可或认同。协商制度的制定，理应把协商的力量向国家力量转化，同时，使得相关协商的主体等都对决策能够产生一定的影响。[①] 在这个意义上，社会协商也是民众参与国家治理的重要方式。如同政治协商一样，社会协商主体间就社会事务的协商也并非合同订立那样必须采取要约承诺的步骤，也不要求协商一定要具有签订协议的结果，协商过程中所提出的问题与建议是作为决策的参考而并不等于决策。

（4）协商意味着让步和妥协。协商作为非强制手段，在尊重对方利益和意见的前提下形成的共识，可能是协商参与者的"最大公约数"，更可能是协商参与者"求大同存小异"而作出的必要让步和妥协。妥协与民主是一对不可分离的范畴。著名纯粹法学派代表人物凯尔森就曾言，"多数和少数之间的自由讨论之所以对民主是必不可少的，就因为这是创造有利于多数和少数之间妥协气氛的一个途径；而妥协则是民主本性的组成部分"。[②] 妥协也是民主参与者政治智慧的体现。社会协商要求作为参与者的公共决策者和利益相关者就共同话题达成一种相互之间的理解、谅解和妥协。习近平同志指出：人民民主的最大真谛，是全社会的意愿都能得到最大体现。[③] 学者郑永年教授在其相关论著中提出：

---

① 何包钢：《中国协商民主制度》，陈承新摘译，网址：http://www.chinaelections.org/list.asp?SortID=8。

② ［奥］凯尔森：《法与国家的一般理论》，沈宗灵译，中国大百科全书出版社 1996 年版，第 319 页。

③ 习近平：《在庆祝中国人民政治协商会议成立 65 周年大会上的讲话》，2014 年 9 月 21 日。

"民主的本质就是妥协。"在民主制度没有产生之前，如果社会政治利益集团之间在利益上出现矛盾和冲突的时候，倘若他们之间不能妥协，这时候将会导致暴力现象发生。这在历史上的王权制度也是这样。虽然王权的斗争是内部之间甚至是家族之间的斗争。而想要达到改朝换代，这个目标的完成，在历史上都是通过暴力来实现的。而民主政治的产生，"使得政治精英之间的互动变得文明起来。政治精英通过民主的机制而得以妥协"。由于不同的政治精英代表的是不同的利益，"他们之间的妥协也表示着不同社会利益之间的妥协。"[1] 需要说明的是，协商的让步和妥协并非零和博弈，即协商一方的收益等于另一方的付出，协商总收益等于零的博弈。协商机制追求的是正和博弈的效果，即协商双方都有收益的博弈，即双赢的效果。

综上可见，社会协商的要点在于商议、妥协与共识，其结果可能是使协商各方"双赢或共赢，利益最大化"。因此，社会协商既是一种政治参与方式，也是国家治理的一种柔性方式。从我国的现实看，社会协商不仅体现出当代社会主义民主政治的发展和特点，而且更有助于化解社会冲突和矛盾。

2. 社会协商是协商民主的基本表现形式和重要构成部分

协商民主的上位概念是民主。尽管民主可以从不同角度进行解读，有着许多不同的定义，但这些定义都不同程度会涉及协商的内涵。首先，民主意味着与"专制"、"独裁"相对，是按照少数服从多数的原则建立起来的政治制度。要实现多数人的统治，不仅需要将多数人的意志和意见集中起来，还需要贯彻尊重少数的原则，尊重少数就必然内含着协商的内容。有学者认为，民主，不只单单是自由进行选举，还涵盖有很多实质性的东西，例如在民主过程中，公众有建议权、参与权等等。

---

① 参见郑永年：《中国党内民主向何处去？》，《联合早报》2012 年 5 月 29 日。

尤其关键的是，当民主的关键点时选举的时候，为了使得多数决定的原则被滥用得到有效避免，其程序需要进行协商才能有效实施。① 可见，协商是民主的本来含义。

其次，民主意味着人民的参与，这一内涵也是社会协商的核心价值所在。"1863 年 11 月 19 日，林肯在葛底斯堡国家烈士公墓落成典礼上的演说上提到'我们……要使这个民有、民治、民享的政府永世长存'"②，这是林肯对"民主"经典和传神的诠释。查看"民有、民治、民享"的原文"of the people"、"by the people"、"for the people"，可以做出进一步分析与理解："of"一词表示"归属"，意为政府归属于人民，而不是相反；"by"一词表示"执行者"，意为政府行权时是由人民来行使，反映人民的意志；"for"一词表示"目的"，意为政府是以人民的目的而存在和行使权力。归纳起来，实际上这三个介词包含了要从人民的利益出发而共同参与的内涵。

在我国的现实语境下，社会主义民主就是"人民当家作主"，"一切权力属于人民"。我国宪法序言规定，"把我国建设成为富强、民主、文明的社会主义国家"。这一规定表明，民主既是目的也是手段。作为目的，社会主义民主必须坚持人民的主体地位，发挥人民主人翁精神，尊重人民首创精神，保障人民当家作主；作为手段，社会主义民主制度的完善要求采取包括多种方式保证人民参与国家治理的权利得到实现。我国正处于工业化、现代化的转型时期，这一基本国情决定了现阶段的政治制度和体制，一定要发挥和调动公众建设国家的积极性和主动性，发挥公众的创造性；与此同时，又能够使得公众的才智和力量得到汇集，

① 何包钢：《中国协商民主制度》，陈承新摘译，网址：http://www.chinaelections. org/list.asp?SortID=8。

② 参见〔美〕亚伯拉罕·林肯：《林肯选集》，朱曾汶译，商务印书馆 1983 年版，第 239—240 页。

从而对资源在全国范围内的合理配置有一定的促进作用。对国家和社会的安定团结起到有效的保障作用。对于当前我国实施的政治体制而言，只有满足民众的需求，只有发挥民众的主体作用，这样的政治制度才是具有旺盛生命力的制度，这样的制度才是中国人民所需要的制度，才是构建一个民主和谐国家的真正需求的制度。①

最后，中国特色社会主义民主的一个最大的特点就是选举民主与协商民主的结合，这种结合与西方民主的发展路径不同，西方的协商民主是作为弥补选举民主的不足而发展起来。选举民主在西方国家的地位十分突出，"选举为手段，民主为目的"，"竞争性民主制的合法性产生于自由、平等和无记名选举中的多数人选票"。② 选举民主虽然有着民主的优点，但也具有一定的弊端，诸如法国政治思想家托克维尔所提出的"多数的暴政"③ 就是人所皆知的缺点。同时，民主选择很有可能被一些利益集团和有某种企图的主体进行利用和操纵，对民主的初衷进行违背。历史上很多事实证明，在不少情况下，虽然民主政治是自由平等的，然而所当选的人并不能保证就是优秀的人，不优秀、品质低劣的人也不能保证就不被选举上。④ 一些群众认为，通过普选就能选举出自己所想要选举的人，这种想法只能说是一种一厢情愿的幻想。⑤ 西方的选举民主也表明，仅仅用选举民主来彰显民主是不够的，背后还可能隐藏着陷阱与罪恶。因此，针对选举民主的弊端，需要通过协商民主来进行

---

① 房宁：《从实际出发推进中国民主政治建设》，《求是》2013 年第 23 期。

② ［德］哈贝马斯：《在事实与规范之间——关于法律和民主法治国的商谈理论》，童世骏译，生活·读书·新知三联书店 2011 年版，第 362 页。

③ "多数的暴政"亦可意译为民众所熟知的"多数人对少数人的暴政"。［法］托克维尔：《论美国的民主》（上卷），董果良译，商务印书馆 1988 年版，第 287 页。

④ 郑永年：《中国模式——经验与困局》，浙江人民出版社 2010 年版，第 231 页。

⑤ ［法］托克维尔：《论美国的民主》（上卷），董果良译，商务印书馆 1988 年版，第 225 页。

有益的补充。而我国实施的协商民主，就发源于我国的政治协商制度，协商民主的存在不是选举民主的补充，而是产生于选举制度之前。我国实施的协商民主具有很大的生命力和旺盛力，是我国人民集体智慧尤其是中国共产党创造出来的，在党的政治领域中发挥着独有的作用。① 这些都充分说明："中国的政治民主在发展进程中始终离不开协商民主，协商民主助推人民民主的发展，形成有中国特色的民主制度。"② 二者有着同等重要的地位。协商民主作为民主的重要形式，属于社会主义民主制度范畴，是实现社会主义高度民主的重要手段。社会主义民主制度的完善，必然包括社会协商在内的具体制度的建立健全。从某种意义上讲，协商民主由于较好地契合了我国政治建设现实，体现了社会主义民主的核心价值，因而在我国社会主义民主发展过程中具有更为突出的地位和作用。协商民主内含的平等讨论、商议、协商、咨询等内容，能够营造一种平等、公正和自由的环境与氛围，促进社会的稳定和谐。发展民主的重点是协商民主，从而在某种程度上，对社会中存在的矛盾和突出问题进行有效解决或者是有效避免，使得社会更加和谐，使得社会的共识能够得到有效扩大；使民主质量得到有效提升，把对少数的尊重和少数服从多数进行有效协调和统一；还可以使得决策效率得到进一步提升，使得政治成本得到有效降低。③

社会协商的提出源于我国协商民主的发展。我国协商民主的兴起和发展与"政治协商"制度有着密不可分的亲缘关系。实践表明，作为我国基本政治制度的多党合作和政治协商，协商是其核心内容。政治协商

---

① 习近平：《在中央全面深化改革领导小组第六次会议上的讲话》，《人民日报》2014 年 10 月 28 日。

② 刘佳义：《推进协商民主广泛多层制度化发展》，《〈中共中央关于全面深化改革若干重大问题的决定〉辅导读本》，人民出版社 2013 年版，第 216 页。

③ 房宁：《从实际出发推进中国民主政治建设》，《求是》2013 年第 23 期。

制度经过六十余年的千锤百炼基本成熟定型，不仅为其后兴起的社会主义协商民主予以实践支撑，而且对协商民主的制度建设起着示范、带动、推进的作用。① 在此基础上，"协商民主"一词逐渐被绝大多数人所接受和认可，乃至最终形成共识，即"我国社会主义民主可以类型化为选举民主和协商民主两种形式"。党的十八大及其三中全会对社会主义协商民主作出系统深入的阐述，其中关于"健全社会主义协商民主制度"、"推进协商民主制度化"的论述，是中国协商民主进入制度化的一个崭新时期的标志。从这里也可以看出，中国的协商民主在向制度化方向和多层次方向发展，和政治协商一起成为我国协商民主的重要组成部分和主要表现形式，二者既有着发展过程上的丰富、完善和创新的联系，也有在层级和内容上的包容重合，二者的区别主要包括：

（1）从协商的性质上看，政治协商是我国的一项基本政治制度，以政协为组织形式并主要通过政协组织来进行的协商，政协由代表各党派、各族各界的政协委员构成，具有组织化、制度化、经常化和程序化的特点；而社会协商目前尽管有了一些实践，但还缺乏相应的理论概括和制度设计，总体上尚处于探索阶段，远未达到政治协商那样的成熟状态，还没有政协那样固定的组织载体。

（2）从协商所要达到的目标上看，政治协商是执政党和政府与其他政党、各人民团体、各民族和社会各界的代表进行的协商，协商主要在政协委员中进行，其主要目标在于实现国家层面的多党合作，保证重大决策的民主化科学化。社会协商是党委政府与社会主体的协商，社会主体并非固定的成员，其主要目标在于通过沟通党和政府与人民群众的联系渠道，实现"下情上达、上情下达"，从而改进党的执政方式，提高

---

① 参见刘佳义：《推进协商民主广泛多层制度化发展》，《〈中共中央关于全面深化改革若干重大问题的决定〉辅导读本》，人民出版社 2013 年版，第 216 页。

党的执政能力，充分发挥我国社会主义民主政治的特色和优势。

（3）从协商的内容上看，政治协商涉及的领域主要是国家和地方的大政方针和重要决策，主要指向国家层面涉及政治建设方面的重大问题；社会协商涉及的领域主要是不同群体直接或间接的利益关系，主要指向社会建设方面的民生问题，也涉及与政治建设、经济建设和文化建设相关的其他事务，具有多样化的特点。正是由于社会协商内容主要是指向社会建设方面的民生问题，更多涉及群众的切身利益，因此，社会协商必然更多面向基层，更贴近民众和更接地气，成为实现基层民主的重要方式。

（4）从协商的过程来看，政治协商作为有组织载体的协商，有着比较完备的制度体系、工作方法、实践模式和工作网络。各级党委和政府、政协要制定并组织实施协商年度工作计划，研究并确定协商的议题；政协按照政协章程和相关制度等对协商活动等进行安排；党委政府部门的相关领导在协商会议上对有关问题进行通报，在会议上对相关委员的意见和建议进行听取，同时，政协部门对相关委员所提出的相关建议和意见进行整理收集，党政机关对相关委员所提出的相关建议和意见进行认真研究并处理到位，同时向相关委员就处理意见等进行反馈。社会协商基于协商内容决定了协商具有一定的随机性，可以随时于决策之前和决策实施中进行；协商过程具有公开性和开放性，协商的内容、方式和结果以及对话举行的时间、地点和主体等都要通过一定方式公开，以吸收更多的社会公众参与；由于目前制度化程度不高，协商还缺乏统一的程序，在意见的反馈和处理上也没有严格的要求。

回顾协商民主的演进历程，其突破政治协商范围向社会协商的扩展，与我国经济社会的转型密切相关。社会主义市场经济带来的主体多元化、利益多元化和价值取向多元化，为民主理念的深入人心提供了社会基础。社会主义民主要求权力主体与社会主体之间进行沟通交流，充分让每个社会主体参与国家和社会事务尤其是与其切身利益息息相关的事务中来，使其利益诉求能够得到反映，公共决策能够得到广泛的认同和拥护，从而使权力主体的执政基础也更为牢固与坚实。民主要求权力主体与社会主体之间针对涉及切身利益的共同话题，通过信息的公开或相互之间的沟通交流抑或意见的反馈，来达成一种相互之间的理解、谅解乃至妥协。毕竟集体的群策群力、信息的公开与反馈、意见的沟通交流更容易为社会主体所接受。用民主的方式来化解社会中的矛盾纠纷，特别是群体性事件，可以获得比强力压制更好的社会效果。社会主体通过参与社会治理，可以产生"国家—社会"共同体的归属感，从而与权力主体之间不再是对抗、冲突，而是在共同体中建立起双方的信任，成为合作和融为一体的关系。

综上，社会协商符合民主内涵的要求，体现着我国社会主义民主实质和特色，既是民主制度的一种表现形式，也是实现民主的一种手段。在政治社会生活中引入和提倡社会协商就是健全社会主义民主，建立健全社会协商制度就是完善社会主义民主政治制度。

3. 社会协商是社会治理创新的重要手段

社会治理是国家治理的重要组成部分，也是社会建设的重要内容。十八届三中全会《深化改革决定》将社会管理提升为社会治理，要求创新社会治理，提高社会治理水平。关于"治理"，学者们有着专门的研究。一些国外学者认为，治理的本质是，它发挥作用不能由外力强加实现，而是要凭借着互动来完成。① 这里的"互动"正是治理所展示的最为重要的合理内核。社会治理与社会管理虽然仅一字之差，但却体现出

---

① [英] 格里·斯托克：《作为理论的治理：五个论点》，华夏风译，《国际社会科学杂志》（中文版）1999 年第 1 期。

不同的理念和政府在管理社会事务中不同的地位与做法：社会管理更多强调了国家权力的作用，偏重于国家对社会生活的干预，"管理"语词带有强制性的味道和色彩，很容易在实践中呈现出一种样态，即社会被政府所挤压，政府喜欢搞定所有社会事务，喜欢对社会发号施令①。社会治理除了国家和政府之外还强调社会组织和公民的参与，不能仅仅发挥前者服务管理社会的功能，也要重视自治和参与的强大力量，因而需要更多强调政府通过与社会多方合作，依赖于多元主体的参与来实现治理的目的，不仅体现出政府与社会的互动关系，而且显示出还权于社会、还权于民的理念。社会协商正是体现这种互动关系和理念的重要手段。

社会治理的重要目标是要增加社会和谐因素，增强社会发展活力，化解社会矛盾，维护社会稳定。我国当前正处于社会急剧转型过程中，随着经济社会高速发展，生活方式的调整，社会利益结构不断受到冲击，社会利益诉求多元分化，不可避免会形成大大小小的利益集团和群体，也必然会出现利益之争。学者奥尔森曾经提出：社会中的利益集团为了自己特定的利益的实现，实施集体的组织行动。社会利益集团其存在就是为了对利益进行有效谋取，其对利益谋取的手段常常是"抢瓷器"和"分蛋糕"形式。所谓"分蛋糕"，是指利益集团往往不是通过增加全社会利益总量（做大蛋糕），而是争取在社会利益中多取得一定的份额。为了多抢得一点份额（蛋糕），是不会顾及商店中的瓷器是否会打破，甚至不惜打破瓷器。② 因此，由利益冲突导致的社会矛盾时有激化也是正常现象。这种利益冲突朝着激化和极端的方向发展就可能出现群体性事件，引发社会的不稳定，资料显示，近年来，我国社会群体性事

---

① 参见陈家刚：《从社会管理走向社会治理》，《学习时报》2012年10月22日。

② 洪振快：《官民冲突与"国家困境"》，《同舟共进》2012年第4期。

件呈现多发和不断上升的趋势。①

有学者认为，对社会稳定进行有效维护的方式的实现途径有两种：其一，是对秩序进行控制。也就是通过对权力的强大的控制，对社会中的公众的言论和公众的行为等进行有效控制，从而使得社会保持相对的稳定，公众不敢发动动荡；而另一种的秩序是自治性的，也就是假设的个体和组织等对社会秩序是认同的，因此对社会的基本准则自觉进行遵循，对自己的权利进行行使，同时，对自己的行为能够负起责任，从而使得整个社会达到一种和谐的稳定和无震荡②。很明显，前一种方式就是运用国家机器来实行强力维稳，属于刚性手段；后一种方式涉及社会协商的内容，属于柔性手段。

动用国家机器来进行强力维稳，尽管有法可循，可以达到立竿见影的效果，但同时也会产生一些负面的问题：一是成本过高，数据显示，我国的维稳费用近年来居高不下，我国政府公布2013年公共安全预算数额为人民币7690.8亿元，其中有相当部分是用于维稳的费用。③二是容易引起社会成员的不满与反抗，导致官民矛盾的激化，近年来在处理群体性事件中不断出现政府与民众之间的尖锐对峙，严重影响着党和政府的公信力。可见，处治群体性事件和维稳涉及"善治"的问题，这考验着党和政府的执政智慧。强力维稳毕竟还只是一种治标手段，倘若社会的治理体制机制等不能通过相关健全的制度建设就公众对社会的不满情绪进行有效消除，社会矛盾就没有办法得到有效化解，这时候整个国

---

① 中国社会科学院社会学研究所和社会科学文献出版社于2012年12月18日联合发布的2013年《社会蓝皮书》认为，我国近年来每年发生的群体性事件可达十余万起。参见常红：《社会蓝皮书显示我国每年群体性事件达数万起》，载人民网，2012年12月18日。

② 季建林等：《社会管理创新的实践误区》，《改革内参》2011年第45期。

③ 数据来源请参见"2013年全国公共财政支出决算表"，载财政部门户网站：http://yss.mof.gov.cn/2013qgczjs/201407/t20140711_1111874.html，2014年7月11日。

家的政治体制就会出现一种陷入一种不良的状态之中，从而导致国家和社会关系之间出现不协调甚至是恶化，之后导致政治权威丧失，之后政治权威没有办法再得到重塑，最后导致社会处于动摇状态，从而影响整个社会的政治制度。① 从治本的角度看，需要创新社会治理方式。

而创新的社会治理形式主要涵盖有治理理念方面的创新，治理主体方面的创新和治理机制方面的创新。社会协商是社会治理创新过程中发展起来的治理方式，在化解社会矛盾，处治群体性事件中有着特殊的价值。首先，社会协商使民众能够参与到公共决策中来，成为公民表达诉求、维护自身权益的重要渠道，可以提升政府公共政策的民主性和公正性，使之能够在很大程度上得到社会成员的心理认同，从而增加社区凝聚力，减少和缓和社会矛盾的对立和冲突；其次，社会协商可以改变参与者的利益偏好，让其在协商过程中设身处地看问题，了解对方的利益诉求和观点，并在理解和尊重的基础上作出让步和形成共识，从而起到化解社会矛盾的作用；第三，社会协商主体除了政府外，还包括企业组织、社会组织和居民自治组织等社会团体，通过这些社会团体使党政机关与社会矛盾之间有缓冲地带，弱化民众因利益矛盾与党委政府的直接冲突和与社会制度的直接对抗。正是基于此，有学者认为，在社会利益主体多样化的基础上，社会管理创新需要社会协商对话来进行。②

4. 社会协商是党的群众路线的重要体现

党的群众路线最关键的内容就是从群众中来，到群众中去，这不单单是党的根本领导方法和工作方法，更是中国共产党执政的基石。群众路线的含义有以下两个方面：其一，历史是由普通群众创造的，历史的主人是群众；其二，党作为一个执政党，要想在群众中有威信，要想得

①　季建林等：《社会管理创新的实践误区》，《改革内参》2011 年第 45 期。

②　参见《迟福林：解决当下矛盾亟需社会协商制度》，载 2012 年 1 月 9 日和讯网，网址：http://renwu.hexun.com/figure_2457.shtml。

到群众的认可，一定要相信群众，依靠群众，倾听群众的意见和心声，只有在群众基础上的决策，才是科学的决策和有生命力的决策，才能维护和实现群众的根本利益。这些内容正好与协商民主的内涵相契合，从而也构成了协商民主制度运行的基础。在 2014 年中央召开的会议上提出：中国共产党创造出了社会协商民主制度，这是社会主义民主的体现和社会主义制度所具有的优势所在，在党的政治领域，民主得到了充分体现。强化协商民主的构建和完善，可以对群众的心声进行有效倾听，使得群众的智慧得到有效发挥，从而使得社会共识得以增强，使群众合力得以形成，从而促进和谐社会建设。通过协商民主，可以使得群众当家作主的民主权利得到更好的体现，从而增进公众的道路自信、制度自信。这些都说明，协商民主和群众路线是紧密联系在一起的。协商民主的重要形式之一的社会协商，是党和政府联系群众的最为直接的方式和渠道。从协商的主体和协商内容来看，它比政治协商更能体现联系群众的广泛性和基层性，也更接地气。从群众路线来理解社会协商，其要点在于党委政府可以在尊重群众的基础上，通过平等的协商来倾听民声，善解民意，服务民众，凝聚民心，增强执政合法性。也正是在这个意义上，包括社会协商在内的协商民主制度被认为"是官方意识形态和民主的一种混合产物"。① 从而得到官方的推崇和确认，并载入党的最高文件。通过社会协商，平衡各种不同利益，党委政府与民众之间更为密切和融洽，协商各方"就偏好、行动或政策的可信度达成相互理解和共识；通过协商，他们努力去调和各种利益，并就如何解决问题达成共识；在协商过程中，他们界定问题的性质，展开讨论并找出问题的解决方案；在这过程中，他们形成集体意愿和公共政策"。②

---

① 何包钢：《中国协商民主制度》，陈承新摘译，网址：http://www.chinaelections.org/list.asp?SortID=8。

② 同上。

社会协商作为党的群众路线的重要体现，可以夯实和强化党和政府执政合法性的基础。这里的"合法性"是政治学上的术语，带有"合理性"的意蕴，合理的内容可以通过合法的形式确认下来；反之，不合理的东西即使进入了法律也可以通过修改法律来予以废止。执政合法性要求党委政府作出的重大决定和决策应当建立在民众心理认同基础之上。这就需要党委政府在行使权力过程中广开言路，从谏如流，深入群众，体察民情。另外，在处理协调社会矛盾手段上，要赢得民心也需要刚柔并举，群体性事件的产生往往会影响到执政者的政治合法性，出现党和政府的信任危机。如果一味采取命令服从的强力手段，比较容易引起当事人的不满情绪，甚至激化矛盾，因而只能是处置群体性事件的治标方法。社会协商作为柔性的社会治理手段，通过参与、透明、妥协与让步，能够在得到心理认同基础上获得当事人支持，真正维护执政者的权威的公信力。只有这样，才能在事实层面与价值层面保证权力的有效运行。在这个意义上，社会协商是增强党和政府执政合法性的重要工具。

有学者认为，从政治参与视角看，群众路线更强调的是领导干部自上而下地获取人民群众的利益诉求和掌握群众疾苦。在这个意义上，人民群众有"被动"参与的意味，而随着协商民主体系的完善，更多体现出一种人民群众自下而上的主动参与。这样，群众路线强调的领导干部自上而下地深入群众与协商民主自下而上的群众主动参与就构成了有力的相互补充，同时加强公众参与与群众路线这两方面的制度建设，完全可以创造出具有中国特色的民主政治的新亮点。在这个意义上，随着社会协商的理论体系和法制建构的形成和完善，必将为党的群众路线的贯彻提供制度化、常态化和载体和动力。"可以形成一种自下而上的倒逼机制，从而驱动群众路线的贯彻"。二者的相互促进会产生"溢出效应"，进而带动整个中国特色社会主义民主政治的发展进步。①

5. 社会协商是基层民主协商的重要方式

社会协商作为我国协商民主的重要实现形式，体现了社会主义民主政治的特有形式和独特优势。按照党的十八大对社会主义协商民主的全面部署，要广泛多层制度化开展全社会的协商，"积极开展基层民主协商"。

基层民主协商也可简称为基层协商，与基层党委政府和基层组织之间存在着互相作用的关系。这里的基层党委政府是指县级和县以下的乡镇的党委政府；这里的基层组织是指相同区域内的党组织、自治组织和社会组织。基层党委政府采用基层协商来实现人民民主，创新社会治理，解决相关事务或化解因处理相关事务所产生的社会矛盾。反过来，基层协商也必须在基层党委政府的主导下才能得到有效的推行与适用。从这种相互作用的关系中，基层协商能够将基层党委政府与民众勾连起来，是党和政府联系群众的最为直接的方式和渠道。就像国家主席习近平所提出的：协商民主的关键是人民群众。党和政府涉及群众利益的大事要事的决策，主要在基层发生。因此，要对基层协商民主进行强化，关键是在基层群众中实施协商民主。只要是和群众切身利益密切相关的事情，都要充分倾听群众的意见和建议，要通过不同方式，在各个层面和群众加强协商。②

基层协商和社会协商尽管是从不同角度来进行的划分，但二者有着交叉重合的内容。从协商内容来看，社会协商比政治协商更能体现联系群众的广泛性和基层性，也更接地气，因而必然更多面向基层，更加强调协商的基层性。按照习近平同志的要求，和基层群众利益紧密相连的

---

① 参见张光辉、虞崇胜：《群众路线：协商民主的生动实践》，《社会科学报》2014年1月9日。

② 习近平：《在庆祝中国人民政治协商会议成立65周年大会上的讲话》。

事情，一定要在这个区域内的群众进行广泛的协商；和特定群众或是一部分群众利益紧密相连的，一定要在这个群体中加强协商。[①] 由此可见，基层民主协商在协商民主中占有非常重要的地位。社会协商作为协商民主的表现形式，应当更多体现基层协商的性质。我们注意到，实践中一些县域地方正在试行社会协商的基层协商民主体系，搭建基层党委政府与各级组织联系服务群众的平台，通过开展社会协商对话，引导群众有序政治参与，增加决策和实施的公开透明度，协调各利益群体间的利益关系。[②] 我们认为，这种做法正是社会协商性质的最好体现。

二、社会协商的理论基础

社会协商的理论基础是社会协商现实合理性的依据，也是对社会协商讨论的进一步深化。作为协商民主的表现形式，社会协商应当与协商民主的理论基础相一致。从文献梳理的角度来看，目前关于协商民主的理论诠释较多沿用了国外的相关分析框架和研究范式。这些理论尽管都可以在一定程度上对社会协商作出解释，但也与中国的历史和现实的国情或多或少地存在着差异。基于本文前面对社会协商的基本涵义和特征的描述，需要我们从中国实际出发，结合历史背景和现实环境对社会协商的理论基础进行归纳和阐述，从而不断加深对社会协商的现实意义和功能的认识。

---

① 习近平：《在庆祝中国人民政治协商会议成立 65 周年大会上的讲话》。
② 如四川省彭州市关于社会协商对话联席会议的探索，参见尧敏双：《推进协商民主广泛多层制度化》，《人民日报》（海外版）2014 年 12 月 13 日。

（一）协商民主理论

"协商民主"这一概念是学者约瑟夫·毕赛特最早提出的。而使得协商民主具有活力和内涵的是学者伯纳德·曼宁。在 20 世纪后期，学者哈贝马斯的协商民主的著作出版，使得协商民主理论开始推广开来①。正是因为"协商民主"的概念是逐渐发展起来的，所以对其认识呈现出逐渐深化的态势，其中最明显的即为对"协商民主"语词的中文译法。"协商民主"语词的英文原文为"deliberative democracy"。前者 deliberative 含有"审慎、慎思、仔细考虑"以及"争论、讨论"的两方面深刻内涵，后者 democracy 意为"通过直接或选举代表的方法由人民参与政府的管理"，②即通常所说的"民主"。合在一起，最为精准的翻译应为"审议民主"，而非"协商民主"。翻译成协商民主实际上存在着一定的问题：将 deliberative 翻译成"协商"，确实和英文原意有所差距，至少"审慎、慎思、仔细考虑"等内涵就无法完美从协商民主这一译法中体现出来，再加上中文里"协商"具有"讨价还价"的意味，就更与 deliberative democracy 相去甚远。实际上，对于"deliberative democracy"如何翻译属于解释选择问题。从解释的经验出发，对于一个英文术语的翻译不仅应考虑外语的实际含义，还要结合其在中文里的本土意义，在中外内涵中穿梭，随着理论界与实务界的不断研讨与实践厘清，将会对"deliberative democracy"有一个更为精准的理解与运用。只不过中央编译局的陈家刚较早将"deliberative democracy"这一理论引入我国时就译为"协商民主"，并得到理论界和实务界广泛的讨论与

---

① 参见陈家刚选编：《协商民主》，上海三联书店 2004 年版，第 336 页。

② See Bryan A. Garner（Editor in Chief）：*Black's Law Dictionary*, West, 2009, 9th Edition, p.497.

使用。

根据陈家刚本人的理解，作为民主理论转向的"协商民主"表明，在共同体中公民，在自由平等的基础上，参与整个过程。经由提出偏好—考虑别人偏好—转换自身偏好三个步骤的循环往复，不断地修正与磨合。接着，共同体中的公民对所有相关意见予以深思熟虑地判断和往返焦灼，从而将合法性的标签贴在立法以及政策之中。① 相比之下，国外学者则对"协商民主"的表述更为复杂。譬如协商民主理论的代表人物哈贝马斯曾根据米歇尔曼的观点，总结并抽象出三种民主的规范模式，"即自由主义、共和主义、程序主义三种模式，明确提出其赞同第三种程序主义模式甚至更愿意将之称为话语政治"，② 由此拉开了其阐述和研究协商民主理论的序幕。"自由主义认为，民主的意见和意志形成过程仅仅表现为不同利益之间的妥协。在此过程中，妥协的原则得到了自由主义基本原理的证明，它们应当通过普选权、代议制及其运作程序来确保结果的公平。相反，共和主义认为，民主的意见和意志形成过程应当表现为一种道德的自我理解，话语在内涵上依靠的是公民的文化共识。这种共识在对共和国奠基仪式的回忆过程中反复出现。话语理论融合了商谈和决策程序，经由有机的联系，可以也能够获得正当的结果。"③ 不管中西学者如何理解，实际上都会认同：协商民主要求对国家的治理应当扩大社会公众的参与，使决策的过程和结果更多地体现社会公众的意志，而非单凭权力主体一言堂说了算；同时，需要设计一种机制使社会主体在参与公共决策过程中就社会事务进行充分的协商和交流，以实现相互之间的妥协，达至理性沟通、双向互动和民众自治。

---

① 参见陈家刚选编：《协商民主》，上海三联书店 2004 年版，第 1 页。

② 参见［德］哈贝马斯：《民主的三种规范模式》，曹卫东译，载爱思想网站，2007 年 8 月 23 日。

③ 同上。

对协商民主的制度化追求，还需要关注一个问题，即协商民主的目的。为应对与化解西方国家政治合法性危机（含选举民主的弊端），引发了对协商民主的探讨。在哈贝马斯以及罗尔斯的论证中，"看起来确实具有一个共同的内核：为了获得合法性，政治选择必须是自由、平等和理性的行为者之间就目的而进行的协商的结果"。① 对协商民主目的的探讨，实际上会将协商民主与选举民主之间的关系论争抛出来。协商民主是在西方选举民主充分发展的基础之上建立的，约·埃尔斯特主编在著作中对此进行了全面阐述，协商民主是一种非常先进的形式，超越了其他民主形式，是民主进一步完善的结果。如果离开了协商民主，民主就得不到有效发展。② 选举民主和协商民主两者之间存在着相关性，研究的过程通过两种途径，可以通过经验进行研究，也可以通过经验进行的研究，从逻辑学的原理，对理性研究进行分析，形成以下五种观点。选举民主和协商民主之间的关系是：第一，肯定前者，否定后者；第二，肯定后者，否定前者；第三，以前者为中心，后者为补充；第四，以后者为中心，前者为补充；第五，两者互为补充。

第一种和第二种观点，属于互斥型，两者之间属于水火不相容，不能相互依存的状态；第三种到第五种，属于补充型，两者之间具有相互依赖关系，抛弃任何一个，另一个都不完整，属于相容的民主形式。学术界也对此进行了全面的研讨，形成了不同的见解。前中央编译局副局长俞可平曾经对互斥型和补充型民主观点进行过论述。他认为，对于中国当前民主政治来说，选举民主是核心内容，具有至高无上的地位，协商民主只能进行补充。但是协商民主是中国民主政治道路不断开拓和发

---

① ［美］约·埃尔斯特主编：《协商民主：挑战与反思》，周艳辉译，中央编译出版社 2009 年版，第 6—7 页。

② 同上书，总序第 2 页。

展的关键，在未来的发展过程中，协商民主发展道路更加广阔。① 实际上，从协商民主的理论起源就可以看出，其自产生伊始，就与选举民主相关联，协商民主并不否定选举民主，而选举民主也不否定协商民主。应当说，协商民主与选举民主二者属于互补的关系。

可以说，协商民主理论至少在三个方面问题上具有参考借鉴价值：首先，"协商"与"民主"两个关键词贯穿社会协商的始终，对把握社会协商的内涵颇具有用性；其次，体现协商民主基本内核的社会协商需用于应对和化解政治合法性危机，即在社会协商的合理性判断上颇具有用性。由此，说明协商民主理论对社会协商的某些方面可以起到参考借鉴作用；再次，透过选举民主与协商民主互为补充的关系，从利弊角度分析，协商民主亦具有一定的局限性，这对理解社会协商的潜在困境颇具有用性。

（二）治理理论

治理理论中的"治理"（governance）是一个内容丰富、包容性很强的概念，源自英文的"govern"，原意是控制，这也是其最基本的用法。人们一直将"治理"与"统治"（government）不区分使用，甚至有意模糊二者界限，并且最多也是最常见地使用在如下情境：即跟国家"公共事务"相关的活动中。《布莱克法律大辞典》对"government"的解释是："1. 确定如何规制一个国家或组织的原理和规则的结构；2. 一个民族或国家的主权权力；3. 通过人民行使政治权威的一个组织。"② 自从 20 世纪 90 年代以来，随着全球经济一体化的浪潮，"治理"也被西方政治学和经济

---

① ［美］约·埃尔斯特主编：《协商民主：挑战与反思》，周艳辉译，中央编译出版社 2009 年版，总序第 1 页。

② See Bryan A. Garner（Editor in Chief）：*Black's Law Dictionary*, West, 2009, 9th Edition, p.764.

学家赋予了新的含义，不再只局限于政治学领域，而被广泛作用于社会经济领域。如人们熟知的"公司治理"。英国学者斯托克认为，治理理论包括政府、权力、责任、自治、引导等关键词组成的一些论点①。从这些表述来看，治理是与政府、组织、管理、控制、权力及其行使等概念相联系。治理包括治理结构与治理过程两个方面的要素。从治理结构来看，需要通过制度化的规则使其定型化，不同的治理结构可以得到不同的治理效果；从治理过程来看，如果要让治理得到较优的结果，必须具有一套严格和妥当的规则使治理能够顺利运行。所以，规则对于治理而言至关重要。治理理论在现代社会运用较为广泛，根据治理涵盖的领域或治理对象的性质，可以进一步划分出作为上级的概念"国家治理"、作为下级概念的"地方治理"、作为对应概念的"社会治理"、作为具体概念的"公司治理"等诸多和诸如此类的治理类型。治理理论作为包括国家治理和社会治理等治理类型的理论基础，也构成社会协商的重要理论来源。

从政治学的角度看，治理尽管也有管控的含义，但其最重要的特点就是治理不是那种单一的、纵向的管理与被管理、支配或被支配、统治与被统治的关系，而是具有双向互动的重要特点②。学者俞可平教授

---

① 具体包括："第一，治理指出自政府、但又不限于政府的一套社会公共机构和行为者；第二，治理明确指出在为社会和经济问题寻求解答的过程中存在的界线和责任方面的模糊之点；第三，治理明确肯定涉及集体行为的各个社会公共机构之间存在的权力依赖；第四，治理指行为者网络的自主自治；第五，治理认定，办好事情的能力并不在于政府的权力，不在于政府下命令或运用其权威，政府可以动用新的工具和技术来控制和指引，而政府的能力和责任均在于此。"详见［英］格里·斯托克：《作为理论的治理：五个论点》，华夏风译，《国际社会科学杂志》（中文版）1999 年第 1 期。

② 正像格里·斯托克所指出的那样，"说到底，治理所求的终归是创造条件以保证社会秩序和集体行动……治理的概念是，它所要创造的结构或秩序不能由外部强加，它之发挥作用，是要依靠多种进行统治的以及互相发生影响的行为者的互动"。详见［英］格里·斯托克：《作为理论的治理：五个论点》，华夏风译，《国际社会科学杂志》（中文版）1999 年第 1 期。

在对治理（governance）与统治（government）的区别进行研究时认为，治理指的是在某一个范围之内想要对秩序进行维护，需要凭借权威来实施。治理的宗旨是在各种体制下，对权力进行运用，从而对公众的行为和活动等进行规范、控制和引导，从而使得公共利益最大化。作为政治管理手段的治理，其特征有以下几点：其一，治理是一个过程，不是规则，也不属于活动的范畴；其二，治理的过程中，其基础是进行协调，而不是进行控制；其三，治理涉及的部门不只是公共部门，同时也涉及私人部门；其四，治理是一种持续性的活动，而不是正式制度的一种。在治理的过程中虽说也需要权力和权威，然而并不一定只有政府机构需要权威和权力，其他的治理主体，例如私人组织恶化公共组织等，也需要权力和权威。[①] 由此可以知道，治理是在社会与政府、管理者与被管理者之间建立一种相互协作的互动关系，治理强调的重心不是命令与服从，而更多是参与与合作。在治理的语境下，协商的地位不言而喻，必然要在治理过程中发挥着重要的作用。治理理论所展示出的"参与"、"合作"、"互动"等内核也正是社会协商的内涵所在。

治理理论追求的理想模式是"善治"（good governance），善治作为治理失效的反面，是能够使公共利益最大化的治理过程和较优的治理结果，因而也是治理理论中最具现实价值的内容。如何实现善治，是治理理论必然要关注和解决的重点问题。俞可平教授对善治的基本要素概括为合法性、透明性、责任性、法治、回应、有效六种[②]。根据我国改革的现实，善治的关键在于建立与市场相匹配的国家治理体系。我们注意到，在"官本

---

① 俞可平：《从统治到治理》，《学习时报》2001 年 1 月 22 日。

② "第一，合法性，即社会秩序和权威被自觉认可和服从的性质和状态；第二，透明性，即政治信息的公开性；第三，责任性，是指管理人员对其行为的负责程度；第四，法治，即法律成为公共政治管理的最高准则；第五，回应（responsiveness），公共管理人员和管理机构必须对公民的要求作出及时的和负责的反应；第六，有效，主要指管理的效率。"详见俞可平：《从统治到治理》，《学习时报》2001 年 1 月 22 日。

位"思想严重，全能政府色彩浓重，民众参与意识和能力较弱的环境下，建立健全注入"善治因子"的治理体系，不仅能够改进国家与市场各自的缺陷，还能够弥补二者互动的弱点。于是，社会治理作为国家治理的重要构成部分，与带有明显管控特点的社会管理体制比较，其本质在于政府与民众对公共生活的合作管理和社会公众的积极参与，通过多元化手段的运用，强调双向对等沟通，建立起政府与社会之间的合作与互动关系。在一个完善的社会治理体制中，政府坚持执政为民的理念，将能够下放的权力交给市场和社会，大力推进政务公开，使公民能够便利直接地表达自己的意愿，影响公共政策的制定和执行，政府、市场、社会就能构成一种良性合作关系。随着我国社会治理体系的建立和完善，治理能力现代化程度的不断提升，社会协商也会具有更加广泛的适用空间。

（三）集体行动理论

集体行动理论被心理学、经济学、社会学等学科研究者所广泛关注，它是由美国学者曼瑟尔·奥尔森在其名著《集体行动的逻辑》中所确立和阐述的。这本书"研究的是传统经济学不予关心的非市场决策问题。传统经济学之所以不研究这类问题，无非是认为，诸如此类的决策和行动是由非市场因素决定的，所以就超出了经济学有关行为的传统假定。但现代经济学的拓展和进步恰恰证明了：非市场问题并不意味着不能用经济学方法来研究"。[①] 曼瑟尔·奥尔森在书中最大的贡献即为："缘何个人理性的集聚不能导致集体理性的实现？"较为典型的实例，就是一家电影院着火了，每个人都为了逃生而堵塞了路口，结果反而造成多人被烧

---

① [美] 曼瑟尔·奥尔森：《集体行动的逻辑》，陈郁、郭宇峰、李崇新译，上海三联书店和上海人民出版社 1995 年版，"译者的话"第 1 页。

死的后果。社会科学的研究者往往会做出如下预设："一个群体或集体，如果具有共同的利益，那么就会为实现此利益而采取集体行动以实现这个共同利益"。就像"社会心理学家莱昂·费斯廷格所指出的那样，'集体成员身份的吸引力并不仅仅在于一种归属感，而在于能够通过这一成员身份获得一些什么东西'……已故的政治学家哈罗德·拉斯基理所当然地认为'社团的存在是为了达到集团成员共有的目的'"。① 可是，曼瑟尔·奥尔森研究一生的结果却发现，这个预设不能很好地预测、解释和分析集体行动的结果，很多应去实现共同利益的集体行动并没有发生。恰恰相反，个人的自利或者说理性行为往往导致对集体不利、甚至非常有害的后果。曼瑟尔·奥尔森的研究结果极其类似于我国古代"一个和尚挑水喝、两个和尚抬水喝、三个和尚没水喝"的寓言故事。

曼瑟尔·奥尔森的《集体行动的逻辑》中最为核心的内容实际上是指出了一个具有共同利益的集体按照一般人的理解应该会产生集体行动，然而却未必产生集体行动，原因就在于集团内部所存在的"搭便车"现象。从经济学的角度看来，所谓的"集团共同利益"是一种公共物品，即使集团内的成员不付出成本也能坐享该收益。于是，一个理性的个人就不会参与到集体行动中来，如果他参与集体行动了，那么既要花费自己的私人成本，又会使得收益被集体所共享，谁都想只分蛋糕而不用去做蛋糕。所以，为了克服集团内部存在的"搭便车"困境，曼瑟尔·奥尔森设计了两种组织策略：一种"强制性参加"的组织策略，依靠权力、强力、外力等来逼迫组织内部成员参与到集体行动中；另外一种"选择性激励"的组织策略为奖励和惩罚的双结合，即对参与集体行动的成员实施奖励，对不参与集体行动的成员进行惩罚。应当指出的有两点，其

---

　　① 　参见 [美] 曼瑟尔·奥尔森：《集体行动的逻辑》，陈郁、郭宇峰、李崇新译，上海三联书店和上海人民出版社 1995 年版，第 5—6 页。

一，集体行动作为一种社会现象，贯穿于整个人类社会的始终，不能避免，但可以通过相关策略引导集团成员形成具有共同利益的集体行动；其二，集体行动作为一种社会科学理论，提示研究者一旦出现"搭便车"状况时，不管是在困境中，还是为了避免该现象，均不妨碍通过该理论分析框架对其进行阐述、解释与探究。

可以说，集体行动理论至少在两个方面问题上具有参考借鉴价值：首先，如果研究本应爆发一场群体性事件缘何没有发生或发生的不成功，即引发社会协商（制度）适用前提之一，那么曼瑟尔·奥尔森的这一理论颇具有用性；其次，如果研究社会协商一方主体是多数人时缘何没有实现与另一方主体的协商时，即社会协商（制度）的有效性判断，那么曼瑟尔·奥尔森的这一理论亦颇具有用性。由此，说明集体行动理论仅仅是对社会协商的某些方面起到参考借鉴作用。

（四）博弈理论

博弈理论，还被称为对策理论、赛局理论，作为经济学的重要分析工具，其是美国的冯·诺伊曼和奥斯卡·摩根斯顿两位大师在他们的著作《博弈论与经济行为》中首次提出的，同时该书的出版亦标志着博弈论的创立。在给定的规则下，参加博弈的人员可以作出不违反规则的行为，同时，参与者本人需要在理性的基础上采取自己的方案，这种理性要求参与各方均是理性人，每个博弈参与者都试图实现自身利益的最大化，然后该理论试图预测每个参与人将怎么做，其答案取决于博弈的规则和报偿的大小。① 该理论一经出现，便被世界所关注，不仅得到经

---

① 参见［美］斯蒂格利茨：《经济学》（上册），梁小民、黄险峰译，中国人民大学出版社 2000 年第 2 版，第 342 页。

济学之外的政治学、国际关系学、军事学、法学等学科的运用，还从 1994 年之后多位研究博弈论的专家获得诺贝尔经济学奖，足见该理论的魅力。博弈论中的"博弈"根据是否可以达成具有约束力的协议分为"合作博弈"和"非合作博弈"，冯·诺伊曼是"合作博弈"的集大成者，而"非合作博弈"是纳什在 1950 年和 1951 年完成的两篇论文所确立的。

针对"合作博弈"而言，它要求博弈者之间能够达成有约束力的协议，并且都会去遵守该协议，也即采取了一种合作或者妥协的方式。无论是合作，抑或是妥协，都需要经过博弈各方的讨价还价、沟通交流、达成共识。合作博弈最大的特点在于，要么博弈双方的利益都有所增加，要么至少是一方的利益增加且另一方的利益不受损害，从这个角度而言，整个社会的利益就是有所增加的。即合作博弈就是通过合作或妥协来增进博弈各方的利益乃至整个社会利益。于是，可以很容易地看出，"合作博弈"非常强调团体理性。

与之相对应的非合作博弈则是在博弈各方达不成有约束力的协议时，如何最终通过游戏规则来实现个人利益的最大化，这就意味着"非合作博弈"非常强调个人理性。从博弈论的相关书籍最喜欢谈及的"囚徒困境"出发，就会发现如果博弈者（当事人）只选择对自己最有利的策略，而不考虑社会利益或博弈对方的利益，利己行为所带来的结果往往是损人不利己。在现今市场经济社会条件之下，鼓励利人利己，谴责损人利己。

归纳起来，合作博弈是研究博弈者相互之间达成具有拘束力的合作时如何分配合作所得到的收益，此属于"收益分配"问题。而非合作博弈是研究博弈者在利益相互影响（无法达成合作，甚至可能相互拆台）的格局中如何作为，才能使自己的收益最大，此属于"策略选择"问题。二者虽然都属博弈论范畴，但是问题的属性却截然不同。

可以说，博弈理论至少在两个方面问题上具有参考借鉴价值：首先，"合作博弈"对已经达成社会协商共识的主体如何进行"收益分配"颇具有用性；其次，"非合作博弈"对社会协商缘何没有达成共识或虽得出最后的结论却是较劣的结论时如何进行协调颇具有用性。由此，说明博弈理论对社会协商的某些方面可以起到参考借鉴作用。

（五）国家与社会关系理论

国家与社会的关系是西方政治学、社会学研究的热点问题之一。学者们通过对不同历史时期国家与社会关系的探讨，在国家与社会关系的变迁及其限度的把握上形成了相应的理论。"现代西方国家与社会关系理论的实质就是以个人权利为起点、围绕建基于公共权力的国家干预与根植于个人权利的社会自治之间的冲突、均衡和界限而产生的一系列的理论建构和价值取向。"①

在政社不分阶段，国家权力深入到每一个领域，呈现出一种"国家"与"个人"的依存和对立结构。个人要对国家负责，接受国家的全面管理与支配。"社会"的出现，打破了"国家"与"个人"之间的依存和对立结构，即"国家"、"个人"中间出现了"社会"的夹层，两层结构增加为三层结构。"在社会中，人人的目的都是为了自身，其他的均被视为虚无缥缈。"② 于是，"社会"的出现，还成了国家权力和个人自由的缓冲地带。

在政社分离阶段，个人的自由性以及自利性都得到了极大地显现。

---

① 庞金友：《现代西方国家与社会关系理论》，中国政法大学出版社 2006 年版，内容简介。

② "利己的目的，就在它的受普遍性制约的实现中建立起在一切方面相互依赖的制度。"参见 [德] 黑格尔：《法哲学原理》，范扬、张企泰译，商务印书馆 1961 年版，第 197—198 页。

对此，根据黑格尔曾经思考和设想，社会发展离不开劳动、司法、国家机器三个环节①。也即，通过个人的创造性劳动，追寻个人利益的实现，并由法律和国家保障这种社会秩序与劳动成果。

根据国家对社会生活的干预程度，近代西方国家在工业社会前，大都信奉和采用自由放任主义，该主义由亚当·斯密所倡导并体现在其名著《国富论》中。国家作为"守夜人"的定位使其对经济事务的干预十分有限。随着工业化时代的到来，尤其是 1929—1933 年的经济危机，使政府对经济生活全面干预的凯恩斯主义替代了自由放任主义，国家权力无限扩张造成的民主危机使西方社会在"二战"后重振国家经济和社会民主中逐步确立福利国家的思想。20 世纪 70 年代末期，针对福利社会体制暴露出的弊端，以哈耶克和弗里德曼为代表的新自由主义思想崭露头角占据上风，成为西方国家调整工作重心的重要理由和凭借。随即，国家干预范围明显小于经济危机期间，但伴随着新自由主义推行"去国家化"而产生的贫富分化和不平等现象，加剧了社会冲突的激化。"9·11"事件后，西方各国政府针对新自由主义引发的问题又纷纷调整内外政策，国家权力实现了回归。但值得注意的是，这一时期国家干预的强化是建立在治理理论的基础之上，与以往明显的变化是不再把国家当成一种绝对的权威，相反转变为国家和社会之间的关系是合作性的，由社会来对国家的相关职能来进行分担。治理和以往旧有的国家统治行为比较而言，其实是国家权力的回归，也就

---

①　"社会的发展有三个环节：第一为'需要的体系'，在这个范围内，有劳动及分工的方式，与此相联系就形成了各个等级。第二为司法，在市民社会中，财产关系和契约关系都有法律规定和维系，市民的财产和人格都得到法律的承认，并具有法律的效力……第三为警察和同业公会，这是一种预防社会危险和保护生命财产的措施。"详见[德] 黑格尔：《法哲学原理》，范扬、张企泰译，商务印书馆 1961 年版，"黑格尔著《法哲学原理》一书评述"第 17—18 页。

是由社会来分担一些权力。①

应当说，"社会"的出现并没有否定"国家"的作用，而且"社会"亦不是尽善尽美，二者都具有一定的弊端与局限性。"国家"的弊端和局限性在于打击私人自治和破坏创造能力。国家权力呈现刚性的过度使用，使国家淹没社会，形成国家与社会高度一体化（即政社不分）的总体结构面貌。个人在国家的严格管理和控制之下，丧失其个性，无法发挥其自主性与能动性，其创造能力被压抑与束缚。"社会"的弊端和局限性在于锻造过度的个人主义，唯个人利益至上，缺乏社会责任，还会产生严重的两极分化现象，作为强者在市场竞争中胜出，作为弱者在市场竞争中被淘汰。正是由于国家与社会各有弊端与局限性，因此，结合二者长处，消解二者短处，促进二者良性互动就成了现今社会的首选，以呈现出"政社互动"的融合结构。

哈贝马斯看到了"国家"和"社会"各自的弊端和局限性，他要把二者结合互动起来，其所设想的"商谈论"，就非常"尊重'国家'和'社会'之间的边界"②。社会协商就与哈贝马斯所说的"商谈"有异曲同工之妙，在国家与社会共存阶段中，社会协商可以有效地促进与实现政社互动。

可见，在"国家与社会"的关系上，现代西方无论是从理论上还是从实践上均在对待和处理二者关系中呈现出变动状态。经历了国家干预与社会自治从"对立"状态到合作互补状态的发展过程。国家与社会在博弈中逐步趋向交融与整合，二者不再是此消彼长的零和博弈关系，而是分工合作、监督制衡的互补双赢架构关系。国家与社会之间的关系取向，没有固定不变的终极模式，取决于现实政治、经济和社会发展的需

---

① 参见郁建兴、周俊：《论当代资本主义国家与社会关系的变迁》，《中国社会科学》2002 年第 6 期。

② 参见［德］哈贝马斯：《在事实与规范之间——关于法律和民主法治国的商谈理论》，童世骏译，生活·读书·新知三联书店 2011 年版，第 371 页。

要。实践表明，国家与社会的互动与合作，相互协调，相互促进，从而进一步促进社会经济的不断增长，促进社会的不断发展，使得和谐社会建设的目标得以有效实现。

西方学者关于国家与社会关系形成的理论对我国建设社会主义和谐社会具有重要的参考和借鉴意义。不少学者结合新中国成立以来的历史，分析了国家与社会关系的特点，提出了许多有价值的观点，对社会协商的理论建构和实践活动有着重要的影响。

1949 年新中国成立后，由于特殊的历史条件，我国建立了一个高度集权的经济体制和政治体制。国家与社会基本上是处于同构状态，国家与社会不分，国家权力渗透到社会生活各个角落，国家对经济社会生活的干预无所不在，社会自身的自组织能力、自治能力十分微小，国家代替了社会应当发挥的作用。20 世纪 80 年代以来市场经济为取向的改革，首先针对高度集权的经济体制，随着改革的不断发展和深化，不可避免地涉及政治体制和社会管理体制的改革。这意味着国家与社会之间关系的调整和重构。但也应当看到，这一调整还远远没有到位，政府的权力仍然十分强大，国家与社会的关系还存在不少问题。正是基于此，党的十八届三中全会《决定》要求创新社会治理体制，对政府和社会之间的关系正确进行处理到位，使得政府和社会的职责尽快分开，进一步明确社会组织的职责，发挥社会自治的作用。对一些公共服务项目适合社会组织来进行承担的，就交给社会组织来实施。说明在国家与社会的关系调整上，我国下一步改革的目标是在国家治理的框架下，以简政放权为重心，加快有限型政府、服务型政府的建设。在此过程中，政府要转变职能，培育和发展社会组织。特别是为经济社会服务的社会组织。国家与社会之间应当良性互动，形成合作体制，构建国家治理的新模式，促进经济增长和社会进步。在强调国家与社会的互动合作的治理过程中，必然为社会协商提供可以有效发展的空间。

（六）社会冲突理论

来自于西方社会理论社会冲突理论，是社会学家们分析社会变迁和进步的重要论据之一。德国学者齐美尔提出，冲突属于社会相互交往形式中的一种，冲突的特征是具有不可避免性和普遍存在性。社会中发生的冲突，并不是说一定会引起社会变迁和社会动乱，在某些时候，社会冲突对社会的统一和团结有一定的促进作用，同时可以有效促进社会体系的完整性和统一性。在承认社会矛盾和社会冲突是不可避免的客观存在的基础上，西方学者们就怎样认识冲突和对冲突怎样进行有效化解提出了自己的建议和意见，其中和社会协商相联系的启示观点包括：

第一，社会冲突的正功能。这涉及对社会冲突的正确认识问题。冲突尽管导致了社会不和谐，但也具有社会整合等正功能。当代西方社会冲突理论的主要代表科塞认为，社会冲突的发生可以释放和宣泄敌对情绪，防止敌意的累积；社会冲突可以分为两种，其一是内部之间的冲突，其二是外部冲突；社会内部之间的冲突，对群体凝聚力的进一步增强有一定的促进作用，外部冲突，可以对群体之间的疆界划分进行明确，可以进一步促进群体组织的不断发展壮大，可以有效促进群体内部的团结；作为衡量双方力量的措施和手段的社会冲突，使得双方在冲突中对自己的实力进行正确评价，从而根据自己的实际情况和对方提出和解条件，对社会结构的稳定和平衡有一定的促进作用；社会关系的组成部分之一就有社会冲突，通过社会冲突，可以把群体和个人进行有效连接，使得群体参与社会的程度得到有效提升，在社会结构的稳定中发挥积极的作用。①

---

① 参见张青松、马少珍：《科塞的社会冲突理论对研究群体性事件的启示》，《法制与社会》2011 年第 10 期。

可见，社会冲突具有不可忽视的正功能，如果对引发冲突的社会矛盾的性质判断不当，一味用行政压制或强制方法去处理，将不利于社会冲突的化解。因此，现代社会冲突需要社会协商的介入。

第二，社会安全阀机制。西方学者针对社会冲突的应对提出了"安全阀"的定义。所谓"安全阀"也就是政府要为社会不满提供一定的释放路径，从而使得不满情绪得到有效释放和化解。科塞认为，包括不满情绪在内的敌对情绪倘若不能进行有效释放，就会对社会造成一定的压力甚至是破坏。严重的还会瓦解社会制度，因此，社会需要对"安全阀"机制进行构建。犹如工厂里的锅炉上的"安全阀"，使过量的蒸汽不断排出，而不妨碍整个锅炉系统的正常运行。社会安全阀的功能在于社会群体平时淤积的敌对和不满可以通过宣泄而得以消除，从而缓解矛盾冲突，避免社会的激烈震荡。[1] 可见，社会安全阀机制功能与社会协商具有异曲同工的效果，社会协商是社会安全阀的重要构成内容。

第三，社会冲突的化解。社会冲突理论的价值，不单单对社会中的各种冲突进行分析和认识，同时，还需要对冲突进行有效化解。在正确认识社会冲突的基础上，应当寻求合理的方法应对处理，促使社会进行新的整合。学者科塞提出，对社会不满的情绪得不到有效缓解，冲突就会更加激烈。同时，当导致冲突的是社会现实问题的时候，这种冲突的激烈性会小一点；而如果导致冲突的是非现实问题的时候，冲突就会更加猛烈。学者达伦多夫提出，为了使得暴力冲突得到减少和消除，应该实施以下几种措施：其一是对冲突存在的事实向公众进行公布，对冲突中双方进行解释，也就是通过各种举措使得双方达成一致意见；其二，

---

[1]　参见焦娅敏：《社会冲突理论对正确处理我国社会矛盾的启示》，《湖南大学学报》（社会科学版）2012年第1期。

由冲突双方进行协商，成立冲突仲裁机构，对冲突进行调解；其三，由冲突双方进行协商，对冲突中的游戏规则进行制定。① 西方学者普遍认为，应当通过理性的沟通协调来解决社会冲突，把冲突尽量消减在萌芽状态时，控制由于压制而导致冲突的膨胀，降低冲突发生破坏性作用的概率。这对于我国当前建构社会协商机制来化解社会的矛盾，具有很强的现实意义。

第四，风险冲突应对。风险冲突是社会冲突的构成部分。随着近年重大自然灾害和重大社会安全事件在内的公共危机呈不断增多的态势，社会对风险冲突普遍进行关注。从近年来我国因环境问题而引发的群体性事件中可以看出，由于环境风险具有标准界定不容易、评估难等特征，公众对风险的感知通常情况下是通过媒体和他人来进行的，产生风险冲突的可能性就会增大，而且这种风险冲突往往直接是民众与党委政府的冲突，很可能是群众对基础政府的诚信缺失，政府部门在应对冲突中手段弹性不够，从而导致复合性的多种冲突出现。从应对的角度看，需要采取多种并具有弹性的措施。针对风险信息的传输系统可能放大或衰减不确定的未来风险的特征，实施有效的沟通来对风险进行有效化解显得非常需要。②

通过实施有效的沟通来对风险进行有效化解需要更多采取社会协商的手段来进行。风险沟通涉及的信息沟通交流，采取非强制的理性手段，最终形成共识等内容都与社会协商的基本内容相一致。实际上，风险沟通也就是在对经济社会发展重大问题的决策上听取民众意见和扩大社会参与的一种方式。这也正是社会协商的内涵所在。我们注意到，国

① 参见焦娅敏：《社会冲突理论对正确处理我国社会矛盾的启示》，《湖南大学学报》（社会科学版）2012 年第 1 期。

② 参见刘岩、邱家林：《转型社会的环境风险群体性事件及风险冲突》，《新华文摘》2013 年第 24 期。

内近年来多起引发重大群体性事件的涉PX环境项目①，往往是在决策前缺乏与民众之间有效的风险沟通，而民间通过自媒体方式传输的大量信息放大了PX项目的风险，不断强化民众对未来不确定风险的恐惧感，最终引发了重大群体性事件，迫使党委政府放弃已经上马的项目。"通过社会协商来强化风险沟通，是对风险冲突的有效干预，社会协商的柔性方式，有助于将真实信息大容量、宽视角的进行输送，从而使得风险得到有效避免和减少。"② 因此，社会协商是应对风险冲突的一种"灵活弹性"和"标本兼治"的有效手段。

（七）权力监督理论

权力监督理论也可视为对民主理论的诠释和进一步延伸。民主作为多数人统治的内涵与现代民主政治只能是由选举产生的少数精英作为代表执掌政权的现状，决定了通过民主程序产生的政权及其权力的行使都必须受到监督，否则民主制度就可能被异化甚至会走向反面。"权力监督是指权力委托人对权力的代理行使者施加各种必要手段予以监视、督促与约束，使得权力行使过程和结果符合权力委托人的意志与利益。"③在现代社会，因为公共问题而导致的权利扩展和权力失去监管等事件频繁发生。我国民主建设一个重要特点是国家权力的集中。"中国共产党的长期执政地位，即共产党领导，是国家权力集中的制度体现。权力的

---

① 如厦门PX事件、大连PX事件、宁波PX事件、昆明PX事件、成都彭州PX事件等，参与事件的市民大都人数众多，甚至达到上万人。

② 参见刘岩、邱家林：《转型社会的环境风险群体性事件及风险冲突》，《新华文摘》2013年第24期。

③ 李辉、蔡林慧：《管窥越南的权力监督改革——基于路径依赖的视角》，《江苏社会科学》2013年第4期。

集中，保证了中国实现更具效率的集约化发展。"① 但与此同时，对权力的规制和制约却显著薄弱，权力集中体制和市场经济自身的不足之处所导致的市场失灵，为国家对市场的宏观调控和监管提供了一个正当的理由，而在市场环境下，这是行政权力的一种扩张，这是不争的事实，因此，权力监督在我国国家治理中显得尤为突出和重要。

权力监督可以选择不同的路径和做法。有学者认为，我国目前的权力监督从制度设计上还存在两个方面的问题：一是我国宪法所设计出来的权力体系，其自身就是一个监督权高度集中同时单向度运行的系统，从而导致监督效率低下；二是立法多囿于单一的"以权力限制权力"思路，可操作性不强。② 因此，权力监督应当创新，要建立和不断完善权力约束机制，从制度上保证人民民主监督权利得以实现。在现代民主政治框架下，对权力的约束可以通过多元监督机制来实现，除了权力制衡机制外，权利制约机制也很有必要。社会协商应当属于权利制约机制的重要内容。通过经常性制度化的社会协商机制，权力机构与民众或社会团体之间必须就经济社会重大决策问题进行公开平等的对话交流，听取民众的意见，意味着权力与权利的博弈，使党委政府的权力行使受到来自于人民民主权利的监督。权力与权利的博弈不仅可以让民众充分表达自身的意愿或诉求，检测党委政府权力运行是否符合民意，而且可以界定权力机构与社会主体的权利范围，抑制权力的任意扩张，将权力的行使限制在合法的范围。由此可见，社会协商对权力监督发挥着不容忽视作用，其功能还需要在现实中进一步提升。

---

① 房宁：《从实际出发推进中国民主政治建设》，《求是》2013 年第 23 期。

② 参见蔡林慧：《路径依赖视角下中越两国权力监督改革比较》，《新华文摘》2013 年第 24 期。

（八）政治妥协理论

政治妥协理论是针对政治利益冲突的双方，通过相互的利益让步，来达成共同的认识或解决政治冲突。英国著名历史学家和政治思想家阿克顿就曾言："妥协是政治的灵魂"，[①] 这句貌似与政治妥协理论同义反复的话就是为了强调妥协在应对政治利益冲突时的巨大功能与作用。

将"政治妥协"四个字做一个拆分，前面两个字"政治"是在表明该理论的适用前提与适用领域，后两个字"妥协"是在表明该理论的具体手段与具体方法。政治妥协，其在现代社会运用较为普遍和频繁，已被很多执政者所重视和实践。因此，关于政治妥协的经典表述有很多，它们彰显了人类的政治智慧，包括但不限于："在政治学理论中，我们不是要求协调一致而是一直在寻求妥协……所有的妥协的共同之处是，它们都涉及调和对立的理想和利益"；[②] 当个人利益不一致的时候，要想让个人意见一致，需要通过交易或者是交换的形式来实现。[③] 阿克顿在其著作《自由与权力》中亦谈道，"哪里没有原则的冲突，哪里就没有利益和人的冲突，哪里的政党就会堕入偏见，妥协的理论折射出政党政治的精义"。

归结起来，政治妥协是一种在政治利益多元化的基础上，通过沟通、协调、谈判、对话、交流等实现求同存异的手段与工具。特别是当

---

① ［英］阿克顿：《自由史论》，胡传胜等译，译林出版社 2001 年版，第 181 页。

② ［英］约翰·格雷：《自由主义的两张面孔》，顾爱彬、李瑞华译，凤凰出版传媒集团和江苏人民出版社 2008 年版，第 138 页。

③ ［美］詹姆斯·M.布坎南、戈登·塔洛克：《同意的计算——立宪民主的逻辑基础》，陈光金译，中国社会科学出版社 2000 年版，第 41 页。

考察妥协的英文表述"compromise"时就会更为深刻地理解妥协的内涵。因为该英文词汇的前缀"com-"是"共同"的意思，而后面的"-promise"有"应允"、"承诺"、"约定"等深意在其中。

政治妥协这一手段和工具的使用，往往会和"民主政治"、"民主主义"等关键词相联系在一起，因为妥协与民主往往是一对不可分离的范畴。著名的纯粹法学派代表人物凯尔森就曾言，民主本性的组成部分之一就有妥协。[①] 甚至可以将前述英国著名历史学家和政治思想家阿克顿的那句名言改造一下，即"妥协是民主政治的灵魂"，亦能传神地表明政治妥协与政治民主的关系。从政治民主的实践来看，民主并不能消除政治上的冲突，反而由于意见或价值观的多元可能会引发更多的冲突，说不定还可能会引发暴力、血腥、牺牲等，此时，政治妥协就成了解决冲突的手段之一。

可以说，政治妥协理论至少在两个方面问题上具有参考借鉴价值：首先，针对协商的方式，要求在相互竞争的众多利益之间要相互作出妥协，这种妥协往往以牺牲部分利益为代价；其次，针对协商的价值，"政治妥协"与"民主"相联系，凡是"民主"所具有的平和、非暴力、维护自由平等、限制公权等优点都可充分予以吸收和接纳。不过，由于政治妥协理论主要应用于政治领域，处理政治事务，用以解决政治利益冲突和政治矛盾纠纷，这与社会协商适用于社会领域对社会事务的解决是不一样的。因此，政治妥协只是对社会协商的某些方面起到参考借鉴作用，更为关键的是适用前提不同（即并不针对社会事务），致使其不能被社会协商所完全吸纳和采用。

---

① ［奥］凯尔森：《法与国家的一般理论》，沈宗灵译，中国大百科全书出版社 1996 年版，第 319 页。

（九）和谐社会理论

和谐社会理论是和谐文化的重要构成部分，与协商民主共容相通。协商民主之所以更容易得到我国官方的接受和民众的认同，就是因为中华和谐文化与协商民主在价值取向上的高度吻合。中华民族历来是一个崇尚和谐、向往和谐、追求和谐的民族。在历经磨难、生生不息、屡处逆境而长聚不散的历史过程中，我们的祖先将和谐思想深深植根于民族精神之中，和谐体现着中国文化价值观中的最高原则。中国人普遍认同和谐思想，政治精英层更是将其作为政治思想的精华和核心价值。从古人倡导的"和为贵"、"人和"、"君子和而不同"等思想，到今天提出的构建和谐社会目标，都是把"和"当作政治的崇高境界。社会主义和谐社会渊源于中华民族的优秀文化传统，中华和谐文化在民族基因上有着一脉相承的传承关系。从政治角度看，"和"的理念中蕴含着协商的内容，协商所要实现的目标是各方的共识与社会秩序的稳定，体现出中国传统政治理想中"大同"思想和从政者的政治美德。正是基于此，和谐思想是有中国特色的协商民主的思想来源，也当然成为社会协商的理论基础。自国家提出和谐社会的目标以来，和谐思想不断深入人心，渗透到我国社会生活的各个方面，深刻影响着社会协商的应用。

和谐社会建设的基础是公平正义，和谐社会的构建离不开公平正义。离开公平正义；和谐社会就成无源之水。社会主义构建的和谐社会，应该把公平正义作为社会的一种发展理念，是一直以来人类社会所追求的一种理想的社会状态。倘若离开了公平正义，就没有和谐社会的构建。社会冲突理论也表明，当前社会发生各种冲突的根源就是社会缺乏公平正义，社会利益在分配中不平等。要建设和谐社会，就要对社会利益进行公平公正的分配，让公平公正成为一种社会常态。这样才是和谐社会构建的基础和核心所在。和谐理论涉及的公正需要关注两个方面的问题：首先，由于现代社会生活的复杂性、人们认识的局限性以及立法和政策的专业性，不同人群对公平正义可能有着不同的认知和感受。社会大众以自己的偏好以及个体利益等作为衡量公共决策是否公正的评价标准，完全可能出现情绪化和非理性的偏颇认识。从而出现决策者与社会群体认知不一致的情况。如何缩小和弥合人们对公平正义的认知的差异，强制压服虽然也是手段之一，但会加大对立双方的紧张关系。这就需要更多借助协商的手段，在决策者和民众两者之间进行互动沟通，让民众合法充分地表达诉求，决策者能准确把握公众对公平正义的理解，尊重社会普遍心理认知，修正决策的不足，弥合和减小认知差异，使公共决策最大限度获得社会的认同。当前，我国还缺乏相应的对话表达机制，沟通渠道也不顺畅。因此，建立完善社会协商机制的很有必要。

其次，构建和谐社会追求的公平正义包含着扶助弱者的精神。罗尔斯的正义的首要的原则就是平等。其提出，社会主体在社会中的权利是完全平等一样的，每个人的权利都是不能侵犯的。其所提出的第二个原则是差别对待。也就是社会中存在有强者和弱势群体，对社会中的弱势群体要适用弱者本文原则，也就是对社会的弱势群体进行有效补助和扶持，要求社会中的强者对弱势群体进行扶持和救助。"达则兼济天下，穷则独善其身。"说的就是这个道理。对社会中的弱势群体要给予更多的关注，不单单政府部门要在政策上对弱势群体进行倾斜，同时，在社会中也要树立一种"保护弱者"的舆论氛围，使得社会体系产出一种公平正义。基于法学的视角来进行观察，立法其实是对社会权利和义务的有效分配。因此，立法中也要对公平正义进行有效体现。然而当前因为种种因素的影响，在立法上的，对社会的公平正义并不能完全进行体现。社会中的弱势群体在某种程度上而言，有可能是因为立法不公所导致的。换一种说法就是社会对弱势群体的分配是不公正的。而这种因为立法所导致的不公平公正，应该从社会的其他方面来进行有效补救，从而使得社会公平正义得到有效实现。所以，对社会弱势群体给予应有的关注和帮扶，是和谐社会建设的应有之义。社会协商体现出尊重和关照弱者、扶助弱者的公平正义精神，强调处于强势地位的党委政府与社会主体的协商，从某种意义上讲就是对处于弱势地位的群体的尊重和关照，会使得弱者从内心上不排斥强者，增进双方相互之间的理解、包容与合作，减少彼此的矛盾冲突，进而增加社会的凝聚力、向心力，共同推动社会不断进步。

三、社会协商的价值

价值论是自然法学派的伟大功绩和研究着力点。庞德在他的著作中指出，法律史的不同时期，法学家们的主要活动就是对价值准则进行全面的论证，通过判断，不断地增强逻辑适用性。[①] 讨论社会协商的价值实际上是要回答两个问题：一是为什么要有社会协商，二是应该有什么样的社会协商。这两个问题实际上都可以被归结为一点，即用以证成社会协商的正当性。西塞罗曾经说过，判断国家吉兆和凶兆，就是看事情的发展是否有利于国家，有利于国家必然是吉兆，不利于国家的法律必然是凶兆。[②] 围绕社会协商所设计的制度包括法律制度在内，都应符

---

① [美]罗斯科·庞德：《通过法律的社会控制》，沈宗灵译，商务印书馆2010年版，第62页。

② [古罗马]西塞罗：《西塞罗三论：老年·友谊·责任》，徐奕春译，商务印书馆1998年版，第5页。

合人类基本的价值要求。在价值多元化的今天，任何制度都可能具有不止一项的具体价值。鉴于社会协商的目的不仅在于对社会事务的妥当解决与处理，而且也包含对社会事务未妥当解决与处理所导致的矛盾冲突的化解。从这个角度出发，其价值包括但不限于中庸和谐的中国文化传统价值、民主价值、现代法治价值、经济价值、工具价值、思维方式调整的价值。这些价值全都指向社会协商的合理性，表明该制度符合善的要求。正所谓"作恶绝不可能是有利的，因为恶永远是不道德的；行善总是有利的，因为善永远是道德的"。① 至于六种价值之间的逻辑关联，可以有两种考虑的思路：其一，前三个价值是社会协商的内在价值，后三个价值是社会协商的外在价值；其二，第一个价值是宏观的价值，接下来的两个价值是中观的价值，后三个价值是微观的价值。

（一）中庸和谐价值

中庸和谐属于中国传统文化的范畴。特定的文化传统总是与地理性、民族性两个关键词相联系，其由一国范围内甚至超越国别范围的民族群体在共同生活的社会环境中所创造。此外，特定的文化传统还经由全体民族成员在共同的历史传承中，得到完善、发展乃至推广。也就是说，它一方面从空间的维度来讲，植根于民族群体的土壤，从而折射出该群体的特质；另一方面从时间的角度来看，还维系着群体的过去、现在和未来。当对特定文化传统的探讨限缩至我国的范围时，凭借着常识，就可以知晓中国的文化传统源远流长、博大精深、包容万物。其中较能体现文化精髓的典型之一即为"中庸和谐"。社会协商就是中庸和

---

① ［古罗马］西塞罗：《西塞罗三论：老年·友谊·责任》，徐奕春译，商务印书馆1998年版，第240页。

谐文化传统的产物之一，同时，其亦很自然地具有了中庸和谐的价值。

1. 中庸和谐的含义分析

中庸和谐作为老祖宗留下来的文化遗产，对其内涵的理解将会对社会协商所蕴含的该价值有着更深的体会。将"中庸和谐"四个字进行拆分，依次对每个字分别考察，是古人的做法以及今人延续古人做法的一种研究方式。

已逝的哲学大师冯友兰先生就曾依据儒家经典《中庸》对"中"和"庸"分别表述了自己的观点和看法。他认为，"《中庸》对于'中'字的含义作了充分发挥，'中'意思和'中道为贵'有着异曲同工之效，和古希腊亚里士多德的主张非常相似。其实，'中'表现的内涵是恰如其分，或者恰到好处。如果一个人要从华盛顿到纽约，结果穿越纽约而到了波士顿，那就是过分，如果只到费城，那就是不及"。[①] 这就从正反两个方面对"中"字作出了理解：正面考察"中"字实际上与"适中"无异，同时，还从反面排除了"过分"与"不及"两种情况。

接下来对"庸"字进行探讨，冯友兰还给出了较为精辟的论述。冯友兰在著作中，对于《中庸》第一章进行了全面的阐述，事物表面看起来非常的普通和寻常，比如大自然的一花一草，存在都是非常重要的，是社会和大自然所不可或缺的，"庸"体现出一种平常和普通的思想理念。[②] 以"普通"和"寻常"对"庸"字作出解释，切合对"中"字的理解，因为"普通"和"寻常"也定位于"中间点"，在其之上还有超越"普通"和"寻常"的事物，在其之下也有低于"普通"和"寻常"的事物，既不属于"过分"优秀，亦不是"不及"低劣。

"'和'便是协调分歧，达成和睦一致……与中文里的'同'相区

---

① 冯友兰：《中国哲学简史》，赵复三译，天津社会科学院出版社 2007 年版，第 155—156 页。

② 同上书，第 157 页。

别，除此之外，'和'代表着和谐，不同的天地万物，有效地融合在一个空间，和谐一致的彼此存在。"① 也就是说，甚至仅凭"和"一个字即可表达出"和谐"的意味。如果对"和"字本身再进行一个拆分，可以轻易地发现其由"禾"与"口"两个字组成。前者"禾"代表"禾苗"，属于填饱肚子的食物；后者"口"代表"说话"与"交流"，属于精神或意识层面的追求。这就给出了一个"和"字的启示，即社会要"和"，首先要解决填饱肚子的吃饭问题，其次还要解决说话表达意见的问题。

至于"谐"字在《中庸》里并没有像"中"、"庸"、"和"三个字那样有专门的字面说明。不过，东汉许慎所著的《说文解字》对"谐"的解释为："洽也。从言皆声"。说文解字亦是对"谐"字进行了拆分，由"言"、"皆"两字组成了"谐"。前者"言"与"口"的含义大致类似，都是要开口说话的意思；后者"皆"字是"全"、"都"的意思，自然就引申出有很多主体的隐藏内涵在其中。也就是说"谐"字表达出了一种融洽的氛围，意为大家都要开口说话、一同发声。这主要是再次强调和辅助"和"字的第二个启示。

由于"中庸"与"和谐"可以各自成为两个独立的词汇，因此将四个字拆分之后再组合起来，就可以明晰"中庸和谐"的两层内涵。首先，是由"中庸"所引发的第一层内涵：不走极端，寻求一个适中的平衡点，普通和寻常的事物即可满足、亦应满足；其次，由"和谐"所引发的第二层内涵：要人人能够有饭吃，人人能够有话说。第一层内涵揭示了社会协商的本质要求，第二层内涵则揭示了社会协商的运行机制与前提保障。

2. 社会协商在"中庸和谐"价值中的表现

作为"中庸和谐"在制度领域里渗透的结晶之一"社会协商"，其

---

① 冯友兰：《中国哲学简史》，赵复三译，天津社会科学院出版社 2007 年版，第156 页。

制度设计就基本满足"中庸和谐"两层内涵的要求。社会协商既要在权力主体与社会主体之间达成一种妥协也即各方所能接受的适中的利益平衡，又要满足各方主体的合法利益诉求与需要，甚至还符合社会协商属于对话机制的性质。具体而言，社会协商在"中庸和谐"价值中至少存在三种表现，而这三种表现又都与"中庸和谐"自身的表现形态相关联。

首先，社会协商体现了作为思想方法的中庸和谐。思想方法最基本的内涵是在社会发展过程中，人们形成了一定的世界观，并通过这一观点对客观现象进行研究、分析。这种议事规则和思考路径的总和，就构成了思想方法。上升到哲学的层面，指的是对客观世界的理性认识方法。所以，不论是世界观还是认识论，还是思想方法，都是对客观世界的认识。文化背景、生活经验、意识形态等的不同都可能会使一个民族或群体有着较大差异的思维方式，进而产生不同的思想方法。我国自古代以来就孕育出了中庸和谐的思想方法，特质在于其承认事物的复杂性和差别性的存在，换一个更为传神的词汇来讲，"和而不同"应是中庸和谐的基本内核和关键成分。也就是说，中庸和谐承认各种不同的存在具有客观性，通过不同事物、问题和观点等之间相互协调，相互融合，最终实现和谐统一。社会协商就恰恰是这种思想方法的产物。社会协商实际上把具有不同利益要求的主体在沟通交流的基础上进行整合，相互之间舍弃不同和差异的存在，融合各种甚至相互冲突的利益关系，最终实现求同存异的效果。顺延和把握这种思想方法，就不会对社会协商的设计存在偏差和悖离。

其次，社会协商体现了作为行为规范的中庸和谐。所谓的行为规范是根据人们的好恶、价值情感、需求而逐步形成和确立的规范。它是人们在参与社会（广义）活动中所遵循的被社会认可以及人们普遍接受的具有相应约束力的规则、标准、准则、规定的总称。由于行为规范具有保障、维护、修补社会秩序的功效，因此对全体社会成员都具有引导、指引、教育和约束的作用。通过规范全体社会成员可以做什么、不宜做什么、必须做什么、禁止做什么和应该怎么做等来实现社会沿着中庸和谐之路发展，从而使得整个社会的价值观都在中庸和谐的文化传统下得到彰显和延伸。按照表现形式和内容进行划分，行为规范具体包括道德规范、法律规范、宗教规范、风俗习惯等。这就意味着社会协商也可以具有这些规范表现形式，而并不仅仅局限于法律的形式。包含中庸和谐文化传统的行为规范主要调整三大类关系，包括人与社会（广义）的发展关系、人与自然的发展关系以及人自身的发展关系。其中人与社会（广义）的发展关系至少可以涵盖协调人与政治发展、经济发展、社会（狭义）发展、文化发展的关系。各种关系在中庸和谐的基础上共生共荣，实现可持续发展，形成各方基本满意的共赢局面。社会协商受到作为行为规范的中庸和谐的影响，在传统文化基础上，为其提供具体的社会控制手段，寻求一种多元化利益纷争背景下不走极端、不唱高调，共同寻求和合之路，将可能的暴力纷争消灭在萌芽之中，并以平和的柔性手段去妥当解决与处理社会事务，或者化解由此导致的社会矛盾冲突。

最后，社会协商体现了作为理想目标的中庸和谐。理想目标，是人们构建的对未来事物美好的希望和想象，或者寻求对某事物臻于最完善境界的梦想。它是社会成员在生活实践中形成的、有可能实现的、对未来社会和自身发展的向往与追求。从哲学的角度来看，就是人们的世界观、人生观和价值观在奋斗目标上的集中体现。古代圣贤们所概括总结的中庸和谐思想和观点传递出如下的信息，即人们应当将中庸和谐作为理想目标，明晰中庸是促进事物发展的基本思路，知晓和谐是不同事物之间协和共存的条件，中庸和谐推动社会前进的活水源泉。中庸和谐，这一中华民族传统文化的精髓，几千年来，中华民族一直追求着自由平等、互助友爱，大同社会成为多少仁人志士追求的梦想。为了实现这一目标，创造一个中庸和谐的社会，不断地进行自我调整，对社会协商制度进行设计。于是，至少要三个步骤才能更好地通过社会协商来实现中庸和谐的理想目标。首先，必须明白世界观、人生观和价值观能够决定中庸和谐的文化传统对人们追求该理想目标是有帮助的。社会协商契合中庸和谐的基本精神，凡是不符合这一精神要求的规范内容都不应设计到社会协商制度中。其次，需要确定相应的计划、规划与方案，保证在社会事务出现纷争以及因社会事务所引发社会矛盾冲突时，能够按照原定计划、规划和方案来启动社会协商进行救济。最后，应认识到理想目标毕竟与社会现实存在一定的差距，其实现也存在着相应的困难程度，即使某一件事情的处理上没有通过社会协商得到圆满解决与化解，也不宜气馁和放弃。较妥当的做法是吸取经验教训，当下次面对类似的事情时，看能否通过社会协商予以圆满解决与化解。经过反复不断的努力，必能够实现中庸和谐的理想目标。

3. 社会协商在"中庸和谐"价值中的表现评析

随着改革开放之后，以经济事务为重心的经济建设阶段，固然取得了令人骄傲的经济成绩。但亦不能否认这同时也带来了各种社会不稳定因素，社会经济的秩序被打乱，利益分配不平衡，政治和心理失衡，各种矛盾纵横交织，社会事务更加纷繁复杂。面对这种状况，任何政策的偏左或者偏右，都会带来更多的危害。任何不和谐的局面也是不该出现的。通过内含中庸和谐文化传统价值的社会协商，采取合适的方法，对社会关系进行处理和协调，处理的方法恰到好处，能够有效地解决矛盾，并且让矛盾和冲突在可控的范围内化解，缓解社会成员之间的紧张对峙和摩擦冲突，有效地防止矛盾和冲突进一步激化，关系到社会的稳定和社会的安定团结。社会只有保持稳定发展的状态，才能维护政府与社会之间团结友爱和谐的互动氛围，才能有利于推进社会主义和谐社会的构建。

在此，值得进一步指出的是，虽然社会协商通过彰显"中庸和谐"

的价值来发挥其喜人的功效，但是必须要防止陷入一个误区，即所谓的为了中庸和谐而中庸和谐，为了社会协商而社会协商。换句话来讲，就是不能无原则地调和折中而去和稀泥。无论是权力主体，还是社会主体，针对社会事务以及社会事务所引发的社会矛盾冲突，只要任何一方不肯让步、不肯妥协，或者任何一方的底线无法得到另一方的满足，那么就不能无限制地采取协商的办法来追求中庸和谐。否则事情一旦僵持下去甚至事态严重化之后，将会对中庸和谐构成最大的破坏。这是"过犹不及"所导致的必然结果，不宜打着"中庸和谐"的旗号做着违反中庸和谐的事情。

（二）民主价值

国外所理解的民主往往局限于选举民主，即以选票为依托靠多数人投票得出结果的一种民主形式。所以经常可以见到国外人士对民主的阐述，实际上都是在为选举民主提供注脚。比如，"民主制度的运作有一基本因素，即是重要问题在各种互相较劲的选举中提呈在人民面前……不论是谁被选来代表人民，大家会期待他忠诚执行人民的托付，这是民主制度的真谛"。[1] 然而，民主并不仅仅是一个投票行为，还包括了对信息的充分掌握以及意见的相互沟通，甚至还包括了在不同选项的选择中通过交流及一定的组织行为使这个选择变得更具合理性和前瞻性。这就意味着协商民主也是民主不可忽视的一个向度，光有投票的民主并不是好的民主，至少要有选举民主与协商民主的相互配合，才能更好地发挥民主的优势。"民主"一词，在国外是作为人类社会发展中不断追求

---

[1] ［美］格雷厄姆·艾利森、罗伯特·布莱克维尔、艾利·韦恩：《去问李光耀：一代总理对中国、美国和全世界的深思》，林添贵译，时报文化出版企业股份有限公司2013年版，第154页。

的政治理想和目标而出现的一个认同度较高的概念。从字面的含义来理解，可以将其解释为人民根据自身意志意愿来参与或管理国家事务的理念与制度。与之相对应的就是，制度层面上对政府官员们所苛加的义务，即需要从维护公共利益的角度出发，保障民主的实现。西塞罗在大作中还指出，柏拉图的两条戒律是政府公职人员工作过程中应该遵守的最基本的原则，首先，不能计较个人得失，要全心全意考虑人民利益，其次，国家的利益至上，不能为了个人的利益，而做出危害国家利益的事。① 作为协商民主表现形式之一的社会协商就较好地体现了民主的价值。一方面，社会协商可以基本反映社会主体尤其是民众的意志意愿；另一方面社会协商的结果可以被权力主体所采用以推动政治体制改革、创新社会治理以及增强政治合法性程度。

1. 民主的好处

首先，民主至少在理念上为大多数民众的意志意愿提供了表达机会和操作基础。民主所奉行的多数优于少数的规则可能未必是一定正确的手段或工具，但却是解决问题的一种具有天然优势且较能服众的钥匙。在处理事务时，当然可以采取其他的手段，如"民主"的对立面"专制"。专制不见得最后处理事务的结果要差于民主，甚至还可能在效率上优于民主，抑或统治者独断专行所决策的结果恰恰与民众的呼声相吻合进而收到与民主解决问题一样的效果。只不过，经过不断地摸索、试验与总结，人类得出一个基本的共识，就是当处理事务时，民主总是要比专制好，更能为广大民众所接受和认可。即使多数人的暴政与少数人的专制没什么本质上的差异，但是按照这种多数人规则来决策处理的事务，确确实实可以被多数人所接受，并很少被少数人以暴力反对，进而保障社

---

① ［古罗马］西塞罗：《西塞罗三论：老年·友谊·责任》，徐奕春译，商务印书馆1998 年版，第 129 页。

会秩序的平稳与祥和。

其次，正是由于第一点好处，所以民主的第二点好处在于其能够调动社会民众参与社会公共事务的积极性。由于决策的公开性、广泛性、社会性，相比于专制制度，民主可以为社会民众提供更多地参与社会公共事务的机会，增加了对参与民众自身利益的积极影响，从而促进了他们参与的积极性。虽然，可能真理掌握在少数人手中，但是大多数人的决定并不见得总是错误的。即使大多数民众发现自己在内的多数决定是错误的，也还是可以基于民主再次以多数决定将错误改正。因此，社会就在这种试错、纠错和正确的道路上曲折前进。

再次，基于民主的前两点好处，使得民主的第三点好处在于其能妥当地实现个人、社会、国家三者之间的对接与互动。个人经由民主追求的价值有很多，比如自由、平等、公平、正义等等，但是从终极意义上来讲，幸福应该是个人以及每个人都追求的目标。由于民主为个人的意志意愿提供了表达机会和操作基础，还提供更多参与社会公共事务的机会以提高个人参与社会公共事务的积极性，在"终极意义"幸福的追求上，一个个的个人意志意愿形成了相对多数的意志意愿乃至社会的意志意愿。这种社会的意志意愿反映到国家层面，由执政者在法律的框架下保障实施，将幸福贯穿于个人、社会与国家，较好地完成了三者的互动，并促进整个社会与国家的幸福。

最后，由于民主的前三点好处，民主的第四点好处在于"民主是现代国家最为稳定的合法性基础……民主为国家提供了合法性"。① 政治合法性的来源至少有五种，除了民主之外，还有革命、威权、宗教、经济等。革命所形成的政治合法性，其生命力往往较短，因为这主要靠革命领袖在长期的斗争中所形成的威望、魅力来维持，一旦新的政权建立

① 赵鼎新:《民主的限制》，中信出版社 2012 年版，第 61、67 页。

之后，必然会寻求其他的政治合法性来源进行支撑，以获取民众的支持与信任。威权所形成的政治合法性，主要是靠强压和暴力，从而其合法性程度往往较低，一旦被压迫的程度超过民众的忍耐限度，将很可能造成社会动荡不安乃至革命流血。宗教所形成的政治合法性，在没有宗教信仰的国家以及多种信仰混杂的国家里，也难以获得认同。经济所形成的政治合法性，具有一定的认可度，但当经济下滑、金融海啸、经济滞涨等时，执政者将会面临着合法性危机。相比而言，建立在民主基础上的政治合法性，能够获取更多民众的支持，合法性程度较高。

社会协商自然具备了民主的这些优点，为大多数民众的意志意愿提供了表达机会和操作基础，提供更多参与社会公共事务的机会以提高个人参与社会公共事务的积极性，妥当地实现个人、社会、国家三者之间的对接与互动，为国家提供了政治合法性基础。

2. 民主的变异

民主的好处是人所共睹，可是实施起来就存在着变异的可能性。问题的症结在于一方面在整个社会的改革过程中，民众感觉到对政治制度的改革确有必要，所以自然而然地会对民主的话语产生共鸣与向往；但另一方面，又会发现在现实中以民主形式出现的各种现象往往只是打着民主的旗号而已，并不是真正民主精神的体现。在实践过程中，所谓的民主似乎并不总是按照人们预期想象的那样去发展，而有可能是基于人性的自私偏离了民主自身的运行轨迹，形成了民主的变异。

民主的变异主要有两种表现形式，即对外情绪化的民族主义和对内一味媚众的民粹主义。两种变种都不是完善的、健全的、美好的、稳定的民主所期待的结果。前者可能引发游行、示威、暴力血腥等群体性事件，后者则可能导致妥协过头侵蚀党委政府的公权力。鉴于本文主要探讨社会协商，其仅涉及我国现实中社会协商涉及的社会事务及所引发的社会矛盾冲突，并不涉及一致对外的情况，所以此处仅探讨一种民主的变异形式，即"对内一味媚众的民粹主义"，并不过多地将对外情绪化的民族主义纳入研究视野。

民粹主义是政治学意义上的术语，指一种在政治上刻意迎合社会民众意志意愿的理念和做法。其作为一种社会思潮历史悠久，进而形成了如下的基本特征，包括但不限于"将'全体人民'当作所有行为与活动的唯一合法性源泉，极端强调社会民众所坚持的价值和理想，要求全体社会民众直接参与政治过程，主张依靠社会民众对社会进行激进改革，非常强调对民众情绪和意愿的绝对顺从"。① 也就是说，民粹主义建立在"执政者是不可靠的，只会邪恶，不会善良，而社会民众，只会善良，不会邪恶"的逻辑和潜台词之上，僵化与机械地认为社会民众永远是正确的以及社会民众的所有诉求永远是合理的。这种想法并不正确，只是由于民粹主义契合了始终与社会民众保持统一、保证社会民众话语权的这种绝对愿望，反映了社会民众诉求长期得不到合理解决而出现的唯民众至上的意志论。但实际上，任何人都不可能是圣人，民粹主义的逻辑和潜台词本身就是不正确的。应当认为，民粹主义超过了一定的限度，过犹不及，社会治理要依靠社会民众但不能绝对地无条件迎合与服从社会民众。

社会协商不能走民粹主义的民主变种道路。这就意味着不能一味地媚众，不能为了协商而协商，更不是为了妥协而妥协。退让是有限度的，不能一味地妥协与迎合大众，甚至在处理群体性事件时迫于上级命令压力、舆论压力等而无限度地达成所谓的"共识"是不可取的。社会协商必须掌握好相应的限度，平衡好权力主体与社会主体之间的意愿意志，形成双方在妥协基础上的双赢，而不是仅仅社会主体一方的单赢。

---

① 参见唐驳虎：《倒逼出 18 起千古奇冤案的优质民主?》，载凤凰网，2013 年 8 月 7 日。

3.民主的局限

民主固然有其好的一面，也有中间层面变异的一面，更有存在缺陷的一面。也就是说，民主存在着相当程度的局限性，必须要在发扬民主好的优点的同时，避免民主的缺陷所带来的不利影响。社会协商也是如此，因此有必要在此对民主的局限性做出一个专门的探讨。

通过实践经验和理性总结，民主至少具有如下两大缺陷：

第一个局限性在于，通过民主的方式处理问题可能存在低效率的弊端，甚至还会存在完全不能解决问题的可能性。归纳起来，可以用"两多一少"来阐明民主的这个缺陷。首先，"两多"是从主体和客体的角度表明"人的数目多"或者"利益内容多"，但不管哪个多，都会使得决策效率低下以及无法解决问题。对于前者，亚里士多德就曾指出过，"民主制国家的问题在于如何把大众的权力同明智的行政管理结合起来，而明智的行政管理对于庞大的公民大会来说却是不可能的"。[①] 对于后者，一旦利益内容的多元化导致民众利益诉求无法满足，将会无法达成妥协与共识。对此，约瑟夫·熊彼特就很清醒地谈到，如果政治的利益和理想违背了人民大众的利益和理想，这种政治很难得到顺利运行。[②] 纯粹从排列组合的角度来讲，达成妥协与共识的程度或可能性会随着"N 个人的共同 1 种利益＜N 个人的 N–M_1 种利益＜N 个人的 N 种利益＜N 个人的 N+M_2 种利益"而递减，其中，$\{N \mid N \in Z, N > =2\}$、$\{M_1 \mid M_1 \in Z, N+2 > M_1 > 0\}$ 以及 $\{M_2 \mid M_2 \in Z, M_2 > 0\}$。这就意味着当主体和客体组合在一起时，就会存在很多种的人数与利益数的关系，从而影响民主的效率。其次，"一少"是从适用范围的角度表明民

---

① 参见［美］乔治·萨拜因：《政治学说史》（第四版上卷），［美］托马斯·索尔森修订，邓正来译，世纪出版集团和上海人民出版社 2008 年版，第 149 页。

② ［美］约瑟夫·熊彼特：《资本主义、社会主义与民主》，吴良健译，商务印书馆1999 年版，第 429 页。

主并不是万能的，其仅仅是解决问题的一个手段工具而已。为了更好地理解民主适用范围的有限性，可以将其与国家制度建设相对比。约瑟夫·熊彼特在著作中指出，"根据民主制度的不同，现代国家制度可以分为三个类型：第一类制度建立比较早，民主没有出现，制度已经建立，但是在社会实践中，这样的制度很难得到机会建立和推广，如国防、军队、外交、税收、中央与地方的关系等；第二类制度早于民主而建立，但在民主化之后会发生变化，如法律等；第三类制度则必须以民主的方式建立而发生在民主化之后，如民主选举"。① 对于第一类制度，是无法通过民主来解决的，对于第二类制度可以通过民主来改善，对于第三类制度则必须依赖民主去处理。约瑟夫·熊彼特只专门提及了一点，只要国家和民主制度产生巨大分歧，出现根本性社会结构问题，民主方法通常都流于形式，功能根本得不到发挥。② 退一步来讲，即使处于民主可以适用的范围内，也不见得就能达到民众的目的。对此，托克维尔就曾尖锐地指出，人们在选择信任的人时，通常没有按照民主的方式，更多的人不愿意这样做，甚至不想用民主的方式去选择，我认为原因是因为人们内心极度的情感在民主制度的催化下，不断地高涨，甚至到达了最高点，总想把自己和他人拉平，是借助于民主制度实现这种思想，当人们的内心的需求得不到满足时，总会通过民主制度得到自己想要的平等，满足自己内心的寄托情感。③ 由此，更加凸显民主的局限性。

第二个局限性在于，民主可以被反向操作或被操纵控制，进而无法实现民主的目标。通过民主来决策事务或处理问题的前提是明晰相关信

① 参见郑永年：《中国模式——经验与困局》，浙江出版联合集团和浙江人民出版社 2010 年版，第 89—90 页。

② [美] 约瑟夫·熊彼特：《资本主义、社会主义与民主》，吴良健译，商务印书馆1999 年版，第 433 页。

③ [法] 托克维尔：《论美国的民主》（上卷），董果良译，商务印书馆 1988 年版，第 224 页。

息。然而根据行为经济学的原理，所公布的信息顺序、信息内容以及获取信息的时间与地点等等都会影响个人的选择。首先，越接近信息源的主体，就越优越于远离信息源的主体，进而在决策事务或处理问题时占有主动权和操纵远离信息源主体的可能性。于是，就有人曾愤愤不平地谈及"民主政治根本上就是一个骗人的公式，一个迷人的梦幻"。①远离信息源的主体被接近信息源的主体操纵得团团转，却不知已被后者所牵制或欺骗。其次，即使占有同样的信息，也可能基于自身的学历、禀赋、修养、能力等的不同而导致被操控。一方面，学历、禀赋、修养、能力等都较低的主体就可能不会理性地去决策事务或处理问题。托克维尔在其著作中指出，社会之所以会缺失民主，主要是人们情感多于理智，通过自身的知识和经验，已经清楚地认识未来，但是情感总是左右人们的思想；②另一方面，就是所具有的理性不足或难以认清相对方的真实面目或底线，从而被学历、禀赋、修养、能力等都较高的主体所主导或控制。威尔·杜兰特曾经多次指出，被操纵方主体并不能够产生智慧，只是被那些投机钻营之人利用，并因此获得权力。③一旦被操纵方发现了这个民主外衣掩盖下的事实，将很可能作出反悔或撕毁原有所谓的共识，甚至还可能引发激烈的冲突，而操纵方又往往掌控着强大的国家机器会坚持原有所谓的共识，致使双方之间的矛盾升级。当然，还有的从意识形态角度出发，论及对操纵民主的敌视性，"社会主义民主唯一的目标就是强化无产阶级及所有劳动人民的社会主义大业，给予他们空间建设社会主义，向所有的反社会主义势力作战……批评应该只是为

①　智效民编著：《民主还是独裁——70年前一场关于现代化的争论》，广东省出版集团和广东人民出版社2010年版，第134页。

②　[法]托克维尔：《论美国的民主》（上卷），董果良译，商务印书馆1988年版，第254页。

③　[美]威尔·杜兰特：《哲学简史》，梁春译，中国友谊出版公司2004年版，第125页。

了巩固民主集中制及强化党的领导，它绝不应该在无产阶级队伍带来秩序紊乱，遂了敌人心愿"。① 必须要认识到占有信息的不一样是个事实，甚至这种民主被反向操作或被操纵控制也是无法避免的，这也从反面在提示如果社会民众想更好地得到民主的好处而避免民主的局限，就需要信息公开制度的建立以及理性的群策群力。当然，如果存在一个独立的第三方团体来代表社会民众的利益去决策事务或处理问题也是提升社会民众主体能力建设的一个良策。

民主的第一个局限性，就表明社会协商也会由于"人的数目多"、"利益内容多"、"适用范围有限"而存在低效率的弊端，甚至还会存在完全不能解决问题的可能性。民主的第二个局限性，就表明社会协商被反向操作或被操纵控制，从而无法真正实现协商的根本目的。这是需要在社会协商制度建构设计时注意的问题。

（三）法治价值

民主与法治并不矛盾，因为民主与法治密不可分。正所谓民主是法治的基础，法治是民主的保障。社会协商不仅具有民主的价值，还经由民主连带促成了法治价值的生成。这种价值从某种角度而言，增加了社会协商的合法性基础。

1. 法治的基本探讨及法治价值的基本逻辑线条

早在古希腊古罗马时期，就有哲人对"法治"作出了诠释。"公元4世纪末时，就有呼声强调，'在民主政体之下，法律应该是统治者'，希佩里德斯的《欧色尼浦斯辩护词》里亦有类似的表述，'在民主制中，

---

① ［英］文安立：《躁动的帝国——从乾隆到邓小平的中国与世界》，林添贵译，八旗文化／远足文化事业股份有限公司 2013 年版，第 293 页。

法律将是主人'。"① 与希佩里德斯对法治的专注和热爱所不同的是，柏拉图在这个问题上曾经有过思想的转变。对于法治，柏拉图主要是从其与人治的关系上入手进行理解和论述的，这也符合他的思想流变过程。因为柏拉图针对法治与人治的关系，早先的想法与后来的想法截然不同。早先完成的《理想国》更多地倾向于人治，而后期完成的《法律篇》则更多地倾向于法治。这是柏拉图在探寻治国之道时，经过改革的历程以及多年的思考，意识到最优方案"哲学王的人治"在生活中难以实现，进而退而求其次地选择了次优方案"法治"。作为柏拉图的学生，亚里士多德认为，"即使最贤明的统治者也不能置法律于不顾，因为法律具有一种非人格的品质，而一个人不论多么圣贤，也是不可能获致这种品质的，法律是'不受欲望影响的理性'"。② 此外，亚里士多德还曾引用过柏拉图的名言，他非常主张人类只有达到完美状态，遵守法律和正义，才能够表现出优秀的一面，一旦抛开了法律和正义，人性本恶的面目就暴露无遗。③ 亚里士多德赞成法治，因此，在其著作《政治学》中，便专门对于"法治"给出了其个人的精深理解：一个国家其实有非常完善的法律。如果人民不能遵纪守法，完善的法律也得不到有效地实现，也不能实现国家的法制。所以法治应该包括完善性和服从性，法律法规必须完善，得到广大民众的认可，并且能够自觉地遵守。④ 于是，在亚里士多德这里，"良法"与"普遍的服从"成了法治的核心内核，其中，"良法"是前提，"普遍的服从"是目的。之后，亚里士多德则进一步提出相关著名论断："让法律治理国家比让任何公民更合适……如果一个

---

① 参见［英］弗雷德里希·奥古斯特·哈耶克：《自由宪章》，杨玉生、冯兴元、陈茅等译，中国社会科学出版社 1998 年版，第 242 页及脚注 5。

② 参见［美］乔治·萨拜因：《政治学说史》（上卷），［美］托马斯·索尔森修订，邓正来译，世纪出版集团和上海人民出版社 2008 年版，第 132 页。

③ 参见上书，第 133 页。

④ ［古希腊］亚里士多德：《政治学》，吴寿彭译，商务印书馆 1965 年版，第 199 页。

国家治理不依靠法律，肯定没有什么自由可言，只有法律才具有至高无上的权力"。① 这些对法治的理解直到今天仍在基本沿用，并影响着现代人对法治的理解与思考。20 世纪时，哈耶克又对法治与自由的关系作出了阐述，以此来凸显法治的作用和意义。"法治给我们提供了一个鉴别的标准，可以讲那些同自由之都能相容的措施和不能相容的措施加以区分，对那些能相容的措施，可以再进一步按实用有利的标准去加以考察；对于那些不能相容的措施，哪怕是提供了能达到一个可取目标的有效甚至唯一有效的手段，也必须予以拒绝。"② 由此，哈耶克将法治与自由挂上了钩。于是，在其名著《通往奴役之路》一书中，哈耶克对法治进行了全面的阐释，法治是政府进行治理的一种有效武器，也是一种规则的约束，在国家治理行动开始之前，规定并宣布的一种规则，任何人都要按照这一规则进行各项社会活动。规则具有强制权力，只有根据规则才能开展个人的事务。③ 哈耶克还指出，政府实行法治，只有按照众人所知的规则施行，所以众人所知的规则也是对政府行为的一种自然和约束。④

经由这些哲人大师们的讨论，其实完全可以提炼出法治价值的基本逻辑线条，即为"遵守法律——遵循良法善法——达到限制公的权力、保障私的权利和社会权利的目的"。这三者之间环环相扣、层层递进。

欲想实行法治，先是要普遍地服从、遵守法律，以此维护法律的权

---

① ［英］弗雷德里希·奥古斯特·哈耶克：《自由宪章》，杨玉生、冯兴元、陈茅等译，中国社会科学出版社 1998 年版，第 242 页—第 243 页。

② 同上书，第 352 页。

③ ［英］弗雷德里希·奥古斯特·哈耶克：《通往奴役之路》，王明毅、冯兴元、马雪芹、胡永革、王坚勇、杨玉生等译，中国社会科学出版社 1997 年版，第 73 页。

④ ［英］弗雷德里希·冯·哈耶克：《自由秩序原理》（上），邓正来译，生活·读书·新知三联书店 1997 年版，第 260 页；参见［英］弗雷德里希·奥古斯特·哈耶克：《自由宪章》，杨玉生、冯兴元、陈茅等译，中国社会科学出版社 1998 年版，第 324 页。

威性。

卢梭在他的著作中指出，法律的最核心内容就是尊重法律，政府只有尊重法律，严格地按照法律治理国家，才能够实现法治。任何人都没有不遵守法律的理由。① 托克维尔则以美国为例进一步指出了遵守法律的可能性。他认为，美国是法律最为完善的国家，人们之所以服从法律，是因为人民的利益遭到损害时，能够通过法律来维护，也能够通过自身的权利修订法律。首先接受法律，然后通过法律来解除自身的灾害，维护自身的利益。② 托克维尔在此没有对另一个问题作出回答，即当损害民众的法律在制定出来之前或修订之前是否需要遵守，而此时民众能否突破法律、挣脱法律的束缚？按照制定法必须严守的准则，对这一问题的回答是否定的。

不过，法律有善法和恶法之分，这是自然法学派学者告诫世人时所得出的结论。本来按照实证法学派代表人物凯尔森的观点"恶法亦法"，只要法律一经制定出来，就必须服从。可是第二次世界大战之后审理战犯时却发现他们实际都在执行本国的法律（恶法），如果按照"恶法亦法"的思路去审理他们，那只能认为这些战犯们无罪。于是，自然法思想复兴，法官认为法律必须具有最低限度的道德要求，从而宣判战犯们有罪。其实，英国的理查德·普赖斯早在1778年就曾提出警示，"如果在一个国家里，法律是由一个人或一个小集团制订的，而不是通过普遍的赞同制订的，法律的统治无非是一种奴役"。③ 也就是说少数人制定的法律存在损害多数人利益的可能，并很可能是恶法。只不过当时人类

---

① 张文显主编：《法理学》，高等教育出版社和北京大学出版社1999年版，第183页。

② ［法］托克维尔：《论美国的民主》（上卷），董果良译，商务印书馆1988年版，第276页。

③ ［英］弗雷德里希·奥古斯特·哈耶克：《自由宪章》，杨玉生、冯兴元、陈茅等译，中国社会科学出版社1998年版，第264页。

并没有对法的道德性进行深入的研究，以致引发后来的悲剧。所以，法治的第二个逻辑线条要求遵守的法律必须是良法、善法才可。

通过遵循良法善法，实现法统治目的。该目的即为对公权力的限制，对私权利以及社会权利的保障。当然，有些学者的论述比较具体，托克维尔就曾结合民主，要求法治对少数人的权利进行保障。

"民主的法制服务的对象就是公民中的大多数人，为了大多数人的利益，……托克维尔对民主最终目的的表达是多数的暴政，据他说，民主的最终目的应当是保护少数和个人的权利。"① 不过，大多数学者都主要是从限制公权力、保障私权利以及社会权利的角度去论述法治的，并认为法治的最高层次是实现相应的包括政治秩序、法律秩序等在内的社会（广义）秩序。

2. 群体性事件与法治秩序的关联及社会协商法治价值的体现

近年来发生的群体性事件实际上都可以与法治价值的基本逻辑线条相联系在一起，后者的任何一个环节出现问题，都可能导致群体性事件的产生，而群体性事件的发生又必然会强化破坏法治价值基本逻辑线条的相关环节。如果群体性事件处理不好，将很可能导致降低执政合法性程度。

从遵守法律的层面来看，需要区分不同的情况：第一种情况是，针对社会事务，社会主体有着相应的利益诉求，通过合法的途径没有解决而最终引发了群体性事件。这是比较典型的情况，群体性事件的爆发往往是合法的手段如司法、信访等无法实现救济民众权益而民众诉求无门，只好通过这种抗争来争取自身所需。由此，说明不仅执政合法性危机出现状况，而且法律的实施与执行也呈现出危机的表现。当然，人们

---

① ［法］托克维尔：《论美国的民主》（上卷），董果良译，商务印书馆 1988 年版，第 264 页、第 287 页的脚注。

对权威机构的不信任本身实际上也构成一种执政的合法性危机。第二种情况是，针对社会事务，社会主体有着相应的利益诉求，越过了合法的途径，直接以群体性事件的形式表明自身态度，通过对权力主体的施压来争取实现利益诉求。这种情况在实践中也确实出现过，如某些城市的民众对政府引进污染环境的企业不满，于是自发组织上街游行示威，没有取得公安部门的批准与同意，也没有通过或利用其他方式去与政府或拟引进的企业进行沟通协调等。需要注意的是，这两种情况的相同点在于诱因可能是合法的也可能是非法的。另外的相同点在于群体性事件可能是合法的也可能是非法的，判断的标准在于是否经过当地公安部门的批准与同意。两种情况的区别主要在于引发群体性事件的社会事务是否进行过前端解决，前者是进行过先期处理但没得到解决或者解决的结果没有被社会主体所认可，后者则是没经过先期处理直接以群体性事件的方式来要求权力主体解决。经由图示表明，发生群体性事件并不一定都是违法的，表面上的两种情况一经排列组合，马上可以演化为八种具体的情况，从而在诱因、过程以及结果三个要素上，将群体性事件与遵守法律与否联系在一起。

表 2-1　群体性事件诱因、过程、结果的类型化列表

序号	类型	诱因	过程	结果
1	第一种情况	合法行为	经历了合法的前端解决途径	合法的群体性事件
2				非法的群体性事件
3		非法行为（侵害）		合法的群体性事件
4				非法的群体性事件
5	第二种情况	合法行为	未经历合法的前端解决途径	合法的群体性事件
6				非法的群体性事件
7		非法行为（侵害）		合法的群体性事件
8				非法的群体性事件

从遵循良法善法的层面来看，要区分制定和实施两种情况：不排除制定时是良法善法但实施起来却变异为恶法，亦不排除制定时是恶法但却可被规避实施或不实施。实际上就是要对表2-1再增加两个变量"善法"与"恶法"。于是，对权力主体处理群体性事件多了一些变通的方式方法。从限制公权力、保障私权利和社会权利的目的层面来看，表2-1中四种结果属于非法的群体性事件是通过自力方式对抗公权力以保障私权利和社会权利的极端情形，属于一种不当争取实现法治目的的方法。而表2-1中四种结果属于合法的群体性事件则是一种诉求、再次或多次诉求、迫使权力主体解决社会事务及化解所引发的社会矛盾冲突，虽可能与法治的目的一致，但说明了社会主体对权力主体的不信任态度。

社会协商在应对群体性事件时，可以充分发挥其所具有的法治价值。从本质上而言，"遵守法律——遵循良法善法——达到限制公权力、保障私权利和社会权利的目的"的法治价值的基本逻辑线条贯穿于社会协商始终。首先，社会协商的介入在很大程度上可以降低群体性事件发生的可能性，进而降低群体性事件所带来的社会损害。在发生诱因的初始阶段，权力主体就可以通过积极协商，来对社会主体的合法利益诉求进行一个妥当的安排。对于合法的诱因，权力主体应在相当程度上给予社会主体以满足，对于非法侵害所导致的诱因，权力主体更需要检讨自身做法的不足，安抚和平息社会主体不满的情绪。在发生群体性事件之前的过程里，社会协商亦可以起到一定的作用，至少可以在最低限度上排除第二种情况（序号5—8）的发生。当发生群体性事件后，不管其属于合法的，还是非法的，都可以适用社会协商作为一种解决方案，不一定非得单单一味借助强力维稳的方式。如果通过社会协商能够将问题妥当解决或将矛盾妥当化解，不管发生在诱因、过程还是结果的层面上，都可以有一个额外的收获，就是经由权力主体和社会主体的沟通交流，重拾和再建处于分崩离析的社会基本信任机制。

（四）经济价值

经济价值，顾名思义，就是从经济学角度引出的一个概念，表明主体从客体中获得利益的好处与衡量。这就意味着，对社会协商的经济价值的思考与评析离不开"好处"和"衡量"两个关键词。前者表现为制度本身所消耗的成本与所获得的收益之间的关系对比，后者则扩至制度外部，将能够解决相同或类似问题的两个或两个以上的制度的成本与收益进行对比，在给定条件的基础上，寻找出利润最大化的制度。如此，将可以对社会协商的内部经济价值与外部经济价值均纳入研究探讨的范围里。

1. 经济价值中的第一个关键词"好处"与社会协商的内部经济价值

"好处"是评价内部经济价值的指标。社会协商的好处实际就是可以妥当解决与处理社会事务或化解因未妥当解决与处理社会事务所导致的社会矛盾冲突，但从经济价值的角度来讲，就需要考虑社会协商本身的成本与收益之间的关系。

对于社会事务或因社会事务所引发的社会矛盾而言，如果采取社会协商的方式方法的话，收益起码有三种状态：其中，最优的结果就是协商成功，无论一次或者多次协商，经由妥协退让，双方或多方之间的利益均得到最大限度地满足；最差的结果则是协商失败，无论一次或者多次协商，全不妥协与退让，双方或多方之间的利益均得不到任何满足；处于零收益与最大收益之间，当然还会存在中间状态，即无论一次或者多次协商，经由妥协退让，双方或多方之间的利益均得到一定限度的满足。至于成本，无论收益如何，都可表述为在一定的时间和一定的地点协商的成本。最优状态的收益减去协商成本，得到的是双方或多方的最大满足；中间状态的收益减去协商成本，得到的是双方或多方的一定满足；零收益减去协商成本，得到的是双方或多方的零满足。也就是说，通过社会协商的手段，至少基本不会有所损失，即使真有损失也是能够承受的。换句话来讲，除了零收益一种情况下，其他所有的情况，都会获得相当程度的满足。这就是社会协商内部经济价值的表现。

不过，对于社会协商本身的内部经济价值的考量，颇有"王婆卖瓜、自卖自夸"的嫌疑，而处理社会事务及因社会事务所引发的社会矛盾的任何制度也都一定具有自身的内部经济价值。至于到底哪种处理社会事务的制度具有更高的经济价值，则需要对经济价值中的第二个关键词"衡量"进行检索与探究。讨论社会协商的外部价值会包含其自身内部经济价值的成本收益的问题。所以，此处关于社会协商内部经济价值的问题讨论从简。

2. 经济价值中的第二个关键词"衡量"与社会协商的外部经济价值

"衡量"是评价外部经济价值的指标。仅仅判断社会协商自身所具有的内部经济价值还不足以完全说明该制度相比其他处理社会事务的制度的优越性，为此，需要将社会协商与相关制度进行同步比较，才能更好地对社会协商的经济价值有所全面的认识。

（1）对比对象的选取。实践中，其他处理社会事务的手段有很多，包括但不限于行政命令、立法、走访、安抚、花钱摆平、风俗习惯、亲情劝说、司法裁判等等。如果本文将社会协商与其他所有的处理社会事务的方式方法都一一进行比较的话，不仅可能无法穷尽所有的处理手段，还会导致工作量的简单重复使得研究失去意义。从这个角度出发，有必要对拟比较的对象进行选取。

所选取的对比对象应该具有如下的特点：第一，与处理对象有关联。如果该手段仅适用于解决非社会事务，则不应被纳入考量的范围之内。因为如果选取了这样的对比对象，将使得对比目的无法实现。第二，针对"群体性事件"，其应属于较常见、较典型的方式方法。对比不常见、不典型的对象，将可能导致选取样本的偏差。第三，其往往是采取强制手段处理社会事务，如果同为柔性解决手段，则可能对比的效果没有那么明显。综合这三点考量，拟选取强力维稳的方式与社会协商进行一个对比。

最好的对比，就是寻找一个真实的事件，对处理社会事务的社会协商和强力维稳在其中发挥的作用进行分析和判断。然而，这种实例的对比分析法却在理论上存在着一个尴尬的困境。首先，无论是社会协商还是强力维稳，都可能在不同的实例中作为唯一的解决手段，将社会事务予以处理。此时，需要对比的就是实例中"使用社会协商手段的成本与收益"以及"使用强力维稳手段的成本与收益"，但这里面存在着现实生活中实例的发生条件和实例本身情况的不一致性，要对比的两个实例是在不同的条件下进行的，那么这种对比结果将是无意义的。其次，如果能够寻找到一个综合运用社会协商还有强力维稳（无论对同一社会事务的处理时先使用社会协商还是先使用强力维稳）的实例，表面上看最有利于进行对比，但实际上，这种实例也不是最佳的选择。因为先使用的手段对后使用手段的影响程度是无法精确计算的，很有可能最后的结果成为：哪种手段先使用，哪种手段的经济价值就低于后使用的手段，毕竟是后一种手段将问题最终解决掉的。可是，也一定会有意见反对这种结论，就是说，如果没有先前所使用的手段，说不定后使用的手段发挥不出那么高的功效。于是就陷入了所提到的先使用手段对后使用手段影响程度难以精确计算的困境。

由于不能像自然科学那样，得到精确的计算结果或结论，通过真实的实例去对比社会协商与强力维稳的经济价值，在理论困境的制约下，这将可能是一项无法完成的任务。不过，社会科学提供了一个处理这种困境的手段，那就是"思想实验"，通过生活经验的虚拟，来发挥想象力来进行所谓的实验。

（2）思想实验：环境污染事件中的"社会协商与强力维稳"的对比。能使法律超越经验的局限并摆脱成见束缚的手段之一，即是所谓的思想实验，① 其意指在条件的限制下，相关的实验无法在现实中做到或暂时不能做到，唯有依据想象力去进行模拟实验，以期揭露现行理论的瑕疵，或者创建与完善相关的理论。在中学时代学的物理这门课里，经常看见假定没有摩擦力的情况如何如何，假定真空状态如何如何，这些假定无法在现实中做到或暂时不能做到，可它们又并不会影响研究者的学习和探讨，通过计算得出相应的结论。人类较为经典的思想实验，其实就隐匿在琐碎的现实生活里，如恋人之间常见的思想实验"我和你妈同时掉进河里，你先救谁"，"如果我老了，你还会喜欢我吗"等等。思想实验在自然科学中常常可见，但是具体到社会科学或人文学科中的法学，则比较少见，但这并不意味着思想实验不能运用到法学研究中。美国现代实用主义法学的创始人霍姆斯大法官就在其著作《普通法》里，使用了大量的思想实验，来说明其案例和训练法律思维。

具体到处理社会事务的社会协商和强力维稳进行成本收益的对比分析上，可以引入思想实验去进行研究探讨。为此，我们假设一个场景：有 A、B 两个相邻的县城，每个县城的人口、环境、财政收入等具体状况都是一样的，通过招商引资，市政府决定在 A、B 两个县城分别引入 PX 石化项目。得知这一消息后，为防止环境污染给当代人及子孙后代造成危害，A 县城有两万民众上街游行呼吁取消 PX 石化项目，相邻的 B 县城也有两万民众上街游行呼吁取消 PX 石化项目。对此，A、B 两

---

① 世界十大思想实验有电车难题、空地上的奶牛、定时炸弹、爱因斯坦的光线、特修斯之船、伽利略的重力实验、猴子和打字机、中文房间、薛定锷的猫、缸中的大脑。

个县城的县长采取了不同的处理方式，A 县县长采取了社会协商的手段，B 县县长采取了强力维稳的手段，最终两个县均实现了民众不再上街游行的目的。这样的虚拟实验在现实中当然是不可能的，唯有依据想象力去进行模拟实验，以理性来获取相应的价值判断结论。

从成本的角度来看，虽然都需要 A、B 两个县的县长付出时间与精力来实现社会稳定，但是，A、B 两个县付出的成本确实不同。针对县政府，A 县的成本主要集中在于一定的时间和一定的地点和民众商讨或公布信息的成本等等。针对民众，A 县的成本主要集中在于一定的时间和一定的地点和官员们商讨或查询、接受信息的成本等等。针对县政府，B 县的成本主要集中在调动武装警察部队的成本（含车、枪弹等）、让媒体息声的成本、召开紧急会议安排维稳的成本等等。针对民众，B 县的成本主要集中在反抗的成本、受伤医疗的成本、受伤误工的成本、亲属照料的成本等等。

从收益的角度来看，虽然最终 A、B 两个县的民众都不再上街游行，社会秩序确实得到了平静与安宁。但是，相比 A 县县长的做法，B 县县长通过强力维稳并没对是否取消 PX 石化项目做出回答，而且强力维稳的结果绝大多数情况下，都是要继续引进 PX 石化项目，否则没有必要强力平息民众的游行而直接满足民众的要求即可。这就类似于"案结事未了"，对可能污染环境的 PX 石化项目引入与否的社会事务本身并没有解决，民众并没有得到具有说服力和解释力的结论，反而是被以强力方式暂时搁置对此社会事务的争议。也就是说，A 县"案结事了"，所获得社会秩序是较高程度的平静与安宁；B 县"案结事未了"，所获得社会秩序是较小意义的平静与安宁，且隐藏着较大的安全隐患。

对比成本与收益，从经验的角度，可以发现并认为 A 县的收益要高于 B 县的收益，A 县的成本要低于 B 县的成本，只要做一个小学生都会的减法，就能够基本得出一个结论，即社会协商要比强力维稳更具有经济价值，更能"案结事了"，妥当解决与处理社会事务或化解因未妥当解决与处理社会事务所导致的社会矛盾冲突。

通过社会协商内部经济价值的讨论，可知其本身具有不同程度的经济价值，而这个思想实验是建立在特定的结果基础上的，即假定社会协商最后成功获得最优的结果，双方之间的利益得到最大限度的满足，当然与其相对比的强力维稳也要假定发挥最大的功效。如果思想实验是建立在其他特定的结果基础上的话（包括社会协商结果零收益的情况），那么也是做类似的推论或推演，同理，与社会协商相对比的强力维稳也要假定发挥同等的功效。不管哪种假定，这种以点带面的思想实验，均可以归纳出社会协商的外部经济价值要高于强力维稳。但是，价值的高低不代表社会协商可以取代强力维稳，也不代表处理社会事务或因社会事务引发的社会矛盾时社会协商的适用次序优于强力维稳，应当结合事件的限定条件或前提范围做出灵活决定与取舍。

必须要指出的是，在给定条件下，通过思想实验得出的结果或结论虽然具有一定的仿真性，但必须得付诸实践检验才能使该结果或结论具有充足的说服力和解释力，囿于本部分属于价值讨论范畴，不宜过多展开探讨，对此，将在社会协商的实践论中对此问题进行验证。

（五）工具价值

所谓工具价值，实际上是指相关主体经由或凭借一种手段，来达成自身的正当性目的。应当说，工具价值最大的特性就在于为相关主体的"价值生成"提供了条件，它起到了一种桥梁作用。社会协商的正当性之一就体现在其具有工具价值，能够通过社会协商的使用来满足相关主体的利益需求，有利于妥当解决与处理社会事务或化解因未妥当解决与处理社会事务所导致的社会矛盾冲突。

1."工具价值"与"四个相关概念范畴"的交织及辨识

要想更好地理解工具价值的涵义，有四个相关概念范畴可供加深对其的认识。这四个相关概念范畴由两组具有对应关系的词汇组成，分别是第一组"预期效果与实际效果"，以及第二组"直接效果与间接效果"。将这四个概念引入进来，是要对社会协商所具有的工具价值进行一个有针对性的评析。

从"预期效果与实际效果"的角度出发，是要回答社会协商所具有的工具价值的实然和应然的差异。这组概念拟说明社会协商的制度设计目的是要妥当解决与处理社会事务或化解因未妥当解决与处理社会事务所导致的社会矛盾冲突。然而，利益的多元化、社会事务与社会矛盾的复杂性等导致预想的目的和实际的效果很可能并不是很吻合。如果预期效果与实际效果一致，那么就说明对社会协商的制度设计就转变为生活的现实，该设计是富有实效的，符合制度正当性三要素之一的"有效性"；如果预期效果与实际效果不一致，那么就说明对社会协商的制度设计没有转变为生活的现实或者与预设的情形出现某种程度的偏差，则该设计会被认为缺乏实效，不满足制度正当性三要素之一的"有效性"要求。于是，为判明预期效果与实际效果之间的吻合程度，就必须要通过数据、调研等实证研究方法进行分析，本章后面的实践论就是从这个思路出发，在社会协商合理性的基础上来探讨社会协商的"有效性"问题。

从"直接效果与间接效果"的角度出发，是要回答社会协商所具有的工具价值用以解决问题的程度差异。这组概念拟说明当社会协商发挥功效时，其直接效果如何？当社会协商不能发挥或不能完善发挥功效时，其间接效果如何？由于各种社会关系相互之间具有某种关联性，再加上各种主体之间又可能或极其可能具有冲突的利益纷争，当社会协商的运用对这些社会关系进行调整与捋顺时，就不可避免地影响到相关的社会关系，更会对各方主体所持利益产生影响。各方利益主体之间经由社会协商的运用最终妥当解决与处理社会事务或化解因未妥当解决与处理社会事务所导致的社会矛盾冲突，那么自然是其直接效果。假如各方利益主体之间经由社会协商的运用没有解决问题，而是通过其他的手段或方法进行处理问题，那也并不代表社会协商没有发挥任何功效，其至少可能使得各方利益主体之间知悉一定的信息甚至明晰对方的底线或底牌，从而发挥或产生出简洁的功效。无论是直接效果还是间接效果，都说明了社会协商的有用性，进而增强了该制度的合理性程度。

当对社会协商的"工具价值"与"预期效果、实际效果、直接效果与间接效果"相互交织探讨之后，就可以深刻领悟到社会协商作为工具价值时，仅是一种手段。其本身并不是目的，而是通过采取对话和信息公开的方式，借助面对面交流和借助大众传媒等公共话语平台这些载体，进行协商参与，以解决社会事务及其引发的社会矛盾。这种工具价值为社会治理提供了"工具"。仔细说来，作为权力主体，西塞罗曾经说过，一个行政长官代表的是国家，是为了维护国家的荣誉，维护国家的尊严，只有执行法律，才能保护公正和国家的权益，才能行使自身的神圣职责。① 这就意味着行使权力要最大限度地使社会主体满意及将问题及时处理掉。如果常常使用非柔性的社会治理工具，如强力维稳的手段，那么将对社会治理产生一种负面的影响。西塞罗指出，权力可以使人畏惧也能够赢得人民的爱戴，前者属于一种拙劣手段，后者才能保障权力的永不旁落。② 社会协商这种工具价值既能保障社会治理的双向互动，又能维持各方主体利益的有效平衡，还可以将社会事务问题及引发的社会矛盾及时解决与化解。

---

① [古罗马] 西塞罗：《西塞罗三论：老年·友谊·责任》，徐奕春译，商务印书馆1998年版，第147页。

② 同上书，第176页。

2. 社会协商在工具价值中的具体作用表现

当社会协商成为一项制度，其所隐含的工具价值就会在实践中发挥相应的作用。从制度设计并结合相关生活经验的角度，至少可以认为社会协商在工具价值中的具体作用表现有如下四点：

第一，"告示通知"的作用。社会协商实际上给人们如何行为提供了一种可选择的模式，这种行为模式要求在面对社会事务及所引发的社会矛盾冲突时，通过柔性的方式进行解决与化解。各方主体之间可能需要将相关的信息公之于众或者在特定范围内公开，亦有可能是一方主体单纯通知另一方主体相关事项，或者经由通知使对方主体前来协商谈判与沟通交流。社会协商所具有的"告示通知"作用与其属于"对话机制"的性质上有关系。欲想进行相应的对话，必须先知悉相关信息，以及告知解决问题的方式方法，甚至可以陈述利弊供对方权衡，防止事态扩大化或严峻化。

第二，"预测判断"的作用。由于已经知悉相关信息或获取相应的通知，所以相关主体能够预先知晓、估计相互之间将如何行为，并根据这种预知来做出行动安排与计划，以使社会协商能够发挥最大限度的功效。社会协商的"预测判断"作用的好处在于可以减少协商主体行动的盲目性、偶然性以及滞后性，以提高协商的实际效果。权力主体经由"预测判断"，可以果断采取相关手段与措施，来防止社会矛盾冲突的激化，将可能引发的群体性事件及时化解；社会主体经由"预测判断"，可以在摸清权力主体底牌的基础上，积极争取更多的合法利益。各方主体通过"预测判断"，在磋商、谈判、沟通、交流之后，能够更好地实现妥协，获得双赢的局面。

第三，"指引示范"的作用。社会协商的指引作用有两种情况：一种是确定性的指引；还有一种是非确定性的指引。前者要求在合法性的范围内，社会协商督促人们作出一定的行为或抑制一定的行为，以防止发生违法行为；后者要求在合法性的范围内，社会协商给人们创造一种可供选择的机会，以鼓励从事合法行为。当一项社会事务及其引发的社会矛盾冲突通过社会协商得到圆满解决与化解时，对涉事的权力主体与社会主体均会产生一定的示范作用，甚至还会对非涉事的权力主体与社会主体产生某种程度的示范作用。未来在应对社会事务及其引发的社会矛盾冲突时，原来采取、运用过社会协商的权力主体与社会主体很可能顺延或因循曾经的处理方式柔性解决问题，以往未采取、运用社会协商的权力主体与社会主体亦可能会仿效对原来采取、运用过社会协商的权力主体与社会主体成功解决问题的路径。

第四，"实现目的"的作用。当然，社会协商的目的就是要妥当解决与处理社会事务或化解因未妥当解决与处理社会事务所导致的社会矛盾冲突，这是其发挥功效的最优作用。前三个"告示通知"、"预测判断"、"指引示范"作用实际上都是在为实现社会协商的目的所服务。当面临社会事务及其社会矛盾冲突时，无论是权力主体，还是社会主体，都需要冷静对待、理性探索、积极沟通，这对实现各方利益主体的自身利益需求是有好处的。不仅能够实现转变政府职能、改善民生、完善民主的设想，而此设想亦契合党的十八届三中全会公报的内容与精神，还会增强民众对党和政府执政能力的信任与信心，减少群体性事件的发生几率。

社会协商在工具价值中具体作用的四个表现"告示通知"、"预测判断"、"指引示范"、"实现目的"之间具有一定的逻辑关系。四者层层递进，"告示通知"为"预测判断"提供前提，"告示通知"和"预测判断"为"指引示范"提供前提，而"告示通知"、"预测判断"、"指引示范"三者为"实现目的"提供前提，并最终落脚立足于"实现目的"的作用。

3. 工具价值的局限性对社会协商的影响

社会协商所具有的工具价值对社会实践的发展起着深远的影响，是妥当解决与处理社会事务或化解因未妥当解决与处理社会事务所导致的社会矛盾冲突的重要手段。特别是在当下的社会里，党的十八届三中全会《深化改革决定》提出要加强社会主义民主政治制度建设，其中之一就是推进协商民主广泛多层制度化发展。时隔26年再次在党的如此高级别的文件中提及了"社会协商"，这就更加可以看出社会协商对社会生活的深远影响。然而，必须要注意的是，不能因此而陷入"社会协商唯一论"、"社会协商万能论"的误区。只有认识到发挥工具价值作用的社会协商存在着工具价值的局限性时，并以此认识为基础，才能更好地、更准确地运用社会协商去调整不同主体之间的合法利益关系。

首先，社会协商只是诸多社会治理方式的一种。社会治理可以有很多种手段，比如行政命令、道德约束、发布规范性文件、思想教育、纪律管束等等。也就是说，社会协商不是亦不可能是社会治理的唯一方式。不同的社会治理方式调整着不同的关系领域，当然，也可能存在着一定的调整空间的交叉，所以在某件事务的处理上，可以既能够使用甲种手段，也可以在甲种手段失灵后使用乙种手段，甚至还可以甲种乙种手段同时并用，这亦未尝不可。换句话来讲，社会协商作为一种工具，其可能不能同时并用性质相异的社会治理工具如强力维稳，但却可以与性质相近的柔性治理工具相并用，或者单独使用社会协商去进行社会治理。从深层次而言，实际上这反映出了社会协商与其他社会治理工具之间的关系。

其次，社会协商的作用范围不是无限的。社会协商并不是解决任何问题的良药，也并不是在所有问题的处理上都是适当的。的确，社会协商作用的范围比较广泛，可以针对社会事务以及社会事务所引发的社会矛盾冲突去着手解决与化解，而且还很可能收获较好的社会效果。但是，必须意识到两点：第一，从现实的角度，政治事务、经济事务、文化事务等就不适宜或很难通过社会协商这一工具进行处理。这些事务自有其各自的解决之道，包括但不限于政治协商、经济协商、文化协商等等。第二，当进入思想、认识、信仰等纯粹私人意识层面的角度时，应当说，也很难运用社会协商的手段介入其中。涉及纯粹私人意识层面，要么外人无法知晓，要么知晓后难以改造，要么改造之后并不能知道其是否真的被改造以及改造之后其是否又改回了原有的意识。

再次，即使能够运用社会协商去进行社会治理，也存在着一定的使用限度。社会协商作为一种有限的制度设计实际上去应对的为无限丰富的世界，正是由于社会生活千姿百态、无所不包、不断变化，从而必然导致社会协商具有一定的使用限度。此外，社会协商作为一种抽象的制度设计要面对具体的、形形色色的甚至是易变的社会事务及其社会矛盾冲突，如果加上其他社会治理手段对社会协商工具的辅助、补充和共用等，就更会知悉社会协商不是无限度地、重复不断地、一直总是唯一地适用下去。当协商面临着协商僵局，各方都不退让，或者协商面临着一方的反悔，抑可能协商久拖不决或事态严重，都需要相关主体及时果断采取其他的社会治理工具来解决问题，而非抓着社会协商不放手。

最后，当运用社会协商的主体在物质条件或精神条件不具备或不齐备时，社会协商的工具价值就可能会大打折扣，进而难以充分发挥应有的预期功效。从物质条件的完备角度出发，需要认识到社会协商也是需要物质成本的，包括但不限于办公楼、货币、协商的场所、公告牌、桌椅板凳、纸笔、电脑、网络、电话、电视、投影仪等等。从精神条件的完备角度出发，需要认识到社会协商也是需要精神成本的，包括但不限于工作人员良好的业务素质与道德素质、民众的权利意识与个人素质、法治意识、程序意识、文化氛围等等。缺少任何一项物质条件或精神条件时，都可能会使得沟通、交流出现障碍，社会协商亦不能达到妥当解决与处理社会事务或化解因未妥当解决与处理社会事务所导致的社会矛盾冲突的目的。

（六）思维方式调整的价值

思维方式是人类头脑的内在活动，这种活动要求思维主体在经验基础上凭借理性来认识和把握对象的本质，以作出决策。社会协商在运行过程中，不可避免地需要通过思维方式的转换来平衡各方主体的利益。

1.思维方式的特性考量

在研究社会协商思维方式调整的价值之前，可以从思维方式的特性出发去探讨，进而使得欲讨论的问题更加深入。应当说，人类的思维方式至少具有两个特性。首先，从历史的角度而言，思维方式具有特定的时代性。在历史的长河中，相应的思维方式属于相应时代的产物。当历史的前进推动时代的发展时，也必然对思维方式的转变提出一定的要求。也就是说，人类的思维方式很难逃脱历史的藩篱。每一个时代都有每一个时代的特性，思维方式就会被打上特定时代的印记，并会制约和限制当时的人类活动。社会协商也是如此，其本身所需要调整的思维方式也必定具有特定的时代性。其次，从当下的角度而言，思维方式具有相对的稳定性。将镜头从历史的长河中拉回，专门看待特定时期比如现代，就会发现虽然人类的思维活动纷繁复杂并呈现出多样化的态势，但却会保持着相对的稳定性。特别是当这种思维方式来源于生活经验时，更是如此。因为人类生活的联系性与现实性，会遵循着前人的经验，甚至还会反复按照经验去行为，从而构成人类通常的思维惯性。社会协商也是如此，其本身所需要调整的思维方式也必定具有相对的稳定性。于是，特定的时代性与相对的稳定性两个特性限定了社会协商研究者的视野和思路，并内嵌在研究的过程之中。

思维方式影响着人们思考问题的路径，甚至还会导致人们提出不同的解决问题的方案。正是因为思维方式具有特定的时代性和相对的稳定性这两个特性，由此决定了调整思维方式的困难和拟转变思维方式的努力方向。也就是说，不管何人，其思维方式一经形成，就会打上历史的烙印并具相对的稳定性，从而不知不觉、潜移默化、悄无声息地支配着人类的思想和行为，影响人类生活的每一个角落。于是，在这种情况下，想超越历史阶段去突破思维惯性以及打破以往惯常的思维路径如本本主义、教条主义，就会变得极为艰难。不过，当人类明白这一道理时，就可以有针对性地选择避开落后、保守、滞后的思维方式，尽量地自觉运用非落后、非保守、非滞后的思维方式，去分析问题和解决问题。

要讨论社会协商的价值，就应当转变原有的思维方式，换个角度去思考，将会别有一番天地。但在转换思维方式之前，必须对思维方式的理想化与类型化模型进行研究，从而抽象出惯常的思维方式，进而为转换新的思维方式提供努力的方向。

2. 思维方式的理想化与类型化模型探究

从经验的角度出发，通过对常见的思维方式进行一个理论上的抽象，大致可以得出相对理想化的模型。所有的制度包括社会协商在内，实际上都不可避免地会涉及模型中四种思维方式的碰撞，而且任何一种思维方式都可能会禁锢或限制对既有制度功能的完善性发挥。因此，有必要一一分析四种理想化与类型的思维方式。

第一种，政治思维方式：侧重于政治上的"利弊平衡"。更进一步来讲，政治思维方式主要以政治影响的优劣、政治效果的好坏、政治目的的成否为评判标准进行考量，至于其他的要素则处于后位甚至不重要的地位。于是，就会发现，即使一个观点是正确的，但是出于当时的政治环境，政治家们慎重思考如果采纳该观点可能造成的优缺点，经过利弊平衡后，甚至可能舍弃正确的观点而不用，等待时机成熟之后再采纳亦不是没这种可能性。

第二种，经济思维方式：侧重于经济中的"成本收益"。具体说来，即是要以最少的投入获得最大的产出、以最小的代价获得最好的结果。于是，经济上的理性人就会在此基础上衡量成本和收益的大小。当成本大于收益时，则不去行动；当成本等于收益时，则观望静候；当成本小于收益时，则实施行动。这种经济人的假设是由经济学的鼻祖亚当·斯密在其著作《国民财富的性质和原因的研究》（亦译为《国富论》）中提出来的。如果违反了经济人假设，就会被认为背离了经济思维。

第三种，道德思维方式：侧重于道德里的"善恶评判"。应当说，道德属于一种人类共同生活的伦理准则与行为规范。它与当时社会所追求的价值取向和善恶是非紧密地联系在一起，符合这一标准的则会被认为是正当的并予以鼓励，否则将会被社会舆论、家族种族、乡风民俗等谴责和唾弃。所谓的"善恶"往往是与当时当地的社会环境、历史风俗、老人经验、宗教习惯等等相勾连，因此在不同的时空中，将可能出现不同的道德观以及道德思维。

第四种，法律思维方式：侧重于法律中的"是非黑白"。更为精准和更为学术的说法应为追求合法性。这就意味着"合法性"是法律思维方式的首要前提，反面来讲，凡是不合法的，就为法律思维所不许。法律思维方式要考虑立法和司法两个层面。从立法的角度出发，核心为立法论；从司法的角度出发，核心为解释论。立法要求司法严格按照法律规范进行解释以裁断是非，司法要求立法明确作出规定以更好和更准地裁断是非。折射到诉讼制度的设计和实施上，就是必须要给原告和被告一个说法。

这四种思维方式彼此之间可能会存在着矛盾与冲突，解决之道在于追求合法性基础上的合理性与有效性。即以合法性为前提，在合法性许可的范围之内，最大限度地满足政治效益、经济效益与道德效益。综观这四种思维方式，足见政治思维方式中的"利弊平衡"强调利就是利、弊就是弊；经济思维方式中的"成本收益"强调成本与收益的比值，该比值是多少就是多少；道德思维方式中的"善恶评判"强调善就是善、恶就是恶；法律思维方式中的"是非黑白"强调是就是是、非就是非、黑就是黑、白就是白。从中可以得出一个结论，即不管最终如何解决四种思维方式之间的矛盾冲突，甚至在不存在矛盾冲突时，这四种思维方式都存在着一个共性，用一个成语来表述，则为"非此即彼"。这也就是前文提到的四种思维方式中的任何一种，可能会禁锢或限制对社会协商制度功能的完善性发挥。

3."非此即彼"的思维共性

所谓的非此即彼的思维共性是一种典型的经验中的思维惯性，通俗地来讲，就是非黑即白，一定要弄清事实的本来面目，一就是一，二就是二，事物的界限一定是清晰可分的。从这种思维方式出发，追求的是客观真实，上升到哲学层面即为"实事求是"。

这种"非此即彼"的思维共性，具有两点基本的要求：首先，必须要分清对错是非。通过实地调研、还原现场、监控记录、证人证言等方式方法，所有的结论必须在查明真相的基础上才能得出。为了分清对错是非，就要一查到底，当分不清时，应通过各种方式方法去追查真相到底，直至弄清为止。实际上，就是要尊重事实，不以个人好恶为转移，此属于事实判断问题，不为价值判断问题；其次，根据分清之后相应的对错是非进行责任承担。这是分清对错是非的逻辑展开，属于价值判断范畴，如果不按照相应的对错是非进行责任承担，那么之前花费的时间、精力乃至金钱等成本就属于无用功了。

然而，"非此即彼"的思维共性在法律领域中，并非总是能够解决问题。首先，并不是所有的案件都需要查明真相才能作出判决。根据法律的规定，不仅存在着时效、审理时间等限制，而且实践中也确实存在着未查明真相就做出判决的情形如疑罪从无。其次，并不是所有的案件都需要按照相应的对错是非进行责任承担，有些可能是根据公平原则进行责任承担，也有可能完全不考虑过错是非而进行责任承担。如果说，在财产纠纷中都不能完全贯彻过错原则，那么在婚姻家庭纠纷中，就更难以区分对错是非，更不用提依据过错是非而进行责任承担的问题了。于是，"非此即彼"的思维共性并不总是最好的或者最优的思维方式，需要具体问题具体分析。当"非此即彼"不宜或不能解决问题时，可以考虑"亦此亦彼"的思维方式，后者并不严格区分甚至并不区分过错是非，也不需要弄清事实的本来面目，并很有可能采取模糊事实以及妥协退让的方式如社会协商进行决策与行动。

因此，有必要转变以往惯常使用的"非此即彼"的思维方式，还应对"亦此亦彼"的思维方式给予一定的关注，如能将"非此即彼"与"亦此亦彼"巧妙地根据具体事实适用于不同的情形之下，或许会收到更优的效果或效益。社会协商就需要这种思维方式的转换，来更好地发挥其功效。

4.思维方式的转换：从"非此即彼"到"亦此亦彼"

从"非此即彼"向"亦此亦彼"思维方式的调整，并不是说要舍弃"非此即彼"的思维方式，而是打破以往所有情形均采用"非此即彼"的思维方式，区分不同的情形，对"亦此亦彼"的思维方式在一定程度上予以运用。对"亦此亦彼"最为经典的解释，是战国时期道家学派代表人物庄子在其代表作《齐物论》中所提及的，即"是亦彼也，彼亦是也。彼亦一是非，此亦一是非"。也就是说，在庄子看来，没有纯粹单一的"此"，亦没有纯粹单一的"彼"，彼此二者是相生相存、水乳交融的，不分彼此的。这种包含朴素辩证法的思维方式恰恰对今天的我们非常具有启发作用，在某些情况下，事物之间不应当区分彼此。

更进一步来讲，"亦此亦彼"的思维方式实际上就是在模糊彼此之间分明的界限，依据"妥协"和"模糊"两个核心关键词去作出决策并处理问题。从这个理解出发，就会发现"亦此亦彼"的思维方式至少具有两方面的作用：首先，就是与第一个关键词"妥协"相关联的作用。"亦此亦彼"的妥协作用要求决策者在面对问题进行理性思索时，权衡一系列需要考量的因素之后，认为利益冲突方之间应互相让步以达成一种协议的局面方为上策。所有的利益冲突方之间没有必要纠缠在一些相关因素中死咬不放，否则的话，将可能会使得事情陷入僵局状态或者尴尬境地从而难以解决。表面上看，作出让步者存在着牺牲，但从事情的解决和最终效果上来分析，这种让步将会比事情久拖不决要好。妥协可以通过沟通、协调、谈判、对话、交流等实现求同存异，打破僵局状态或者摆脱尴尬境地，实现利益冲突各方之间的利益最大化。其次，就是与第二个关键词"模糊"相关联的作用。"亦此亦彼"的妥协模糊作用要求决策者在面对问题进行理性思索时，权衡一系列需要考量的因素之后，认为利益冲突方之间应模糊事实不去追究事情的真相方为上策。这在本质上也是让步的表现，如果要一查到底，就很难模糊相应的事实，而有些情况下，模糊事实恰恰对利益冲突方都最为有利。比如涉及亲情或友情的领域中，一旦真的将事实明晰之后，很可能就会断送相互之间的亲情或友情。

从"非此即彼"的思维方式向"亦此亦彼"的思维方式的转换，为社会协商提供了正当性基础。社会协商就具有思维方式调整的价值。社会协商不同于"非此即彼"的思维方式那样，后者需要分清对错是非以明晰事实真相，并在分清相应的对错是非之后进行责任承担。然而与"妥协"和"模糊"两个核心关键词相契合的社会协商却会模糊彼此之间的界限，甚至不会去分清对错是非，更不会在分清相应的对错是非之后进行责任承担，而是在采取对话和信息公开的方式，通过面对面交流和借助大众传媒等公共话语平台这些载体，去进行沟通、协调，以妥当解决与处理社会事务或化解因未妥当解决与处理社会事务所导致的社会矛盾冲突。

四、社会协商的实践及影响

实践论是社会法学派的伟大功绩和研究着力点。制度的生命力在于实施。有些制度运行起来，可能会产生较劣的社会影响，抑或可能导致相关主体使用智慧规避法律的情况出现。因此，任何合理合法的制度能否在实践运行中收到良好的实施效果，是一个值得深入探讨的问题。哈特在其著作中指出，法学家的主要任务不是为了定义而研究法学理论，而是为了分析法学和法学语言，在社会实践中怎样得到了充分有效的利用。[①] 价值论只能解决法律制度的合理性问题，无法解决有效性的问题。庞德曾经说过，个人总是存在着各种观念，对客观事物的认识应该是什么，只有在思想体系中才能够得到体现，作为一种虔诚的愿望，或者是一种无法描述的、非科学的图画存在于脑海之中，表达个人的一种愿望。[②] 毛泽东曾言"没有调查，没有发言权"，[③] 必须经由实践的检验才能保障制度的正当性。

H.W. 埃尔曼在著作中指出，法律是一种实践性事物。美国的法学家认为，法律只有建立在实效的基础上，才能够发挥功能。法律和社会制度之间赖以生存，互相作用，社会制度的变化也会引发法律的调整，法律的调整也会引发社会情感的分离。[④] 总的来讲，"经验由理性所发

---

① 张文显：《二十世纪西方法哲学思潮研究》，法律出版社 2006 年版，第 81 页。

② ［美］罗斯科·庞德：《通过法律的社会控制》，沈宗灵译，商务印书馆 2010 年版，第 23 页。

③ 《毛泽东选集》第一卷，人民出版社 1991 年版，第 109 页。

④ ［美］H.W. 埃尔曼：《比较法律文化》，贺卫方、高鸿钧译，清华大学出版社 2002 年版，第 3 页。

展，而理性则受到经验的考验"。① 实践论的探讨离不开经验，也离不开理性。经验与理性的结合可以对制度的有效性实现最大限度的考察。单有经验，而无理论上的抽象，则是纯粹的形而下，属于素材累积；单有理性，而无经验的支撑，则是纯粹的形而上，属于空中楼阁。这就意味着，对社会协商的实践论，将在侧重现状描述的基础上，通过理性来提升经验的高度。

（一）国外社会协商的社会实践及影响

当下，社会协商已经超越了单纯理论的思考和说教，国外较多国家都在努力寻求探索社会协商的外在表现形式以应对社会事务或化解矛盾冲突。许许多多的学者以及执政者等都呼吁甚至已将社会协商付诸实践。社会协商并不是一种毫无事实根基的思想实验与实践，它是学者们通过理论抽象，阐明那些早已蕴含在民主实践中的一些精神、逻辑以及做法。经过多年的实践发展，国外的社会协商至少具有五种较为常用、普遍的经验形式，而且它们已经相对成熟，具体包括了公民会议（citizen conference）、公民陪审团（citizens juries）、协商民意测验（deliberative polls）以及大规模协商大会（mass consultative assembly）、愿景工作坊（scenario workshop）。其中，尤以前四种较为常见。这些社会协商形式将解决社会事务以及化解社会事务所引发的矛盾冲突的讨论扩展到普通民众参与的范畴和视野中来（详见第三章"社会协商的表现形式"）。

---

① [美]罗斯科·庞德：《通过法律的社会控制》，沈宗灵译，商务印书馆2010年版，第68页。

（二）我国社会协商的社会实践及影响

随着改革开放以来我国社会主义政治民主的不断发展，尤其是作为协商民主重要形式的政治协商的制度化实践，带动了社会协商的发展，使实践中社会协商的形式也不断出现和创新。其中一些已经相对成熟和固定，开始朝着制度化的方向发展，还有一些带有试点性质，亟待总结和提升。随着社会主体参与社会事务意识的加强以及参与社会事务能力的提高，在民主化程度不断进步的背景下，全国各地出现了许多社会协商的具体实践形式。这也在某种意义上印证着社会协商制度的生命力和有效性。对于实践中社会协商的表现形式，尽管一些法律法规和政策性文件有所涉及，学者也从不同角度作过一些理论归纳，但由于缺乏系统性的制度规定，目前对其称谓并不统一，社会协商的制度化程度还比较低，往往带有一定的随意性和不确定性。因此，需要根据十八届三中全会《决定》的精神，结合我国民主政治的现实和未来发展的走势，对社会协商形式作出必要的界定，为其制度化发展提供理论支持。

按照本文对社会协商的理解和内涵揭示，我们认为对社会协商的表现形式进行界定应当把握的几个要点是：第一，根据当前我国社会转型的特点，社会协商应当主要指向党委政府与社会主体进行的协商，此外还应当关注由党委政府主导的社会主体彼此间进行的协商；基于党在我国政治社会生活中总揽全局的领导和核心地位，党委对重大公共决策有着实质的影响力和决定权，尽管一些涉及社会协商的立法上只规定了政府为协商主体的一方，但这里的政府应当是作广义的理解，即应当将居于领导地位的党委包括在内，如果将党委排除在社会协商的主体之外，不符合我国的国情和实际。第二，根据社会协商可以采取对话和信息公开来形成双方共识的特点，在当前网络信息技术迅速发展的背景下，采取信息公开方式的社会协商会越来越普遍，应当予以重视。第三，根据社会主义民主的性质，社会协商应当涉及国家制度、地方大政方针、基层民主、社会自治、民生事务等领域，在重大决策前进行社会协商，是人民群众民主参与权的保证。第四，社会协商不仅有事前协商，也包括事中和事后的协商，尤其是处理社会矛盾冲突和应对群体性事件过程中，事中协商和事后协商都有必要的。第五，根据社会协商当前的实际发展状况，对其表现形式的界定主要针对有一定的实践并有相应的制度规定的形式。

从目前实践情况看，国内的社会协商至少具有社区议事会、市民论坛、决策听证、专家咨询、政务公开、民主恳谈会、企业劳资协商、领导接待制度等较为常用、普遍的经验形式，而且它们已经相对成熟（详见第三章"社会协商的表现形式"）。

（三）社会协商与我国群体性事件的应对——从彭州到昆明再到茂名 PX 石化项目为核心展开的思考

社会协商的目的和功能在于妥当解决与处理社会事务或化解因未妥当解决与处理社会事务所导致的社会矛盾冲突。近年来，群体性事件时有发生。一方面表明一些民众的不满情绪与渲泄；另一方面又考验着执政者的应对能力与处理水平。在这种社会背景下，应对社会协商所具有的化解社会矛盾冲突特别是处理群体性事件的目的与功能予以关注。本节将对这一问题进行探讨，并以近两年来发生的"彭州、昆明、茂名 PX 石化项目群体性事件"为典型实例作些思考。

①彭州事件：民众均担心化工厂会造成污染。由于四川曾经历汶川和芦山两次地震，彭州离成都不远，人们担心一旦遇上地震泄漏，将对成都造成毁灭性的打击。成都民众和网民近来对彭州石化项目表达强烈

不满，成都网民 2013 年 5 月 4 日曾发起游行抗议彭州项目，但并未成事。网民称警方在成都天府广场一带实施了严密的保安措施。5 月 4 日上午，大量的成都市民以散步的形式，在街上游行抗议。

②昆明事件：2013 年 5 月 4 日、5 月 16 日，昆明市民走向街头，举行游行。引发这次游行的主要原因，是在当地要建成一个 PX 石化工厂。网友上传了一张照片，图片显示两名小女孩，一人戴着口罩、一人手持标语，上面写着："叔叔阿姨，给我干净空气。"不少游行者在微博上张贴照片，显示抗议者打出"我爱昆明，反对污染"、"反对中石油昆明安宁炼化项目污染昆明蓝天"、"为孩子留一方净土"等标语。

③茂名事件：广东省茂名市市民自 2014 年 3 月 30 日起连日大规模上街，抗议当地政府兴建 PX（对二甲苯）化工厂。茂名当局调集大批警力，4 月 1 日，茂名市民抗议行为迅速扩展到广州市，将近三百人在中山纪念堂附近，进行游行示威活动，很多市民都打出了维权抗争的条幅，表达了自身维权的诉求。

简要回顾这三次 PX 石化项目群体性抗争事件，围绕着社会事务中的环境保护问题，民众与政府之间展开了博弈较量。对于理论探讨而言，至少有三个逻辑递进的问题需要得到回应。首先，社会协商为什么总是与维稳手段相结合，这是否意味着社会协商不能独立使用或者说单独使用社会协商不能妥当地化解矛盾冲突？其次，权力主体似乎习惯于依靠社会协商与强力维稳双管齐下、刚柔并用的方法来应对群体性事件危机，那么每一种手段的效率或应用结果如何，更进一步来讲，相比之下，哪种手段更为有效？再次，如果社会协商手段更为有效的话，那么是否意味着权力主体必须一味地向社会主体妥协退让，否则事情将无解？由于第二个问题已通过前面的思想实验有所涉及，所以此处仅针对第一个和第三个问题作些讨论。

1. 对两种治理方式的思考

第一个问题是对现象所反映出规律的一个归纳，虽然并不能说所有的群体性事件中社会协商都与维稳手段共存使用，但确实在绝大多数事件中社会协商总配合着维稳手段而出现。于是，便可以经常发现群体性事件一发生，马上就会有大批的警察赶到现场维持着秩序，之后，社会协商手段也可能会被运用以化解矛盾冲突。因此，对于第一个疑问，为什么应对群体性事件时，总是依靠社会协商与强力维稳两种治理手段并用呢，难道单一使用社会协商的柔性治理手段就不能妥当地化解社会矛盾冲突吗？作为事实判断问题，若想更好地回答这个问题，有必要对彭州、昆明、茂名 PX 石化项目群体性抗争的特征作出一个归纳，并和在此之前国内发生的四起 PX 石化项目群体性抗争做一个对比。根据实证分析，可以总结出下述四点环保群体性事件的新态势：

第一，从空间角度来看，此类群体性事件在空间范围上有所延伸，呈现出蔓延的趋势。主要是从非省会城市扩张至省会城市。一方面，非省会城市的行政级别一般在县级或厅级，可能没有作为副省级的省会城市（深圳虽非省会城市但是行政级别也属副省级，且离香港较近）影响力那么大，一些民众往往会有着"通过事情的闹大才能得到领导关注"的想法；另一方面，正是因为民众的诉求在本地暂时乃至一直无法得到满足或回应，一些民众亦往往会寄希望于更有权力的领导能出来主持公道。于是，最近三起 PX 石化项目群体性抗争中，除了昆明本身就是省会城市之外，其他两起都呈现出社会运动的空间扩大事态。

表 2-2　近三起 PX 石化项目集体抗争原发地和蔓延地列表

事情原发地	事情蔓延地
彭州	成都
昆明	/
茂名	广州和深圳

第二，从时间角度来看，这三起群体性事件在事发当时得到社会各界的广泛关注，但时间拖久了之后，往往在官方表态后就无下文了。到底是撤销项目停建，还是移到其他城市去建，还是继续建设，基本很难看到相关的后续报道。这与之前的 PX 石化项目群体性事件形成了一个鲜明的对比，厦门（2007 年）、成都（2008 年）、大连（2011 年）以及宁波（2012 年）PX 石化项目事件最终都有一个明确的结果。除了成都(2008 年)PX 石化项目因继续建设延续演化成彭州(2013 年）事件之外，厦门、大连和宁波至少都在当地停止建设 PX 石化项目。

表 2-3　近三起 PX 石化项目事件中官方态度和结果列表

事件	大致的截止点（官方的表态）	备注
2013 年彭州 PX 石化项目事件①	4 月 29 日，成都市市委通过媒体发布公告，在法定正式验收彭州石化项目之前，企业不能进行生产，验收过程要公开透明，社会公众可以派代表参与。	之后基本再无下文
2013 年昆明 PX 石化项目事件	昆明市市长李文荣在媒体上郑重承诺，遵守群众的意愿，石化项目坚决不上。	
2014 年茂名 PX 石化项目事件	茂名市政府称，政府部门会对项目进行全面的论证，对市民表达的意见和诉求会全面考虑，社会公众可以自由参与论证过程，整个论证过程实现透明，坚持实事求是，坚持依法办事，会把真正的结果向国家部委和专家提交，得到进一步的论证。	

表 2-4　之前四起 PX 石化项目事件的结果对比列表

事件	结果
2007 年厦门 PX 石化项目事件	缓建并搬迁②

---

①　彭州由于是成都的县级市，所以"2013 年彭州 PX 石化项目事件"也被有些媒体称为"2013 年成都 PX 石化项目事件"。

②　厦门市政府已在 2007 年 5 月 30 日宣布缓建 PX 项目。同年 11 月，该项目已经通过认证，市政府决定复建，再次引发了市民的游行活动。2007 年 12 月，政府部门在各方面的压力之下，决定把该项目迁到古雷半岛兴建，政府顺从了民意。

事件	结果
2008 年成都 PX 石化项目事件	继续建设 ①
2011 年大连 PX 石化项目事件	停建并搬迁 ②
2012 年宁波 PX 石化项目事件	停止建设 ③

第三，从媒介角度来看，这三起群体性事件甚至包括之前的 PX 石化项目抗争在内，基本都使用了手机短信、互联网、微博 ④、论坛、QQ 等作为传播抗议、散步、游行、示威等的工具。这些媒介的使用，组织和动员了大量的民众走向街头呼吁环境保护并停止引进 PX 石化项目。同时，在抗争的过程中，手机短信、互联网、微博、论坛、QQ 等媒介也向国内外传递了群体性事件现场的第一时间里的信息报导，从而让更多的民众知晓事情的发生、经过和结果，并给政府以媒介上的压力。

第四，从手段角度来看，权力主体在面对群体性事件发生时，甚至可能在发生之前，就已提前布置好警力，不惜采取强力方式以控制局面和秩序，还采取了与之相配合防止民众上街参与事件的相应手段。至于引发群体性事件的社会事务原因以及对该社会事务的回应，则可能采取社会协商手段进行处理。

---

① 2008 年 5 月 10 日，参与彭州石化项目游行的部分人员，被成都市公安局宣布拘留或者行政警告，进行了各种不同形式的处罚。事情至 2013 年再次引发群体性纠纷。

② 2011 年 8 月 14 日，中共大连市委和大连市人民政府作出将 PX 项目立即停产并搬迁的决定。

③ 2012 年 10 月 28 日，宁波市政府在媒体上公布，PX 项目就此停建，遵从民意，并且炼化一体化项目也停止推进。

④ 2009 年 8 月中国门户网站新浪推出"新浪微博"内测版，成为门户网站中第一家提供微博服务的网站，微博正式进入中文上网主流人群视野，因此此处需要排除掉厦门（2007 年）、成都（2008 年）两起群体性事件。

表 2-5　社会协商法律制度在 PX 石化项目事件中的运用列表

事件	社会协商手段的运用
2007 年厦门 PX 石化项目事件	2007 年 5 月 29 日晚上，厦门市本来准备和新闻媒体接触，事先召开新闻通气会，但是在各种因素的作用下，最终没有召开。 2007 年 5 月 30 日，厦门市常务副市长正式对媒体宣布了缓建"海沧 PX 项目"，并且权威环评机构同时发表声明，要扩大环境范围，重新对整个区域规划环评，整个发布会非常短暂，并没有指出缓建的时间表，也没有明确具体的环评单位是谁。
2008 年成都 PX 石化项目事件	/
2011 年大连 PX 石化项目事件	2011 年 8 月 14 日，大连市委书记出现在一辆警用面包车上，通过喊话的行为，要求游行市民停止，并且承诺该项目从今天起停产，会尽快地搬离，被激怒的人群，要求他给出半年的期限，他并没有对群众的要求进行正面回应，激发了人群的更加愤怒。
2012 年宁波 PX 石化项目事件	2012 年 10 月 28 日，宁波市镇海区政府网站发布公告称，宁波市经过研究之后，决定坚决不上 PX 项目，并且停止了一些炼化一体化项目的工作，要求进一步进行科学论证。 2012 年 10 月 29 日，对于这次群众性游行违法事件，宁波市官方通过新闻媒体宣布，正好扣留 51 人，被采取行政强制措施的有 13 人。宁波市市委和市政府同时召开会议，指出公众聚集，造成社会动荡，引发不安全因素，干部更应该深入基层，做好社会稳定工作。
2013 年彭州 PX 石化项目事件	2013 年 3 月 19 日，有成都市民曾向四川省省长发信询问"中石油彭州化工厂污染问题"，而成都市环保局则于 4 月 15 日回信，对项目概况、必要性、审批程序和环境防范措施及影响作出了回应。 2013 年 5 月 2 日，中石油相关负责人，针对四川石化项目，郑重发表了三点声明，第一，作为国有企业，应该承担社会责任。第二，该项目是国家能源发展战略布局的重大项目，在彭州建设，首先是得到国务院批准，其次是经过发改委核准，最后通过环保部环境影响评价。第三，该项目设在四川彭州，是造福四川人民，是真心实意为这里的人民提供实惠。 2013 年 5 月 3 日，中石油的声明引发了广大网友的强烈反抗，中石油再次发表声明，并对环保进行再次保证，如果环保验收不合格，四川石化项目投产，投产之后也要定期接受环境考核，任何一次不合格，就随时停产。 2013 年 5 月 6 日，四川石化有限责任公司负责人就网民关心的四川石化项目问题接受中国西部网记者采访，回应四川石化项目为什么选址彭州。 2013 年 5 月 17 日上午，成都商会选举了五十名代表，共同参与石化项目的考察，对项目的情况进行全面了解，代表进一步证明了国家的战略布局，确实选中彭州作为石化项目生产地。

事件	社会协商手段的运用
2013 年昆明 PX 石化项目事件	2013 年 3 月 30 日，新华社发表了昆明市政府新闻发言人李河流的演说，昆明石化项目已经经过最严格的审查，符合国家关于安全环保和节能清洁的要求，会在各项资源综合利用的基础上，建设成为国内领先的大工厂，实现世界一流。 2013 年 5 月 10 日，昆明市政府和中石油云南石化有限公司举行新闻发布会，试图平息公众对在离昆明 30 公里的安宁建设炼油厂的担忧。昆明市市长李文荣当时表示，这个项目"大多数群众说上，市人民政府就决定上；大多数群众说不上，市人民政府就决定不上"。 2013 年 5 月 13 日，昆明市政府就中石油安宁炼化项目召开恳谈会，邀请了 40 位民众和网民参加，听取对炼化项目的意见。 2013 年 5 月 17 日上午 9 点，昆明市市长李文荣开微博"倾听市民对昆明发展意见"。 2013 年 5 月 21 日下午，就中石油云南炼油项目，昆明召开第二次恳谈会，市长李文荣称会更注重信息公开，绝不会因为中石油是央企就放弃监管。
2014 年茂名 PX 石化项目事件	2014 年 3 月 27 日，茂名当地有影响力的网友，受到茂名官方邀请，在市迎宾馆召开 PX 推广会。 2014 年 4 月 1 日下午，部分市民到市委门前上访，针对该项目提出了抗议，当时副市长亲自接待了来访市民，并进行了面对面的交流，认真地听取了群众的诉求和意见。 2014 年 4 月 2 日下午，茂名市委党校市情研究中心邀请 12 位网友召开关于 PX 聚集事件恳谈会。 2014 年 4 月 3 日，政府部门再次召开新闻发布会，副市长向群众郑重承诺，只要没有和群众达成一致见解，该项目绝不会启动。

这四个新常态的特征说明了环保群体性事件本身就包含了互相博弈、暗自较劲的一种事实。从空间上的非省会城市延伸到省会城市，从媒介上的各种手段号召民众以群体性事件的方式施压权力主体，无非是社会主体没有更好的手段去解决社会事务，只好通过"团体模型"的方式，靠人多来使权力主体关注和出面解决问题。权力主体在多年的实践中，已经逐渐形成了一套应对方案，从时间上事发当时危急万分到事后的无人关注，知晓至少要在事前和事中将秩序稳住，事后即使没有对问题进行解决也基本不会再针对此事发生群体性抗争，同时，从手段上权力主体更喜欢使用更多的控制手段而非单一的社会协商去进行应对危

机。在这个互相博弈、暗自较劲的过程中，社会主体以团体的面貌主张自身的社会事务利益诉求，权力主体以单位的面貌主张秩序稳定，最终经过不断的磨合，将矛盾冲突化解，从而为社会协商的运用奠定了基础。

于是，在此对第一个问题作出回应：将四个特征总结起来，就是"国家—社会"关系从较为稳定状态呈现出不确定的状态，考核官员业绩和能力的指标之一就是秩序稳定，当群体性事件出现时，由于柔性的社会协商需要各方主体之间通过不断的磋商、探讨、交流以妥协退让来达成共识，即其效率没有强力维稳见效快。在"稳定压倒一切"的观念之下，权力主体往往会选择具有负面效应的强力维稳先把阵脚稳住，待事件稍有平息之后，就可能会采取柔性的社会协商手段去处理围绕着社会事务所产生的矛盾冲突。

2. 社会协商手段的运用——兼析《环球时报》社评文章的主要观点

前文提出的第三个问题即如果社会协商手段更为有效，权力主体是否必须一味地向社会主体妥协退让，否则事情将无法解决？这里以《环球时报》2014 年 4 月 1 日发表社评文章《PX 项目，溃退中呼唤坚守点的出现》为例来作些分析。该文有两个关键的观点：一是民众抗议的群体性事件只要发生就引发政府的妥协退让，从而下马 PX 和重化工项目，并在全国范围内起到示范效应；二是 PX 和重化工项目只要合理合法的话，政府就该坚守，决不能妥协退让。

对社评文章观点一的分析。原文指出政府部门要始终坚持法律法规，不能够遇到群众的反对声音，就立即地仓皇撤离，为了追求所谓的社会稳定，不管法治秩序，甚至违背了法律意愿，……如果政府随意弃守，整个社会就会溃不成军……政府部门也要严格依法坚守。近年来，PX 和重化工立项都遭到了社会公众的反对，这些项目并不是完全不合理，虽然在环保上有重大隐患，只有政府和环保部门加强管理，重大隐患可以克服，政府部门要顶住压力，要积极主动地和民众沟通，坚守法律底线……我们期待这个坚守点的到来。① 也就是说，《环球时报》社评文章实际上提出了一个观点，"权力主体不能一味地妥协退让，如果不断地就凭社会主体群体性抗争的单一事实，就下马 PX 石化项目，那么还将可能产生示范效应的负面恶性循环后果"。

对这个问题的回应实际上在本章前面的"社会协商的限度"中已经稍稍提及了。不过，如果细细想来，社会主体的诉求无非是"完全得到满足"（如 2012 年宁波 PX 石化项目停止建设）、"部分得到满足"（2007 年厦门 PX 石化项目搬迁至漳州）、"得不到满足"（如 2008 年成都 PX 石化项目继续建设）三种情况。

前两种情况都是权力主体必须妥协（即使是第二种结果"部分得到满足"，也有可能被视为"完全得到满足"，这主要是主体范围角度的不同而产生的效果，如至少对厦门当地人而言就是 PX 石化项目在当地停止建设），那一定就会落入只要发生群体性抗争就妥协下马项目的文字陷阱，实际上，群体性抗争是可能对权力主体产生压力，但是否就单单因为社会主体的群体性抗争就必然导致权力主体妥协，这里的因果关系程度或许并没有想象得那么高。（需要指出的是，此处已经限定了讨论的前提，即权力主体妥协的情况才属于这里讨论的范围，因此若以"2008 年成都发生了群体性抗争且权力主体依旧决定继续建设 PX 石化项目"为论据来论证"群体性抗争就必然导致权力主体妥协"观点不正确，犯了逻辑与方法上的偏差错误，不具有足够的论证效力，因为讨论的前提都错了。）之所以说在权力主体妥协的背景下，社会主体的群体性抗争与权力主体妥协之间的因果关系程度较低，主要是基于三点原因。证据一，2007 年厦门 PX 石化项目事件中，官方于 2007 年 5 月 30 日已经决定缓建，

---

① 《PX 项目，溃退中呼唤坚守点的出现》，《环球时报》2014 年 4 月 1 日。

但是之后的 6 月 1 日才现实地爆发了群体性抗争。当然，这个证据可以被反对者视为较弱意义的证据，因为官方也可能是迫于未来可能引发的群体性事件的压力而提前决定退步。证据二，虽然尚未见到广东茂名官方的正式妥协文件（停建或搬迁），但"有知情人士透露，茂名市政府对 PX 项目本身就存有顾虑，无论会否爆发大型抗议活动，政府都决定延迟该项计划"。① 这个传来证据本身就已说明了群体性事件与权力主体妥协没有必然的因果关系。证据三，政府妥协所考虑的因素有很多，包括但不限于项目本身的毒性、经济发展水平等。前者涉及权力主体乃至官员及其子女的切身利益，如果真的是毒害性较高的话，那么权力主体实际上与社会主体共命运，将会一同享受着被污染的环境侵害。厦门、大连、宁波均已明确表态不建 PX 石化项目，是基于它们地处沿海，经济较为发达，虽然引进项目会增加当地官员的业绩，但如若不引进，也对当地官员没有太大影响，毕竟他们不缺这点业绩，而且即使不引进 PX 石化项目，还是可以照样引进其他的盈利项目。基于这三点理由，在权力主体妥协的背景下，社会主体的群体性抗争并不构成权力主体妥协的充分必要条件，二者之间的因果关系程度并没想象得那么高。

表 2–6　PX 石化项目抗争事件基本情况列表

事件	群体性事件发生日	参与人数	协商与否	最终结果	最终结果发布日
2007 年厦门 PX 石化项目事件	2007 年 6 月 1 日—2007 年 6 月 2 日	6 月 1 日：政府估计只有四五千人，而部分游行人士则称有两万人 6 月 2 日：约一千人参加，也有报道说示威人数达两千人	✓	缓建并搬迁	2007 年 5 月 30 日决定缓建 2007 年 12 月 16 日决定搬迁

---

① 《茂名 PX 抗议活动扩展至广州》，《金融时报》2014 年 4 月 2 日。

社会协商论

续表

事件	群体性事件发生日	参与人数	协商与否	最终结果	最终结果发布日
2008 年成都 PX 石化项目事件	2008 年 5 月 4 日	约两百人	X	继续建设	因未改变决定所以没有决定发布
2011 年大连 PX 石化项目事件	2011 年 8 月 14 日	大约一万两千人	✓	停建并搬迁	2011 年 8 月 14 日下午
2012 年宁波 PX 石化项目事件	2012 年 10 月 25 日—2012 年 10 月 28 日	大约五千人	✓	停止建设	2012 年 10 月 28 日
2013 年彭州 PX 石化项目事件	相约 2013 年 5 月 4 日散步，但天府广场布控未能成事	因未能成事，所以无人员统计	✓	暂无下文	持续至今暂没看到结果发布（但有继续建设的可能性）
2013 年昆明 PX 石化项目事件	2013 年 5 月 4 日和 2013 年 5 月 16 日	5 月 4 日：官方称有两百人参加示威，网民说有两千人 5 月 16 日：游行高峰时参加人数多达两千人左右	✓	暂无下文	持续至今暂没看到结果发布
2014 年茂名 PX 石化项目事件	2014 年 3 月 30 日—2014 年 4 月 4 日和 2014 年 4 月 27 日	3 月 30 日：约有两万人 4 月 3 日：逾千人 4 月 27 日：《大公报》报道为三四百人，其他消息称五六百人 4 月 1 日：约三百人（在广州） 4 月 4 日：二十余人（在深圳）	✓	暂无下文	持续至今暂没看到结果发布

160

后一种情况是权力主体没有妥协，继续或拟继续营建 PX 石化项目，这就说明《环球时报》社评文章的说法可能有失偏颇。其原文指出：2007 年，群众通过抗议示威，厦门 PX 项目从此被搁浅，这种非理性地拒绝，实质上在我国开了一个坏头，让重化工项目从此受到了各地的拒绝，大连、宁波和昆明等，纷纷效仿厦门的做法，只要是重化工项目，全部拒绝，全部通过游行示威的方式，迫使政府不得不接受，仿佛我国重化工项目已经进入了一个恶性循环。① 图示已经清楚地表明，起码 2008 年成都 PX 石化项目事件并没有进入这个恶性循环，权力主体并没有妥协，仍然坚持继续建设 PX 石化项目。并非出现社会主体一抗议、当地政府就停止重化工项目的事实。此外，自 2013 年之后发生的三起 PX 石化项目群体性抗争，或许是由于 7 年来的经验教训，权力主体往往在表态之后就再无下文，并不明说到底是撤销项目停建，还是移到其他城市去建，还是继续建设。即使是最新的一起茂名事件，官方虽然表态，茂名 PX 项目还在调研和科普阶段，更多的工作都还没开展，离启动为时尚早，这种说法实际上也没有明确指出到底是撤销项目停建，还是移到其他城市去建，还是继续建设，给人一种留有余地的感觉，为未来继续启动或建设 PX 项目预留空间。

对社评文章观点二的分析。社评文章指出，政府部门在立项过程中，必须坚持公开透明，特别是 PX 以及重化工项目，任何一个环节都应该严格按照法律法规规定的程序进行，如果按照法规程序进行，并且符合一切标准，如果遇到群众的反对，也不能够仓皇撤离，不能够为了维护稳定，导致国家法律秩序遭到破坏。近年来很多 PX 和重化工立项都遭到了当地民众的反对，很多项目都无疾而终，并不是所有的项目都不合理，虽然在环保上有重大隐患，但是在政府部门和环保部门的控制

---

① 《PX 项目，溃退中呼唤坚守点的出现》，《环球时报》2014 年 4 月 1 日。

下，隐患是能够避免，所以政府部门要顶住压力，积极地和群众进行沟通，推动合理项目顺利实施。①

从合理性的角度来讲，由于其是价值判断的集合，不同的人自然会持有不同的价值观念，社评文章作者即使"决不相信中国这几年的所有 PX 和重化工立项都是不合理的"，但参加示威、游行、散步等的民众或许就会主观认为当地的 PX 石化项目就是不合理的，无论媒体或专家怎么宣扬 PX 本身低毒，都无法排除一些民众的顾虑，其担心一旦发生灾害事故，PX 项目就有可能造成较大的危害。彭州环评听证会中也如实地报告了石化项目可能引发的各种危害，并且提供了环评报告附件，在报告中详细指出，石化项目如果发生危害，就会产生苯、硫化氢等，这些物质属于有毒物质，影响范围超过 21.2 平方公里，这一范围内，十三多万人需要紧急疏散，也有可能导致 5.7 万人左右产生严重中毒现象。② 其实，能够反映 PX 项目危害性最为权威的当属环评报告，然而官方只敢宣称 PX 低毒，却不公布环评报告，自 2007 年开始的 PX 建设项目，很多都引发了群体性纠纷，一个重要原因，就是群众没有获得环境影响评价报告，这就更无法排除民众对 PX 石化项目的合理性怀疑。

从合法性的角度来讲，政府在开展任何项目，都应该按照法定程序及时地对公众公开相关信息，特别是在 PX 以及重化工项目立项过程中，更应该及时地公布相关信息，增加信息的透明度，这也是非常符合法律规范要求的，这一点应无异议。但民众表达诉求并不一定是采取合法方式来进行的，而采取方式的非法性给予了权力主体强力维稳的合法理由。我们应当更多分析为什么一些民众明知方式不合法但仍要坚持采

---

① 《PX 项目，溃退中呼唤坚守点的出现》，《环球时报》2014 年 4 月 1 日。
② 刘伊曼：《彭州石化真相："'弱势'环保部作了力所能及的抗争"》，《瞭望新闻周刊》2014 年 3 月 30 日。

取的原因。群体性事件是观察社会问题的重要切入点，如果能更多地宽容对待民众在诉求表达方式上的非法性或更进一步说服民众在合法范围内行使权利，避免运动走向极端，或许会对社会事务问题的解决以及秩序的稳定有所裨益。民众进行群体性抗争，以一种非法的方式促使权力主体来解决社会事务问题，这本身就在呼唤社会协商的运用；而权力主体为平息群体性抗争，并最终化解围绕着社会事务所产生的矛盾冲突所耗费的资源和成本，也说明社会协商有很大的适用空间。

第三章

社会协商的表现形式

一、社会协商表现形式概述

党的十八大报告提出，要健全社会主义协商民主制度。党的十八届三中全会提出，推进协商民主广泛多层制度化发展。协商民主在我国具有深厚的文化基础、理论基础、实践基础、制度基础，为发展中国社会主义民主政治丰富了形式，拓展了渠道，增加了内涵。实践证明，加强协商民主建设，有利于扩大公民有序政治参与、更好实现人民当家作主的权利；有利于促进科学民主决策、推进国家治理体系和治理能力现代化；有利于化解矛盾冲突、促进社会和谐稳定；有利于保持党同人民群众的血肉联系、巩固和扩大党的执政基础；有利于发挥我国政治制度优越性，增强中国特色社会主义道路自信、理论自信、制度自信。

（一）《中共中央关于加强社会主义协商民主建设的意见》中关于社会协商的主要内容

2015 年 2 月 9 日，中共中央印发了《关于加强社会主义协商民主建设的意见》（以下简称《意见》），继十八大、十八届三中、四中全会之后，首次以中央文件的形式对社会主义协商民主做出的决策安排。《意见》明确了社会主义协商民主的本质属性和基本内涵，将社会主义协商民主从渠道和载体上区分为政党协商、人大协商、政府协商、政协协商、人民团体协商、基层协商、社会组织协商。依据前文对社会协商概念内涵的界定，从文件的内容上仔细分析，可以发现这七种协商形态① 中，除政党协商外，其他几种都直接赋有社会协商的内容（详见表 3–1）。

表 3–1 《中共中央关于加强社会主义协商民主建设的意见》
中关于社会协商的主要内容

协商渠道	总体要求	具体内容
人大协商	各级人大要依法行使职权，同时在重大决策之前根据需要进行充分协商，更好汇聚民智、听取民意，支持和保证人民通过人民代表大会行使国家权力。	制定立法规划、立法工作计划，要广泛听取各方面的意见和建议。
		健全立法论证、听证、评估机制，探索建立有关国家机关、社会团体、专家学者等对立法中涉及的重大利益调整论证咨询机制。
		拓宽公民有序参与立法途径，健全法律法规草案公开征求意见和公众意见采纳情况反馈机制。
		对于法律关系复杂、意见分歧较大的法律法规草案，要进行广泛深入的调研、论证、协商，在各方面基本取得共识基础上再依法提请表决。
		建立健全代表联络机构、网络平台等形式，密切代表同人民群众联系。
		鼓励基层人大在履职过程中依法开展协商，探索协商形式，丰富协商内容。

① 依据《意见》，社会组织协商的规定出现在"稳步推进基层协商"之中，因此也有观点认为，基层协商应当是包含社会组织协商的协商形态。

续表

协商渠道	总体要求	具体内容
政府协商	围绕有效推进科学、民主、依法决策,加强政府协商,增强决策透明度和公众参与度,解决好人民最关心最直接最现实的利益问题,推进政府职能转变,提高政府治理能力和水平。	坚持社会公众广泛参与,加强与人大代表、政协委员以及民主党派、无党派人士、工商联等的沟通协商。
		涉及经济社会发展重大问题、重大公共利益或重大民生的,重视听取社会各方面的意见和建议,吸纳社会公众特别是利益相关方参与协商。
		涉及特定群体利益的,加强与相关人民团体、社会组织以及群众代表的沟通协商。
		完善意见征集和反馈机制,在立法、设定决策议题、进行决策时广泛听取意见,及时反馈意见采纳情况。
		规范听证机制,听证会依法公开举行,及时公开相关信息。
政协协商	充分发挥人民政协作为协商民主重要渠道和专门协商机构的作用,坚持团结和民主两大主题,推进政治协商、民主监督、参政议政制度建设,不断提高人民政协协商民主制度化、规范化、程序化水平。	更加灵活、更为经常地开展专题协商、对口协商、界别协商、提案办理协商,探索网络议政、远程协商等新形式。
		通过协商会议、建议案、视察、提案、反映社情民意信息等形式提出意见和建议,积极履行民主监督职能。
人民团体协商	围绕做好新形势下党的群众工作开展协商,更好组织和代表所联系群众参与公共事务,有效反映群众意愿和利益诉求,发挥人民团体作为党和政府联系人民群众的桥梁和纽带作用。	人民团体要健全直接联系群众工作机制,及时围绕涉及所联系群众切身利益的问题开展协商。
		拓展联系渠道和工作领域,把联系服务新兴社会群体纳入工作范围,增强协商的广泛性和代表性。
		积极发挥对相关领域社会组织的联系服务引领作用,搭建相关社会组织与党委和政府沟通交流的平台。

协商渠道	总体要求	具体内容
基层协商	要按照协商于民、协商为民的要求，建立健全基层协商民主建设协调联动机制，稳步开展基层协商，更好解决人民群众的实际困难和问题，及时化解矛盾纠纷，促进社会和谐稳定。	推进乡镇、街道的协商。围绕本地城乡规划、工程项目、征地拆迁以及群众反映强烈的民生问题等，组织有关方面开展协商。加强乡镇、街道对行政村、社区协商活动的指导。跨行政村或跨社区的重要决策事项，根据需要由乡镇、街道乃至县（市、区、旗）组织开展协商。
		推进行政村、社区的协商。坚持村（居）民会议、村（居）民代表会议制度，规范议事规程。积极探索村（居）民议事会、村（居）民理事会、恳谈会等协商形式。重视吸纳利益相关方、社会组织、外来务工人员、驻村（社区）单位参加协商。通过协商无法解决或存在较大争议的问题或事项，应提交村（居）民会议或村（居）民代表会议决定。
		推进企事业单位的协商。健全以职工代表大会为基本形式的企事业单位民主管理制度。畅通职工表达合理诉求渠道，健全各层级职工沟通协商机制。积极推动由工会代表职工与企业就调整和规范劳动关系等重要决策事项进行集体协商。逐步完善以劳动行政部门、工会组织、企业组织为代表的劳动关系三方协商机制。
		探索开展社会组织协商。坚持党的领导和政府依法管理，健全与相关社会组织联系的工作机制和沟通渠道，引导社会组织有序开展协商，更好为社会服务。

上表是在排除有关人大、政府、政协、人民团体、基层关于协商的一般性制度建设规范后，梳理出的直接关于社会公众参与协商的政策规定，是直接体现社会协商内容和价值的文本依据。进一步而言，《意见》虽以不同的载体和渠道如政党、人大、政府、政协、人民团体、乡镇、街道、村、社区、企事业单位、社会组织等作出协商民主事务安排，但在实质上充分反映和关照了社会协商的诉求和目标。一方面，《意见》

通过主体约束和职责定位的进一步明晰，使得协商民主（或社会协商）建设的具体工作能够依法有序、积极稳妥展开；另一方面，也为作为不断发展过程的协商民主（或社会协商）提供了开放探索的空间，使得协商的途径、渠道、方式、内容等都可以在现有发展水平的基础上能进一步提高。

《意见》体现出社会协商意蕴，为本章研究社会协商的内涵及其表现形式提供充分依据，还包括以下几个方面：

第一，将政治协商与其他协商进行了区别。例如，通过由中共中央主要负责同志主持党和国家重要方针政策、重大问题召开专题协商座谈会等方式，明确"加强中国共产党同民主党派的政治协商，搞好合作共事，巩固和发展和谐政党关系"。对具有政治协商主要职能的政协协商，将其主要内容定位为："国家和地方的大政方针以及政治、经济、文化和社会生活中的重要问题，各党派参加人民政协工作的共同性事务，政协内部的重要事务，以及有关爱国统一战线的其他重要问题"等。由此显示出政治协商的根本性、重大性和严肃性，使其与立法协商、行政协商、社会协商等区别开来。①

第二，《意见》提出在各种协商渠道中要"重点加强政党协商、政府协商、政协协商"，凸显了"三政"协商在协商民主中的重要地位。进一步而言，由于这三类协商中的前两个协商恰巧是协商主体建设的重要基点，充分反映出协商的要点和关键在于党委政府，在于党委政府有义务和职责积极开展协商、参与协商、履行协商承诺，因此《意见》在

---

① 有观点认为，社会协商的内容必然要包含政治领域中发生的重大问题和实际问题，如果把社会协商局限在政治领域之外的社会生活领域，势必会削弱社会协商的政治参与功能，使其在协商民主这个总体概念中失去意义。详见阎孟伟：《协商民主中的社会协商》，《社会科学》2014年第10期。本文部分同意这一观点，但认为将政治协商与社会协商等概念加以特质化区别是有必要的，否则不但容易引起概念混淆，而且不利于推动协商民主实践。

体现中央要求党委政府积极开展协商，推进社会主义民主的勇气和决心的同时，也为社会协商的开展和推进提出了关键线索。

第三，《意见》提出"做好政府信息公开工作，为各方面参与政府协商创造条件"。"政府根据法律法规规定和工作实际，探索制定并公布协商事项目录。列入目录的事项，要进行沟通协商。未列入目录的事项，根据实际需要进行沟通协商。"表明信息公开、目录公开、事项公开等在不做广义理解的情况下，一般是指目录、事项等信息的单方公开，是主体单方面即可完成的行为。结合政府信息公开的概念，① 以及协商事项目录由政府制定的规定，可以认为，政府信息公开和协商事项目录制定，仅仅构成协商的基础和条件，本身并不被纳入为协商内容。但是需要引起重视的是，在信息公开并有进一步信息交流互动的情形，则可以构成社会协商。

第四，《意见》多处提到决策咨询，如"建立健全决策咨询机制，完善咨询程序，提高咨询质量和公信力"，以及发挥专家学者对立法中涉及的重大利益调整论证咨询机制等，表明专家学者是来源于一般社会公众、社会团体和其他社会组织，但身份相对独立的协商主体。有观点认为，专家学者不同于一般社会主体，他们参与协商的重点在于提供专业、学术、具有较高知识内涵、富有研究成果特征的决策咨询意见，其身份多有外部、独立、中立等特点。但从社会协商的内涵加以分析，可以发现，专家学者本身是社会协商的参加者，身份隶属社会主体这一庞大的范畴，参加讨论的议题是具有社会公共性的社会协商议题，其作用在于促使决策更加科学、开放，因此参加的协商活动还是属于社会

---

① 依据《政府信息公开条例》，政府信息公开是指政府信息公开工作机构依法对行政机关在履行职责过程中制作或者获取的，以一定形式记录、保存的信息及时、准确地公开。公开方式为政府主动公开或经公民、法人、社会组织等申请后由政府公开。因此，政府信息公开始终是单一主体、单方向发出、传递信息的行为。

协商。

第五，《意见》提出要发挥各协商渠道自身优势，做好衔接配合，不断健全和完善社会主义协商民主制度，显示各种不同类型的协商可能存在交叉和重合。不同的协商渠道可以衔接、合并；不同的协商主体可以关联、合作；不同的协商议题可以交互、整合；不同的协商成果可以融合、提升。例如，人大、政府、政协、人民团体、社会组织、公众参与的立法协商，其社会协商特征就非常明显。围绕城乡规划、工程项目、征地拆迁、食品安全、生态保护等群众反映强烈的民生类社会协商议题，各种机关、组织、个人都可以参加协商。这使得协商在内容、形式等方面得以有效扩张，加之协商的公众、公共特征日益显著，社会协商愈发成为协商民主的隐性内涵。

（二）对社会协商表现形式的认知

形式通常是指事物所呈现的外观或者状态，表现形式在一定程度上可以和形式一词等量齐观。作为一种被高度抽象概括的人类活动，社会协商呈现的外在形态不但形制多样，而且投射出的主观反映也差异明显。因而，社会协商的表现形式是指社会协商从理念上的抽象思维到物化实际信息的具象表现，是各种社会协商活动的存在和表达，以及这些社会协商活动在人脑中的规律性反映。

对社会协商进行表现形式的分析，是对于高度抽象的社会协商概念及其理论的实践和检验，有助于增强社会协商的达成共识和广泛传播。尤其是在当前我国社会进入利益主体、客体、内容、方式多元且利益的制度环境和保障手段不足的时代，经济、政治、文化、社会、生态文明、法治、国防建设等领域的治理难度加大，如何通过协商民主、社会协商畅通社会主体的信息渠道、表达渠道、参与渠道和监督渠道，如何通过协商民主、社会协商实现国家、政府、社会治理现代化，如何通过协商民主、社会协商化解社会矛盾和冲突从而满足构建和谐社会的公共需求，正是不断完善社会协商理论体系、实践社会协商表现形式的现实背景。

随着我国社会主义民主政治建设的不断深化，数十年来已有层出不穷的协商民主探索和创新。尤其是改革开放以来，社会的基层民主不断得到发展，人民群众的主体意识日益得到唤醒，催生出越来越多的社会协商相关实践：

一是农村村民自治、城市居民自治和企事业单位的职工代表大会等成为了法定制度，如《村民委员会自治法》、《村民委员会组织法》、《城市居民委员会组织法》、《工会法》、《全民所有制工业企业职工代表大会条例》以及企事业单位职工代表大会的地方立法等。

二是政府信息公开评议、行政处罚听证、行政许可设定听证、价格听证、立法听证、环境保护公众参与、劳动关系集体协商等有法律规范加以调整。如《政府信息公开条例》第 29 条规定："各级人民政府应当建立健全政府信息公开工作考核制度、社会评议制度和责任追究制度，定期对政府信息公开工作进行考核、评议。"《行政处罚法》第 42 条规定："行政机关作出责令停产停业、吊销许可证或者执照、较大数额罚款等行政处罚决定之前，应当告知当事人有要求举行听证的权利；当事人要求听证的，行政机关应当组织听证。当事人不承担行政机关组织听证的费用。"《行政许可法》第 19 条规定："起草法律草案、法规草案和省、自治区、直辖市人民政府规章草案，拟设定行政许可的，起草单位应当采取听证会、论证会等形式听取意见，并向制定机关说明设定该行政许可的必要性、对经济和社会可能产生的影响以及听取和采纳意见的情况。"《价格法》第 23 条规定："制定关系群众切身利益的公用事业价格、公益性服务价格、自然垄断经营的商品价格等政府指导价、政府定价，应当建立听证会制度，由政府价格主管部门主持，征求消费者、经营者和有关方面的意见，论证其必要性、可行性。"《立法法》第 36 条规定："法律案有关问题存在重大意见分歧或者涉及利益关系重大调整，需要进行听证的，应当召开听证会，听取有关基层和群体代表、部门、人民团体、专家、全国人民代表大会代表和社会有关方面的意见。听证情况应当向常务委员会报告。"《环境保护法》第 53 条规定："公民、法人和其他组织依法享有获取环境信息、参与和监督环境保护的权利。各级人民政府环境保护主管部门和其他负有环境保护监督管理职责的部门，应当依法公开环境信息、完善公众参与程序，为公民、法人和其他组织参与和监督环境保护提供便利。"第 56 条规定："对依法应当编制环境影响报告书的建设项目，建设单位应当在编制时向可能受影响的公众说明情况，充分征求意见。"《劳动合同法》第 51 条规定："企业职工一方与用人单位通过平等协商，可以就劳动报酬、工作时间、休息休假、劳动安全卫生、保险福利等事项订立集体合同。集体合同草案应当提交职工代表大会或者全体职工讨论通过"等。

三是《宪法》第 41 条规定："中华人民共和国公民对于任何国家机关和国家工作人员，有提出批评和建议的权利；对于任何国家机关和国家工作人员的违法失职行为，有向有关国家机关提出申诉、控告或者检举的权利……对于公民的申诉、控告或者检举，有关国家机关必须查清事实，负责处理。"第 27 条规定："一切国家机关和国家工作人员必须依靠人民的支持，经常保持同人民的密切联系，倾听人民的意见和建议，接受人民的监督，努力为人民服务。"对社会协商起到了兜底性保障。

四是部分地方的村（居）民议事会、村（居）民理事会、村务（居民）监督委员会、恳谈会、座谈会、论证会、评估会、咨询会、论坛乃至互联网时代的网络议政、网络监督、民意调查等多种协商方式体现了社会协商的广阔适用空间。如在受"5·12"特大地震严重影响的四川成都，村民议事会在农村产权制度改革、灾后重建、村级公共服务和社会管理中发挥了很好的决策监督作用；① 在广东清远熊屋村，1987 年便在村民代表的基础上成立了村民理事会，凡村中公共事务，先由村党支部提出方案，然后交村民理事会讨论，再召开村民大会通过后实施；② 在以"民主恳谈"为代表的浙江温岭，经过十余年的发展，民主恳谈的议题范围越来越广，公众的参与程度也越来越深，由此形成了对话型民主恳谈、决策型民主恳谈、参与式预算民主恳谈和工资集体协商等四种民主恳谈形式。③ 此外，实践中，各地进行了关于社会协商载体的创新。如上海建立了城区、社区、居民区内的高校、科研院所、企事业单位、物业、业委会等各方党组织和代表组成的区域性基层党建联盟，通过社会协商机制"上下延伸、横向联动"实现共建合作，定期会晤，通报和交流区域内经济社会的发展情况，共商区域内的重大决策，听取意见和建议，回应相关诉求。④ 正因为社会协商在实践中被广泛应用和不断创新，有观点甚至创造出新的概念——"协商社会"，以彰显协商在社会建设中的典型作用。

面对如此庞杂的社会协商内容和形式，按照一定标准对社会协商的

---

① 洪继东：《议事会"议"出村民致富路》，网易网，网址：http://news.163.com/10/0428/05/65B5PQ7G00014AED.html，最后访问日期：2014 年 12 月 21 日。

② 魏金锋：《清远农村新气象："村民理事会"悄然兴起唱主角》，网易网，网址：http://news.163.com/12/1213/10/8IJL73V300014AED.html，最后访问日期：2014 年 12 月 21 日。

③ 《温岭民主恳谈会泥土里生长出来的"民主载体"》，浙江在线，网址：http://zjnews.zjol.com.cn/05zjnews/system/2012/12/11/019009163.shtml，最后访问日期：2014 年 12 月 21 日。

④ 参见李荣：《建立社会协商机制上海基层出现首个区域化党建联盟》，新华网，网址：http://news.xinhuanet.com/local/2012-06/21/c_112270642.htm，最后访问日期：2014 年 12 月 21 日。

表现形式进行规律性的梳理，是较有难度的。如何对社会协商的表现形式给予总结，在十三大报告提出"社会协商对话"之后即有学者进行了研究。郑杭生、张建明认为，社会协商对话的内容范围大致包括三种：互通情况，即上情下达，下情上达；领导部门在决策之前向有关方面和有关人员进行咨询；重大事项的决策，即在局部范围内有群众参加决策或人民公决。① 黄建武认为，社会协商对话包括以下几种方式：政治协商会议；大众传播媒介的交流；文件形式的交流；信访；直接对话。② 郁忠民提出，社会协商对话包括公开、参与、咨询、公决几个方面。③ 这一时期的社会协商研究，在内容上受限于"对话"，在工具和途径上受限于当时的社会客观条件，在理论储备上尚不够充分，因此对于社会协商表现形式的分析研究还处于起步阶段

在党的十八大提出社会主义协商民主建设之前，中央党校的林喆教授对于社会协商表现形式的观点就在社会引起一定反响。她在研讨社会管理创新时提出，扩大公众对社区、市政的参与度是社会管理创新的关键，建立社会协商对话机制的内容包括首长接待日、听证、发言人、协商对话、信息公开、举报反馈、谈话等。④ 然而简单分析即可看出，这些表现形式无论是在内在规律还是外在系统上都存在一定缺陷，如缺乏社会协商的内在结构机理，各种表现形式显得支离破碎等，难以使人形成整体统一的社会协商总体概念，不利于社会协商的理论构建和实践应

---

① 郑杭生、张建明：《试论社会协商对话制度》，《中国社会科学》1988 年第 2 期。

② 黄建武：《试论我国社会协商对话制度的法律建设》，《社会科学研究》1988 年第 4 期。

③ 郁忠民：《社会协商对话制度的法律选择》，《现代法学》1989 年第 1 期。

④ 董菁、盛卉：《林喆：社会管理创新须建立协商对话的七大制度》，人民网，网址：http://politics.people.com.cn/GB/12563183.html，最后访问日期：2014 年 6 月 12 日。还有报道称有首长接待日、听证、发言人、协商对话、信息公开、特别信息公开、谈话、举报人保护、人大代表和政协委员公开述职九大制度，详见杜晓、庄代民、蒋新军：《创新基层社会管理须建社会协商对话机制》，《法制日报》2010 年 9 月 29 日第 4 版。

用。具体而言，信息公开、发言人、举报反馈等如不加以限定，则多属单向度的信息发出、信息传递，尚未形成信息回馈并进一步构成意见的多轮次磋商，首长接待日在一定条件下（尤其是现实生活中）也多属单方面的信息接收；听证和谈话也失之笼统，行政处罚听证显著不同于行政许可设定听证和立法听证。就行政许可设定听证和立法听证而言，二者不但在参加主体上具有社会公众的属性，而且在听证的内容上也具有公共事务的特点，因此不论二者是否由于皆属立法事项而在一定程度上可被纳入立法协商的范畴，但不可否认具有明显的社会协商基因，或者说立法协商与社会协商存在边界交叉和概念重叠。反观行政处罚听证，参加行政处罚听证的主体是确定的，即行政机关和接受行政处罚的当事人，内容和程序也是确定的，[①] 将其列为社会协商这明显不妥。同时，由于谈话这一概念过于笼统，私人谈话、工作谈话、商务谈话、家庭谈话、组织调查谈话、干部任前谈话、诫勉谈话等在多数条件下都不具有社会协商特性，因而谈话被整体性并入社会协商的表现形式也存疑问。

　　杨弘、张等文提出了民主听证会、公民接待日、民主议事会、民主恳谈会、互联网公共论坛等五种"中国社会协商对话制度的现实形态"。[②] 这是一种较为概括的分类，其优点在于较为简洁、易于理解、不同形态之间的差异较为清晰，但缺点也较为明显：听证会、议事会、恳谈会的"民主"限定过于模糊，边界不清，实践中难于把握；公民接待日对协商特质的体现不够充分；党委政府参与互联网论坛这一平台的范围和深度有限。而将社会协商仅限于这五种类型，也是不够周延的。

　　此外，还有将社会协商分为国家主导下与社会力量展开的社会协商、社会主导下与国家力量展开的社会协商、社会内部发起的自主性社

---

　　① 详见《行政处罚法》第 42 条。
　　② 杨弘、张等文：《中国社会协商对话制度的现实形态与发展路径》，《理论探讨》2011 年第 6 期。

会自治协商，① 正式协商和非正式协商；事前协商、事情进行中协商和事后协商等观点。② 这些结论对于社会协商表现形式的研究有启示意义，但是依然失之空泛。

本章认为，黄国华、吴碧君、王小明等人的观点值得借鉴。他们认为，当前的基层协商民主的形式主要包括：各类村民与居民协商议事会及协商议事制度、各类社会听证制度、各类社会公示制度、各类恳谈会制度、各类工资集体协商制度、各类社情民意调查制度以及各类网络舆情调查咨询制度等 7 种。③ 尽管这一研究结论主要针对基层协商民主展开，但是已经初步反映出社会协商的内部结构和外部体系。

总体而言，社会协商是基于公众参与而展开的对社会公共事务的信息交互、对话协商、意见磋商、监督查核等活动。对于公众参与，俞可平认为，公民参与又称公共参与、公众参与，就是公民试图影响公共政策和公民生活的一切活动。④ 王锡锌认为，公众参与是在行政立法和决策过程中，政府相关主体通过允许、鼓励利害关系人和一般社会公众，就立法和决策所涉及的与利益相关或者涉及公共利益的重大问题，以提供信息、表达意见、发表评论、阐述利益诉求等方式参与立法和决策过程，并进而提升行政立法和决策公正性、正当性和合理性的一系列制度和机制。⑤ 社会协商借用了公众参与的一般公众主体性和公共事务影响性两大特征，但在此基础上更加强调对话沟通、协商互契，从而形成了

---

① 王洪树：《社会协商：中国的内生缘起与理论探索》，《探索》2015 年第 1 期。

② 赵志宇：《当代中国社会协商对话：要素、特征与功能》，《中央社会主义学院学报》2013 年第 2 期。

③ 黄国华、吴碧君、王小明：《社会主义协商民主体系视域下的基层协商民主研究》，《重庆社会主义学院学报》2014 年第 6 期。

④ 贾西津：《中国公民参与——案例与模式》，社会科学文献出版社 2008 年版，第 1 页。

⑤ 王锡锌：《行政过程中公众参与的制度实践》，中国法制出版社 2008 年版，第 2 页。

社会协商的特殊内涵。同时，吴丕、袁刚、孙广厦认为，监督有广义与狭义之分，广义的监督是指人类社会中的一切监督现象，狭义的监督是指对包括立法、行政、司法以及所有公共权力加以控制和制约的监督。①社会监督通常是指权力系统外部由非国家机关的各类社会组织、公民等社会力量，依照宪法和法律、法规等对以行政公权力为中心的各种公权力及其行使、各种公共事务和活动进行的督促和制约，即是"以权利约束权力"的一种监督方式。从法学的视角观察，社会监督作为一种对权力的非权力督促和制约，在很大程度上表现出宪法和法律赋予的权利对权力督促和制约的特征，因而不可被剥夺。由于社会监督能够包容主体来源的社会性和关注事务的公共性这两大社会协商内核，因此社会监督也应当能够成为社会协商的表现形式之一。如实践中大量存在的质询、举报、检举、信访等。事实上，在公共性信息交互、对话协商、意见磋商、决策咨询活动中体现出民众权利对权力及其运行的督促和约束，本身就是社会协商的出发点和落脚点。

基于协商的内涵具有较强开放性和包容性，同时也由于协商在社会层面具有可塑性和延展性，社会协商的功能属性应该涵盖信息交互、对话协商、意见磋商、监督查核等。并且，这些功能既可能单一地体现在某次社会协商活动中，在很多情况下却是同时并存的。换句话说，一次社会协商活动可能实现包括信息交互、对话协商、意见磋商、监督查核等一种或多种目标。此外，协商还可以融入一种制度安排之中，使得协商对于重大问题具有和选举进程一样的真实权威，由此成为一种直接的权力。②大量的社会协商实例显示出，社会协商不但要求公权力参与，形成多轮次意思交换、反馈，并最终形成某种协商结果，由此直接引发

---

① 吴丕、袁刚、孙广厦：《政治监督学》，北京大学出版社 2007 年版，第 2—3 页。

② ［美］彼得·莱文、阿休·冯、约翰·盖斯特尔：《公共协商的未来》，载于陈家刚主编：《协商民主与政治发展》，社会科学文献出版社 2011 年版，第 377 页。

公权力的运行轨迹发生变化。因而，社会协商的形式、内容和结果都具有重大意义。

本章以核心要素和范畴特质为依据，以特定的法律规范为基础，从信息公开（information disclosure）、协商会议（conference）、协商听证（hearing）、协商询议（consulting & evaluation）和创新形式（innovation）等五大类展开对社会协商表现形式的类型化研究。

二、社会协商信息公开

社会协商信息公开（information disclosure）是指有关社会协商的信息由有关权力部门依法主动或应公民、法人和其他组织申请公开。信息是社会协商的前提，是公共决策的依据，是社会公众知情权、参与权、表达权和监督权的基础，没有信息难以展开社会协商。因此，社会协商必须以信息公开为前提，以信息交互为内容。信息公开作为一种社会协商的表现形式，其主要体现在信息在不同协商主体间的反复传递，形成协商主体的沟通和交流，最终形成共识。由此也可以将单方面的信息发出、静态、孤立的信息接收排除在社会协商的范围之外。

（一）社会协商信息公开的基础：政务公开

社会协商的核心在于对公共事务的协商，其根本依据在于公共事务信息公开，其基础就是政务公开。这里的政务公开需要从广义上来理解，将"政务"扩大到社会公共事务（公务），以把党委部门、人大机关、政协组织、人民团体、基层组织等的信息公开涵盖进来。从这个角度来看待政务公开的话，那么其含义就应为权力主体按照法定的程序和要求，将其工作的依据、工作的程序、工作的结果主动公开或应公民、法人、其他组织的申请要求而公开权力运行事务。作为单向度的信息公开方式，其公开的目的在于提高权力主体工作的透明度，促进其依法工作并积极催动从行政型向服务型转化，便于社会主体的监督以及行使相关权利。

随着《中国共产党党内监督条例（试行）》（2004 年）、《中华人民共和国政府信息公开条例》（2007 年）的颁布实施，目前全国各地的党政部门基本都做到了党务与政务公开。因此，2011 年 8 月，中共中央办公厅与国务院办公厅联合印发《关于深化政务公开加强政务服务的意见》，这里所使用的措辞已然是"深化"政务公开，而不是试点实施或初步建立政务公开制度。

在《政府信息公开条例》发布实施之后，2008 年国务院办公厅发出了《关于施行〈中华人民共和国政府信息公开条例〉若干问题的意见》，细化了政府信息公开的若干规定。2013 年，国务院办公厅发出《关于进一步加强政府信息公开的意见》，提出了进一步加强新闻发言人制度建设、充分发挥政府网站在信息公开中的平台作用、着力建设基于新媒体的政务信息发布和与公众互动交流新渠道、健全舆情收集和回应机制、完善主动发布机制、建立专家解读机制、建立沟通协调机制等若干重要举措，推动政府信息公开，以增强公开实效，提升政府公信力。

以"四川省人民政府"官方网站（http://www.sc.gov.cn/）为例，打开主页之后，在其上方专门有一个栏目叫作"政务信息"。点击即会弹出一个新的网页，包含了政府领导个人主页、省政府常务会议、政府信息公开目录、公示公告、人事任免、四川概况、政务动态、政府文件、执法监督、新闻发布厅、政府采购、投资动态、招商信息、工作报告、四川统计、专题报道等栏目。每个栏目下还有若干个子栏目与孙栏目等等。归结起来，可以发现，"四川省人民政府"官方网站所公开的政务信息具有两个特点。其一，所公开的政务内容较为广泛和丰富，可以使得浏览网页的人员迅速地知悉四川政务的基本状况；其二，还可以通过网站地图与检索功能快速便捷地查找到相关资料信息。此外，在"四川省人民政府"官方网站的下方还专门有一个栏目叫作"阳光政务"。该栏目由四川省纪委、省委宣传部、省监察厅、省新闻出版广电局主办，省纠风办和四川人民广播电台承办，采取省级各部门（行业）主要负责人带队，与全省听众沟通与交流，现场接听受理群众咨询投诉。阳光政务节目的参与方式有两种：一种是拨打节目热线电话；另一种则是发送相关问题到阳光政务邮箱中。相比"政务信息"单纯发布信息给不特定第三人而言，"阳光政务"则具有互动性、回应性的特征，对社会主体更加大开方便之门。

这仅仅是政府信息公开的一个例子。在互联网社会建立以政务（公务）信息网络公开为主要方式的信息公开体系，已经成为当前的普遍现象。各地党委及其部门（如组织部、宣传部、统战部、政法委等）的公务信息公开、人大及其常委会的公务信息公开、政协的公务信息公开、人民团体的公务信息公开、基层组织的公务信息公开等，也越来越多地成为社会公众了解权力部门运用权力、决策公共事务信息的重要渠道，政务或公务公开已经成为社会协商有序开展的基础保障。同时，政务公开或公务公开的方式并不局限于网络，还包括报纸、期刊、文件、宣传册、收音机、微博、微信等多种媒介方式。不同的媒介方式具有不同的优势，网络、收音机、微博、微信等方式可以实现实时变化、及时更新的目的，而报纸、期刊、文件、宣传册等方式则便利保存、对照准备。

需要指出的是，政务公开并不是凡是涉及政务的信息都必须公开，而是要根据各地党委与政府的信息发布保密审查机制，依据《保守国家秘密法》等法律、行政法规对拟公开的政务信息进行审查，经由法定的审查程序和权限之后方能确定公开与否。一般而言，涉及国家秘密、商业秘密、个人隐私的政务信息都不得公开，除非经涉及商业秘密或个人隐私的权利人同意公开，抑或者权力主体认为如果不公开涉及商业秘密、个人隐私的政务信息可能对公共利益造成重大影响时，亦可予以公开。如果权力主体对于某项政务信息是否可以公开难以确定或拿捏不准时，就应当根据法律、行政法规的要求报有关主管部门或者同级保密工作部门进行确定。

经由政务公开，社会主体可以依据单纯性的信息公开来根据自身的需求进行相关社会事务的抉择和判断，也可以通过互动性信息公开通过问题的发布与反馈来满足对社会事务的要求。从这个角度来看，政务公开制度具有提升社会协商效率程度的功效，因为单纯性的信息公开不需要权力主体逐一告知社会主体相关事项，而且互动性信息公开也免去了社会主体专门去政务中心大厅时坐车、花费交通费用、取号排队等之麻烦。

（二）社会协商信息公开方式

社会协商信息公开方式主要包括以下几种：

1. 信息披露

信息披露主要是指涉及公共信息的主管部门通过文件、公告、公示等方式，把公共信息向有关单位、人员和社会公众公开披露的行为。信息披露是一种总括性的信息公开方式，可以泛指各种公共信息以及各种向社会公开的行为。社会协商信息披露是引发社会协商的基础条件和前提。在社会协商已经开始的条件下，持续性的公共信息披露已经构成社会协商的内容。

2. 新闻发布

新闻发布是面向新闻界和社会公众公布重大事件的特定社会活动，除发出文字、语音、图像、电子等新闻稿件等之外，新闻发布通常都是以特定的会议方式进行。新闻稿件发布之后允许随附的评论、讨论，新闻发布会上实现了媒体与发布人之间的反复信息沟通，都为社会公共信息的公开及其可能产生的协商提供了可能。

3. 公众旁听

公众旁听是指公众作为列席听众参加公务活动。公众旁听作为一种社会协商信息公开方式，其原因不止在于通过列席旁听获取了更多的"公开"信息，而且在于列席旁听的过程中还可以参与讨论并发表意见建议，从而实现信息交互和意思交流。"第三届地方政府创新奖"的徐州市贾汪区在推行"公众全程监督政务"的过程中，就实行了代表听政的公众旁听社会协商探索。与传统上政府常务会议只能是规定的人员才能参加或列席不同，"公众全程监督政务"要求凡涉及群众利益的重大决策议题，均邀请20名人大代表、政协委员、群众代表或有关专家列席会议，并参与讨论，发表意见，从而使民众代表的意见直接影响决策。这种关口前移、矛盾提前化解的做法，无疑是健全决策程序的一个有效手段。①

4. 政府开放日

政府开放日也称公众开放日，是指政府在特定的日期向社会公众开放，以便社会公众参观、了解、监督政府的公务活动。政府开放日改变了权力部门公务活动"隐秘"、缺乏透明度的信息不对称格局，有利于实现权力部门公务活动的信息公开。同时，在开放日参加活动的社会公

---

① 夏文达：《"公众全程监督政务"的有益尝试——徐州市贾汪区让权力在阳光下运行的实践探索》，《群众》2007年第3期。

众代表，也能够通过掌握的公务信息进一步询问，提出意见、建议甚至批评，从而引发社会协商活动的展开。

5. 领导接待

领导接待是由相关领导接待来访群众，听取群众的陈述，经过沟通与交流，对所涉及的问题及时进行处理或交由其他部门进行处理的制度。领导接待包括首长接待日、领导与公众对话以及信访（处理人民来信和接待人民来访）等。领导接待既可以是面对面、直接交流的方式，也可以是书信、电子邮件、传真、电话等非面对面、间接交流形式。

目前，我国的法治还不健全，依法维权相对于普通群众来讲还显得成本过高，再加之法制宣传的欠缺，寻求领导的救助成为了老百姓解决诉求的重要途径之一。根据 2005 年 5 月 1 日正式施行的《信访条例》第 6 条规定，"县级以上人民政府应当设立信访工作机构；县级以上人民政府工作部门及乡、镇人民政府应当按照有利工作、方便信访人的原则，确定负责信访工作的机构或者人员，具体负责信访工作。按照归口分工接待原则，依据信访主要事项进行分类，确定负责领导。要畅通信访渠道，实现与信访群众面对面直接交流，对于能够当场解决的问题及时解决，不能够解决的要做好记录、解释工作"。在条文的背后，某种意义上来讲，领导接待制度具有很强的一种人治色彩，社会民众对这种方式的认可，一方面是寄希望于有比原先处理自己事务的领导或部门更高级别的领导或部门来协调自己已经失衡或丧失的利益；另一方面这种人治手段往往更有效率。

对于信访中具有典型性或者是难以处理的案件交由领导进行接待。通过领导与上访群众面对面沟通，听取群众诉求，根据实际情况责成相关部门及时解决，这就是领导接待制度的普遍做法。目前领导接待制度分为定期接待和不定期接待两种类型，不定期接待主要是指领导人对上访群众的临时接待，不具有规律性和固定性。定期接待是指主要领导依据事前安排，在固定的时间接待上访群众。一般定期接待是通过党和政府的正式文件确立了主要领导的具体接待日期，实践中往往被称为领导接待日制度。《信访条例》第10条明确规定，"设区的市级、县级人民政府及其工作部门，乡、镇人民政府应当建立行政机关负责人信访接待日制度，由行政机关负责人协调处理信访事项。信访人可以在公布的接待日和接待地点向有关行政机关负责人当面反映信访事项"。根据以往的经验，有些民众的问题或许由领导所在的机关直接即可处理，但也可能属于涉及多方单位共同来解决的问题，因此领导在接待时，要尽力与民众做好沟通和告知工作，并与其他有关部门联合起来尽量处理，对一些确实无法解决的问题，需要及时和民众耐心解释。此外，有些民众的问题如果能够当场答复固然最好，但若不能当场答复处理的话，则视问题实际情况和问题复杂程度，告知民众一个大致的解决期限。

2009年4月，中共中央办公厅、国务院办公厅转发《关于领导干部定期接待群众来访的意见》(以下简称《意见》)等三个文件①。《意见》要求，领导干部定期接待群众来访要坚持公开透明、规范有序、方便群众、解决问题的原则。市（地、州、盟）党委和政府领导干部，一般每季度安排一天时间接待群众来访。县（市、区、旗）党委书记、县（市、区、旗）长一般每月安排一天时间接待群众来访，县（市、区、旗）党委和政府班子成员、市县两级的部门领导干部都要定期接待群众来访，乡镇（街道）领导干部要随时接待群众来访。信访问题突出的地方要适当增加接访次数。中央和国家机关、省级党委和政府的领导干部定期接待群众来访，可结合工作职责和特点根据具体情况作出安排。领导干部

---

① 中共中央办公厅、国务院办公厅:《中办、国办转发〈关于领导干部定期接待群众来访的意见〉等三个文件》，新华网，http://news.xinhuanet.com/newscenter/2009-04/14/content_11185706.htm，2014年12月16日。

定期接待群众来访的主要方式方法有：公示、① 接访、② 包案、③ 落实。④

　　领导接待制度是我国社会协商制度中的重要内容，客观评价这一制度，可用五个字概括，即"优劣势均存"。领导接待制度局限在于领导与上访群众主体之间，由于地位上的差异，双方很难展开平等对话，协商不足普遍存在。另外，由于缺乏有效的制度约束，对于上访的处理受领导个人因素影响较大，不同的领导可能导致同一上访事件的不同处理结果，人治色彩较重，损害了法治的权威性。但同时需要看到领导接待制度在当前这个社会深刻变革、矛盾日益突出的特殊时代，对于解决社会矛盾冲突具有不可替代的作用，很大程度上弥补了司法体制不健全、诉讼成本较高的缺陷。领导接待制度是有关领导联系群众、改进工作作风、提高工作效率的重要措施，也是部门事务公开和加强机关效能建设的重要途径，实践中也确实为相关民众解决了不少的实事。

　　领导接待还有一种表现形式就是接受社会公众质询。通过召开群众质询会的方式，组织政府领导、职能部门负责人与群众直接沟通，面对面接受民众质询。被质询人对群众提出的一般性问题，现场必须答复解决；现场不能答复或解决的，列出计划、明确到人、限期解决。徐州市贾汪区"公众全程监督政务"制度实施以来，全区召开5次民众质询会，围绕软环境建设、房屋拆迁、环境治理、网吧整治、医疗市场整顿、社

---

　　①　各地区各部门要根据实际情况，采取适当方式，在一定范围内对接访领导干部的姓名、职务、分管工作以及接访的时间、地点、形式等情况进行公示，方便信访群众了解和参与。

　　②　根据情况可以采取定点接访、重点约访和带案下访等多种方式进行。

　　③　对群众反映强烈的突出问题，要实行领导包案，并落实包掌握情况、包思想教育、包解决化解、包息诉息访的"四包"责任制。包案情况要通过适当方式予以公开，接受群众监督。

　　④　要把领导干部接访的重点定位在"事要解决"上，努力在"案结事了"上狠下工夫。要综合运用政策、法律、经济、行政、社会救助以及思想教育等手段，促使问题得到有效解决。

会治安等 130 余个议题，民众代表向 30 家责任单位进行了面对面质询，责任单位主要负责人现场答复，并对责任单位承诺办理情况进行督查，群众质询的大部分问题有效解决，群众满意率达 98% 以上。①

此外，党政领导热线、信箱等也具有领导接待的制度功能。

三、社会协商会议

社会协商会议（conference）是指以会议的形式开展社会协商活动。由于协商的基础建立在不同主体间的意思表达和意见交流之上，因此会议一般被作为社会协商的主要形式。同时，由于会议的名称较多，参加的主体不同，程序和形式多样，所以会议的类型也有不同。本部分在排除了以会议形式展开的具有普遍意义上的社会协商会议，包括具有专题协商②性质的普遍性社会协商会议的基础上，主要从四个方面研究一般意义上的社会协商会议：一是较具代表意义的一般性社会协商会议，如国内常见的社区议事会和国外的公民会议；二是专门性社会协商会议，主要包括专题协商会、立法协商会议以及劳动协商会议等典型特殊社会

①　夏文达：《"公众全程监督政务"的有益尝试——徐州市贾汪区让权力在阳光下运行的实践探索》，《群众》2007 年第 3 期。

②　专题协商在狭义上是指在政协组织平台上，通过会议形式，由政协委员或界别代表对当前经济社会发展中的特定重要问题与政府部门及有关人员直接进行协商的协商形式。而在广义上，只要是以会议形式，展开的由社会协商不同主体参加的对特定问题的协商，都可称为专题协商会议或专题社会协商会议。由于专题本身具有广泛性，因此专题协商会议的议题既可以是战略性、前瞻性、综合性的重大问题，也可以是留守妇女、工人讨薪、小产权房、汽车尾气、生活垃圾、电梯广告等具体问题。专题社会协商会议既可分为重要专题社会协商会议、一般专题社会协商会议，也可分为事项决策型社会协商会议、事务讨论型社会协商会议等。

协商会议；三是在实践中较受重视也较为独立的社会协商恳谈会议；四是以论坛、讲坛等形式存在的社会协商活动。

（一）一般性社会协商会议

1. 社区议事会

所谓社区议事会，是党的基层组织或社区居民自治组织通过一定的程序来听取并采纳社区民众就社区发展重大问题的意见和建议的协商形式。社区议事会主要以社区居民普遍关心且又关系广大社区居民切身利益的社区事务作为议题，由社区党组织、居委会、社区居民代表大会指派成员代表、社区居民小组长、居民代表共同作为议事会成员参与议事。议事会允许旁听和列席，社区其他居民经社区党组、居委会许可后可参与议事会旁听，政府部门、街道办事处、社会事业单位可派代表列席。

由于社区议事会参与的人数较多，甚至可能每个人的主张和利益要求都不一致，因此，其程序规则就显得尤为重要。当然，这种规则主要是由社区居民根据自治原则平等协商确定的，很少会有哪一个领导人直接根据自己的意志拟定议事程序规则。根据实践中的经验总结，各地社区议事会的议事程序规则虽然并不完全相同，但是总体上还是呈现出一种类似的状态。原则而言，大都可能按照如下的六个步骤议事程序规则进行处理：（1）社区居民大会代表向社区党组织提出议事会建议议题；（2）社区党组织与社区居委会进行会商，决定是否就此建议议题召开议事会以及召开会议的时间、地点为何；（3）对于争议较大、较为复杂或者比较敏感的议题，由居委会在会议召开之前进行会前调查，通过调查摸底、征询意见等方式掌握基本情况；（4）按照议题由社区党委、居委会共同决定的表决权分配方式来确定；（5）由居委会主持召开会议，按照少数服从多数的原则形成表决意见；(6) 由社区居委会在会议召开后指定期限内对会议决议进行公示，并及时通报街道办事处以及相关政府职能部门。这六个步骤议事程序规则并不是所有社区议事会的程序规则范本，而是一个大致的描述，各个社区可能会根据自身实际情况有所变化。

社区议事会有三点情况值得注意：其一，社区议事会解决的是社区事务，有些看起来像芝麻蒜皮的小事，但却会对社区居民造成困扰，甚至可能损害到公共利益。"2002 年 8 月底，南京鼓楼区两个社区召开议事会……在凤凰花园小区，议题是'如何解决小区停车'，居民代表纷纷发言，有的指出车主回来得很晚，车停在住户窗外，本已睡了，却被关车门声惊醒；有的指出小区乱停车，一旦小区里有个什么紧急情况，救护车、消防车都进不来；还有的指出晚上遭遇雷雨天气时，很多汽车的防盗报警器就一齐叫唤，闹得人无法入睡……在裴家桥小区，议题是'如何提高小区的卫生水平'，最后还产生了一个决议：每星期三上午为小区义务劳动日，由小区离退休人员、低保人员和楼长参加义务劳动，对小区进行全面打扫清理。"① 此种社区议事会切实地为社区居民排忧解难，通过协商自治，来实现社区事务的自我管理，形成了一种较好的社区温馨氛围。其二，在社区议事会中，社区只是起到一个启动和引导的作用，不是大包大揽，更不是全由社区来管理，主要通过沟通交流来实现自我管理。"2012 年 4 月 15 日，喀左县建设社区召开陶然欣苑小区居民议事会，来研究探索加强小区管理与服务模式的新举措，最为关键的是，此次议事会经过沟通交流得出一个经验和结论，即社区管得过多，就可能管不过来，要不缺位但也不越位，不主张什么事情都由社区来干，居民自己能实现的管理，就由自己处理和解决"。② 其

---

① 参见龚永泉：《社区"议事会"》，《人民日报》2002 年 9 月 1 日。

② 参见《居民议事会我的社区我做主》，载朝阳新闻网，2012 年 4 月 24 日。

三，社区议事会解决社区事务有定期和不定期召开两种方式。"南码头社区议事会于 2013 年 4 月初开始运行，每两个月召开一次，这是定期形式的社区议事会；同时，由社区党工委牵头，不定期召开社区议事会，及时高效对社区事务进行协商处理，这是不定期形式的社区议事会。"①

总的说来，社区议事会针对社区公共事务在社区党委和居委会的引导下，由社区居民通过平等的协商沟通与交流，来切实地解决社区居民关心的事务。这种管理机制或手段以自我管理、自我服务、自我教育、自我协调、自我提高为原则，并贯穿整个议事会始终，改变了以往社区组织所呈现出的职能隶属化、工作僵硬化的旧样态，形成了上下联动、横向互动的新样态，成为社区党组织、居委会、居民等之间沟通的桥梁与纽带，为构建温馨和谐的社区创造了良机并奠定了坚实的基础。

2. 公民会议

公民会议又称为共识会议，是指对于涉及伦理以及社会风险较大的决策，政府在决策之前通过组织公民会议或者共识会议，邀请不具备专业背景知识的普通公民参与会议，通过公民与政府、专家的双向对话，寻求最大共识以及最优决策。公民会议最早出现在丹麦，主要运用于科技决策领域，随着社会进步，民主化进程的不断加快，这种模式逐渐与协商民主的理念融合，突破科技领域并迅速在欧洲以及世界各国得到推广和完善（可参见表 3-2）。②

---

① 参见《南码头：社区议事会"议出"和谐》，载浦东党建网，网址：http://www.pudong.gov.cn/website/html/NewDJW/pd_djw_djcz_bwtt/2013-08-09/Detail_483484.htm，最后访问日期：2014 年 8 月 14 日。

② 本表资料来源请参见何帆：《中西协商民主实践之比较：以浙江温岭民主恳谈会和丹麦共识会议为例》，浙江大学硕士学位论文，2013 年，第 39—40 页。

表3-2　国外所进行的主要的公民会议示意表

序号	国家	共识会议议题	年份
1	阿根廷	转基因食品	2000 年
		人类基因组图计划	2001 年
2	澳大利亚	食品供应链中的基因技术应用	1999 年
3	奥地利	高层大气中的臭氧层	1997 年
4	比利时	基因测试	2003 年
5	加拿大	大学中的强制使用笔记本计划	1998 年
		麦克马斯特大学的在线教育	1999 年
		食品中的生物技术	1999 年
		市政废物处理	2000 年
6	法国	转基因食品	1998 年
7	德国	关于基因测试的公民会议	2001 年
8	以色列	未来的交通	2000 年
9	日本	基因疗法	1998 年
		高度信息化社会	1999 年
		转基因食品	2000 年
10	荷兰	转基因动物	1993 年
		人类基因研究	1995 年
11	新西兰	植物生物技术	1996 年
		植物生物技术	1999 年
		害虫控制中的生物技术应用	1999 年
12	挪威	转基因食品	1996 年
		应用于疗养院的智能屋技术	2000 年
13	韩国	转基因食品的安全性与伦理	1998 年
		克隆技术	1999 年
14	瑞士	国家电力政策	1998 年
15	英国	转基因食品	1994 年
		放射性废料的处理	1999 年
16	美国	电信与民主的未来	1997 年
		转基因食品	2002 年

公民会议运转具有四个重要环节：

首先，关于议题的选取。议题主要是由官方机构确定，主要针对社会影响力较大、存在争议并且需要专业性回应的问题。例如 2000 年阿根廷、日本分别以转基因食品作为议题召开了公民会议；2003 年比利时召开了基因测试作为主题的公民会议。无论是转基因食品还是基因测试的问题都存在一个共性，那就是这项技术深刻地影响着人类社会的发展。对于这项技术的认知目前是存在争议的，此外这些技术都涉及较为专业化的科技知识，普通人需要在专家的指引下了解。

其次，关于参与会议的主体。参与公民会议的主体除了政府官员、专家学者以外还有由不具备专业背景的普通公民组成的公民小组。公民小组的确定主要是从自愿报名的公民志愿者中根据反映社会经济生活的人口标准，经过随机抽样确定。尽管无法确保公民小组能准确代表整个地区人口，但是在随机抽样里已经注意到代表的多元性以及平衡性问题。

再次，关于预备会议。因为公民会议的会议主题具有争议性和专业性，而参与会议的公民小组又是由无学科背景的普通公民组成，要真正实现官员、专家与公民小组的充分、有效对话，就需要对普通公民进行专业培训。预备会议的召开主要目的就是让公民通过专家的帮助充分地了解会议议题以及相关知识和争议。

最后，关于正式会议。在正式会议召开之后，首先应由相关专家组成专家会，针对公民小组提出的问题作出解释。公民小组可以针对专家会的回复或者针对个别专家的言论，进一步提出问题或者要求专家会作出进步的解释。接下来由公民小组进行讨论，撰写报告。报告中要注明就争议达成的认识以及讨论后仍存在的争议。报告将成为政府决策的重要依据，需要通过媒体向社会公布。整个会议的召开过程由执行委员会进行监督和控制。执行委员会的成员包括政府官员、专家学者、行业代表、NGO 成员以及普通市民。

经过这四个环节，公民会议最终往往会形成一定的结论、建议甚至共识等。需要强调的是，如果无法形成共识，则会在报告中予以单列说明。尽管公民会议也被称为"共识会议"，该名称中的"共识"在某种程度上暗示了会议的目的和结果达成一致，但实际上，在最后起草成文的报告中，各种观点的分歧也是内容的重要组成部分之一，它们亦会对决策者产生一定的影响。由于"共识会议"的称谓容易引起误解，相比之下，"公民会议"的称谓似乎更为严谨一些、更为可采一些。总的说来，决策者会非常重视并吸收公民会议所形成的结论、建议甚至共识。

（二）专门性社会协商会议

1. 立法协商会议

在党的十八大报告提出"健全社会主义协商民主制度"之后，十八届三中全会明确提出"深入开展立法协商"，十八届四中全会的《中共中央关于全面推进依法治国若干重大问题的决定》进一步明确提出："健全立法机关和社会公众沟通机制，开展立法协商，充分发挥政协委员、民主党派、工商联、无党派人士、人民团体、社会组织在立法协商中的作用，探索建立有关国家机关、社会团体、专家学者等对立法中涉及的重大利益调整论证咨询机制。拓宽公民有序参与立法途径，健全法律法规规章草案公开征求意见和公众意见采纳情况反馈机制，广泛凝聚社会共识。"指明了全面建立规范的立法协商机制的协商目标。

目前，国内对立法协商的研究尚处于起步阶段，关于立法协商的概念，存在广义和狭义两种理解。狭义的观点认为，立法协商是指通过政协平台（如专门委员会、委员等）以协商（如发表意见和建议等）的方式参与立法活动；而广义的观点认为，社会不特定的主体以协商的方式

（如发表意见和建议等）参与立法活动。

　　《立法法》第34条规定，全国人大常委会专门委员会审议法律案时，应当召开全体会议审议，根据需要，可以要求有关机关、组织派有关负责人说明情况。第36条规定，"列入常务委员会会议议程的法律案，法律委员会、有关的专门委员会和常务委员会工作机构应当听取各方面的意见。听取意见可以采取座谈会、论证会、听证会等多种形式。"其中，"各方面"应当包括公民、社会团体、机关、企事业单位、政协、其他组织等。立法协商的范围应当包括法律、法规、规章等，国家及地方政府可以就其中影响到国计民生的重大立法项目列入年度立法协商项目中进行规划。同时，《立法法》第67条还对重要行政管理的法律、行政法规草案的立法协商作出规定："行政法规在起草过程中，应当广泛听取相关领域的人民代表大会代表，有关地方人民代表大会常务委员会，有关机关、组织和公民的意见。听取意见可以采取座谈会、论证会、听证会等多种形式。行政法规草案应当通过网络等媒介向社会公布，征求意见，但是经国务院决定不予公布的除外。"此外，《立法法》第77条、第83条还规定，地方性法规案、自治条例和单行条例案的提出、审议和表决程序，以及国务院部门规章和地方政府规章的制定程序，参照前述立法协商规定，由本级人民代表大会规定。

　　按照实践情况，立法协商的形式多种多样，主要包括公开征求立法意见、座谈会、论证会、听证会①等。其中，公开征求立法意见主要是指行使立法权限的部门，将立法计划、立法草案等通过网站或者新闻媒体向社会公众公开，社会公众则可以通过纸质信件、电子邮件、电话等形式在规定的时间内反映自己对立法文件的意见。《立法法》第

---

　　①　由于立法听证是一种特殊协商形式，留待下节加以讨论。

37 条规定，"列入常务委员会会议议程的法律案，应当在常务委员会会议后将法律草案及有关起草、修改的说明等通过网络等媒介向社会公布，征求意见，但是经委员长会议决定不予公布的除外。向社会公布征求意见的时间一般不少于二十日。征求意见的情况应当向社会通报。"《立法法》第 36 条规定的座谈会主要是指立法部门组织相关部门、立法专家、社会公众等在立法调研和起草阶段召开不同形式的座谈会，对立法中涉及的内容听取各方面的意见和建议。论证会主要是指行使立法权限的部门，就立法的必要性、可能性以及有关法律制度设计等问题，组织有关专家、部门和全国人民代表大会代表等召开论证会，进行充分的讨论和论证。由于参加论证会的专家、部门和全国人民代表大会代表等都具有较强的专业性或代表性，因而其观点往往具有重要的参考价值。

2014 年 10 月 11 日，四川省政协就《四川省灰霾污染防治办法》(以下简称《办法》)召开立法协商工作座谈会，省政协主持会议，省政府法制办、环保厅、农业厅等相关部门派代表参会。省环保厅负责人就四川省灰霾污染防治以及《办法》的起草情况作了相关报告，14 名省政协委员、专家学者围绕《办法》的相关条款进行了认真的讨论交流。尽管这次立法协商座谈会是四川省首次举办的针对具体立法的面对面协商会议，但是四川省自 2008 年开始便探索规范立法协商，由省政协社会法制委员会与省政府法制办、省人大法制委进行沟通交流并形成了会议纪要，规范了立法协商的主要范围、工作方式和流程等，各民主党派省委、省工商联、各界别、省政协委员参与地方立法协商的积极性有了较大提高，各方对省政协参与地方立法协商的必要性、重要性、可行性有了一致的认同。同时，为促进民主立法、科学立法，由部分法律界省政协委员、特邀委员、有关法学界专家等组成省政协社会法制委立法协商专家组，形成了以专家咨询、立法专题调研为重要载体的协商形式。①

2. 劳动协商会议

劳动协商主要包括工资协商和劳动关系协商。这两种劳动协商方式均以会议协商形式为多。

在工资协商方面，2010 年，因金融危机而搁置两年的《广东省企业民主管理条例（草案修改稿)》（以下简称《条例》）在广东省人大常委会会议再次提交审议，启动立法，首创工资集体协商制度。该《条例》规定，企业应当建立工资集体协商制度，并专设一章内容对工资集体协商制度进行规定，包括集体协商的启动程序、职工协商代表的权利和义务、协商期间双方行为的限制、工资集体协商的依据、工资专项集体合同的签订等内容。

在劳动关系协商方面，自 1999 年年初以来，深圳市在劳动部门、工会组织和企业家协会的共同努力下，逐步形成了"三方联席会议制度"、"三方协调会议制度"、"三方高峰会议制度"，建立了以三个会议制度为轴线的多层次的工作架构。2004 年，制定了《深圳市劳动关系协调委员会协调重大劳动争议工作规则》。2005 年，制定了《关于进一步推进区域性行业性集体协商和集体合同制度的指导意见》。通过一系列制度建设，到 2004 年底，全市六个区都已经成立了劳动关系协调委员会。在劳动关系协商会议的开展上，2002 年成立的市劳动关系协调委员会推动三方协调机制作用的发挥。截至 2004 年底，全市共签订集体合同、工资集体协议 19840 家，涉及员工 274 万人；全市千人以上企业调解组织组建率超过 70%。②

---

① 四川立法协商研究课题组：《立法协商的内涵、机理与制度建构》，载郑泰安主编：《四川法治发展报告（2015)》，社会科学文献出版社 2015 年版，第 84—89 页。

② 《第二网络：社会协商网》，深圳新闻网，网址：http://www.sznews.com/zhuanti/content/2006-10/26/content_478530.htm，最后访问日期：2013 年 12 月 12 日。

（三）社会协商恳谈会议

1999 年，浙江全省开展农业农村现代化教育实践活动，温岭市松门镇作为第一批试点镇参加教育活动。在调研中发现当地农民对政府、对政策都相当冷漠，存在着较为严重的抵触情绪。为了更好地实现教育活动目标，解决官民之间的紧张关系，松门镇党委决定开展一次全镇范围内的党的群众路线实践活动，要求全镇党政主要领导放下身架，到群众中去，听群众之声，解群众之困。对于群众的抱怨要做好解释工作，对于群众的困难要做好解困工作，如果是不能当面解决的，也要解释说明，做好记录，作出解决的承诺。党委作出的决策能够较快地收到实效，紧张的官民关系得到了很好的缓解，群众开始相信政府、信赖政策。而这种与群众面对面的交流和解决问题的方式形成了一种全新的制度，就是民主恳谈会制度，并在全省、全国得到宣传、推广。

2001 年，为了进一步发展基层民主，浙江省温岭市委以对话主导的民主恳谈制度进行改革，转向以决策为主导，在保留对话机制的基础上，着重针对涉及普通百姓的公共决策，引导群众广泛地参与到决策和管理中。随后，民主恳谈制度进一步发展，逐渐被纳入乡镇人大体系之中，通过与人大预算审查相结合，实现"软建议"与"硬监督"的转变，实现与人大制度的深度融合，成为一种真正的基层民主制度，真正畅通了政府的民意渠道，提高了透明度和公信度，解决了效率低下的问题。

概括而言，根据实践的经验总结和理论研究，能够将民主恳谈会制度发展大致划分为三个阶段：（1）1999 年至 2000 年左右，为民主恳谈会的初创阶段，其呈现一种萌生状态；（2）2000 年至 2005 年左右，为民主恳谈会的推进发展阶段，其呈现一种生机勃勃的状态；（3）2005 年至今，为民主恳谈会的深入发展阶段，其呈现一种茁长成长的状态。可以看出，民主恳谈会制度是一步一步地在实践中发展起来的，可以有效地深入到基层民众中，实现民主的沟通与交流。

从主体的角度来看待民主恳谈制度，可以知悉参加民主恳谈的主体是政府和公民。其中，公民的选择主要来源于恳谈政策涉及的利益主体，通过指定、协商、抽签等形式确定。目前各地对参加民主恳谈的公民代表的确定形式并无统一做法，但各地的做法均呈现出代表性、科学性等特点。从程序的角度来看待民主恳谈制度，可以发现目前民主恳谈会主要是针对涉及乡镇的重大问题、群众普遍关注的公共事务或者反响强烈的重要事项，按照"一会一主题"的原则，由乡镇党委召集、主持，政府解释说明，群众提问、建议，政府回答、辩论，党委决定。在整个恳谈过程中要充分给予群众发言的机会，决定要充分听取群众的意见，确保公平、理性。从结果的角度来看待民主恳谈制度，对于基层自治领域的民主恳谈，恳谈结果即为最终决策。对于政府与群众之间的恳谈，应将恳谈结果包括群众的具体诉求和意见提交本级人民代表大会审议，相关群众经批准可参会旁听。

"发端于温岭的民主恳谈会制度以其丰富而生动的内涵展示了生长在中国乡村场域的协商民主实践。在这场民主实践中，国家与社会在互动中实现了双赢，从压力型体制转变为合作型体制。乡村协商民主实践的发展在一定程度上有力地优化了乡村治理格局，从而进一步启示人们：构建民主合作式的乡村治理模式是推动乡村发展的理性选择。"[①] 应当说，民主恳谈会制度是对基层民主制度的一种重要创新。党的十八届三中全会明确提出"推进基层协商制度化，建立健全居民、村民监督机制"，民主恳谈制度作为一项核心的基层协商制度，充分地体现了社会

---

① 参见陈朋：《国家推动与社会发育：生长在中国乡村的协商民主实践——基于浙江温岭民主恳谈的案例分析》，华东师范大学博士学位论文，2010 年，第 269—275 页。

主义的本质，真正做到了人民当家作主。通过社会协商恳谈，增进了政府与群众之间的相互了解，化解了隔阂，也减少了政策执行的阻碍因素，降低了实施成本。

此外，在劳动关系恳谈会方面，2008 年，浙江德清县总工会针对本县内劳动争议案件数量大幅度上升的现象，邀请了职工代表、乡镇企业代表、政府相关工作人员等，就如何健全企业劳动争议调解组织，做好企业劳动关系争议调解工作进行民主恳谈。[①]

（四）社会协商论坛

社会协商论坛也称市民论坛、社区论坛等，是一种领导和市民之间针对某个或某些话题展开沟通交流的制度。国外的这类形式如英国的城市论坛、美国的小区委员会等。近年来，我国的市民论坛也在各地进行实践探索，并取得了明显的成果。其中，南京市民论坛是我国颇多的公民论坛活动的典型代表，相较于其他论坛更具制度化、规范化。论坛主题深刻、广泛，涉及医疗卫生、科教文化、社会保障等方方面面，涵盖了整个公共领域。论坛旨在提供一个官员与群众沟通的平台，通过定期召开一期，每期确立一个议题，来邀请专家学者、政府官员与群众代表深入展开实质性讨论，破除沟通障碍，消除隔阂，增进政策的透明度，减少执行的阻力。另外，南京市民论坛值得推崇的地方还在于其具有规范化的操作程序，包括会议主题、时间、地点的确立，参会代表的选取以及会议结果的公示都有严格的制度进行规范。回顾这项制度的起源，可以追寻至"2002 年 4 月 3 日晚上 19 点 30 分，南京首期市民论坛在

---

① 《德清县建设局召开民主恳谈会》，德清新闻网，网址：http://dqnews.zjol.com.cn/gb/node2/node5/node17/userobject1ai107119.html，最后访问日期：2014 年 12 月 14 日。

南京市政府会议厅举行,25 位市民代表就'南京市民需要什么样的精神'展开了热烈的讨论和交流,南京市委书记、市长也列居这 25 名代表之中……当时确定的做法是市民论坛将每 2 个月举办一次,每次确定一个主题,题目在新闻媒体上公布,由市民自发报名参加"。① 或许是这种现场交流的形式占用了一定的场地、时间,领导们的公务繁忙、网络时代的来临等等原因,此种形式的市民论坛往往在最开始举办时大家热情都很高,越到后来似乎关注度和兴趣程度就变得淡了一些,致使该制度流于形式、形同虚设,甚至名存实亡。

然而,所幸,笔者在互联网中查询市民论坛时,发现市民论坛不仅存在着像南京市民论坛这种固定议题的面对面交流形式,还存在着不固定议题的虚拟网络空间上的平台形式。在百度中输入"市民论坛",就可以获得铜陵市市民论坛、宿州市民论坛、泰州市民论坛、桐城市民论坛、兴化市民论坛、三水市民论坛、亳州市民论坛、潜山市民论坛、泾县市民论坛、新沂市民论坛、南通市民论坛、郯城市民论坛、海安市民论坛等查询结果。这些市民论坛所涉及的地域范围和行政级别要么为地市级,要么为县处级。论坛中所关心的话题五花八门,衣食住行等等与民众生活息息相关的帖子比比皆是,而且这些网站基本都是市政府或县政府主办的。相对而言,市政府或县政府与民众的接近度较高,同时通过这种论坛的交流方式可以最快、最便捷地获取民众之所想、之所需、之所急,将问题迅速地解决掉。为验证网络上的市民论坛的有效性,笔者打开了第一条搜索结果,铜陵市市民论坛的主页上面赫然显示着"当前论坛上总共有 3884 人在线,其中注册用户 2626 人,游客 1258 人"(2014 年 7 月 3 日下午 15 点 51 分查询所得

---

① 参见《南京举办首期"市民论坛"》,人民网,网址:http://www.people.com.cn/GB/shizheng/19/20020403/701612.html,最后访问日期:2014 年 4 月 3 日。

到的结果）。由此，说明了这种虚拟网络空间上的平台形式市民论坛的人员关注数量和程度等均较高。如果再进一步打开铜陵市市民论坛中"百姓心声"的版块，就会发现当地政府对民众在网上提出的住房公积金、五环国际38栋的违法饭店油烟扰民、西湖春城物业违规收取装修等保证金、荷塘月色小区居民出行的公交车路线、顺安老农贸市场的改造、超彩钛白科技有限公司乱排乱放工业废渣、废水等问题，权力部门包括但不限于铜陵市住房公积金管理中心、食品药品监督管理局、物价局、公交总公司、东部城区管委会、环保局等基本都主动作出了回复和处理。此外，铜陵市市民论坛的主页还存在着不同于"百姓心声"的"在线访谈"版块，定期公布诸如市文明办、人社局、档案局、交通运输局、城乡规划局等等开展"市民论坛"在线访谈的公告，由相关的领导（直播嘉宾）在拟定好的时间地点里跟市民进行网上的互动交流，以解决本职能部门所能处理的民众所关心的社会事务。此外，铜陵市市民论坛的主页里还有着"领导批示"、"红牌督办榜"、"黄牌督办榜"等版块，又公布了市监察效能投诉电话、市政府纠风监督电话。可以说，铜陵市市民论坛最大限度地实现了网站最上面的"倾诉你的心声、关注你的关注"目的。

四、社会协商听证

听证（hearing of witnesses）是指有关决策部门在某项公共决策出台前听取利益相关者不同意见的协商形式。最先出现在司法领域的听证秉持着自然公正的原则，旨在给予当事人以充分辩护的权利，同时也为了避免出现自己出任自己法官的情况。随着社会的发展，公平正义深入人心，听证逐渐被引入到行政、立法等多个领域。有理论认为，权力部门在作出涉及公众或者公民普遍利益的决策之前，需要召开听证会，通过模拟司法审判程序，给予公众与决策者以充分的论辩机会，试图经过利害关系人、社会大众、相关专家学者以及权力部门等四方辩论获取一个最优的决策，实现合理治理。尽管目前我国还没有一部正式的《听证法》，但听证制度在公共事务领域早已被广泛应用。从我国现行立法来看，法律规定的听证涉及行政听证和立法听证两种情形。其中，行政听证主要指行政处罚听证、行政许可设定听证、价格听证、环境保护听证等公共决策听证，其中行政处罚听证的公共事务性相对较弱，不纳入本节的研究范围。需要补充说明的是，听证其实也是会议的一种，但考虑到听证具有更加严格和独特的会议形式，因此单独列为社会协商的一类表现形式。

（一）立法协商听证

立法协商听证是指权力部门对于立法事项进行的听证，包括人大的立法听证和政府的立法听证。具体而言，立法听证是指具有立法权力的部门就某个立法事项进行的听取证人证言的特定活动，是在立法过程中公开、直接听取社会公众意见的特定方式，其实质是借助听证这种民主的手段实现对立法这种公共事务的影响。由于立法听证尽管具有立法的专业属性，但贯穿了信息传递、公众参与、民意表达等过程，因此属于典型的社会协商表现形式。德国学者鲁道夫·卡贝尔根据德国经验指出，立法听证具备四个方面的功能：一是给社团提供一个用自己观点影响立法程序的机会；二是避免或减少社团的秘密影响，增强了透明度；三是社团成员可以看到他们的愿望、异议或者疑问有机会被立法机关纳入考虑；四是议会议员获得了一个额外的机会可以收集更多更好的关于细节及一个法案的潜在结果信息。① 国内学者在分析总结后认为，立法听证具有民主性功能和执行性功能两大类，前者包括扩大公民参与，推动直接民主；加大信息传播，实现透明立法；关注利益协调，促进社会公平，后者包括降低政治争议，力求规范立法；技术专家相助，以便理性立法；加强职能行使，提高立法效率。②

早在 1999 年，广东省人大常委会就对《广东省建设工程招标投标管理条例（修订草案）》举行了听证会，开创了我国立法听证的先河。其后又有武汉市人大常委会对《武汉市外商投资企业管理条例（草案）》举行了立法听证会，共有 46 家外商投资企业成为听证参加人，18 家外商投资企业法人或其委托人在会上发言或提交书面发言材料，市人大常委会 21 名常委会组成人员作为听证人参加了听证会。③2000 年颁布的《立法法》，正式确定了立法听证制度。该法第 34 条规定："列入常务委员会会议议程的法律案，法律委员会、有关的专门委员会和常务委员会工作机构应当听取各方面的意见。听取意见可以采取座谈会、论证会、听证会等多种形式。"第 58 条规定："行政法规在起草过程中，应当广泛听取有关机关、组织和公民的意见。听取意见可以采取座谈会、论证会、听证会等多种形式。"《立法法》颁布以后，当年深圳市人大就《深圳经济特区审计监督条例（草案）》举行了首次立法听证会。2001 年 11 月，深圳市人大常委会还审议通过了《深圳市人民代表大会常务委员会听证条例》。数据显示，到 2002 年为止，全国已有 19 个省市人大常委会举行了立法听证会，17 个省市人大常委会制定了立法听

---

① ［德］鲁道夫·卡贝尔：《德国的听证立法》，转引自隋斌斌主编：《国家机关与协商民主》，中央文献出版社 2015 年版，第 21—22 页。

② 参见彭宗超、薛澜、沈旭辉：《国外立法听证制度的比较分析》，《政治学研究》2003 年第 1 期。

③ 陈家刚：《民主决策与政治合法性——关于"立法听证"案例研究》，转引自隋斌斌主编：《国家机关与协商民主》，中央文献出版社 2015 年版，第 21—22 页。

证规则。①2005年，全国人大常委会举行历史上第一次立法听证会——个税法修改听证会，直接听取公众和有关方面的意见。

此次立法听证会，首先是在听证陈述人的选择上更加广泛：一是财政部、国家税务总局和国务院法制办公室，作为个人所得税法修正案（草案）起草部门的代表，就听证事项予以说明、陈述；二是工薪收入的公民，作为个人所得税的纳税义务人，就听证事项陈述自己的观点、意见；三是全国总工会的代表，广大的工薪收入者都是工会会员，由工会组织的代表就听证事项表达意见是必要的；四是部分地方财政或税务部门的代表，主要是个人所得税为中央和地方共享税，不同地区的经济发展不平衡，在制定全国性的法律时，需要充分听取不同地方的意见，对有关问题统筹考虑。其次是程序更加严密：听证的内容和焦点问题事先向社会公布；符合报名条件的公民都可以自愿报名作为陈述人或者旁听人，组织者应当在报名参加听证会的公民中选择持不同观点的代表作为听证陈述人，以促成各种不同意见得到充分表达；听证会制定有严格的听证规则，对听证会的发言顺序、发言时间等作出规定；听证陈述人发表的意见以了解的事实作依据，有实证性资料作支撑；听证会对媒体开放，从而使更多的人了解听证的事项和各方面的意见。最后，也是最为重要的，听证结果作为立法的重要参考。听证会结束后，立法机关的工作机构要根据听证会记录，整理出全面反映听证会意见的听证报告，作为参阅材料，印发立法机关组成人员。本次听证会上的意见，将作为全国人大常委会组成人员审议修改个人所得税法的重要参考依据。②

2015年修订的《立法法》对于听证进一步做出了更为精细的规定。

---

① 许华、王郢：《立法听证制度初探》，《人大研究》2002年第4期。

② 新华社：《全国人大常委会法工委有关负责人就举行立法听证会答记者问》，新华网，网址：http://news.xinhuanet.com/newscenter/2005-08/28/content_3413663.htm，最后访问日期：2013年11月2日。

第36条规定："法律案有关问题存在重大意见分歧或者涉及利益关系重大调整，需要进行听证的，应当召开听证会，听取有关基层和群体代表、部门、人民团体、专家、全国人民代表大会代表和社会有关方面的意见。听证情况应当向常务委员会报告。"使得立法听证在社会代表性和协商的深入程度上更进一步。当然，就立法听证的实践来看，立法听证还存在权力部门主动推动不足，社会公众参与积极性不强、参与深度不足，听证的程序控制不严以及听证的结果影响立法不够等问题。这与前述立法协商受多方面推动且协商成果应用程度较高形成对比。

（二）重大社会事务协商听证

社会事务协商听证包括行政许可设定听证、价格听证社会协商、环境保护听证社会协商等法定协商听证，以及对重大社会事务如医疗改革、教育改革、社会保障、政府预算等的协商听证，由于这些事项和议题的确定是由权力部门和社会公众协商产生，因此也可称为协定协商听证等。

听证从20世纪90年代末开始在我国一些领域实行。1998年实施的《价格法》开创了我国听证的先河。该法第23条规定："制定关系群众切身利益的公用事业价格、公益性服务价格、自然垄断经营的商品价格等政府指导价、政府定价，应当建立听证会制度，由政府价格主管部门主持，征求消费者、经营者和有关方面的意见，论证其必要性、可行性。"2002年11月，在党的十六大报告中明确提出建立听证制度，报告指出："正确决策是各项工作成功的重要前提。要完善深入了解民情、充分反映民意、广泛集中民智、切实珍惜民力的决策机制，推进决策科学化民主化。各级决策机关都要完善重大决策的规则和程序，建立社情民意反映制度，建立与群众利益密切相关的重大事项社会公示制度和社会听证制度，完善专家咨询制度，实行决策的论证制和责任制，防止决策的随意性。"2002 年国务院颁布的《规章制定程序条例》第 15 条规定："起草的规章直接涉及公民、法人或者其他组织切身利益，有关机关、组织或者公民对其有重大意见分歧的，应当向社会公布，征求社会各界的意见；起草单位也可以举行听证会。"第 36 条还规定："依法不具有规章制定权的县级以上人民政府制定、发布具有普遍约束力的决定、命令，参照本条例规定的程序执行。"2004 年 7 月 1 日正式施行的《行政许可法》第 19 条规定："起草法律草案、法规草案和省、自治区、直辖市人民政府规章草案，拟设定行政许可的，起草单位应当采取听证会、论证会等形式听取意见，并向制定机关说明设定该行政许可的必要性、对经济和社会可能产生的影响以及听取和采纳意见的情况。"由此可见，法律规定的听证是由政府组织的听取社会不同意见的决策前置程序，参与主体包括各级政府、民众和有关社会组织，政府通过听证程序，听取不同意见，权衡公共决策的可行性、合理性以及出台时机等，实际上就是政府与民众进行沟通交流和形成共识的过程，不仅可以促进公共决策民主化和公开化，获得更多民众的理解和支持，而且体现社会公众平等参与社会治理，行使公民知情权和监督权，符合社会协商的特点，因此应当纳入社会协商的表现形式。

为了便于研究，本节选取实施时间较长、运用较为广泛、对人们生活影响更广的价格领域听证的相关规定展开论述。

首先，关于召开听证会的几种情况。依照法律规定，召开听证会的必要情形主要包括以下几种：属于中央和地方定价目录范围并且关系广大群众切身利益的公用价格以及公共服务价格；垄断领域的商品价格；价格部门认为其他需要听证的情况。

其次，听证会的发起。待定价格商品涉及的广大的购买主体可以作为申请人采取书面形式向价格主管部门提出申请；经营者个人不能直接作为申请人，需要行业协会等团体代表向价格主管部门提出召开听证会的申请；价格部门认为必要的情况下也可以作为向价格主管部门提出召开听证会。

最后，关于听证会的参会主体。参会主体包括参与者与旁听者。参与者主要由主持人、申请人和听证代表组成，由价格部门申请发起的听证会参与者包括主持人和听证代表。在通常情况下，听证代表包括消费者代表、经营者代表以及相关领域的专家学者，必要的时候也可以邀请人大代表、政协委员作为听证代表参加听证会。对于听证代表人数目前各地规定各不相同，一般都在 20 人左右。听证会代表按照其作为代表的任期可以分为常任代表和临时代表。常任代表由政府价格主管部门确定，一般采取任期制，每届任期 3—5 年，通常情况下常任代表可以连任，但是不能超过两届。

听证作为一项法定的程序，参与者在听证会上提出的意见，应当对决策者形成一定的约束，否则听证程序的设置就会丧失应有的价值。《规章制定程序条例》第 15 条也规定，政府起草规章时，"起草单位应当认真研究听证会反映的各种意见，起草的规章在报送审查时，应当说明对听证会意见的处理情况及其理由。"

听证作为公众直接参与政策决策和社会公共事务管理的基本途径不断广泛运用于社会管理的各个领域，充分体现了政府自信以及百姓参政议政能力的不断加强，是当前我国民主协商的一种极其重要的形式，为社会协商搭建了重要的沟通平台，通过听证制度的广泛推广，让广大群众直接参与决策，有利于决策更加符合民众期望。在获得实质正义的同时，听证制度更大的价值在于完善了程序公正，使公平正义在程序上亦得到了践行和保障。

我国目前实施的听证制度还处于初始阶段，法律规定上还存在明显的缺陷：一是听证的适用范围不明确，也缺乏必要的程序性规定，不能对政府行为形成刚性约束；二是有关听证的立法规定多属于原则性规定和选择性义务，使政府在作出公共决策时也可以不选择听证程序；三是对如何处理听证结果的规定不完善，一旦政府对不同意见没有作出应有的回应，并无相关政府行为因此无效或决策者承担相应法律责任的规定。但在社会协商领域，如果权力部门确定通过听证的方式开展社会协商，那么不论是在听证的程序上还是听证结论的使用上，都将对公共决策起到一定的积极影响。由此，听证成为了一种协商民主的手段，被学者和公众在医疗改革、教育改革、社会保障、政府预算等重要社会公共事务领域提出，社会协商听证也成为推进解决重大社会事务问题的重要手段。

五、社会协商询议

社会协商询议（consulting & evaluation）是指通过调查、咨询、评价等方式开展社会协商活动。这些活动有三大特征，一是调查、咨询、评价等活动本身具有明显的专业性和程序性；二是这些活动体现出较强的科学观测、考察特点；三是这些活动与其他社会协商活动相比体现出更强的主题特征和独立特性。因此可以作为一类特殊的社会协商的表现形式加以研究。

（一）社会协商调查

社会协商调查又称为协商民意调查、协商民意测验，是由美国斯坦福大学协商民主研究中心的詹姆斯·S.费什金教授提出，这种调查方式使得各参与者的意愿和偏好在一种非正式的过程中得到体现，表明了他们对于决策选择的观点与态度。对于有争议的社会事务问题，协商民意调查所关联的一系列规范化、制度化、民主化的程序可以避免参与者固执己见，从而为决策的科学化和民主化铺平了道路。目前，已经在包括我国在内的许多国家得以广泛运用。协商民意调查是在传统民意调查的基础上发展而成的新型民意调查，是一种建立在获取等量信息和完成充分对话的基础上展开的民意调查。

　　具体而言，传统民意调查往往是一种纯粹的事实判断所需要解决的问题。通过实证的问卷调查、采访走访等方式方法获取结果，而且这个结果在多数情况下，不会反馈给被调查者，更谈不上汇总、归纳、对比之后反馈给被调查者，因此调查者与被调查者之间存在着信息不对称的客观情况。协商民意调查是传统民意调查的升级版，旨在消除或减轻后者的缺陷。协商民意调查建立在事实判断与价值论争的双重磐石之上。这就意味着它是基于信息尽量对等平衡与充分广泛协商基础上的民意调查，而且整个制度设计包括协商过程的每个方面都被设计为"信息获取"和"协商讨论"，此八个字贯穿始终。在经过随机抽取的参与者对代表样本进行调查或测试之后，由组织者（往往是决策者或决策者的代表）集中所有参与代表样本调查的参与者在一个固定的时间和地点里被邀请参加协商讨论，彼此之间进行着第一次调查时初始观点的激烈碰撞。之后，协商民意调查的组织者会向这些参与者提供整理归纳的释义文件和说明材料来弥补他们事先信息不对称的状况，进而使参与者们能够充分了解协商议题的相关背景、事实和信息。接下来，就会继续组织所有的参与者随机参加小组讨论，而这个小组讨论配备有主持人以引导讨论的顺利进行。同时，讨论过程中，还会鼓励参加小组讨论的参与者转向所谓的提问环节，即可向在静候讨论的专家和官员发问，由他们为参与者释疑解惑，甚至还可能提出一些可供参考的解决方案。也就是说，协商民意调查采用了小组讨论和咨询提问相结合的方式，尽最大限度地使每个参与者都能够在获取相关信息的基础上进行着审慎与理性的讨论。这么做将会使得讨论更有针对性，不会无的放矢。等到小组讨论和咨询讨论结束之后，组织者仍会就所论争的议题对所有参与者再次作答一次载有同样问题和内容的民意调查问卷。由于信息获取和协商讨论贯穿始终，参与者很可能在审慎与理性的讨论之后，转变了偏好，改变了原来的想法，因此两次民意调查的结果很可能是不一样的。经过协商民意调查之后的两次结果都会及时地反馈给参与者并公之于众。这种前后两次民意调查的结果会较为真实地反映出参与者的偏好转变与否、获取信息和讨论后提升理性程度与否，进而可以为决策者提供决策的参考和借鉴，更为关键的是决策者最终所采取的决策能够最大限度地被参与者所容忍、理解或认同。

协商民意调查是一种有效形成并高度提炼民意的方式。其主要优势在于一定程度上消解了专家、学者、部门利益等所具有的片面性，并实现了较为充分的信息沟通和协商交流。实践中，协商民意调查通常被用于地方重大事项特别是涉及公共利益的重大社会事项，比如帮助化解了美国德克萨斯州可再生能源项目投资规模、佛蒙特州电力短缺筹资方案、内布拉斯加州替代能源选择等议题所引发的社会争议[1]，以及保加利亚的罗马人社会经济状况治理[2]等。总的说来，协商民意调查始终坚持信息获取和协商讨论相结合，属于社会协商实践工具的典型表现形式，能够较为有效地防止决策的片面、孤立、偏激，整个过程和结果也不容易受到权力机构或利益集团的操控，而且能够理解和明白决策者最

---

[1] 参见于君博：《协商民主或能驱动美国制度创新》，《环球时报》2013 年 10 月30 日。

[2] [澳]何包钢：《协商民主：理论、方法和实践》，中国社会科学出版社 2008 年版，第 89—90 页。

终决策的理由或原因，使得相关社会事项能够较好地推行下去，被协商民主的呼吁者所青睐。

（二）社会协商咨询

社会协商咨询是通过咨询实现社会协商的方式。通常而言，专家咨询是社会协商咨询最重要的表现形式。专家咨询不但是社会公众了解信息、寻求帮助的渠道，同时也是政府作出公共决策的基本参考。通过专家咨询，可以提升政府公共决策的专业化、科学化、理性化和民主化。基于专家角色和专家知识的重要性，专家意见对公共决策有重要的参考作用，国务院有关部门和一些地方政府还专门出台了专家咨询制度的规范性文件，规定重大决策实施专家咨询，构建"公众参与、专家论证和政府决策相结合"① 的公共决策体制，以保证决策的正确性。党的十八届四中全会通过的《关于全面依法治国若干重大问题的决定》进一步指出："健全依法决策机制。把公众参与、专家论证、风险评估、合法性审查、集体讨论决定确定为重大行政决策法定程序，确保决策制度科学、程序正当、过程公开、责任明确。"

专家咨询与前述的决策听证虽然都是社会协商的表现形式，但二者的区别在于：首先，从参与主体来看，二者尽管都属于社会主体参与公共决策的形式。但决策听证的民众参与主体主要是指与决策有着利益关系的相关者。其发表的意见多为主张或维护自身利益的诉求，具有明显的利益倾向；而专家咨询的专家参与主体是指拥有专业化、技术化的知

---

① 如《建设部专家委员会工作规则》（2003 年 11 月颁布实施）、《国家林业局专家咨询委员会工作规则》（2004 年 3 月颁布实施）、《四川省人民政府重大决策专家咨询论证实施办法（试行）》（2004 年 12 月颁布实施）、《辽宁省规划专家委员会章程》（2005 年 12 月颁布实施）等。

识，掌握政策分析和咨询方法及工具的个体或者群体，与决策本身没有利益关系，其发表的意见具有独立性、专业性和客观性。如果参加咨询的专家与咨询的决策事项存在利益关系，则应当回避。① 其次，从意见的内容和表达来看，决策听证由于利益相关者主张的诉求可能是多元的，因而不同利益诉求者不仅可以表达自己的主张，而且可以反驳与自身利益冲突的他人的主张，还可以通过相互辩论来论证自身诉求的合理性；专家咨询由于专家本身的中立性，要求独立形成自己的意见，因而往往采取单向度表达方式。第三，从制度设计的价值取向来看，决策听证更多体现公共决策的民主性和公正性；而专家咨询更多体现公共决策的科学性和正确性。

对于专家咨询在政府公共决策中的性质和功能，尽管学者们有着不同的认识和理解，但由于专家本身并非决策者，也非政府的受托人，而是具有独立地位的意见发表者。因此，专家咨询也应当划归为社会主体参与公共决策的范围。专家可以视为社会协商的一方主体，即是具有专业性知识的主体，也能代表部分民众的意愿。政府对专家意见的采纳也可以视为政府与专家协商的结果。在这个意义上，专家咨询符合社会协商的基本特点，可以纳入社会协商的表现形式。

专家咨询从制度设计和实践情况来看，要达到社会协商应有的效果，目前还存在一些需要研究和解决的问题。其中最重要的就是如何通过制度来保证专家地位的独立和中立，发表的意见既具专业性和科学性，同时也具有客观性和公正性。如果专家成为政府决策的受托人，其咨询意见将变成政府证明自身决策的正当性或成为政府减轻或免除决策可能出现的风险责任的工具，由此减损社会协商的目标和价值。

---

① 如《四川省人民政府重大决策专家咨询论证实施办法（试行）》第 8 条规定："参加咨询论证的专家或专家所在的单位如与咨询论证的事项存在利益关系，为确保论证的客观、公正，应当回避。"

除专家咨询外，各地探索的"问计于民"协商对话方式也层出不穷。例如深圳市政府 2006 年就颁布了《市政府常务会议工作规则》、《市政府重大决策公示暂行办法》，规定未公示的事项不上常务会议；重大决策公示不少于 10 个工作日。在一定程度上健全了重大决策的社会咨询制度，扩大了权力部门和市民公众沟通协商的渠道。2014 年，温江区在"三无院落"①整治过程中充分尊重民众意见，首先，按照"连接成片、便于管理、居民认同"原则，根据群众意愿，结合院落规模、分布、地缘关系等因素，将 86 个列入整治计划的"三无院落"划分成 72 个易于服务管理的自治单元，并在实施整治前建立院落自治组织、建立院落自治公约。其次，通过"三下三上"的方式，实现"三问于民"的民主目的。即整治前自下而上地摸清群众改造需求，制定整治方案后自上而下地征求群众意见；整治中自下而上地听取群众改造意见，结合实际修改后再自上而下进行整改落实；院落自治管理以群众意愿为主导，坚持自下而上居民自治、自上而下业务指导。最后，在经费筹集方面，按照"财政划拨一点、单位补贴一点、党费列支一点、个人承担一点"的"四个一点"原则，由居民自决自筹资金，不同的院落筹集资金从 1 万元到数十万元不等。在整治内容方面，小到地砖颜色、自行车棚设置、健身器材种类，大到增加整治经费预算，改造老旧排污管道等，全部通过自治和民主的方式解决。不但提升了居民自治能力和参与程度，也破解了院落长效管理机制难题。②

---

① "三无院落"是指无门卫、无物业管理、无管理组织的社区。"三无院落"与百姓日常生活密切相关，但又是社区建设的薄弱环节，因此成为影响和制约创新社会治理的重点和难题。

② 成都市综治办课题组：《安逸！"连心驿站"开会议事》，《四川工人日报》2014年 11 月 27 日。

（三）社会协商评价

社会协商评价即是通过社会评价的方式实现社会协商。其与发表建议或意见型的社会协商最大不同在于，社会协商建议或社会协商意见是个体主观的意思表示，而社会公众的评价是有一定科目、指标或数量依据的评估，是主客观相统一的评测界定。

徐州市贾汪区的"公众全程监督政务"探索，最后一个环节，就是由百姓来评价政府干的怎么样，由社会公众来投票评价政府部门的工作。"公众全程监督政务"要求在重大决策执行后，在上级验收或专家验收的基础上，邀请社会独立的民意调查机构和群众代表参与决策执行结果验收，对政府决策的落实情况进行评价。同时，积极发挥新闻媒体的作用，在《贾汪新闻》报上设立"回音壁"栏目，在政府公众信息网上开辟网页，开通政风热线，把群众反映的问题、解决的措施、办理的结果予以公开，接受群众的意见和投诉。重点建设工程，组织群众代表现场观摩验收。区政府指定社会独立调查机构深入利益关系集中人群中发放调查问卷，调查群众评价，调查结果向社会公布。对政府某项决策的落实情况，群众意见比较集中，不满意率在50%以上的依照政策和法律及时整改，涉及责任的追究有关责任人责任。开展民调评价以来，区政府结合群众自愿报名，建立了由社会各界人士代表组成的3728人代表库，广大群众有了充分的知情权、监督权，使原来带有疑虑、容易引发矛盾的问题得到及时有效解决，共受理投诉和征求意见、建议150余条，并全部给予答复、解决和处理。数据显示，通过"公众全程监督政务"的探索，明显提高了群众对政府的信任程度。全区机关部门简化办事程序、缩短办事时限的有1500多项，群众反映的问题提前办结率从制度实施前的56%提高到86%，有86.6%的群众认为机关工作人员服务态度好，96.3%的群众表示没有遇到机关工作人员推诿刁难、吃拿卡要等现象。"政务梗阻"得到及时疏通，党内信访和社会信访分别同比下降38%和32%。①

六、社会协商创新形式

社会协商创新形式（innovation）是指除以上几种典型的社会协商形式之外，世界各个国家地区所创造的以社会协商为目的的各种协商方式。这些方式最大的特点在于形成了某种特定程序结构，取得了与一般协商形式不同、并多由学者给定的某种特定名称，相对于一般社会协商而言可能更具有亲和力和吸引力。从现有情形看，以下几种社会协商创新形式已经进行了不少实践，取得了积极的协商效果。

（一）公民陪审团

公民陪审团最初起源于美国司法领域的陪审制，现已发展成为一种公民民主参政的新形式。这一方式通过引入法庭辩论并将之转化为相应的事务辩论，使决策者能够更加充分地了解各方意见，实现决策质量的提高。换句话而言，公民陪审团就是通过随机抽取一定数量的公民组成陪审团，针对某一具体问题进行充分协商，提出解决问题的方案，形成报告并向公众公布对报告形成的原因等问题做充分说明。

---

① 参见夏文达：《"公众全程监督政务"的有益尝试——徐州市贾汪区让权力在阳光下运行的实践探索》，《群众》2007年第3期；高新军：《江苏徐州贾汪区：公众全程监督政务》，载何增科主编：《民主监督》，中央编译出版社2013年版，第95—99页。

关于公民陪审团有三个需要说明的问题，分别是设立、决议、实践运用问题。前两个是技术设计问题，后一个是实践操作问题。但是，经过长时间的磨合、发展，公民陪审团的两个技术设计问题日趋完善和规范化，甚至在某种程度上而言，其就是实践的具体操作。在不同的国家里可能在一些细节上存在着差异，但制度的总体设计和运行基本上都大同小异。第三个问题虽然形式上可能与前两个问题存在某种意义上的融合与关联，但这个问题是前两个问题的逻辑递进，表明当前两个问题付诸实践后的实施效果到底如何，即所谓的正当性中的有效性问题。具体情况如下：

第一个问题，关于公民陪审团的设立。公民陪审团制度最初是由美国杰斐逊研究中心提出，经过三十余年的发展已经被广泛应用到医疗改革、环境保护等重要公共政策决策中，在包括英国等国家得以推广和应用。所谓的公民陪审团的设立，主要是指其人员组成。对于公民陪审团的设立各国规定并不一致，总体来说都是通过一个官方委员会发起，委员会根据具体陪审的议题来选择相关的专家、学者参与，但是对市民的选择则是按照随机抽取的方式确定的。在陪审团成员确定之后，委员会要按照需要为陪审团成员提供必要的知识和参与技巧培训，必要的时候需要为其聘请相关专家以及证人。之所以如此设立公民陪审团的组成人员，目的是为了充分地吸收民主，通过各行业、各门类公民相互之间的论争、沟通和交流，以最大限度地使待决议社会事项得到一个相应的结论或共识，提升决策的质量。

第二个问题，关于公民陪审团的决议。需要明确的是公民陪审团讨论的议题一般具有话题鲜明、明确、便于界定讨论的特点。如果不是这样的话，那么辩论将可能漫无边际，各说各话，毫无主题。同时，公民陪审团讨论的议题主要集中在与公民利益息息相关的社会保障、政府预算编制等重要公共决策领域，如果不与社会事务相挂钩，可能公民参与的积极性就不高，从而使得公民陪审团流于形式。此外，在决议过程中，公民陪审团最大的优势在于参与者在知识、技术、经验等方面层次分明，具有广泛的代表性。通过陪审团的激辩，事实上是不同群体的利益碰撞，在激辩过程中既听取专家意见、又征询公民意见，实现了协商质量的提升。这就意味着，采用公民陪审团这种方式，"允许多层次的知识、技术和经验进入协商程序，要求所有进入陪审团的参与者像处理法律案件那样进行激烈辩论"。① 公民陪审团在经过充分讨论后将作出报告形式的决议，尽管决议不具有法律约束力，但是决策者在作出决策时需要对公民陪审团的决议作出回应，对于未采纳决的部分，政府部门需要作出合理解释。这就在很大程度上，约束和限制决策者必须要正视和严肃对待公民陪审团的决议，尊重决议的结论或共识。

第三个问题，关于公民陪审团制度在实践中的运用。或许是权力结构和组织形式的原因，尽管陪审团制度最先发起于美国，但截至目前，陪审团制度在美国的政治决策中并未产生直接影响。换句话讲，在美国的国家决策层面还未真正引入陪审团制度，而在德国、英国，公民陪审团制度已经开始渗入决策层面。政府部门委托专门的研究机构来管理运行陪审团，给予财政保障，听取决策建议，不能轻易地否决公民陪审团的结论或共识，而必须以足够充分且正当的理由进行解释与说明方可。

（二）愿景工作坊

愿景工作坊的英文为"scenario workshop"，翻译成更为复杂一点的含义即为针对一定的愿景在工作间中所展开的专题讨论会。它是一种鼓

---

① 参见王艳梅:《中西协商民主之比较——兼谈中国协商民主的发展与完善》，华侨大学硕士学位论文，2011 年，第 23 页。

励对当地社会问题采取行动和进行参与，目的是通过交流来解决当地的社会问题，甚至还会未雨绸缪以对未来可能出现的社会问题作出预期的判断。愿景工作坊中的"愿景"包含了对未来潜在社会事务问题的理想描述，属于一种较高层次的追求，有些类似于"远见"、"远景"、"计划"、"愿望"、"梦想"、"目标"、"许愿"、"期待"等诸多词汇的综合体。"'愿景'把重心放在了问题的起因、可以改进的地方以及亟待解决的问题等这些在当地（社区）事务中很可能遇到的情况上。"① 欲建立起共同的愿景不是一劳永逸，更不是一蹴而就的事情，很可能它的确立和完善需要长久的讨论、交流、沟通过程。因此，参与者也会明白待决社会事项必须一步一步地按照计划或远景目标进行，进而容忍和体谅决策者短期内不能实现远景的事实。愿景工作坊中的"工作坊"则语带双关，既表明一定的空间范围，还指出一种参与的方法，来自当地（包括但不限于社区）的参与者就共同关心的社会问题进行讨论与交流。最终，通过社会协商的方式决定由相关决策人付诸实际行动，或者按照讨论所达成的公共行动计划去采取一定的手段来争取实现这一计划。

从制度的起源来看，愿景工作坊是由丹麦最先创立的一种特别的社会协商实践形式。它是由一定地区的参与者（包括但不限于决策者、居民、专家学者与来自私人部门的代表等），针对地区性社会事务愿景，比如地区环境卫生、天然气或煤气利用、水循环使用、垃圾废物的回收、孤寡老人的照顾、交通状况、停车位置、社区健身器材的建设等议题进行探讨，并在这个过程中寻找出解决问题的办法或方案，从而促进对特定地区长久乃至永续发展，实现讨论所期的愿景与目的。实际上，与其他社会协商的实践一样，愿景工作坊亦是围绕着本地区的一些

---

① 参见何帆：《中西协商民主实践之比较：以浙江温岭民主恳谈会和丹麦共识会议为例》，浙江大学硕士学位论文，2013年，第37页。

社会事务为决策者、居民、专家学者与来自私人部门的代表等参与者之间搭建一个对话沟通交流的平台。从制度的运行程序来看，较为典型的愿景工作坊主要可以归结为由三个阶段运行，分别为愿景交流阶段、愿景形成阶段和愿景实施阶段。这三个阶段环环相扣、层层递进，缺一不可。第一个阶段愿景交流阶段，就是要求参与者们不断地交流与沟通，甚至可以相互之间批评与质疑，来主张各自的愿景和列举期望中的目标愿景；接下来的愿景形成阶段则是在协商讨论过程中达成最低限度的共同愿景以及提出各方基本接受的能够实现愿景的计划方案，还可能会对备选计划方案进行圈定，进而列出和明晰共同的行动步骤，甚至还可能标明每个参加愿景工作坊的人员的想法和态度；至于愿景实施阶段则是按照既定的远景目标与行动方案，由参与者共同或推举特定的代表一步一步地付诸实施。通过愿景交流、形成与实施三个阶段营造一个对话空间，实现信息交流、互动，以提升决策和行动的质量。愿景工作坊通常会形成愿景执行方案。该方案能较为充分地照顾了各参与者的利益，提升了公共社会事务共识的合法性，有利于愿景实施的顺利进行。

从制度的运行情况来看，由丹麦所首创的愿景工作坊在实践中取得了较好的成果，参与者基本都能按照既定的愿景或目标遵守讨论中的约定或共识，从而为促进地区社会事务的解决起到了较好的示范效果。愿景工作坊由此也被其他国家如瑞典、美国等所采用，将社会问题的愿景按部就班地采纳或在一定的区域范围内执行，这非常有利于社会事务的自我管理和自我优化。

（三）世界咖啡屋

作为一种商谈形式创新，世界咖啡屋也被认为具有社会协商的功能。朱尼特·布朗和伊萨斯·戴维在他们所著的 *The World Café: Shap-*

ing Our Futures Through Conversations That Matter 一书中提出了世界咖啡屋的可视化的具体过程。世界咖啡屋是指围绕一个相关问题有意图地建造一个实时的网上会议，通过将大家的思维和智慧集中起来解决问题、发现思考的共性的过程。咖啡屋会议是一个创造的过程，它引导协作对话、分享知识并创造行动的可能性，适用于各种大小的组织。咖啡屋的提出会议内容、创造宜人的环境、探究相关问题、鼓励每个人的贡献、糅合、联系不同的观点、一起聆听、洞察问题并加深对问题的理解、接受并分享共同的发现等原则，即包含了"社会协商"的行动目标。

世界咖啡屋的活动要点主要是以咖啡桌的方式构成数个谈话小组。每个谈话小组同时探讨既定主题的谈话，并将这些谈话中的关键想法、重要意见、特殊问题等记录在咖啡桌布或桌上的纸面上。待谈话结束后，每桌留下一个人作为桌主，微信来的伙伴介绍刚才讨论的话题并推动开展有联系、持续性的讨论，而其余的人则作为"旅行者"或者"意义大使"将主要的想法、意见或者问题带到新的咖啡桌，融入新的咖啡桌讨论中。通过几个轮次的讨论，各种主题、想法、意见和问题等开始结合，大家可以回到原位继续原来的话题，也可以转移到新的咖啡桌进行讨论，使咖啡桌的主题讨论出现认识的提升和主题的拓展等。最后，由全体成员一起分享各自的见解。通过这种方式，不但增长了集体智慧，而且有可能确定议题的结论，并最终促成行动或者影响公共政策。

2014 年，我国台湾地区为凸显知情讨论、积极聆听、理性对话、尊重包容的目的，由行政院筹办了"经贸国是会议"，邀集 50 位青年就"全球化趋势下台湾经济发展策略"及"台湾加入区域经贸整合与两岸经贸策略"两大主题进行讨论。① 在一些国内沿海地区，也有通过类似

---

① 《台湾当局开"咖啡论坛"拉近与青年距离》，中新网，网址：http://www.chinanews.com/tw/2014/07-20/6404638.shtml，最后访问日期：2014 年 12 月 20 日。

实践探索在政府和社会组织之间建立和加强平等协商、互利合作伙伴关系的案例。如上海市虹口区开展的政府官员、专家学者、社会组织和企业负责人参加的公益活动。[①] 深圳市民间组织管理局主办的"立法齐参与，共谋新发展"专题，对《深圳经济特区行业协会条例》立法内容展开讨论。[②]

（四）大规模协商大会

大规模协商大会，其还有一个称谓，即"21世纪城镇大会"。之所以具有这个另外的称谓，是它相比公民会议和公民陪审团参与的人数要多很多，空间范围也更为广泛，还加入了新世纪的技术元素。该社会协商的具体实践形式采用传统的小组协商讨论与新式的计算机联网技术相结合的办法，使得计算机时代的优势被发挥和运用得淋漓尽致。

"采用传统的小组协商讨论"这种办法要求协商大会的参与者通过相对固定的配额或者具有不确定的随机抽取而获取名单。同时，这些参与者还将被划分为若干小组，以弥补人数众多所带来的讨论不便的缺陷。每个小组都会从组员中选出一名书记员或者记录员，来做好协商大会的服务工作，进而增加工作效率和提高商议质量。在大会协商论争开始前，每名参与者都可以将自己的看法或观点写在公示记录本、活动面板、展板等上面，以表明各自的态度。但这种看法或观点可能会随着协商大会的进行以及被其他参与者说服等等因素而改变，即所谓的偏好转

---

① 沈文敏:《"咖啡"飘香助公益　上海探索政府与社会组织协商合作新模式》，人民网，网址：http://politics.people.com.cn/n/2013/0602/c1001-21705743.html，最后访问日期：2014年12月20日。

② 闫冰:《社会组织引入"世界咖啡屋"理念搭建与政府沟通平台》，《公益时报》2013年7月30日第10版。

换。根据实践中的通常做法，每个小组都有三四十分钟左右最多不超过一个小时的时间对协商大会中所给的论题进行回应、质疑、商榷和讨论。到小组讨论正式开始后，每个参与者都被要求对处于多重困境的问题、棘手难处理的问题、纷繁复杂的问题等等提出各自的主张和见解，以在价值多元化的基础上，充分展示每个人的价值判断结论。经过前期的工作和正式的小组讨论，每个小组书记员或记录员需要分别准确、翔实地将各参与者的想法、小组共识和少数异议看法输入计算机，然后联网通过电子数据的形式将所有记录的信息传输给数名分析者组成的所谓的主题综合中心，此时，就涉及了"新式的计算机联网技术"的问题。主题综合中心则需要完成归纳总结的工作任务，将各小组的记录结果汇总，按照一定的标准分门别类，整理出几条主要的或关键的意见或议题，并将这一结果展示在公共大屏幕上，以使每个人都可以充分地知悉和获取。之后，再循环往复，要么还由这些大数量的人员重新继续讨论，要么重新组织大批量的人员进行讨论，通过这种不断的讨论方式进入下一轮协商，直至得到最后的协商结果。

从讨论信息的搜集、整理、传达和反馈来看，大规模协商大会的确有值得肯定的地方，而且这种社会协商工具在细节上非常认真和努力。例如，当大规模协商大会结束之后，每位参与者都将收到一份详细的初步报告，并可能被随机抽选进行再次讨论和协商。这种不断的信息搜集、整理、传达与反馈，使得每个参与者都能够充分地感受到决策者对自身意见的重视，从而更加积极地参与到协商中来。

归纳来讲，大规模协商大会充分运用当代电子数据和互联网技术进行大规模的民意咨询和协商讨论，参与者数量较为庞大，在城市重大发展计划或重大事务问题上得到社会的高度肯定。巴西、美国、澳大利亚等国家的城市里都曾因不同的议题而召开过大规模协商大会，例如珀斯计划与基础结构部长通过与珀斯居民进行"与城市对话"重新规划城市发展蓝图，美国对世贸中心旧址重建方案进行了三次大型讨论并改变了最初的设计蓝本等。[①] 只不过，这种协商工具由于人数众多、人工记录、数据整理等原因，较为耗时耗力，还会花费大量的财力。因此，大规模协商大会的启动并不像公民会议或公民陪审团的启动那样频繁，也正是如此，大规模协商大会的议题必须是整个空间范围内的重大社会问题才值得以此种方式进行讨论。

---

① [澳]何包钢：《协商民主：理论、方法和实践》，中国社会科学出版社 2008 年版，第 96—97 页。

第四章

社会协商主体能力建设

自 20 世纪 90 年代以来，民主理论走向协商的趋势日益明显。社会协商是协商民主的一种基本形式。它是联合性的、反思性的、合作性的活动。其核心是公众参与、理性商议、优化决策、公共责任。与选举民主相比，协商民主的参与过程更加复杂，参与程度更加深入，民主技术更加先进，对参与协商的各方提出了更高的"能力"要求。乔舒亚·科恩认为参与协商活动的主体就像一个社团。"社团成员认为彼此都有协商的能力，即进入公开支持交换理性并根据这些公开推理结果行动所需要的能力"。① 对于民主意识不强、民主素养较低、急需推进民主建设的中国来说，社会协商能力的建设更加紧迫。

---

① ［美］乔舒亚·科恩：《协商与民主合法性》，载詹姆斯·博特和威廉·雷吉主编：《协商民主：论理性与政治》，陈家刚等译，中央编译出版社 2006 年版，第 56—57 页。

一、社会协商主体能力建设的含义及其意义

澳大利亚政治学家约翰·S.德雷泽克认为，"民主的合法性取决于所有参与决策的个体之间进行真正协商的能力"①。因此，他在《协商民主及其超越：自由与批判的视角》一书中，将协商主体能力问题作为需要重点讨论的 14 个问题之一，鲜明地提出，"我们应当针对个体协商能力的不平等做些什么呢？"②虽然他认识到协商能力对于社会协商的重要作用，但是他并没有提出多少解决办法。他曾说道："个人之间的协商能力从来都不会是完全平等的，作为一种话语竞争，话语民主甚至可能需要一定程度的不平等，因为这些不平等有利于争论。"③由此可见，协商能力建设是一个具有世界性的难题。不过，他仍然充满希望地憧憬道，"民主是一个过程，它总是不断面临新挑战和新机会，但是，它从来都没有放弃其信仰，即人民大众有参与讨论其共同未来的能力"。④正因为大众有民主的潜能，所以民主始终会前进，大众可以学习、培养、建设民主能力。社会协商作为协商民主的重要形式，也一样地存在着参与主体的能力建设问题。自 2012 年 11 月以来，协商民主和社会协商被作为党的十八大和十八届三中全会民主建设的重要内容。2014 年 9 月 26 日，习近平指出，"社会主义协商民主，是中国社会主义民主政治的特有形式和独特优势，是中国共产党的群众路线在政治领域的重要

---

① ［澳］约翰·S.德雷泽克：《协商民主及其超越：自由与批判的视角》，丁开杰译，中央编译出版社 2006 年版，第 77 页。
② 同上书，前言第 7 页。
③ 同上书，第 163 页。
④ 同上书，第 183 页。

体现"①。要进一步促进协商民主和社会协商的快速发展，协商能力建设迫在眉睫。

（一）社会协商主体能力建设的含义

社会协商主体能力建设是指党委政府与社会主体（民众、社会组织等）为了有效推动社会协商活动而进行的有意识地提高自身能力的过程。对此概念可以从如下几个方面理解。

1.社会协商主体都需要能力建设

在我国，社会协商主要是指党委政府与公众、企业、社会组织等各利益相关方就经济社会发展中的重大问题和涉及各方切身利益的现实问题进行的协商。据此，我们可以把社会协商的主体分为两类：一类是公权力主体，主要是指执政党（即中国共产党）和各级政府。由于中国共产党是社会主义建设事业的领导核心，各级党委领导着各级政府，他们对外具有一致性。因此在本书将党委政府视为同一个主体进行论述。另一类是社会主体，包括公众、社会组织、企业等非权力主体，他们常常与政府作为对应的一方参加社会协商。共产党的群团组织（工会、共青团、妇联）及官办社团（残联、工商联）具有党委政府的助手和代表某一群体的双重身份，也是社会协商的主体，对其能力建设可以参照权力主体和社会组织进行。由于社会协商是一种新的民主形式，一种新的治理形式，一种新的矛盾化解形式，因此，都需要学习、培养这方面的能力。对于在地位、资源、话语权都处于弱势的民众和社会组织来说，更需要社会协商能力建设。

---

① 习近平：《在庆祝中国人民政治协商会议成立 65 周年大会上的讲话》，《人民日报》2014 年 9 月 27 日第 1 版。

2. 社会协商能力建设是一个主动作为的过程

能力可以依靠自身的积累慢慢增长，也可以主动作为，有目的、有意识地推进其快速增长。协商能力作为民主建设的一个组成部分，在国民文化素质普遍不高、民主意识不浓、现代化进程较晚的中国社会，尤其需要加快推进，才能一步步实现真正的民主。目前，我国的政治协商制度已经建立了 65 年，成为影响我国政治生活的重要制度。而社会协商作为一种更加全面地、更加深刻地、更加细致地影响我国社会生活的民主形式才刚刚起步，需要从理论构建、制度设计、能力建设等方面加快推进，才能适应当前民众对协商民主的巨大需求。

3. 社会协商能力建设的内容十分丰富

我们可以从多个角度来认识和理解社会协商能力，从多个方面来丰富社会协商能力建设的内容。社会协商能力首先是一种民主能力，应当作为民主建设的内容之一。民主能力就是人民通过制度化的方式，参与、决定、管理国家事务、重大经济社会事务的能力。民主能力与民主资格一样应当同属宪法政治权利的内容，只有民主资格而缺乏民主能力，这样的民主政治是不完整的，甚至只是表象。因此，社会协商能力建设应当纳入制度化的轨道，成为民主建设、国家建设的内容之一。

社会协商能力也是一种国家治理能力，应当作为国家治理能力建设的内容。汪仕凯认为，"后发展国家治理能力可以分为由汲取能力、再分配能力、强制能力组成的行政能力和由建制能力、协商能力组成的政治能力"[1]。在这些能力中，协商能力、建制能力才是决定后发展国家最终崛起的关键因素。因为"协商能力是国家权力在调解冲突'凝聚共识'做出承诺方面的实践状态，它决定了统治精英能否长期对发展目标以及

---

① 汪仕凯：《后发展国家的治理能力：一个初步的理论框架》，《复旦学报》（社会科学版）2014 年第 3 期。

实现发展目标的战略保持共识，协商过程可以依托正式的政治体制展开，也可以借助非正式的精英网络展开，统治精英越是能够长期对发展目标和实现目标的战略保持共识，说明特定国家的协商能力越强"。① 其实汪仕凯只是谈到了统治精英内部协商的部分，一个国家还大量存在统治精英与非统治精英、统治精英与普遍民众（非精英民众）的协商。作为中国这样的后发国家，在先进国家的"民主"示范和市场主体性的推动下，普通民众自身内在的民主诉求会迅速增长，社会矛盾不断累积，群体性事件频发，就是执政精英与非执政精英和普通民众的利益出现失调、话语发生冲突的结果。而社会协商正是协调多元利益、化解社会矛盾、解决群体性事件的有效手段之一。因此，从国家层面来讲，社会协商是协调国家与社会之间关系的重要方式，其作为一种国家治理能力，尤其体现在国家治理社会的能力之中。社会治理的实质是为了追求不同利益主体之间和谐稳定的良好秩序，社会协商是达到"善治"的重要途径。处于急剧变革的中国社会，不仅需要适应利益分化的社会现实，采取社会协商等新的利益协调方式，相应地也需要提高协调社会利益的能力。因此，社会协商能力建设应当纳入到国家治理能力建设之中，具体化为执政党、政府的工作内容之中，以真正实现人民当家作主。

从社会协商主体的类型来看，包括了党委政府的协商能力、社会组织的协商能力、普通公众的协商能力等。这些能力都是社会协商主体能力建设的范畴，具体内容将在后面论述。

从社会协商的过程看，协商能力应从协商准备、协商过程以及协商后期三个方面进行评估。其中，协商准备阶段包括协商主体的信息收集能力、策划能力、调研能力、组织能力等；协商过程中应注重包含口头

---

① 汪仕凯：《后发展国家的治理能力：一个初步的理论框架》，《复旦学报》（社会科学版）2014 年第 3 期。

和书面的表达能力、质疑能力、理解能力、辩解能力、决断能力、偏好转换能力等；协商后的评估能力、执行能力等。

（二）社会协商主体能力建设的重大意义

社会协商作为一种新型的治理形式，要求党委政府、公民、社会组织等作为治理主体，开展社会协商活动，自然也要求这些治理主体具备开展社会协商的能力。治理与统治的一个重大差别是：统治的主体是政府，而治理的主体不仅包括政府，还包括非政府组织和个人，也不需要依靠国家强制力来实现。因此，社会协商能力是一种新的能力形式。法国人类进步基金会认为，"治理是公民利益间关系以及地方、国家和全球等各种不同层次关系在公共空间中的组织艺术，是具有意义、兼顾各种社会复杂性并有利于对话和集体行动的游戏规则的创造艺术"①。因此说，社会治理是一项包含了技术、艺术的创造性活动。作为社会治理的新形式——社会协商，也自然要求相关的社会主体具有较高的协商能力。这种协商能力是社会协商的基础和条件，是推动社会协商活动有效有序开展的基本保障和前提。国内外的实践证明，社会协商主体能力建设是社会协商顺利进行、广泛推行的关键要素之一。娄胜华等人深入了研究澳门地区的社会治理后，提出了"构建政府主导——多元参与的合作型治理体制"的主张。其基本框架中包括了六大要点。其中有三点与社会协商主体的能力建设相关，分别是"以能力建设为重点推进政府管理变革"，"以设立区域性咨询机制为契机形成社会协商与合作网络"，"以多元参与、和谐发展为核心培养社会资本"。② 可见社会协商能力建

---

① 娄胜华、潘冠瑾、林媛：《新秩序：澳门社会治理研究》，社会科学文献出版社2009年版，第4页。

② 同上书，序言第2页。

设对于社会协商具有重大意义。

1. 能力建设可以使社会协商变得"可能"

通过能力建设，才可能有意识地运用社会协商，使社会协商作为一种民主形式或者治理形式运作起来。这种"可能"表现在以下两个方面：

一是认知到这种民主形式，乐意选择社会协商的方式。社会协商是一种新型的社会治理模式，也是我国社会主义民主制度的新形式。如果各方不能充分认识到这一点，也就不重视、不愿意使用和不参与社会协商。因而，需要提高各方对社会协商作用的认识能力和认识水平，努力促进各方认同和选择社会协商方式作为解决社会问题和社会矛盾的重要手段。当前，我国基层干部和群众对社会协商这一新的民主形式的认知程度比较低，以至于较多的人认为我国广泛开展社会协商的可能性较小。本书的问卷调查显示，有32.9%的人认为在我国广泛开展"社会协商"的可能性较小或者不可能，比认为可能性很大和较大的总和27.9%高出5%，还有7.1%的人表示不知道（或者不理解），只有6.2%的人认为在当前的中国广泛开展"社会协商"的可能性很大，21.7%的人认为可能性较大（见表4–1）。

表4–1 在当前的中国广泛开展"社会协商"可能性的评价

	频数（人）	有效百分比	累计百分比
很大	66	6.2	6.2
较大	232	21.7	27.9
一般	344	32.2	60.1
较小	301	28.2	88.3
不可能	51	4.7	93.0
不知道	75	7.1	100.1
合计	1069（缺失149）	100.1	

二是具备基本的参与能力。约翰·S. 德雷泽克（John S.Dryzek）于

《协商民主及其超越：自由与批判的视角》一书中曾指出，"民主在人们面对与集体决策相关的内容进行有效协商的能力和机会上已经逐步赢得了其合法性"，同时，他又特别用"请注意"三个字提醒大家，"请注意，只要对参与协商的能力和机会存有争议，人们就可能做出不进行协商的选择"。① 也就是说，缺乏参与协商的能力和机会，公民也就不会使用社会协商和不参与社会协商。只有各方获得充分的机会和基本的能力，社会协商才可能进行。这些基本能力包括基本的文化知识、表达能力、理解能力和判断能力等。

2. 能力建设可以使社会协商变得"可行"

社会协商需要各方在同一话语体系中对话，遵守同一条底线规则。"在价值多元的社会里，如果没有底线意义上的基本共识，协商与妥协往往成为一种没有原则的'交易'而失去价值层面的正当性。"② 协商主体既要有能力充分表达自己的观点，也要有能力反思自省，考虑对方利益；既要有能力维护自身权利，也要遵守法律和道德底线，不侵害他人利益，不损害公共利益。因此，需要提高协商各方基本的规则意识和基本的民主素质是社会协商顺利进行的基础性条件。

在现代社会中，民主技术是公共参与越来越重要的条件。"没有一定程度的民主技术条件的支撑，民主实践是难以运行的，民主理想的实现也将成为空中楼阁。"③ 因此，我们有必要知道什么是民主技术。"民主技术是指在民主政治实践中，为了实现一定的价值和目标而发明、设计和采用的规则、程序、方法、手段、技巧等的

---

① ［澳］约翰·S. 德雷泽克：《协商民主及其超越：自由与批判的视角》，丁开杰译，中央编译出版社 2006 年版，前言第 1 页。

② 陶富源、王平：《中国特色协商民主论》，安徽师范大学出版社 2011 年版，第37 页。

③ 陈明：《国家与社会合力互动下的乡村协商民主实践——温岭案例分析》，上海人民出版社 2012 年版，第 330 页。

总称。"① 不但包括了民主技术的物质形态，而且也包括了民主技术的非物质形态。在社会协商中，需要参与主体掌握基本的新型民主技术，例如基本的新媒体技术。

据中国社会科学院新闻与传播研究所估计，中国手机网民的数量将在 2014 年超过 5.5 亿人，互联网普及率将超过 50%。② 在现代信息技术的支持下，方便、快捷的虚拟空间的协商也成为社会协商的一种重要手段，如网络论坛、热线电话、微信、博客等。例如，温岭市政府部门的预算涉及全市 100 多万人的利益，为了使参与面尽可能广泛，需要突破面对面的时空限制。于是，2009 年温州市政府部门的预算恳谈会就开辟了网上恳谈。虽然当时只开通了 3 个小时的网上恳谈，但是在 3 个小时内，温岭人大网站浏览量达到了 1.2 万人次，同时在线人数最高达 294 人，发帖超过 240 条。

3. 能力建设可以使社会协商"有效"进行

政治学家阿伦特·普特曼和巴伯认为，参与式民主与选举民主是有所不同的，后者是一种"弱民主"，易致普通公民丧失原有的参政权利和责任，而前者则呈现出一种"强民主"，有助于推动公民自觉参与到各项公共事务之中。由此可见，包括社会协商在内的参与式民主对公民民主意识、民主素质、民主能力和民主技能等的要求更高。

约翰·S.德雷泽克更是把参与"能力"作为民主真实性的基本条件：他说道："民主走向协商，表明人们在持续关注着民主的真实性：在多大程度上，民主控制是实质性的而不是象征性的，而且公民有能力参

---

① 虞崇胜、李永洪：《民主技术是民主政治建设工具》，《天津行政学院学报》2009年第6期。

② 中国社会科学院新闻与传播研究所：《新媒体蓝皮书：中国新媒体发展报告 NO.5 (2014)》，社会科学出版社 2014 年版。

与其中。"① 没有参与能力，就无法"有效"参与到社会协商之中，无法得到真实的民主结果。在具体实践中，社会协商应是一种平等对话。如果协商各方力量悬殊太大，容易使一方的实际利益受损。即使程序合法，也可能是一种程序正义掩盖另一种实体的非正义，无法有效实现社会协商的目的，这就需要培育弱势一方的协商能力，限制强势一方以强凌弱、以大欺小，保证协商公平，促进利益弥合。

在政府与社会之间存在着若干固有的实质性不平等。这种实质性不平等在政府与社会实践的过程中对社会协商也产生了一定的负面影响。② 但是通过对政府、公众和社会组织的能力建设，可以规范政府的协商行为，提高社会主体的协商能力，尽量减少这些实质性不平等，将党委政府的强势影响限制在一个可以接受的范围内。

4. 能力建设可以使社会协商"有序"进行

民主建设是一个长期的复杂的历史过程，需要在实践中不断探索创新其发展之路。民主建设需要有序开展，切忌盲目推进民主，非但不利于最终实现民主，反而会使民主走向相反的极端。"文化大革命"期间的"大鸣大放"、"大民主"等民主改革经验已经向我们证实激进的民主改革方案不但行不通，还会搞乱社会秩序。"现代性孕育着稳定，而现代化过程却滋生着动乱。"③ 按照托克维尔和亨廷顿的观点，中国正处于一个经济快速发展、民主改革正在推行的"上升"阶段，这个阶段的自由意识、民主意识将爆发式增长，极易成为社会不稳定的诱发因素，这正是中国必须努力避免的现象。"民主建设需要整体部署，统一领导，

---

① ［澳］约翰·S.德雷泽克：《协商民主及其超越：自由与批判的视角》，丁开杰译，中央编译出版社 2006 年版，前言第 1 页。

② 杨守涛：《政府与社会协商的主体实质性不平等初探》，《党政干部学刊》2011 年第 12 期。

③ ［美］塞缪尔·亨廷顿：《变化社会中的政治秩序》，三联书店 1989 年版，第 38 页。

循序发展，稳步推进，这是人类社会步入近代以来被反复证明的一个真理。"①

社会协商是我国社会治理的一种创新方式，必须遵循"党委领导、政府负责、公众参与、社会协同、法治保障"的运行格局，不得违反宪法法律，必须在党的领导下有序开展。通过注重能力建设，可以提升参与主体的理性思维，提高各方对国情、世情的深刻认识，提高各方对社会稳定的重要性的认识，对党和国家政策法律的理解程度。在社会协商的推进过程中既不"盲目求快"，也不"停滞不前"，而是"稳扎稳打"，不断试验、推广、总结，形成比较成熟的组织规则、操作流程，为社会协商的有序进行提供基本保障。

二、社会协商主体能力的基本内容

对社会协商主体的能力要求就构成其能力建设的内容，不同主体的能力建设既存在相同的共有内容，也因为其在社会协商中的地位、作用等差别，还存在不同的内容。党委政府的协商能力主要是一种群众工作能力，社会组织主要是一种协同协商的能力，公众主要是一种参与协商的能力。

（一）共有能力

从社会协商的过程看，社会协商能力应从协商准备、协商过程以及

---

① 刘先春、杨安：《成长的逻辑：中国共产党党内民主的几点启示》，《理论探讨》2014年第1期。

协商后期三个方面进行评估。其中，协商准备阶段包括协商主体的信息收集能力、策划能力、调研能力和组织能力；协商过程中应注重包含口头和书面的表达能力、理解能力、辩解能力、质疑能力、决断能力、偏好转换能力；协商后期包括执行能力、评估能力等。这些能力是所有协商主体都需要具备的，特别是调查研究能力、表达能力、理解能力、辩论能力、偏好转换能力十分重要（见图4-1）。

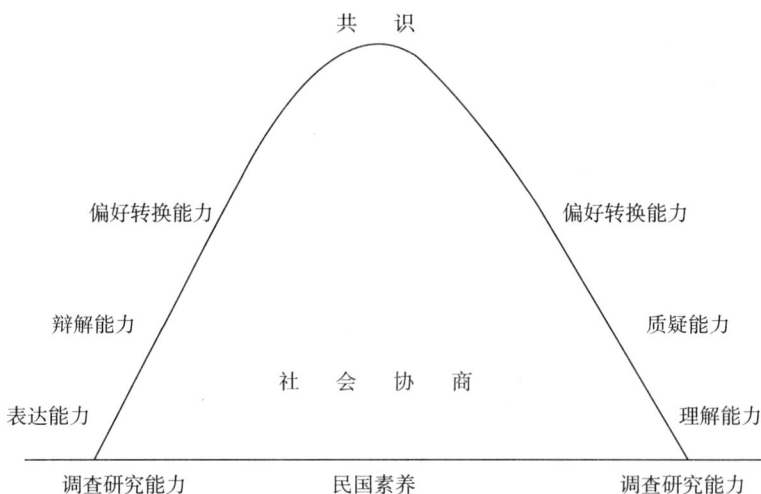

共　　识

偏好转换能力　　　　　　　　　　　　偏好转换能力

辩解能力　　　　　　　　　　　　　　质疑能力

表达能力　　　　社　会　协　商　　　理解能力

调查研究能力　　　　民国素养　　　　调查研究能力

图 4-1　社会协商主体共有能力结构示意图

1. 调查研究能力

调查研究是社会协商的基础和必要步骤，可以说没有调查就没有发言权。"调查"是指为了了解社会协商事项（客体、对象）的真实情况进行的考察，往往需要到现场进行了解。"研究"是指探求社会协商事项的真相、性质、规律等的过程。"调查研究"是指了解、收集和探求社会协商事项的真实情况（缘由、事件过程、结果等）、各方诉求、法律法规政策、解决办法等。

2. 表达能力

表达能力是指社会协商主体把自己的诉求、想法、情感、思想等，通过语言、文字、图形、表情、动作等方式清晰明确地表达出来的能力，以达到对方知晓、理解的目的。在社会协商中，有两种常用的表达能力——语言表达能力和文字表达能力。其中，语言表达能力显得尤为重要。表达能力是在语言能力基础上发展的一种语用能力，包括根据表达内容选择语言材料并组成话语形式的能力、根据表达目的进行自我调控的能力、根据协商对象的可接受性选择语言材料和调整话语形式的能力、言语表达与协商环境相适应的能力。同时，表达能力是一种智能的言语外化，与一个人的思维、素质、文化知识、社会阅历紧密相关。

3. 理解能力

心理学家认为理解是"个体运用已有知识、经验，以认识事物的联系、关系直至其本质、规律的思维活动"[①]。在社会协商中，"理解"就要"懂得"、"了解"协商事项的内容、协商程序、参与对方所要表达的意义等，它是社会协商的目的之一，又是社会协商过程中的必须环节。社会协商中的理解能力包括：（1）获取话语信息的能力，不仅要获取到直接的话语（含文本、图像等）信息，而且要获取话语中的隐含信息；（2）比较与评价能力，对不同认识、各种观点、对解决问题的各种方案进行对比、对照、评论和判断。

4. 辩论能力

辩论能力通过揭露协商对方观点的矛盾和缺陷，并用一定的理由来说明自己对社会协商事项的见解的能力。辩论的目的是得到正确的认识或达成一致的同意。目前，我国学者在研究协商民主理论的方式时，使用"讨论"的比较多，使用"辩论"的较少。在中英文中，辩论（debate）

---

① 朱智贤：《心理学大词典》，北京师范大学出版社 1991 年版，第 386 页。

与讨论（discuss）往往有重叠之处，但在内涵上还是不一样。"讨论"多指"就某一问题交换意见"，相互辩驳的成分很少；讨论比较随意，往往不受正式规则的限制，而辩论既存在于正式场合，也存在于非正式场合；讨论和辩论具有不同的深度，讨论往往是以表述、陈述、声明等温和而理性的方式进行，而辩论则通常是言辞激烈、观点明确且常常会出现较大分歧的方式，甚至有时会失去理智。但辩论与日常生活中的争吵又有不同，辩论有正式规则的约束，具有理性和节制的重要特征。①

但是，在将协商民主正式确定为我国重要民主形式的今天，将构建社会协商的正式制度，因此使用"辩论"更加符合我国民主制度化的取向。而且，阶层分化、利益分化、利益冲突已经是我国的现实国情，协商的前提就是承认协商主体存在利益分歧，并尊重他们的权利，存在分歧就有必要进行辩论。事实上，辩论与讨论并非是完全对立的。美国辩论学家奥斯汀·弗里莱（Austin J.Freeley）指出，虽然美国参议院实行的是辩论制度，但是也包含了讨论的形式。他说"非正式的辩论当然可以在讨论过程中进行，而讨论也可以作为辩论的前奏。如果分歧不能由讨论解决，按照逻辑，就要运用辩论了"。② 辩论可以建立和维护平等参与的权利，坚持和捍卫言论自由，促进相互理解和认同。

5. 偏好转换能力

"偏好"是微观经济学的一个基础概念，是指消费者按照自己的意愿对可供选择的商品组合进行的优先次序的排列，偏好表明消费者对商品或商品组合的喜好程度。后来这个概念被广泛应用于政治学、社会学、管理学，其含义得到扩张。公共政策学认为，偏好有个人偏好和社

---

① 苏向荣：《讨论、辩论与协商民主：国际气候政策制定中的工具选择》，《阅江学刊》2012 年第 1 期。

② ［美］奥斯汀·弗里莱：《辩论与论辩》，李建强译，河北大学出版社 1996 年版，第 10 页。

会偏好之分。个人偏好是个体为了生存与发展而偏向获得的某种满足。社会偏好是人们共同利益的表达，它反映了人们为其生存和发展而对社会寄予的共同的需求，同时也体现了社会的共同价值取向。一般而言，个人偏好与社会偏好是辩证统一的，既存在冲突，又相互交融。① 亚当·斯密主张"自动公益说"，他认为个人偏好可以在自由市场中自动实现。但是市场经济经过了数百年的实践证明，并非所有合理的个人偏好都能成功地转换成社会偏好。因此，还需要民主政治等形式来实现个人偏好向社会偏好的转换，其中的一种形式就是社会协商。

社会协商中的偏好转换能力就是把个人偏好、某一组织的利益偏好转换成为各方认同的社会偏好的能力，简单地说就是把个人偏好转换成共同偏好的能力。在专制统治下，民众没有真正的个人偏好，社会也没有真正的偏好，有的只是统治阶级的偏好。个人偏好要转换成社会偏好就只有通过"偏好模仿"（把统治者的偏好当作自己的偏好）来实现，或者干脆隐瞒自己的真实偏好。与其说是偏好转换，不如说是迎合统治者的需要或迫于统治者的淫威。民众没有诉求渠道，没有表达自己偏好的机会，更谈不上影响政府的公共决策了。② 现代民主社会就不同了，既要承认个人偏好的存在，又要培养权利主体和社会主体的偏好转换能力，以推动个人偏好向社会偏好的"主动"转换。

偏好转换能力包括：（1）自我反思的能力，这是实现偏好转换的基础。主要是指在理解对方观点的基础上，检讨自己对事实真相的了解，反思自己观点的正确与错误，设身处地换位思考别人的处境和困难，使自己的偏好具有反思性。（2）互信合作的能力，这是实现偏好转换的关键。主要是指能够赢得对方的信任，能够与对方良好合作的能力。

---

① 尹长海：《政府公共决策与偏好的民主转换》，《江汉论坛》2010 年第 5 期。
② 同上。

（二）党委政府的社会协商能力

社会协商理论不等同于无政府主义的民主理论，参与社会协商的主体获得的是对决策和利益的影响，而不能取代政府或者获得政治权力。哈贝马斯指出："行动者能获得的只能是影响，而不能是政治权力。"①何包钢也认为"民意所产生的沟通权力并不能取代行政权力"。② 但是，在利益多元化、各方都满意的利益共识难以达成的情况，需要一个能从全局、长远考虑的主体——政府来形成决策；同时，决策后需要政府来实施。当然，政府也不能以此强加民意。因此，我国执政党和政府的协商能力十分重要，不仅要组织、引导、参与社会协商，而且对我国社会协商体制、制度、机制的建立负有重大领导责任。

1. 协商执政的能力

协商执政的能力是指通过社会协商的方式进行执政的能力。社会协商是一种民主执政、科学执政的形式，自然党委和政府的社会协商能力也是一种执政能力的表现。从党的十五大开始，明确把领导、支持、保障人民的民主权利作为共产党执政的重要内容。从十六届四中全会开始，明确将民主执政能力作为我党执政能力建设的重要内容，使民主执政成为中国共产党执政最基本的方式。③ 协商执政能力越强，凝聚社会共识的能力越强，解决执政合法性问题的能力也越强。在建构现代国家的过程中，"国家权力的集中与对社会渗透的成效很大程度取决于国民

---

① ［德］哈贝马斯：《在事实与规范之间——关于法律和民主法治国的商谈理论》，童世骏译，生活·读书·新知三联书店 2011 年版，第 213 页。

② ［澳］何包钢：《协商民主理论、方法和实践》，中国社会科学出版社 2008 年版，第 271 页。

③ 张爱军、邢文利：《构建中国共产党民主能力体系》，《辽宁师范大学学报》（社会科学版）2006 年第 1 期。

的认同，即所谓民主合法性问题"。① 这种合法性体现的就是获得被统治者自愿服从的能力。正如前面所论述的那样，社会协商是一种渗透民众社会生活、政治生活、经济生活的广泛的、普遍的民主协商形式，能够最大程度地凝聚社会共识。因此党和政府社会协商能力越强，执政能力也就越强。

2. 协商治理的能力

协商治理的能力是指通过社会协商的方式治理社会的能力。社会管理是政府的基本职能。社会治理是对社会管理的创新。社会治理是指党委政府与社会主体共同治理社会事务和社会空间的活动。社会协商是社会治理的一种创新方式，社会协商能力是社会治理能力的关键性指标。社会协商在本质上属于国家与社会的互动范畴，作为社会协商在中国的实践探索，离不开国家推动和社会发育这两组基本力量。在共产党执政的中国，发展社会协商的目的就是要推动民主，"用更多的民主治疗民主的危机"。因此，国家发挥着重要的推动作用。"国家推动，可以通过放权、主导为基层的协商民主实践开拓发展空间，使其有组织、有步骤地稳步前行。"②

目前，我国正处于群体性事件的高发期，发生风险的领域不断扩展。如果继续沿用高度集权和"花钱买平安"的风险处理方式，不仅实效不大，而且累积更多的隐患，也不符合民主潮流、社会治理和与时俱进的执政要求，必须注入民主、法治等新的内容。社会协商就是适应这种新要求的新方式之一。运用社会协商化解风险、治理社会，需要相应的协商治理能力、艺术和谋略。在我国人均 GDP 从 1000 美元到 3000

---

① 参阅徐勇、项继权主持的"现代国家建构中的乡村治理"专题研究，《华中师范大学学报》（人文科学版）2007 年第 5 期。

② 陈明：《国家与社会合力互动下的乡村协商民主实践》，上海人民出版社 2012 年版，第 6 页。

美元的变化过程中，社会结构会发生激烈变化，利益矛盾激增，社会稳定问题凸显。若处理不当，则会引起社会动荡，即所谓的"拉美现象"。因此，对协商治理能力提出了较高要求，执政党和政府要具备充分运用社会协商来治理社会的相应能力，积极参与社会协商活动。

3. 协商、培养、动员的能力

协商、培养、动员的能力就是各级党组织和各级政府培养官员、党员、民众的协商民主意识、动员他们积极参与社会协商的能力。新中国成立60多年来，人们对民主的认识已经高度深化，从价值层面提升到了技术层面，从伦理层面提升到了科学层面，理想的民主图景正在转变为现实行动，民主化的潮流已经不可阻挡。从建设民主国家的角度看，我国目前还处于起步阶段。对政府官员、党员、民众协商能力的培养是国家治理的一项基本任务，也具体化为执政党和各级政府的职责。

从理论上看，社会协商来自西方协商民主的概念，在西方发达国家影响很大。从实践上看，在我国一些地方的基层有类似的活动（如浙江温岭民主恳谈会、成都的社区议事会等），但并未广泛推行。同时，党的十八届三中全会还明确指出："深入开展立法协商、行政协商、民主协商、参政协商、社会协商。"作为主要是"顶层设计"的产物，社会协商作为一种新型的民主形式，尤其是基层的新型民主表现形式，在我国现行的政治体制下，还离不开党委和政府的积极推动。

4. 协商组织的能力

群众对社会协商这一新的民主形式还缺少了解，更不熟悉。组织群众参与社会协商是党和政府的任务之一。在本书的问卷调查中，对"由谁来组织社会协商"的问题，有25.9%的人选择由"协商方的权力机构（党委政府和人大）"来组织，有16.9%的人选择由"设置在政府的社会协商专门机构"来组织，有3%的人选择由"权力机构的上级机关"来组织，三者合计高达45.8%（见表4-2），这充分说明被调查对象对党委政府来组织社会协商的高度期待。

表4-2　对由谁来组织社会协商的看法

	频数（人）	有效百分比	累积百分比
协商方的权力机构（党委政府和人大）	288	25.9	25.9
协商方的社会主体（公众和社会组织）	173	15.5	41.4
协商的双方一起	239	21.5	62.9
权力机构的上级机关	33	3.0	65.9
独立于协商双方的第三方民间组织	190	17.1	83.0
设置在政府的社会协商专门机构	188	16.9	99.9
其他	3	0.3	100.2
合计	1114（缺失104）	100.2	

社会协商的推行，需要一个逐步推进、逐步完善的过程，各地党委和政府需要在中央精神的指导下积极"摸着石头过河"，积极组织参与社会协商，对党委政府的组织领导能力、策划部署能力、沟通谈判能力、对话能力、宣传能力、责任能力等提出了要求。

5. 协商规划设计的能力

现代社会中，公众参与不仅仅是个别化参与，通过单一渠道与公权力发生联系，而是主要采取以体制为中心的公开方式进行，例如选举制度、参与政策协商制度、立法讨论制度等，特别是利害相关者参与公共决策的协商，是政策获得公民支持的基础性条件。无论是协商民主的决策论派、治理论派，还是政府形式论派，都赞同对协商进行规划设计。因此，需要中共党组织和政府对社会协商总体上的领导能力、制度构建能力、长远规划能力、操作设计能力、资源整合能力等，十分考验执政党和政府的智慧。

戴维·米勒认为:"一个民主体制是否是协商性质的,要看其决策是否是通过公开讨论而达成,参与协商的主体是否能够自由平等地发表意见并愿意平等地听取不同意见。"① 因此,社会协商实现民主决策的重要方式,其设计中必须要容纳每一个受决策者影响的各种意见,必须提供参与者实质意义上的政治平等和程序上的政治平等,都将赋予参与者享受自由、公开的信息交流和充分的自我辩解。

社会协商的设计还必须考虑应对多元文化、利益分化等问题。对此瓦拉德兹认为,"协商民主是一种具有巨大潜能的民主治理形式,它能够有效回应文化间对话和多元文化社会认知的某些核心问题"。② 从自治理论的角度出发去观察,协商民主要回应多元文化认知、公共利益责任、促进政治理解和制定公共政策。梅维·库克认为,"如果用简单的术语来表达的话,协商民主指的是为政治生活中的理性讨论提供基本空间的民主政府"。③ 协商民主就是民主政府的一个组成部分。因此,无论从哪个视角看,包括社会协商在内的协商民主的巨大功能的实现,都需要一整套规则和程序,甚至基本制度,这只有国家或者代表国家的政府能够办到。

社会协商的目的不仅仅在于获得一个一致的结果,还在于通过协商的过程发现对所有参与者具有说服力的理由。这正如市场发现商品价格的功能一样,这正是社会协商之所以存在、发展的法理基础。因此,建立一套发现所有参与者具有说服力的理由的社会机制变得十分重要。社

---

① [英]戴维·米勒:《协商民主不利于弱势群体?》,载 [南非] 毛里西奥·帕瑟琳·登特里维斯主编:《作为公共协商的民主:新的视角》,王英译,中央编译出版社2006年版,第139—140页。

② 转引自陈家刚:《协商民主引论》,《马克思主义与现实》2004年第3期。

③ 梅维·库克:《协商民主的五种观点》,载 [南非] 毛里西奥·帕瑟琳·登特里维斯主编:《作为公共协商的民主:新的视角》,王英译,中央编译出版社2006年版,第15页。

会机制既可以自发形成，但那是一个比较漫长的过程。对于当今中国来说，社会治理机制的形成急需国家、政府来推动，只有这样才能适应市场经济的发展需求。由此可见，社会协商既需要基层的探索实践，更需要顶层设计和长期规划，构建多层次、多主体、系统完备、体系完整的社会协商体系，积极推动社会协商在各个层面、各个领域开展。

（三）公众的协商能力

政治参与的扩大是现代民主社会的标志之一，"传统社会是不参与的，而现代社会是参与的"。① 公众参与作为社会协商的基础，是不可或缺的条件之一，同时，公众参与程度也被视为衡量民主程度高低的重要指标。公众参与是多方面的，既可以作为社会协商的一方主体，成为当事人，也可以作为协商活动的发起人和组织者，还可以成为协商活动的监督者、评议者。虽然社会公众都有参与社会协商的权利和自由，但是在实际生活中，参与公众的文化知识、民主知识和参与技能对参与协商行为有直接的影响和制约。这些知识和技能是参与者获取信息、辨别是非、交换意见、理性讨论、纠正偏好、理性选择的基础，是社会协商有序、有效推进的必备条件。我国民主政治的发展和社会协商赋予了公众积极的角色，因此，公众需要具备相应的社会协商能力。

1. 公众的直接参与能力

没有参与能力，就没有有效的社会协商，社会协商只是空谈。相对于党委政府和社会组织，公众更需要的是直接参与协商的能力。公民直接参与社会协商是我国经济社会发展的必然，直接参与能力建设也是我

---

① Lerner Daniel, *The Passing of Traditional Society: Modernising Middle East*, New York, Free Press, 1958 , p.50.

国经济社会发展中必须要面临的任务。

在考察了 1974—1990 年间多个向民主制度过渡的国家之后，亨廷顿指出，经济发展是建立民主制度的基础；但与此同时，经济迅速增长又会削弱威权主义。[①] 与此相应的是，经济发展是促进公民政治参与程度的重要因素。研究表明，人们在人均 GDP 为 1000 美元时才开始关注政治需求，此时对政治民主的渴望程度也更加强烈，新加坡、韩国的民众都是在人均 GDP 在 1000 美元到 3000 美元之间时开始关注身边的政治，并愿意花更多的闲暇时间来研究政体和民主问题。[②] 我国人均 GDP 在 2003 年时突破了 1000 美元，2013 年已经达到 6767 美元，民众的政治参与、社会参与热情日益高涨。农村经过土地承包经营、取消农业税等改革，城市经过国有企业改制、建立社会保险制度等改革，"单位制"基本解体，市场经济的观念日益深入人心，普通民众对政府的依赖程度日渐降低，逐渐成为一个具有比较独立的话语权的社会群体。个体权力的分化、多元利益群体的出现，各个社会主体为了自身利益，都试图影响党委政府，争取自身的社会权利、政治权利，因此直接参与政府决策的意识增强、动力更足。"这是我的权利，谁都不能剥夺"，逐渐成为公众参与民主活动的日常话语。

社会协商参与具有广泛性的特征，这种特征不仅表现在政治生活中，更为重要的是，其存在于社会、经济及日常生活中；同时，社会协商参与还具有公共性的特征，即参与协商的主体不仅仅是为了追求个人利益，更是为了促进个人利益与公共利益的平衡发展。我国要建设民主国家，不仅仅要建立包括社会协商、政治协商、立法协商等制度在内的

---

① ［美］塞缪尔·亨廷顿：《第三波——20 世纪后期民主化浪潮》，刘军宁译，上海三联书店 1998 年版，第 68—69 页。

② 娄胜华、潘冠瑾、林媛：《新秩序：澳门社会治理研究》，社会科学文献出版社 2009 年版，第 94—95 页。

一系列民主制度体系，而且还要让公民个体和社会群体在日常行为与集体行动中体验到、体现出民主精神及要求，这才能形成民主的持续性，实现建成民主国家的目标。而与民众切身利益相关的社会协商正好提供了满足我国民众广泛参与经济、政治、社会生活的重要途径。同时，社会协商也需要公民的积极参与。本书问卷调查结果显示，60.0%的被调查者认为老百姓应当参与到政府决策中（见表4-3），民众的广泛参与是正确决策、科学决策的基本条件。

表4-3　普通群众是否应当参与政府决策的样本分布

	频数（人）	有效百分比	累积百分比
是	709	60.0	60.0
否	471	39.9	99.9
合计	1180（缺失38）	99.9	

本书的问卷调查结果显示，56.2%的人认为公民参与意识对社会协商很重要，31.3%的人认为比较重要，只有3.5%的人认为不太重要或者不需要（见表4-4），可见民众自身也认为公民的积极参与对社会协商十分重要。

表4-4　对"公民参与意识"的重要性评价

	频数	有效百分比	累积百分比
很重要	670	56.2	56.2
比较重要	373	31.3	87.5
一般	107	9.0	96.5
不太重要	23	1.9	98.4
不需要	19	1.6	100.0
合计	1192（缺失26）	100.0	

公众作为协商活动的直接参与人，需要具备相应的基本知识和参与技能。对关系切身利益的重大事项，可以通过推选、自荐等方式，公众作为社会协商活动的重要参与者，直接参与了社会协商的过程，如沟通、讨论、商量和决定等，需要具备相应的演讲能力、沟通能力、回应能力、议事能力和责任能力。在社会协商的实践中，就出现过这样的情形：那些能言善道的人总是抢着说，而有些想说却不会说的人往往没有机会发言，或者没有清楚地表达自己的想法，难以被其他人理解。

2.公众的组织能力

公众可以作为协商活动的发起者，需要相应的组织能力。对于关系切身利益的重大事项，认为需要通过社会协商方式解决的，公众或者代表可以向党委政府提出建议，发起社会协商活动。公众及其代表需要开展调查研究、讨论决定协商事项、组织人员参与、进行宣传等，因此需要调查研究的能力、组织能力、宣传能力等。

3.公众的监督能力

公众作为协商活动的监督者，需要相应的监督能力。公众有权对关系自身利益的重大事项或者其他重大事项的协商活动进行评价、建议、公示，需要相应的评估能力、建议能力。

（四）社会组织的协商能力

社会组织是指非官办、非营利、带有志愿性、致力于经济社会服务事业的民间组织。在我国也称民间组织，包括社会团体、民办非营利企业和基金会三种。在发达市场经济国家，社会组织与现代政府、市场经济体制一起形成现代国家治理体系的基本架构。它以独特的性质和特有的优势，作为中介于公与私领域的一个重要桥梁，能较有成效地解决私人领域乃至公共领域中的经济社会问题。党的十八大把社会组织作为了构建中国特色社会主义社会管理体系的重要组成部分，加快培育和发展社会组织，是其中至关重要的方面。

2007年，我国开始正式使用"社会组织"代替"民间组织"，这绝非仅仅是实现了称谓的改变，还有利于转变社会上对于民间组织的刻板印象及片面认识，从而正确对待这类组织，并在政策、资金等各方面提供更多的支持。以往对"民间组织"的认识因"民间"二字，让人产生了其是与"政府"相对立的组织的片面认识，这反映了传统社会政治秩序中"官"、"民"角色对立的特点。在新形势下，迫切需要党和政府将民间组织纳入社会建设与管理以及构建社会主义和谐社会的议程之中，是对社会组织认识的进一步深化。随着我国传统的高度集中的计划经济体制向市场经济体制转轨，国家逐渐从微观公共服务领域中退出。同时，社区和院落等微观公共领域的服务需求日趋多样化和精细化，社会组织日益作为政府的重要补充而发挥越来越大的作用，在政治、经济、文化和社会生活中扮演着日益重要的角色，发挥着促进社会治理、推动政府职能转变、增进社会自治、维护社会稳定、繁荣社会事业等重要功能，这无疑给中国的民主法治进程注入了新的活力。

中国社会科学院2012年5月21日发布的《中国民间组织报告(2011—2013)》认为，民间组织应作为社会治理的主体之一，其已被纳入政府工作体制和运行机制。这表明，民间组织不再仅仅是作为被管理的对象而存在，而是社会治理的主体，是政府值得依靠的合作治理伙伴。同时，社会组织作为国家和社会的桥梁，只要运用适当，就能够有效地改善沟通方式和沟通渠道，能够有效地缓解社会情绪，协商解决社会矛盾，因此培育和发展社会组织是社会治理的必经之路。据本书的问卷调查显示，大多数人对社会组织参与社会协商持积极乐观的态度。在"你是否同意民间组织应该在社会协商中发挥更大作用"的说法中，24%的人很同意，45.3%的人比较同意，二者合计达到69.3%。只有 6.5% 的人不太同意，2.8% 的人不同意（见表 4–5）。

表 4–5　对"民间组织应该在社会协商中发挥更大作用"的看法

	频数（人）	有效百分比	累积百分比
很同意	288	24.0	24.0
比较同意	544	45.3	69.3
说不清楚	258	21.5	90.8
不太同意	78	6.5	97.3
不同意	34	2.8	100.1
合计	1202（缺失 16）	100.1	

根据社会组织在社会协商中发挥的作用，社会组织的能力主要表现为：协商倡导能力、协商组织能力、资源动员能力、监督协调能力。

1. 协商倡导能力

协商倡导能力是指社会组织发起、倡导社会协商活动的能力。社会组织存在于基层社会之中，具有贴近社会弱势群体的优势；同时，社会组织作为一个管理有序的组织，其能够顺应时代发展，正确把握各利益相关方的需求，并为满足这些需求提供有效的解决方案，最终作出符合实际且可以操作执行的社会协商倡导。协商倡导活动是社会组织在政治、经济、社会领域和制度内将其成员的利益诉求传达给政府决策方，提出协商建议，影响公共政策决策的过程。社会组织作为公民权利表达机制的载体，体现了各利益相关方的不同价值取向，并通过表达和协商各利益主体的不同诉求，使得公共政策在各方的博弈中体现各种社会力量的均衡。①

我们的调查数据显示，高达 68.6% 的调查对象认为政府做决策的时候，社会组织应该要参与（见表 4–6），公众比较认可社会组织也是社

---

① 　刘春湘、姜耀辉：《服务型政府建设中非政府组织参与能力提升》，《中南大学学报》（社会科学版）2012 年第 4 期。

会协商的重要主体之一。

表4-6　认为社会组织应当参与政府决策的样本分布

	频数（人）	有效百分比	累积百分比
是	810	68.6	68.6
否	371	31.4	100.0
合计	1181（缺失37）	100.0	

　　"26度空调节能行动"是我国社会组织倡导公共政策的一个成功案例。为缓解全球气候变暖、减轻我国能源压力，2005年6月26日，"26度空调节能行动——2005我们承诺"活动在北京正式启动。该活动是由中国环境文化促进会主导，世界自然基金会、自然之友、香港地球之友、环境与发展研究所、中国国际民间组织合作促进会等8家环保NGO组织协同参与发起的，并提出了"为地球降温，给奥运添绿"的环保口号。这种政策倡导得到了国家发改委和建设部的积极回应，建设部《空调通风系统运行管理规范》采纳了这一政策倡导①。此后，在夏天，我国的各级机关事业单位的空调温度都要求设定在26度及以上。

　　显然，这种倡导对社会协商同样适用，这有利于民主参与的扩大、公共服务的供给和社会网络的联结。社会组织可以对社会忽视的问题提请政府和公众关注，组织公民进行讨论，向政府、媒体、社会发出呼吁。积极与政府部门沟通，参与公共政策的论证、咨询，提供智力服务等。

2.协商组织能力

　　在一个多元化的社会中，不同利益群体之间不可避免地要产生摩擦、对抗和冲突。因此，社会协商是一个多元利益主体参与的系统工

---

　　①　参见《26度空调节能行动在京启动》，新浪网，见 http://news.sina.com.cn/c/2005-06-28/17257070113.shtml，查阅时间：2014年10月19日。

程，需要一个中介机构来调解和平衡各方关系。社会组织在弥合社会分歧，化解社会矛盾，促进社会稳定发展方面具有不可替代的作用。其能够为不同的参与主体提供协商、互助和合作的渠道，也是不同利益群体充分表达意愿的组织平台。[①] 因此，社会组织适合这一角色。

本书的调查数据表明，对"由谁来组织社会协商"的问题，有17.1%的人选择由"独立于协商双方的第三方民间组织"来组织，有15.5%的人选择由"公众和社会组织"来组织，二者合计占比32.6%，高于选择党委政府和人大、协商的双方一起、设置在政府的社会协商专门机构等三个选项（见表4-2），表达了被调查对象对社会组织协商组织能力的期待。

以社会组织为主体调解矛盾纠纷已经有不少成功的案例。上海浦东新区川沙镇由于浦东国际机场一期、二期先后在此建设，拆迁政策多次调整，上百户居民上访不断。由于传统的维稳方式效果不佳，2009年，上海浦东新区妇联与其他政府部门在川沙新镇试点，在96户重点访民家庭名单中，以政府出资购买社会组织服务的形式购买"家庭专业社工服务"，取得了显著的效果。而实际上，上海浦东新区妇联并非是维稳的职能部门。经过两年多的工作，22户息访，31户也不再"频繁"上访了，化解矛盾的效果十分明显，该项目被称为"维稳妈妈"。[②] 同样，社会组织也可以作为社会协商的组织者、主持人，对党委政府与民众之间的矛盾进行协商和调解，这就需要社会组织具备专业的组织能力。

3. 评估监督能力

社会组织具有独立于公众与政府的特征，同时又具有专业知识和技

---

① 刘春湘、姜耀辉：《服务型政府建设中非政府组织参与能力提升》，《中南大学学报》（社会科学版）2012年第4期。

② 参见赵一海：《上海浦东：专业化的社工"维稳妈妈"》，上海民政网，见 http://www.shmzj.gov.cn/gb/shmzj/node4/node13/node1562/u1ai30998.html，查询日期：2014年10月19日。

能，能够成为比较理想的评估者和监督者，因此社会组织也应当具有相应的评估能力和监督能力。

本书的调查数据表明，对"由谁来监督社会协商的执行"的问题，有30%的人选择由"独立于协商双方的第三方民间组织"来监督，高于对其他社会主体和机构的选择（见表4-7）。对于"由谁来评估社会协商的效果"的问题，高达33%的人选择"独立于协商双方的第三方民间组织"，也远高于对其他主体和机构的选择（见表4-8）。说明被调查对象比较认同社会组织对社会协商进行监督和评估。

表4-7　由谁来监督社会协商执行的看法

	频数（人）	有效百分比	累积百分比
协商方的权力机构(党委政府和人大)	149	13.4	13.4
协商方的社会主体(公众和社会组织)	263	23.6	37.0
协商的双方一起	177	16.0	53.0
权力机构的上级机关	90	8.1	61.1
独立于协商双方的第三方民间组织	334	30.0	91.1
设置在政府的社会协商专门机构	91	8.2	99.3
其他	9	.8	100.1
合计	1113（缺失 105）	100.1	

表4-8　对由谁来评估社会协商的效果的看法

	频数（人）	有效百分比	累积百分比
协商方的权力机构（党委政府和人大）	123	11.1	11.1
协商方的社会主体（公众和社会组织）	223	20.3	31.4
协商的双方一起	196	17.7	49.1
权力机构的上级机关	42	3.8	52.9
独立于协商双方的第三方民间组织	365	33.0	85.9
设置在政府的社会协商专门机构	139	12.6	98.5
其他	17	1.5	100.0
合计	1105（缺失 113）	100.0	

三、当前社会协商主体能力存在的问题

社会协商主体的能力状况如何是确定社会协商主体能力建设措施的前提。根据本书对社会协商主体的协商能力及其相关因素的问卷调查，我们认为普遍存在着对社会协商重视不够、社会协商能力不足的问题。

（一）党委政府对社会协商重视不够，协商能力有待提高

我们的调查数据显示，有64.1%的调查对象认为公共决策时，党委政府（公务员）应该要参与（见表4-9），体现了党委政府在社会协商中的主体地位和主导作用。但是，目前党委政府对社会协商的重视程度不够，领导能力和协调能力有待进一步提高，其协商策略和技巧也存在明显不足。问卷调查显示，仅有6.9%的调查对象认为公务员社会协商能力很强，27%的人认为较强，30.9%的人认为一般，20.7%的人认为较弱或者很弱（见表4-10）。在处理群体性事件中，即使存在一些社会协商的因素，但主要还是领导说了算，不少协商成为走形式的过程，并没有真正听取群众的诉求，没有充分吸纳群众的意见，这样的后果将会使党委政府失去公信力，社会协商难以推进。

表4-9　党委政府是否应当参与公共决策

	频数（人）	有效百分比	累积百分比
是	758	64.1	64.1
否	423	35.8	99.9
合计	1181（缺失37）	99.9	

表4-10 对公务员"协商能力"的评价

	频数（人）	有效百分比	累积百分比
社会协商能力很强	83	6.9	6.9
社会协商能力较强	325	27.0	33.9
社会协商能力一般	371	30.9	64.8
社会协商能力较弱	156	13.0	77.8
社会协商能力很弱	92	7.7	85.5
不好说	175	14.6	100.1
合计	1202（缺失16）	100.1	

值得我们注意的是，我们的调查数据显示，有68.6%的人认为社会组织应当参与公共决策，高于对党委政府的选择，显示出一些民众对党委政府出现了信任危机，因此如果继续搞走过场的协商，将直接动摇我党的执政基础。

与党委政府社会协商能力相关的因素还有平等待人、做事讲信用、沟通能力、信任程度、办事公正等因素，我们也设计了相关的问题，调查结果如下。

有35.0%的调查对象认为政府（公务员）能够平等待人，但同时有27.3%的人认为较难平等待人或者高高在上（见表4-11），这不利于社会协商中与民众的平等相处。

表4-11 对公务员"平等待人"的评价

	频数（人）	有效百分比	累积百分比
平等待人	139	11.6	11.6
比较平等待人	280	23.4	35.0
一般	354	29.6	64.6
较难平等待人	161	13.4	78.0
高高在上	167	13.9	91.9
不好说	97	8.1	100.0
合计	1198（缺失20）	100.0	

34.9%的人认为政府（公务员）一般能够做到做事讲信用，但同时有17.0%的人认为不大讲信用，35.5%的人认为政府信用一般（见表4-12）。我们进一步调查对政府（公务员）的信任程度，数据结果显示33.9%的调查对象认为政府（公务员）很值得信任或者比较值得信任，23.0%的调查对象认为完全不能信任或者不太值得信任（见表4-13）。这样的信任度与社会协商还不适用，政府和公务员队伍的信用建设还需要进一步加强。

表4-12 对公务员"做事讲信用"的评价

	频数（人）	有效百分比	累积百分比
做事很讲信用	86	7.3	7.3
做事比较讲信用	327	27.6	34.9
一般	421	35.5	70.4
做事不太守信用	131	11.1	81.5
做事不讲信用	70	5.9	87.4
不好说	151	12.7	100.1
合计	1186（缺失32）	100.1	

表4-13 对公务员"信任程度"的评价

	频数（人）	有效百分比	累积百分比
很值得信任	79	6.7	6.7
比较值得信任	322	27.2	33.9
一般	397	33.6	67.5
不太值得信任	218	18.4	85.9
完全不能信任	54	4.6	90.5
不好说	113	9.6	100.1
合计	1183（缺失35）	100.1	

有35.5%的调查对象认为能够很容易或者比较容易和政府（公务员）沟通，但同时有21.7%的人认为与政府（公务员）比较难沟通或者很难

沟通（见表4-14）。沟通能力是社会协商的基本能力，因此，党委政府和公务员队伍的沟通能力还需要进一步加强。

表4-14　对公务员"容易沟通"的评价

	频数（人）	有效百分比	累积百分比
很容易沟通	91	7.6	7.6
比较容易沟通	354	27.9	37.3
一般	365	30.6	67.9
比较难沟通	182	15.2	83.1
很难沟通	78	6.5	89.6
不好说	124	10.4	100
合计	1194（缺失24）	100.0	

关于公务员办事是否公正的问题，有36.5%的调查对象认为政府（公务员）办事公正或者比较公正，34.8%的人认为一般，15.5%的调查对象认为不公正或者很不公正（见表4-15）。从老百姓的主观感受看，认为不公正的毕竟是少数，这是党委政府组织动员社会协商十分重要的社会心理基础。

表4-15　对公务员"办事公正"的评价

	频数（人）	有效百分比	累积百分比
办事公正	87	7.4	7.4
比较公正	345	29.1	36.5
一般	412	34.8	71.3
不公正	126	10.6	81.9
很不公正	58	4.9	86.8
不好说	156	13.2	100.0
合计	1184（缺失34）	100.0	

关于政府（公务员）能否代表群众利益的问题。调查数据显示，

52.1%的调查对象认为政府（公务员）完全能够代表群众利益或者部分代表群众利益，28.7%的调查对象认为不能代表群众利益或者只能代表自己利益，还有5.3%的调查对象认为与群众利益有很大的对立（见表4-16）。这个结果表明党的群众路线教育实践活动还需要进一步加强，同时由于政府与民众利益分歧的存在，社会协商非常必要，而且需要尽快推广实施。

表4-16 对公务员"代表群众利益"的评价

	频数（人）	有效百分比	累积百分比
完全能够代表群众利益	94	7.8	7.8
部分代表群众利益	532	44.3	52.1
不能代表群众利益	185	15.4	67.5
只能代表自己利益	160	13.3	80.8
与群众利益有很大对立	64	5.3	86.1
不好说	166	13.8	99.9
合计	1201（缺失17）	99.9	

（二）社会组织的资源较少，社会协商能力不足

社会协商是处理国家与社会关系的一种方式，既是国家管理、政党执政的需要，也是社会发育的产物，社会发育对社会协商的制约十分明显。社会发育是指广泛存在于社会之中的表达社会各利益主体诉求的"自组织"；这种"自组织"与政治国家保持一定的界限。法团主义认为，国家可以认可少量"自组织"，并在内化国家价值、规范的基础上授予其一定的垄断权。尽管新中国成立以来，我国就存在社会组织，但是长期以来，我国政府通过"双重管理"（既要求在民政部门登记，又要求有业务主管单位）等方式，抑制了社会组织的发展。改革开放以后，市

场经济和政府管理理念的转变催生了社会组织的发展，2012年底社会组织的数量大幅提升，总数接近50万个。2013年3月正式颁布的《国务院机构改革与职能转变方案》明确宣告了社会组织双重管理制度的终结，社会组织将进入快速增长阶段。但是，由于传统文化和传统体制的影响，社会（民间）供给社会组织的资源偏少，社会组织的专业化程度较弱，自身的规模较小，项目的可持续性差，造成了社会组织在参与公共事务的同时，存在资源不足、能力不足的窘迫境况，难以满足公众诉求。

我们的调查数据显示，5.5%的调查对象认为社会组织的社会协商能力很强，30.0%的人认为较强，二者合计35.5%，略高于对政府（公务员）的评价。9.8%的被调查对象认为社会组织的协商能力较弱或者很弱，比对政府（公务员）的评价低10.8%。有40.3%的调查对象认为社会组织的协商能力一般，加上认为较弱和很弱的比例，达到50.1%（见表4-17）。从整体上说，公众认为社会组织的社会协商能力比较弱，同时也认为社会组织的协商能力比政府（公务员）稍强，这与社会组织天然的"草根"性有直接关系。

表4-17 对社会组织"协商能力"的评价

	频数（人）	有效百分比	累积百分比
社会协商能力很强	66	5.5	5.5
社会协商能力较强	359	30.0	35.5
社会协商能力一般	482	40.3	75.8
社会协商能力较弱	98	8.2	84.0
社会协商能力很弱	19	1.6	85.6
不好说	173	14.5	100.1
合计	1197（缺失21）	100.1	

我们还调查了与社会组织的社会协商能力相关的因素。社会组织最

重要的功能就是通过参与公共事务来满足公民的诉求。我们设计了对社会组织参与公共事务的能力的问题。数据显示，仅有 35.9% 的调查对象认为社会组织参与公共事务的能力很强或者较强，而认为社会组织参与公共事务的能力一般或者很弱的人数比例却高达 64.1%（见表 4-18），可见社会组织参与社会协商的能力亟待加强。

表 4-18　对社会组织"参与公共事务的能力"的评价

	频数（人）	有效百分比	累积百分比
参与公共事务能力很强	73	6.1	6.1
参与公共事务能力较强	356	29.8	35.9
参与公共事务能力一般	439	36.8	72.7
参与公共事务能力有点儿弱	80	6.7	79.4
参与公共事务能力很弱	32	2.7	82.1
不好说	214	17.9	100.0
合计	1194（缺失 24）	100.0	

社会组织的信任度和在多大程度上能够代表群众的利益都是社会组织公信力的重要体现。"西方国家的民间社会组织很发达，它之所以可以作为政府和市场双重失灵的重要纠补机制，很重要的一个原因就是它有很高的社会公信力。"[①] 在我国，有些社会组织存在着利益代表性不强、对利益主体的规约性较弱、解决利益纠纷缺乏公信力和权威力、角色错位等缺陷，从而导致了其功能的紊乱。调查结果表明，仅有 6.4% 的人认为社会组织很值得信任，这个比例很低，相反有 6.8% 的人认为社会组织完全不能信任或者不太值得信任。有 32.2% 的人认为社会组织比较值得信任，38.6% 的人认为信任度一般，并无特别信任和特别不信

---

① 马长山：《民间社会组织能力建设与法治秩序》，《华东政法学院学报》2006 年第 1 期。

任之处（见表 4-19）。社会组织的信任建设必须加强。

表 4-19 对社会组织"信任程度"的评价

	频数（人）	有效百分比	累积百分比
很值得信任	77	6.4	6.4
比较值得信任	387	32.2	38.6
一般	464	38.6	77.2
不太值得信任	68	5.7	82.9
完全不能信任	13	1.1	84.0
不好说	192	16.0	100.0
合计	1201（缺失 17）	100.0	

由本书的调查数据可知，仅有 6.8% 的人认为完全能够代表群众利益，16.5% 的人认为不能代表群众利益，5.5% 的人认为只能代表自己的利益，50.9% 的人认为只能部分代表群众利益（见表 4-20），可见社会组织对群众利益代表性仍然不足。

表 4-20 对社会组织"代表群众利益"的评价

	频数（人）	有效百分比	累积百分比
完全能够代表群众利益	82	6.8	6.8
部分代表群众利益	611	50.9	57.7
不能代表群众利益	198	16.5	74.2
只能代表自己利益	66	5.5	79.7
与群众利益有很大对立	10	0.8	80.5
不好说	233	19.4	99.9
合计	1200（缺失 18）	99.9	

不过，对社会组织的评价也有比较积极的看法，例如，接近一半的调查对象认为社会组织很容易沟通或者比较容易沟通（见表 4-21），且能够平等待人（见表 4-22），这为社会组织参与社会协商提供了较好的

基础。

表 4-21　对社会组织"沟通能力"的评价

	频数（人）	有效百分比	累积百分比
很容易沟通	104	8.7	8.7
比较容易沟通	490	40.9	49.6
一般	395	33.0	82.6
比较难沟通	36	3.0	85.6
很难沟通	14	1.2	86.8
不好说	158	13.2	100.0
合计	1197（缺失 21）	100.0	

表 4-22　对社会组织"平等待人"的评价

	频数（人）	有效百分比	累积百分比
平等待人	165	13.7	13.7
比较平等待人	414	34.5	48.2
一般	413	34.4	82.6
较难平等待人	44	3.7	86.3
高高在上	7	0.6	86.9
不好说	158	13.2	100.1
合计	1201（缺失 17）	100.1	

（三）公众的民主技能低，社会协商能力不足

民众也是社会协商的重要主体之一。有 60.0% 的调查对象认为政府做决定的时候，老百姓应该要参与。但是，只有 3.2% 的调查对象认为本市（县）民众的社会协商能力很强，19.0% 的调查对象认为较强，二者合计 22.2%；高达 47.4% 的人调查对象认为社会协商能力一般；13.7% 的调查对象认为社会协商能力较弱，4.2% 的人认为很弱，二者

合计17.9%（见表4–23）。民众的社会协商能力与人们的期望还有较大差距。

表4-23 对民众的社会协商能力的评价

	频数（人）	有效百分比	累积百分比
社会协商能力很强	38	3.2	3.2
社会协商能力较强	226	19.0	22.2
社会协商能力一般	563	47.4	69.6
社会协商能力较弱	162	13.7	83.3
社会协商能力很弱	50	4.2	87.5
不好说	148	12.5	100.0
合计	1187（缺失31）	100.0	

从党委政府、社会组织和民众三个社会主体的社会协商能力的比较来看，调查对象认为民众的社会协商能力最低（见表4–24）。

表4-24 社会主体的社会协商能力比较(%)

	党委政府	社会组织	民众
社会协商能力很强	6.9	5.5	3.2
社会协商能力较强	27.0	30.0	19.0
社会协商能力一般	30.9	40.3	47.4
社会协商能力较弱	13.0	8.2	13.7
社会协商能力很弱	7.7	1.6	4.2

民众的社会协商能力与居民参与公共事务的能力密切相关。数据显示，21.7%的调查对象认为普通居民参与公共事务的能力很强或较强，20.0%的调查对象认为有点儿弱或很弱，与调查对象对居民社会协商能力的评价基本一致（见表4–25）。

表4-25　对本市(县)普通居民参与公共事务能力的评价

	频数（人）	有效百分比	累积百分比
参与公共事务能力很强	37	3.1	3.1
参与公共事务能力较强	221	18.6	21.7
参与公共事务能力一般	597	50.2	71.9
参与公共事务能力有点儿弱	205	17.2	89.1
参与公共事务能力很弱	33	2.8	91.9
不好说	97	8.2	100.1
合计	1190（缺失 28）	100.1	

　　社会协商还与居民参与公共事务的意愿和居民素质有关。4.9%的调查对象认为居民参与公共事务的意愿很强烈，38.7%的调查对象认为较强烈，15.9%的调查对象认为不太关注或者完全不关注（见表4-26）。

表4-26　对本市(县)普通居民参与公共事务意愿的评价

	频数（人）	有效百分比	累积百分比
参与公共事务意愿很强烈	58	4.9	4.9
有一定参与公共事务意愿	459	38.7	43.6
一般	423	35.7	79.3
不太关注公共事务	169	14.3	93.6
完全不关注公共事务	19	1.6	95.2
不好说	57	4.8	100.0
合计	1185（缺失 33）	100.0	

　　调查数据显示，有53.7%的调查对象认为身边的普通居民素质一般，认为普通居民素质较高或很高的占27.9%，认为普通居民素质很低或较低的占13.8%（见表4-27）。这表明，被调查对象认为大部分居民的素质较高，具备参加社会协商的基本素质。

表 4-27　对本市(县)普通居民的素质评价

	频数（人）	有效百分比	累积百分比
素质很高	36	3.0	3.0
素质较高	298	24.9	27.9
一般	644	53.7	81.6
素质较低	147	12.3	93.9
素质很低	18	1.5	95.4
不好说	56	4.7	100.1
合计	1199（缺失 19）	100.1	

民众的专业知识缺乏。对于一些重大事项涉及专业问题，还需要具备专业能力。例如，浙江温岭开展的"参与式预算"就需要相关的预算知识。从预算恳谈实践看，乡镇人大代表（含民意代表）在预算方面的知识非常欠缺。尽管一些乡镇邀请专家对人大代表进行培训，但是，相对于整个预算的复杂要求来说，这些培训还是非常有限的。在实际恳谈中，不少代表还不能迅速进入预算审查的角色之中，对政府预算报告的修改意见无从谈起，提出的修改意见不符合预算规定的情况也不时出现。①

在乡村民主实践的广东"蕉岭模式"中，"监督下沉到村，下沉到老百姓当中。在村里，监督制度建立了，监督力量有了，但接下来面临的一个问题是：如果农民没学会监督，或者说没有监督能力，监督仍然无法落实。"② 从居民和村民自治的实践中可见，民众的可行能力是制约民主发展的重要因素。民主素养还比较低，民主技能缺乏。因此，民众的能力建设和制度建设是同样重要的两个方面，不可偏废其一，如只顾

① 陈明：《国家与社会合力互动下的乡村协商民主实践——温岭案例分析》，上海人民出版社 2012 年版，第 353 页。

② 姚忆江：《监事会：村庄"纪委"防止村官腐败——广东蕉岭"草根式"权力平衡样本观察》，《南方周末》2010 年 2 月 25 日。

制度建设而忽视能力建设，只会使民主制度流于形式。

四、社会协商主体能力建设的措施

    社会协商主体的能力建设是广泛开展社会协商活动、构建社会协商制度和机制的基础。根据社会协商主体能力的共有内容和不同的职能定位以及薄弱环节，我们提出相应的建设措施。共有能力建设主要是提高民主素养、调查研究能力、表达能力、理解能力、辩论能力和偏好转换能力。党委政府的协商能力建设主要是建设群众工作能力，对公众主要是建设参与能力，对社会组织主要是建设协同能力（见图4-2）。

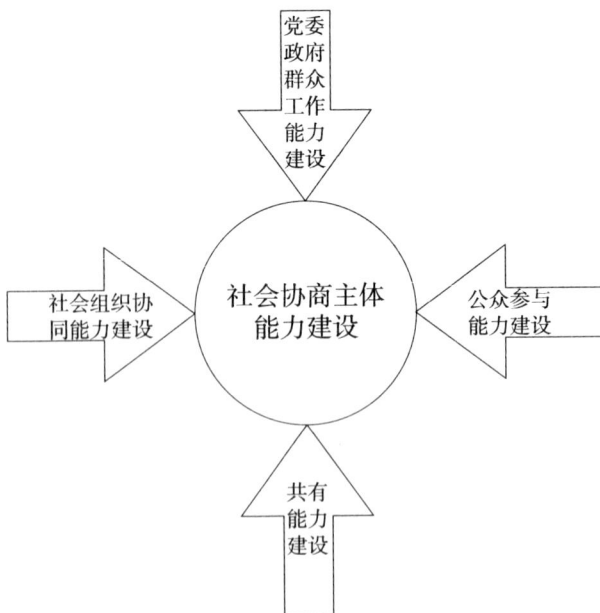

图4-2　社会协商主体能力建设示意图

（一）加强共有能力建设

1. 培养民主素养

民主素养是指采用民主的方式来治理国家、调节各主体的利益、化解社会矛盾的理念和规则体系的认同，包括对民主观念的接受、对民主知识的掌握、对民主运行的基本规则的了解、对新的民主形式的理解等内容。"从各国的民主宪政实践来看，公民民主素养的好坏与民主质量的高低则有很大的关系：公民民主素养好，民主质量就高；公民民主素养差，民主质量就低。一般地说，民主传统悠久的国家，公民养成了健全的民主意识，习得了必要的民主知识，民主质量自然较高，相比之下新兴民主国家实行民主的历史短，公民民主意识淡薄、民主知识缺乏，民主质量也相对较低。"① 民主素养与民主能力、协商能力紧密联系，民主素养越高，民主能力、协商能力越强，社会协商的效果会更好。

民主素养的提高有助于社会协商在我国各个领域、各个主体和各种层面上展开，培养民主素养应当纳入民主建设的基本内容之中。培养民主素养不仅仅是公民层面的问题，也是执政党、政府层面的问题，所以对民主素养的培育不仅要针对公民，也要针对各级政府和执政党，是各个社会协商主体能力建设的共同内容。培养民主素养的途径有宣传讲解我国的民主观念、民主知识和民主制度，特别应当注重在民主实践中熟悉民主技术、民主程序、民主规则。对于社会协商这样的新型民主形式，可以开展模拟协商，深入基层党组织、基层政府和基层社会进行现场培训。

---

① 童伟华：《公民素质、民主素质与社会主义民主的关系》，《探索》2012 年第 5 期。

2.培养调查研究能力

把握调查研究的基本原理。遵循由零散到系统、由感性到理性、由现象到本质的人类认识规律，核心要求是实事求是，掌握调查研究的方法。调查方法有：座谈会、问卷调查、个案调查（典型调查）、现场观察（蹲点调查）、个别访谈等。研究方法有：分析法、归纳法、比较法、头脑风暴法、推演法等。掌握写作调研报告的能力，对于重大社会协商事项是必要的，特别是对于党委政府、社会组织和协商代表来说十分重要。调查报告是协商的基本材料，甚至包含了部分证据材料。用于社会协商的调研报告大致内容包括：调查的缘由、调查的过程、事项经过、发现的问题、分析问题、提出处理建议等。

3.提高表达能力

良好的表达能力取决于两大核心要素：一是头脑中要有内容，"腹有诗书语自华"，多学习，多积累，掌握社会协商知识，熟悉社会协商事项，需要表达的时候才能信手拈来；二是要选择适当的表达方式和表达技巧。表达能力是可以通过训练提高的。首先要重视培养表达能力，其次要使用一些方法来训练。例如对于口头表达能力，可以训练说话的声音，掌握适当的语速，不要太快，声音高低适当，吐字清晰；使用正确的词语，尽量使用口语；保持目光接触交流，使用肢体语言；言简意赅，不要拖泥带水，不要夹杂无关信息；等等。

4.提高理解能力

认真倾听，理解语言文字的关键点和逻辑关系，准确把握其基本意思。在协商辩论时，可以记下要点，帮助我们理解对方的意思。在遇到专业性问题时，要事先准备相关的专业知识，克服专业障碍，提高我们的理解程度。

5.提高辩论能力

辩论能力是一个综合能力，需要运用事实、证据、逻辑方法论证自己的观点，反驳对方的观点。提高辩论能力需要掌握基本的逻辑推理方式，多角度分析问题，综合运用对比法、演绎法、归纳法、辩证法、反证法等等。

6. 提高偏好转换能力

选举民主按照多数决的方式运作，实际上剥夺了少数人表达偏好的机会，社会协商机制则弥补了这一缺陷，为实现偏好转换提供了可能。提高偏好转换能力需要做到如下几点：

第一，提高自我反思的能力。在理解对方观点的基础上，检讨自己对事实真相的了解，反思自己观点的正确与错误，设身处地换位思考别人的处境和困难，使自己的偏好具有反思性。

第二，提高互信合作的能力。以"囚徒困境"博弈模型、哈丁的"公地悲剧"理论、阿罗"不可能定理"为代表的社会选择理论认为：每个人都有自己独立的偏好，达成民主的共识是不可能的。其中的要害就在于个人缺乏互信合作能力。因此，哈贝马斯提出以"交往行为"（communicative action）建立主体与主体之间的互信合作。"交往行动"是一种行动者个人之间以语言为媒介的双向互动，它"所涉及的是个人之间具有（口头上或外部行动方面）的，至少是两个具有语言能力和行为能力的主体之间的关系的活动"①。在平等的社会协商环境中，每个人的偏好都应得到尊重，并可以自由陈述自己的个人偏好，在陈述的过程中实现参与主体的偏好交流，视协商对方为合作者，最终将个人偏好与社会偏好达到平衡。因此，协商就是协调偏好差异的一种交流方式，也是偏好转换的过程。"人们之所以愿意采取一致行动，是因为通过互信的协商发现，原来存在更好的理由和更佳的选择，因而才会为他人提出更

---

① 　[德] 尤尔根·哈贝马斯：《交往行动理论（第一卷）——行为合理性与社会合理化》，上海人民出版社 2004 年版，第 121 页。

具合理性的政策选择所打动而形成共识。"① 因此，建立信任机制、赢取信任关系、倡导合作精神，通过交往、妥协、让步达成共同偏好是可能的，组织和参与这些活动也是互信合作能力的重要表现。

第三，建立互信合作的机制。偏好的转换必须建立在协商过程的公开和协商背景的连续性的基础上。在公开的、连续性的协商背景下，形成了一个连续的博弈过程。众所周知，人们在上一决策环节中自己负责任的偏好表达将赢得下一决策环节中他人负责任的表达②，为偏好转换带来信任基础。建立合作指引，要明白只有在合作的框架下才能完成决策，否则达不成共识，双方都要受损，没有赢家。

第四，坚持法治理念。凡是不符合法律规定的个人偏好都应当主动转换。

（二）党委政府加强社会协商能力建设

科恩认为，"协商过程具有三大特点：协商是自由的——对各种建议的考虑并不局限于预设的规范或必要条件的权威；协商是理性的——各方都要标明自己提出、支持或批评各种建议的依据；协商参与者在形式和实质上都是平等的——参与机会平等，现存的权力和资源都不会影响协商和参与的过程"。③ 这与我国传统的政府决策、社会管理显然不同，党委政府的社会协商能力就要围绕协商过程的三个特点进行。

---

① 陈炳辉、王卫：《民主共识的达成——协商民主解决多元偏好冲突的路径选择》，《厦门大学学报》（哲学社会科学版）2012 年第 5 期。

② 王清：《公共协商：作为偏好强度问题的解决机制》，《华中师范大学学报》（人文社会科学版）2010 年第 4 期。

③ ［美］乔舒亚·科恩：《协商与民主合法性》，载詹姆斯·博特、威廉·雷吉主编：《协商民主：论理性与政治》，陈家刚等译，中央编译出版社 2006 年版，第 56—57 页。

1. 高度重视社会协商工作

社会协商要求党委政府变单方决策为多方决策，变单方管理为多方治理，势必要求党委政府改变传统决策方式和思维定势。目前，党委政府对社会协商的认知度还比较低，对社会协商的操作程序还不熟悉，对协商的技能还比较缺乏。

党委政府首先要重视社会协商工作，深刻认识到这是国家治理方式转变的重要内容。要充分发挥党委在社会协商中协调各方、总揽全局的核心领导作用。把领导社会协商的工作放在党委工作的重要位置上，正确把握社会协商的大政方针。支持政府依法协商，积极引导各类群众自治组织、社会组织和人民群众有序参与社会协商。同时，建立和健全社会协商的考核机制，研究制定科学全面的社会协商综合考核指标体系，把考核结果作为干部奖惩的重要依据。

目前，需要克服一些党员干部思想认识上的"无用论"：在新形势下，人民内部矛盾已不是主要的思想政治矛盾，注重利益分配的公平代替重视群众动员工作成为主要的任务；群众的素质在提高，自主性在增强，只要是一种好的民主形式，老百姓自然就来参与，因此动员群众参与社会协商没有必要。这种看法从反对空泛的思想政治工作来说有一定道理，但是社会协商针对的是比较具体的群众利益和公共事务，将思想动员与群众利益分配比较紧密地结合起来了，不是空洞的民主思想灌输，而是实实在在的利益协调形式，需要引导群众认识到这一点。为了避免个人以"一己之利"或"一人之声"替代全体公民的利益，还应依靠党组织的正确引导和帮助。1948 年，毛泽东同志在《对晋绥日报编辑人员的谈话》中说道，"马克思列宁主义的基本原则，首先就是要使群众认识到自己的利益，其次就是要使群众为自己的利益团结起来去奋斗"。①

---

① 《毛泽东选集》第四卷，《对晋绥日报编辑人员的谈话》，人民出版社 1991 年版。

目前，群众对这种新型民主政治形式了解不多，理解困难，也不知道如何实施，因此需要动员群众积极参与。同时，党的动员能够保障社会协商不误入歧途，坚持走社会主义民主道路。

2. 纳入党委政府的群众工作能力建设

由于社会协商主要是党委政府与群众的协商，因此社会协商不仅是一种协商民主的形式，也是群众工作的重要方法。群众工作是指党联系、宣传、教育、组织和服务群众，发挥群众的积极性和创造性去完成特定历史任务的工作，从而顺利践行党的政治路线、方针和政策。① 作为我党的政治优势和优良传统，群众工作这一传家宝不可丢，面对日益突出的群众信访、群众诉求、群体性事件等，群众工作能力便显得更为重要。群众工作能力是党执政能力的重要体现。"在新形势下，各级领导干部应当更加重视群众工作能力，群众工作能力是一项最基础、最核心的能力，是不可或缺的'第一能力'。"②

党委政府的社会协商能力是新形势下一种新的执政能力和群众工作能力，但与一般的群众工作能力相比，更侧重于与群众协商的能力。从微观层面上看，社会协商一般需要经过了解群众诉求、深入调查、弄清事实真相、研究相关法律政策规定、听取相关部门或者相关群众的意见、提出初步的处理意见、与群众沟通商量、达成一致意见等环节，甚至这个过程的某一个或几个环节还多次反复，而且这个过程中，还涉及对相关群众的安抚、对社会的信息公开等工作。从宏观层面看，社会协商作为一种新型的协商民主形式，在我国还没有发展成熟，需要执政党对群众引导动员并建立相应的体系和制度，以推广使用这一新型民主形式。因此，社会协商能力是群众工作能力的具体体现，是一种最接地气、最

① 刘芬：《党的群众工作能力的时代内涵和促进对策》，《黑龙江史志》2011 年第 13 期。

② 陈永弟：《群众工作能力是"第一能力"》，《文汇报》2011 年 5 月 10 日。

民主的群众工作技能，应当纳入群众工作能力建设之中。作为群众工作能力建设的重点内容，应提高协商执政的能力和协商治理的能力。

3. 增强动员引导群众协商的能力

强化群众观念，首先要求党委政府转换角色、转变职能。党委政府主体变党委政府主导，就是党委政府不再大包大揽，一竿子插到底，而是创造条件，引入市场主体和社会主体，培育群众组织，充分发挥他们的积极性和创造性。变"领导"为"指导"，变"管理"为"协调"，变"决定"为"协商"，主动为群众组织、市场主体、社会组织提供政策支撑和服务。

例如，成都市金牛区党委认识到，老旧城区拆迁改造涉及很多利益相关方，面对这些错综复杂的人际关系、利益关系和财产隶属关系，若处理不当，便会激发暗藏的矛盾和历史问题，于是尝试使用社会协商的方式处理各种利益纷争。金牛区党委引导曹家巷棚户区的住户成立自治改造委员会，把项目业主的委托权、项目实施的决定权和补偿安置方式选择权都交给群众。政府和"自改委"是管理与被管理的关系，同时也是合作共治的关系，"自改委"具有相当大的自主权。二者通过平等对话、协商、沟通、辩论，最终在拆迁和补偿安置方面达成了共识。最终达成的共识既维护了绝大多数群众的利益，又不侵害极少数群众的利益诉求，用较小的代价实现了拆迁补偿安置的程序、利益、政策共识，同时也有效地避免了矛盾的激化。实现"改不改由群众说了算"，广大群众从拆迁改造的"旁观者"变为了"真主人"，党委政府的角色从"划桨人"转变为"掌舵人"，曹家巷的自治改造十分成功。①

4. 增强参与群众协商的能力

在新形势下，要增强群众工作能力，着力解决与人民群众切身利益

---

① 参见李后强、杨林兴：《从"一二三"经验看践行群众路线》，《四川日报》2014年4月2日理论创新版。

相关的问题。首先，要加强理论学习。没有先进的理论，就没有正确的行动。学习马克思主义经典作家的理论、党的群众路线理论和社会治理理论，充分掌握群众工作原理，为社会协商奠定坚实的理论基础，更好地把握社会协商的工作方向。

其次，要加强相关专业知识的学习，面对越来越复杂的社会结构，新的工作领域和知识领域不断出现，新的矛盾冲突不断发生，要把握当前群众工作的新情况新特点，才能有的放矢，增强社会协商的实效性。

最后，将理论和实践有机结合起来，提高工作技能。不断探索社会协商工作，在实践中提高对社会协商的组织能力和策划能力，增强与群众、社会组织、企业、媒体的沟通对话能力，在协商中注意与群众、社会主体、企业等平等相处。澳大利亚政治学家约翰·S.德雷泽克认为，"真实民主的唯一条件是要求人们在交往中对偏好的考虑是非强制性的，这相应地要求排除因权力运用而形成的支配，以及控制、灌输、宣传、欺骗、纯私利的表达、胁迫和进行意识形态同化的企图。若政治参与者有平等的协商能力，他们就可能抵消这些扭曲行为"。① 因此，位居强势地位一方的党委政府必须对社会主体平等相待，排除权力因素的干扰、排除控制胁迫的可能，进行平等协商，允许争论、巧辩、诙谐、情感、陈述、说服，不得包括压制、控制和欺骗。②

---

① ［澳］约翰·S.德雷泽克：《协商民主及其超越：自由与批判的视角》，丁开杰译，中央编译出版社2006年版，前言第2页。

② 约翰·S.德雷泽克指出，"真实协商允许存在争论、巧辩、诙谐、情感、陈述或者说谎，以及闲话"。允许说谎的存在表现出德雷泽克对协商民主的宽容态度，也暗示政府官员应当对协商给予足够的宽容，这种对协商民主的宽容态度笔者表示赞赏，但是对协商中的"说谎"不予赞同，因为"说谎"不是真实意愿的表达，违背诚实信用原则，对协商的伤害极大。德雷泽克也明确指出，协商是一种互动过程，"互动内容包括说服但不包括压制、控制或者欺骗"。因此，笔者揣测很可能是语言背景的差异，导致对"说谎"的不同理解。

5. 增强规划设计协商的能力

党的十八届三中全会指出，"推进协商民主广泛多层制度化发展"。中央和地方都需要对社会协商等协商民主形式进行制度设计，由此需要党委政府强化宏观驾驭能力、调查研究能力和因地制宜的规划能力。在制度设计中，应该充分重视工会、妇联、共青团等人民团体的作用，同时注意引导和支持其依法办事、依章办事，有序参与社会协商，维护群众合法权益。引导和支持各类所有制企业依法承担社会责任，以社会协商的方式正确处理企业内部的劳资关系和与外部的利益纠纷。地方党委政府可以建立社会协商专项评价标准，接受人大、政协、人民团体、基层群众的评价与监督，同时制定相应的绩效挂钩制度。

6. 加强社会协商能力的基础性建设

加强政府的公信力建设，说话做事讲信用，行政行为公正合理，特别要加强依法协商的能力。党的十八大报告明确提出，"法治是治国理政的基本方式"，十八届三中全会指出："建设法治中国，必须坚持依法治国、依法执政、依法行政共同推进，坚持法治国家、法治政府、法治社会一体建设。"[1] 在社会协商中要有底线共识，这个底线就是法律，不能突破法律的强制性规定搞"法外开恩"、"一团和气"。同时，要用法律制度来规范社会协商，积极引导立法机关制定相关法律。"社会协商"涉及人民的民主权利，它应当在"阳光"下运行。协商民主理论家们特别强调公共决策要以协商民主的方式充分考虑公民意见。公民意见并非完全是与政府的决策相对立，"只要政府能公开透明地证明其正当性，公民可以尊重甚至可以接受决策主导者的拥有自己的秘密。也即是，公民及其他决策主导者要有充分的理由证明自己所采纳的法律和政策的正当性"。[2]

---

① 《中共十八届三中全会在京举行》，《人民日报》2013 年 11 月 13 日第 1 版。

② Amy Gutmann, Dennis Thompson, *Why deliberative democracy*? Princeton University Press, 2014.

（三）加强公民的社会协商能力建设

卡罗尔·佩特曼认为真正的民主应是从政策议程的制定到执行，所有公民都能直接、充分的参与。[①] 因此，公民的社会协商能力建设是我国社会协商主体能力建设的重中之重。

1. 提高参与协商的可行能力

可行能力是指对于一个人而言有可能实现的、各种可能的功能性活动组合的实质自由，即实现各种不同生活方式的自由。[②] 社会协商在本质上要求参与主体可行能力的支持和能力平等，能力平等对社会协商过程和结果的民主性程度产生着重大影响。接近平等的社会协商才具有对等性，才趋向于公正合理。因此，社会协商中的可行能力建设关系到社会协商的合法性问题。可行能力建设包括争取和有效利用协商机会的能力、充分利用资源并转化为具体行动的能力、辩解能力、表达个人偏好的能力等。

可行能力与文化素养和民主素养的关系重大。社会教育的发展状况也会对参与社会协商的程度产生直接的影响。阿尔蒙德·维巴通过对英、美、德、意和墨西哥五国的研究分析得出"教育程度与参政比例成正比"[③] 的结论。参与主体的文化素养在协商民主的实践过程中发挥着基础性的作用，其影响着社会参与的广度和深度。因此，要努力提高公民素质，增强公民参与的能力和主体意识。引导公民自觉践行其对国家

---

① ［美］卡罗尔·佩特曼：《参与和民主理论》，陈尧译，上海人民出版社2006年版，第7页。

② ［印］阿玛蒂亚·森：《以自由看待发展》，任赜、于真译，中国人民大学出版社2002年版，第62页。

③ ［美］阿布里埃尔·A．阿尔蒙德·维巴：《公民文化》，华夏出版社1989年版，第217页。

的权利和义务，增强参与社会协商的积极性、主动性，不断提高其参与热情。组织公民学习民主知识、熟悉民主规则、了解基本的法律法规。对于特定的重大社会协商事项，可以提前组织参与协商的民众学习专业知识。

减少和避免对民众参与协商的排斥，增加参与机会。目前，在社会协商实践中普遍存在着公民理性不足的问题。这主要是因为日益复杂的社会结构、多元的文化价值和人文教育薄弱等原因。公共理性的不足又反过来作用于公民，造成公民公共政治能力的匮乏。在长期的政治生活实践中，高层精英对普通大众的政治参与存在着一定的排斥，而普通大众政治参与的冷漠心态又加重了公民政治能力的匮乏和参与政治决议的边缘化，使社会协商的效果大打折扣，因此要加强政治理性教育，减少和避免对普通民众参与社会协商的排斥。

2. 为公民参与提供法律和制度保障

目前，我国公民参与的法制化和制度化程度都不高，急需加强这两方面的建设。加强公民利益表达机制的建设，提高公民政治参与的积极性和主动性，消除参与社会协商的障碍；社会协商议题应从公民最迫切的利益诉求出发；通过立法明确政府向在为公民参与社会协商方面提供便利和条件；政府要不断提高信息公开透明的程度，使得民众能够获得充分的协商信息。在充分尊重宪法和法律赋予公民的参政议政权利和公民自由的基础上，针对公民参与社会协商的内容、途径、方式作出明确的规定，使其可以依照一定的程序进行操作，并将其用法律的形式固定下来，明确规定社会协商各方的权利和义务。

3. 提高公众参与的组织化程度

爱丽斯·马里恩·扬认为："团体成为协商主体具有明显的优势。在协商过程中，不同团体彼此观点之间的开放和负责，每种观点都要对源自其他立场的观点负责。"① 我国公民参与不足一定程度上是由于公民参与的组织化程度较低造成的。组织化参与政治比个体参与政治具有更大的天然的优势，而在实际的政治活动中，我国许多公民往往采取单枪匹马的行动去表达自己的诉求，而不是以利益群体的形式出现。真正卓有成效的公民参与，最终需要的是有组织的参与，这就要求实现公民参与的组织化势在必行。亨廷顿认为，组织是通往政治权力之路，也是政治稳定和政治自由的前提与基础，公民有组织地参与政治是现代社会政治发展的一个趋向。② 在社会协商中，民众一方涉及的人员较多，可以成立具有代表性的临时组织参与，也可以依法委托某一组织代表参与。

4. 培育公民意识和公共精神

协商民主的目标是建立起具有价值偏好的公民意识和公共精神，而社会协商正好体现了这种平等参与、公共理性、公益互助、宽容合作等价值观。在居民自治和社区议事活动中，"要积极引导居民用公开的平等交流和协商等方式关注社区公共事务和公共利益，培育相互理解、相互尊重的公民，积极履行公民义务和责任"③，体验社会协商的参与快乐。积极引导公民参加社区服务性、互助性、公益性社会组织，合理有序参与到社区管理服务和自治，最终为培育社会协商意识、提升社会协商能力提供公共空间和平台。

---

① ［美］爱丽斯·马里恩·扬：《作为民主交往资源的差异》，载［美］詹姆斯·博曼、威廉·雷吉主编：《协商民主：论理性与政治》，陈家刚等译，中央编译出版社2006年版，第303页。

② ［美］塞缪尔·亨廷顿：《难以抉择——发展中国家的政治参与》，华夏出版社1989年版。

③ 束锦：《社会管理创新与协商民主的理论契合及实践探索——南京市鼓楼区议事机制调研》，《社会主义研究》2011年第5期。

（四）加强社会组织的社会协商能力建设

截至 2013 年 6 月底，全国依法登记的社会组织有 50.67 万个，其中社会团体 27.3 万个，民办非企业单位 23 万个，基金会 3713 个，从业人员超过 1200 万人。[①] 社会组织的整体实力呈现出不断增强的趋势，其已成为承担政府职能转变接班人、社会政策的践行者和社会服务的重要提供者，同时也是我国社会主义现代化建设的重要力量之一。社会组织参与社会协商刚刚起步，社会组织的整体力量仍然较弱，严重制约着社会组织在社会协商中发挥更好协同作用。针对其资源缺乏、协商能力较弱的情况，需要从以下方面加强能力建设。

1. 重视社会组织的协商能力建设

社会组织虽然是非政府组织，但是并非就是"反政府"组织。社会组织不仅可以直接参与社会协商，而且可以间接参与其中，如提供社会协商的策划、组织、评估等服务，特别是协同党委政府和公众开展社会协商工作的作用十分突出。社会协商理论强调以公民为本位，主张政府与公民的良好互动和合作，而这种合作往往需要一定的组织作为载体，社会组织作为这样一种载体发挥着党委政府与公民之间的桥梁作用。社会组织代表公众利益，能够很好地解决政府与公民之间交易成本高的问题，能够突破公民个人的时间、能力、物质、精力等局限性，实现彼此的合作。社会组织以提供公共服务为核心，同时，还具有维护特定群体利益、推进民主政治等功能，在化解社会矛盾、分担社会风险、维护社会和谐稳定方面发挥

---

① 《民政部官员：简政放权开启社会组织改革大幕》，新华网，见 http://news.xin-huanet.com/2013-10/23/c_117838385.htm，查阅时间：2014 年 10 月 20 日。

着不可替代的作用。① 显然，社会组织将在社会协商中发挥更加重要的作用，成为不容忽视的重要力量。

当务之急是全方位高层次提高社会组织自我组织的能力、自我发展的能力、动员社会资源的能力、拾遗补缺的能力、利用市场的能力和依法自治的能力建设，以适应社会协商对社会组织提出的新要求。需要从制度上明确社会组织参与社会协商的主体地位，要积极动员和整合社会组织资源，积极推动建立政府调控机制同社会协商机制互联、政府行政功能同社会协商功能互补、政府管理力量与社会协调力量互动的社会协商管理网络，增强社会组织参与社会协商的政治荣誉感。将社会组织作为协商的对象和依靠的力量，允许、鼓励社会组织倡导协商议题，参与协商过程、评估协商结果，锻炼社会组织的协同能力。

2. 壮大社会组织的整体实力

坚持对社会组织鼓励发展和监管引导并重，逐渐完善培育扶持的方针政策，推动包括中介机构、社会团体、行业组织、志愿者团体等在内的各种社会组织发展壮大，为它们拓展资源渠道，增强实力。改革社会组织管理体制，降低社会组织准入"门槛"，简政放权；完善财税支持政策，扩大税收优惠；推进社会组织人才队伍建设，完善人力资源管理。特别要积极贯彻落实《国务院办公厅关于政府向社会力量购买服务的指导意见》，增强政府购买社会组织服务的深度和广度，明确将社会组织为社会协商提供的服务纳入政府购买服务的范围，扩大社会组织参与社会协商的空间。要鼓励公民利用社会组织参与社会协商，努力以社会协商的制度化形式，整合公共利益，促进个人偏好向社会偏好转换。

---

① 刘春湘、姜耀辉：《服务型政府建设中非政府组织参与能力提升》，《中南大学学报》（社会科学版）2012 年第 4 期。

3. 加强社会组织的内部建设

按照十八大的要求，"加快形成政社分开、权责明确、依法自治的现代社会组织体制"。① 社会组织应不断加强内部制度建设，逐渐形成依法办事、权责明确、公开透明的管理机制。发挥其天然的"草根"性和民本性，更多地代表基层群众的利益，表达基层群众的呼声，增强群众对社会组织的信任度，增强社会组织的公信力。加强对社会协商理论、制度、政策的学习，培育公共理性，建立参与协商和参与社会协商服务的内部机制，主动发挥社会协商的主体职能。加强专业人才的培养和引进，提高吸纳高素质的专业人才。

4. 充分发挥资源动员的优势

社会组织的公共服务能力往往受到其所获得资源数量的限制，资源动员能力弱是参与社会协商活动少的重要原因。社会组织要适应民间捐赠逐渐增加的形势，主动建立多元化筹资体系，挖掘市场潜力和民间潜力。利用社会组织对外联系多、民间性强的特点，建立对外合作机制，拓宽资源渠道，通过同行合作，纵横联系，政社互动，社企协同，积极动员和整合同行资源、政府资源、企业资源和民间资源，为参与社会协商活动服务。

---

① 《国务院机构改革和职能转变方案》，2013 年 3 月 14 日，见 http://baike.haosou.com/doc/6664296-6878124.html。

第五章

社会协商与公共话语平台建设

一、社会协商与公共话语平台构建的理论基础

（一）大众传媒与社会协商公共话语平台

党的十八大报告提出："社会主义协商民主是我国人民民主的重要形式。要完善协商民主制度和工作机制，推进协商民主广泛、多层、制度化发展。"并指出："通过国家政治机关、政协组织、党派团体等渠道，就经济社会发展重大问题和涉及群众切身利益的实际问题广泛协商，广纳群言、广集民智、增进共识、增强活力。"强调要"以扩大有序参与、推进信息公开、加强议事协商、强化权力监督为重点，拓宽范围和途径，丰富内容和形式，保障人民享有更多更切实的民主权利。"在进行社会协商的过程中，无论是各种信息的交流、各种诉求的表达、各种意

见的对话、各种认识的沟通、各种民智的集中都需要有一个共有的、公开的、畅通无阻的传播渠道和平台，即公共话语平台。在现代社会里，以报刊、广播、电视、互联网为代表的大众传媒因其公开性、大众性、客观性、时效性等特点，理所当然成为了各政治主体进行社会协商的最重要、最理想的公共话语平台。充分认识大众传媒在社会协商中的地位和作用，加强大众传媒作为公共话语平台的建设，对于发展和完善社会主义协商民主制度具有十分重要的意义。

　　大众传媒是如何成为社会协商的公共话语平台的呢？首先，它是与大众传播的特点、性质和社会功能分不开的。大众传播产生于16、17世纪文艺复兴运动结束和工业革命开始的欧洲，它以世界上第一批定期印刷报纸的出版为标志，而第一批报刊社便成为了世界上最早的大众传媒。所谓大众传播，就是专业化的媒介组织运用先进的传播技术和产业化手段，以社会上一般大众为对象而进行的大规模的信息生产和传播活动。[①] 大众传播的公开性、社会性和广泛参与性使它很快成为"观点的公开市场"[②] 和社会舆论流通的"纸币"。[③] 对大众传播的社会功能，传播学家曾从不同角度进行了论述。如传播学的创始人之一、美国传播学家 H.拉斯韦尔就在他的《传播在社会中的结构与功能》一文中提出"三功能说"。他将大众传播的社会功能概括为：环境监视功能、社会协调功能、社会遗产传承功能。社会协调功能是其中最重要的社会功能之一。他认为社会是一个建立在分工合作基础上的有机体，只有实现了社会各组成部分之间的协调和统一，才能有效地适应环境的变化。传播正是执行联络、沟通和协调社会关系功能的重要社会系统。在以后传播学家赖特的大众传播"四功能说"和施拉姆对大众传播社会功能的概括中，

---

① 郭庆光：《传播学教程》，中国人民大学出版社 1999 年版，第 111 页。
② [美] 穆勒：《论自由》，商务印书馆 1982 年版，第 30 页。
③ 《马克思恩格斯全集》第 7 卷，人民出版社 1998 年版，第 523 页。

都强调了大众传媒的社会协调功能，大众媒介社会协调和社会整合的功能使其在诞生之日起就被视为社会各利益群体进行社会协商、解决社会冲突、化解社会矛盾的最好工具和平台。

（二）大众传播中的公众话语权理论及其评析

自由平等的对话是一切社会协商的基础，也是大众传媒成为公共话语平台的首要条件，在既有的传播学研究史上，关于言论出版自由即大众传播中的公众话语权曾出现过各种各样的理论，其中最有代表性的有以下几种：

1. 约翰·弥尔顿的"出版自由"

英文的 freedom of press 一词在中文中有不同译法："出版自由"、"言论自由"、"言论出版自由"、"报业自由"、"新闻自由"等。它的基本含义包括：公民拥有出版权而不必经过政府当局的特别许可；除人身攻击以外，报刊有权批评政府和官吏，这种批评是正当合法的；新闻出版不应接受第三者的检查，出版内容不受任何强制；在涉及观点、意见和信念的问题上，真理和谬误的传播必须同样得到保证。最早提出"言论出版自由"的是英国诗人、政治家约翰·弥尔顿，他在1644年出版的政治小册子《论出版自由》中根据"主权在民"和"天赋人权"的思想，对封建专制制度对人民的自由民主权利的压制进行了揭露和批判，并提出言论出版自由是人的与生俱来的权利，"是一切自由中最重要的自由"。这一思想，在西方各国被视为出版自由的圭臬。

对出版自由理论产生过重要影响的还有19世纪的英国哲学家约翰·斯图亚特·穆尔和美国思想家托马斯·杰佛逊等人。穆尔在1859年出版的《论自由》一书中特别强调了意见表达自由的重要性："假如全人类都意见相同，而只有一个人持有反对意见，即使在这种场合，人类也没有迫使这个人沉默的权利。"① 而潘恩和杰佛逊则把言论出版自由写入了《独立宣言》和美国宪法。美国现代学者 F.S. 席伯特提出了言论出版自由的两个重要原则——"观点的公开市场"和"自我修正过程"，这两个原则的基本假设是：第一，人是希望了解真理并愿意服从真理的；第二，为了接近真理，唯一的方法就是保证各种不同意见能够在"公开的市场"上进行自由竞争；第三，人们的意见不可能都是相同的，应该以承认他人的权利为前提，保障每个人自由表达自己意见的权利；第四，在各种不同意见的讨论和碰撞中，最终能够产生一般人所承认的最合理的意见。②

　　言论出版自由最早由资产阶级政治家提出，但"言论出版自由"并不是资产阶级的"专利"，马克思和恩格斯等无产阶级革命家都给予过高度评价和肯定。马克思认为，"发表意见的自由是一切自由中最神圣的，因为它是一切的基础"。"没有出版自由，其他一切自由都会成为泡影。"③ 马克思强调言论出版自由的普遍性，说言论出版自由是"人类精神的特权"、是"普遍的权利"和"普遍自由"，而不是"个别人物的特权"。对于到底什么是言论出版自由，恩格斯曾作过一个完整而准确的回答："每一个人都可以不经国家事先许可自由无阻的发表自己的意见，这也就是出版自由。"④ 列宁也曾指出：出版自由"在全世界成了伟大的口号"⑤。时至今日，出版自由仍是一个伟大的口号，它是联合国宪章所规定的各国公民的基本权利。我国在 1982 年 12 月颁布的《中华人民共和国宪法》第三十五条也明确规定："中华人民共和国公民有言论、

---

①　Mill, JohnStuart, *On Liberty*, F.S.Crofts and Co, New York, 1947, 16.

②　参见 Siebert.F.S.Peterson, T.B. & Schramm, W. *Four Theotheries of the Press*, University of Illnois Press, 1956, Chapter 2。

③　《马克思恩格斯全集》第 1 卷，人民出版社 1980 年版，第 94 页。

④　《马克思恩格斯全集》第 11 卷，人民出版社 1980 年版，第 573 页。

⑤　《列宁全集》第 32 卷，人民出版社 1990 年版，第 492 页。

出版、集会、结社、游行、示威的自由。"言论出版自由是现代国家的基本标志之一，也是民主协商的基础和前提。

2. 马克思的"自由的人民的报刊"

早期的自由主义理论对打破封建集权专制制度和等级支配观念，确立自由、平等和权利思想起到了积极的作用。然而，自由主义理论是与资本主义的政治和经济制度结合在一起的，这种制度所保障的并不是全体社会成员的自由，而是资产阶级的自由。正如恩格斯所说，资产阶级的胜利是靠人民大众的力量取得的，因此它取得的每一个胜利，都不得不同一个新的社会力量分享。这个新的社会力量最初是它的同盟者，但不久就成为了它的对手。资产阶级在反封建和王权斗争中以人民的名义获得的自由最终成为了资产阶级的特权。① 以后的历史发展也证明，自由主义理论并没有，也不可能实现它最初设想的社会理想。马克思和恩格斯一生高举"出版自由"的旗帜为人民大众争取言论和出版的权利，并提出了"人民报刊"的思想。马克思指出："报刊按其使命来说，是社会的捍卫者，是针对当权者的孜孜不倦的揭露者，是无处不在的眼睛，是热情维护自己自由的人民精神的无处不在的喉舌。"②"自由报刊是人民精神的慧眼，是人民自我信任的体现，是把个人同国家和整个世界联系起来的言谈纽带，……自由报刊是人民用来观察自己的一面精神上的镜子。"③针对德国、法国、英国等地的报刊所受到的当权者的压制，马克思指出："报刊只是而且应该是大声的、'人民（确实按人民的方式思想的人民）日常思想和感情的表达者，诚然有时这种表达是热情的、夸大的和荒谬的'。如同生活本身一样，报刊始终是在形成的过程中，在报刊上永远也不可能有终结的东西。它生活在人民当中，它真诚

---

① 《马克思恩格斯全集》第 22 卷，人民出版社 1980 年版，第 355 页。
② 《马克思恩格斯全集》第 1 卷，人民出版社 1980 年版，第 74 页。
③ 同上书，第 78 页。

地和人民共患难、同甘苦、齐爱憎。它把它在希望与忧患之中从生活那里倾听来的东西，公开地报道出来；它尖锐地、激情地、片面地（像当时激动的感情和思想所要求的那样）对这些东西作出自己的判决。"① 马克思和恩格斯生活在阶级斗争十分激烈的时代，无论是在封建阶级统治的时期还是在资产阶级统治的时期，马克思和恩格斯都曾为捍卫和维护"自由的人民报刊"作出过坚持不懈的努力。

马克思和恩格斯在办报的过程中，将"人民报刊"思想进一步发展成为无产阶级报刊思想和党报思想，但他们并没有抛弃言论出版自由的原则，在坚持党性原则的同时，提倡"党内自由发表意见"、"自由交换意见"，包括对科学社会主义理论和对领导的批评两方面。②1898 年，丹麦社会民主党的温和派多数与革命派少数发生争论，温和派企图将批评他们的革命派开除出党，恩格斯虽然在某些问题上并不赞成革命派的观点，但是坚决反对用这种方式处理争论。他指出："批评是工人运动生命的要素，工人运动怎么能避免批评，想要禁止争论呢？难道我们要求别人给自己以言论自由，仅仅是为了在我们自己队伍中又消灭言论自由吗？"③ 他们主张在党内同样需要运用民主协商的方式解决不同意见的争论。对马克思和恩格斯的"自由的人民的报刊"思想，有的学者提出是马克思的"早期思想"，并把它区别于马克思后来成为共产主义者的思想。其实这种观点存在着很大的片面性，没有任何证据证明马克思恩格斯在成为共产主义者后，背离或放弃了自由的人民报刊的思想，可以说，自由的人民报刊的思想作为马克思主义新闻观的一部分，贯穿在他们一生的理论和实践中。

---

① 《马克思恩格斯全集》第 1 卷，人民出版社 1980 年版，第 187 页。

② 陈力丹：《马克思主义新闻思想概论》，复旦大学出版社 2003 年版，第 93 页。

③ 《马克思恩格斯全集》第 37 卷，人民出版社 1971 年版，第 324 页。

3. 哈贝马斯的"公共领域"

德国当代大学者、哲学家尤根·哈贝马斯是对社会协商与公共话语平台构建理论的最大贡献者。他对"公共领域"理论的论述主要集中在他于1962年出版的《公共领域的结构转型》中。哈贝马斯的所谓公共领域（publie sphere）指的是在国家和社会之间有一个公共空间，市民们假定可以在这个空间中自由讨论他们所关注的公共事务，形成某种接近于公众舆论的一致意见，并组织对抗武断的、压迫性的国家与公共权力形式，从而维护总体利益和公共福祉。通俗地说，公共领域就是指"政治权力之外，作为民主政治基本条件的公民自由讨论公共事务、参与政治的活动空间"。① 他认为18、19世纪的"公共领域"主要指的是咖啡馆、俱乐部、沙龙、图书馆、大学、报纸杂志等，而现代的"公共领域"主要指的是报纸、广播、电视等大众传媒。因此，大众传媒与公共领域的关系以及公共领域里传媒的政治角色及功能成为了"公共领域"理论最重要的话题。哈贝马斯的"公共领域"理论从根本上建立在西方的自由主义传统上，大众传媒被视为民主社会的组成部分，而言论自由是现代民主社会公民的基本权利；报纸、广播、电视等大众传媒，一方面鼓励和保障大众参与公众生活与民主进程；另一方面对国家机器和民主进程行使批判与监督功能，是国家与公众之间独立、客观、中立、不偏不倚的"信息代理人"。没有现代意义的大众传媒的出现，现代民主往往难以有效运转。哈贝马斯提出的公共领域模式，体现了资产阶级的理想：建立一个民主的、平等参与的、自由讨论的整合社会，"让理想的讨论达到对国家最理想的境界"。

哈贝马斯"公共领域"理论的提出在西方思想界引起了很大的反响，人们对其评价褒贬不一。褒扬者认为，作为法兰克福学派最后一位

---

① ［德］尤根·哈贝马斯：《公共领域的结构转型》，学林出版社1999年版，第3页。

批判理论家和西方马克思主义的代表人物之一，哈贝马斯的公共领域理论采用了民主政治的视角，聚焦于大众传播制度与民主政治制度之间的联系，强调了政治公共领域对实现民主的重要作用，为民主政治的实现找到了一条现实的路径，故而具有重大的历史意义。批评者认为，哈贝马斯过分注重对资产阶级公共领域的研究，而忽略了对平民公共领域的关注，因而不具备代表性和普遍性；同时带有鲜明的精英文化取向，夸大了文化工业控制者的操纵力量，忽视了信息领域中国家干预的公益模式。但如果我们抽去"资产阶级"的限定语，那么公共领域作为一个有待实现的目标，在大力发展社会主义民主和法治，推进市场经济发展中国的情境下，也是很有研究和借鉴意义的。①

4.巴隆和巴格迪坎的"民众参与"

民主参与理论也称受众参与理论，产生于 20 世纪 70 年代的美国、西欧和日本。在发达国家中，一方面，信息化的发展使得信息与传播的问题在社会政治、经济、文化中的地位和作用越来越突出，并与每个社会成员发生越来越直接的联系；另一方面，现实的媒介垄断使传播资源越来越集中在少数人手中，在资本主义的私人占有制下，一般民众接近和使用传播媒介的机会却越来越少。民主参与理论正是在一般民众要求自主利用媒介的意识不断提高，而现实生活又缺乏可以利用的传播资源的矛盾状态下产生的。在民主参与理论的形成过程中，美国学者 J．A．巴隆的《媒介接近权：为了谁的出版自由》（1973）和 B．H．巴格迪坎的《传播媒介的垄断》（1983）产生过重大影响。民主参与理论主张大众传播媒介向一般民众开放，允许民众个人和社会团体的自主参与，它的主要观点集中在：（1）任何民众个人和弱小社会群体都拥有知

---

① 展江：《哈贝马斯的"公共领域"理论和传媒》，《中国青年政治学院学报》2002年第 2 期。

晓权、传播权、对媒介的接近权和使用权，以及接受媒介服务的权利；（2）媒介是为受众服务的，应主要为受众而存在，而不应主要为媒介组织、职业宣传家或广告赞助商而存在；（3）社会各群体、组织、社区都应该拥有自己的媒介；（4）与大规模的、单向的、垄断性的巨头媒介相比，小规模的、双向的、参与性的媒介更合乎社会理想。民主参与理论的核心价值是多元性、小规模性、双向互动性、传播关系的横向性或平等性，这正是大众传媒作为公共领域或公共话语平台一种最理想的状态。民主参与理论属于体制外的一种媒介规范理论，它虽然在西方具有一定的影响，但它并没有也不可能改变资本主义社会少数人垄断传播媒介的现状。

综上所述，从约翰·弥尔顿 1644 年出版《论出版自由》以后的300 多年来，无论是资产阶级还是无产阶级的革命家、思想家、理论家都曾经从不同的层面和角度论述了大众传媒在民主政治中的地位和作用，提出了包括报刊、广播、电视在内的大众传媒作为各种社会主体就共同关心的社会问题开展自由平等讨论的公共话语平台的设想。然而，就像"言论出版自由"只是"一个伟大的口号"，"公共领域"只是"一个理想的模式"，真正意义的公共话语平台在现实生活中始终没有形成，而我们看到的更多的是西方大多数传播媒介都已沦为少数人为维护自身利益而剥夺多数人的话语权的工具。

为什么理想和现实总是存在着如此大的落差呢？虽然产生这种现象的社会政治、经济、文化因素十分复杂，但其中最主要的原因是显而易见的：

首先，对"出版自由"一词的不同理解。"言论出版自由"既是一个传播概念又是一个政治概念、法律概念、哲学概念，如同其他任何自由一样，言论出版自由是具体的而不是抽象的，相对的而不是绝对的。它总是与权力、法律、秩序、规范、控制等联系在一起，相伴相随，从来就没有不受任何约束的自由。在 17、18 世纪的资产阶级革命中，出版自由成为资产阶级反对封建专制主义并最终推翻封建制度的重要武器，但这一时期的出版自由作为资产阶级反对封建阶级专制制度的一种手段，带有自然法意义上的抽象和激进性质。资产阶级在夺取政权以后，很快地制定了相关的法律和政策对言论出版自由加以规范。更为重要的是，尽管西方资本主义国家标榜的"言论出版自由"是以普遍的自由的形式出现的，但它与资本主义的政治制度和经济制度结合在一起的时候，它所保障的并不是全体社会成员的自由，而是少数资产阶级的利益。正如恩格斯所指出的，在一切以资本和金钱为转移的条件下，"出版自由就仅仅是资产阶级的特权"。①

无产阶级历来主张和重视言论出版自由，并把争取言论出版自由作为夺取政权斗争的一部分。但是，无产阶级也从来反对把言论出版自由抽象化、绝对化，并公开声明言论出版自由是具体的、相对的，并与一定的社会制度相适应。不同的是无产阶级强调言论出版自由属于人民所有，在反对封建阶级和资产阶级的斗争中，无产阶级争取的是作为受剥削的大多数人民的言论出版的自由和权利；在无产阶级夺取政权以后，更为广大人民群众的言论出版的自由和权利提供了制度保证。为了保护人民的言论出版自由和权利，就必须对传媒进行有效的社会管理。

其次，基于对大众传媒的经济属性的认识。任何大众传媒从诞生之日起，就具有经济的、商品的、市场的属性，属于从事信息产品生产和传播的专业化媒介组织，传媒的所有制形式往往决定了媒介的性质。在西方除少数媒介实行公营由政府控制以外，大多数媒介采用私有企业制度，掌握在垄断资本和少数大利益集团手中。正如美国传播学家威尔伯·施拉姆所说："整个机构是为老板服务的，他有权决定这家媒

---

① 《马克思恩格斯全集》第 2 卷，人民出版社 1957 年版，第 648 页。

介的性质。""经济控制远比政府的控制对美国大众媒介施加影响更为有力。"① 而美国另一传播学者本·巴格迪坎讲得更为直率："传播工具不是为群众利益服务，而是维护公司老板的自身利益，再扩大一些，维护公司的权力机构，宁愿把私人的贪婪凌驾于群众文化之上。"他以大量的事实和统计数据论证，今天，"所有美国的主要传播媒介——报纸、杂志、无线电、广播、电视、图书和电影——大多数已被 50 家大公司所控制"。"这 50 家大公司的男女老板组成一个私下的'新闻和文化部'对报纸的新闻、评论、杂志的文章、书籍、广播和电影中的政治思想进行利己的审查。""在控制国家日常舆论上，比任何个别私人，也常常比任何政府机构作用更大。"② 在资本主义制度下，除了垄断资本和少数大利益集团外，一般社会群体的传播权利是很难得到保障的，真正意义的公共话语平台也无从实现。

再次，基于对大众传媒的政治属性的认识。大众传媒的政治属性指的是报刊、广播、电视等在反映客观世界过程中所表现出来的立场、思想、观点、态度，以及它所代表的不同阶级、政党和社会集团的利益。大众传媒具有政治属性，这是不以人的意志为转移的客观事实，但不同的历史时期、不同的传播媒介在其政治属性上的表现却是不同的。在阶级斗争激烈的时期，不同的阶级、政党和利益集团在夺取政权以前，都要把大众媒介作为宣传自己的政治主张，发动群众、团结人民、打击敌人、进行政治斗争的工具和武器；而在夺取政权以后，作为执政党的统治阶级又要把大众媒介作为维护自己统治的工具和武器。这一时期大众传媒的政治性、阶级性就表现得十分鲜明。而在阶级斗争较为缓和的时期或者民族矛盾上升为主要矛盾的时期，大众传媒的政治性、阶级性就

---

① ［美］威尔伯·施拉姆、威廉·波特：《传播学概论》，新华出版社 1984 年版，第 189 页。

② ［美］本·巴格迪坎：《传播媒介的垄断》，新华出版社 1986 年版，第 5 页。

显得较为淡薄。不同的传播媒介在其政治性、阶级性上表现的程度也不同。如从旧中国的情况看,《申报》、《大公报》、《新闻报》与国民党办的《中央日报》、《扫荡报》等同属资产阶级报纸,但在 20 世纪 40 年代,前三家的政治倾向与后者就有明显的差别。同样在美国,像《纽约时报》、《华盛顿邮报》、《华尔街日报》等严肃的高级报纸的政治立场就十分鲜明,而像《纽约每日新闻》、《芝加哥太阳时报》等通俗报纸的政治立场则不那么鲜明。大众传媒的政治属性是影响言论出版自由的重要因素,事实上在阶级社会里那种所谓"不党不私、不偏不倚"的"社会公器"是不复存在的。

最后,对大众传媒的工具性质和传播方式的认识。大众传播虽然产生于 16、17 世纪工业革命时期,但是它真正走向"大众"则是以 19 世纪 30 年代大众报刊的兴起为标志。既然大众传播是"专业化的媒介组织运用先进的传播技术和产业化手段,以社会上一般大众为对象而进行的大规模的信息生产和传播活动"。从传播学的意义讲,这里的"媒介组织"指的是传播的组织者,即传播者,而"社会上一般大众"指的是信息的接受者,即受众。大众传播则是一个由信息的传播者(信源)的信息向信息的接受者(信宿)的单向、线性的流动过程。在这个过程中,传播者与接受者的角色是固定的,传播者是传播的主体,而接受者只是接受的客体,传播什么?怎么传播?何时传播?取决于传播者而不是接受者,麦克卢汉说过"媒介即信息"(1969),谁掌握了媒介,谁就控制了媒介,谁就掌握了话语权。这种单向线性的传播方式决定了传播者与受众在传播过程中所处的不平等的地位,也对作为受众的大多数人的言论出版自由提出了挑战。这里有必要澄清一种误解:有人认为出版自由是新闻出版机构的权利,新闻出版机构可以代表公众行使言论出版自由权。其实,传播媒介的言论出版自由与广大公众的言论出版自由权并不能画等号,各国的宪法规定言论出版自由是每一个公民的基本权利,它是不可转让的，人民从来没有也不可能委托任何机构来行使言论出版自由权。当大众传播媒介真正地能够满足公众的民主权利，反映人民群众的呼声、愿望和要求的时候，它可以代表人民行使他们的权利；而他们不能反映人民群众的呼声、愿望和要求，甚至阻碍人民行使自己的权利时，则只会被人民所抛弃。

二、社会协商与公共话语平台构建的制度建设

（一）管理和制约大众传媒的因素

前面谈到的大众传媒作为公共话语平台，要充分发挥其社会协调的作用，在切实保障人民群众言论出版自由等基本权利的前提下，通过自由平等的对话和讨论进行社会协商、加强社会整合、促进国家发展。但任何形式的大众传播都是在特定的社会制度条件下进行的，它包括政治法律制度、经济制度、思想文化制度和传播制度等，大众传播是一种制度化的社会传播，因此它必须受到各种社会制度尤其是传播制度的控制和制约。我们可以从以下四个方面来认识包括传播制度在内的社会制度对大众传媒的管理和制约：

1. 国家和政府对媒介的管理与制约

国家和政府的政治管理是媒介管理的最重要手段，这种管理的目的是通过规定大众传播体制，制定有关法律、法规和政策，来保障大众传媒为实现国家的目标服务。国家对媒介的政治管理首先体现在规定媒介组织的所有制形式。规定传媒的所有制形式是政治控制的主要内容，是确立传播体制的前提，采取什么样的所有制形式，主要取决于国家的政

治制度和经济制度。在西方资本主义国家，传播媒介一般采用私有企业制度，政府对报刊、图书等印刷媒介的控制较为宽松，对广播、电视等媒介较为严格，大体有以私有制为主体的完全商业化体制、公私并举的双轨制运作体制和少量的公营制三种所有制形式。中国是社会主义国家，实行的是完全国有的有限商业运作体制，大众传媒分国有事业单位和国有企业单位，属于国有资产，是全民所有。随着改革开放的深入，中国已出现了少量有多种经济成分参与的股份制的传媒企业。中国传媒组织的所有制形式体现了社会主义国家的性质，有利于推动中国特色的社会主义事业。二是制定相关法律、法规，依法管理。现代国家应是法制的国家，世界上大多数国家对本国新闻媒介的控制采取法律形式，新闻出版法规（以立法形式通过的法律条文和行政颁布的规定、规则）是国家对媒介实施政治管理的主要依据。各国因国情不同而新闻出版法规的形式也不同，有条文法、判例法，也有把新闻出版法规的有关条文写入其他的专用法律条款中。三是对传播媒介的活动进行行政管理。主要是政府行政管理部门对传媒的创办进行的审批、登记、年审，对传播资源进行分配，对媒介活动进行多方面的监督，包括限制或禁止某些信息内容的传播等等。此外，由于大众传播是文化产业的一个重要组成部分，因此，对大众传媒的经济活动的规范化管理也是国家和政府管理的一个重要内容，如规范传媒市场的秩序，反对不正当竞争，保护知识产权，打击非法出版物，等等。当然，国家和政府对媒介的管理并不都是限制性的，积极的指导和扶持也是一个重要的方面，如为大众传播事业的发展制定总体规划，为发展传播事业制定各种优惠政策。

2. 利益集团和经济势力对媒介的管理与制约

国家和政府对传播媒介的管理属于直接的制度管理。但是，国家和政府对媒介的管理并不是唯一的管理，还存在着各种社会利益集团和经济势力的参与。由于这些管理也是在一定的社会制度和传播制度的范围内进行的,因此也带有明显的制度性因素。在资本主义制度下,控制传播媒介的社会利益集团和经济势力主要集中在垄断资本手中,他们以强大的资本作后盾成立超大型的传媒企业,对大众传播事业的主要部分实行垄断,或者通过他们控制的议会党团或院外活动集团对公营传播媒介的活动施加影响,或者通过提供广告赞助来间接地控制和干预其他中小媒介。垄断是资本主义国家的大众传播事业的最大特征,特别是在工业资本、银行资本和媒介资本密切融合的今天,这种垄断更是保证了他们在大众传播过程中的统治地位。在我国社会主义制度下,虽然控制传播媒介的社会利益集团和经济势力并不存在,但是在政治上、经济上有不同利益要求的社会各阶层、政党或社会团体依然存在,他们都拥有创办自己的媒介的平等权利。如我国的各民主党派、少数民族、工人、农民、知识阶层、妇女、青少年群体等,一般都有自己的机关媒介或主要面向他们的媒介。这些社会群体能够通过自己的媒介来维护自身的利益,传播自己的主张,参与国家的政治、经济、文化和社会生活,作为能动的主体在我国的大众传播事业中起着重要的作用。

3. 广大受众对媒介的社会监督管理和制约

在现代社会里,大众传播对人们的社会生活正在产生着深刻的影响。大众传媒设置什么样的议题、报道的新闻是否真实、刊登的广告是否可靠、提供的文化娱乐是否健康有益等,都会直接影响到公众的利益。因此,广大公众对传播媒介的活动拥有进行社会监督的正当权利,作为一项公共性很强而且处于市场运行机制下的事业,在任何一个现代国家,受众对大众传媒的社会监督控制都是不可忽视的,即便是在媒介高度集中和垄断的美国,"公众利益"也是制约传媒活动的一个重要社会原则。作为权利主体的受众,在大众传播过程中不但享有传播权、知晓权、传媒接近权,更享有监督权。受众对传媒的社会监督是大众传播的社会控制的重要组成部分。受众是如何对媒介活动实施社会监督的呢？一是通过个人的信息反馈，即来信、来电、来访、跟帖等方式直接表达对媒介活动的建议、意见、批评，这是一种最常见的受众监督方式；二是结成受众团体，以群体运作的方式对媒介活动施加影响，如"读书会"、"读者俱乐部"、"大众评审团"等；三是诉诸法律手段，如媒介内容侵犯了公民的名誉权、隐私权，媒介提供的虚假报道或虚假广告对公众利益造成了直接的损害，因抄袭和剽窃造成的对知识产权的侵害等，公民可以通过法律机构提出诉讼，要求对传播媒介的违法行为进行法律制裁和补偿自己的损失；四是通过市场的手段来制约媒介的活动。受众是媒介的衣食父母，对大多数传媒机构来说，发行量和收视率是它们赖以生存的生命线。受众对媒介的不满最直接的反映是"用脚投票"，拒买、拒听、拒看媒介经营的信息产品，这也是受众对媒介活动发挥影响的最后也是最具威慑力的手段。

4. 传播媒介的自我管理

世界上任何传媒机构都置身于特定的社会环境中。作为社会运行总系统中的一个子系统，它在谋求自身的生存和发展的同时必须适应社会环境，在社会的支持下开展自己的社会活动。一定的社会道德观念、价值观念、审美意识等构成了影响传媒机构和传播者的重要因素。传媒机构和传播者在充分享有自己的权利的同时，必须相应地承担自己应当承担的社会责任和义务，必须在接受"他律"的同时实行"自律"。"他律"是指国家的法律法规的约束，代表着国家的意志，具有强制执行的意味，如前面提到的相关新闻出版的法律法规；"自律"则是以道德规范、专业精神和社会良知作为支撑，是传播媒介和传播者的一种自我约束和自我管理。媒介的自律主要是通过成立行业的自律组织来实现的。在世界各国的传媒机构中都有类似"报业协会"、"出版协会"、"广播电视协会"、"互联网协会"等行业协会，制定有关行业规范，开展各种自律活动，对传播媒介和传播者进行监督管理。如美国就成立了"报纸主编人协会"，并于 1923 年通过了《报业法规》(该协会又于 1976 年通过了《原则宣言》取代了这一标准)。德国于 1956 年成立了"新闻出版委员会"，并于 1973 年制定了《新闻规范》，作为德国新闻工作者自律的准则。在我国，也先后成立了"中华全国新闻工作者协会"、"中国报业协会"、"中国广播电视协会"、"中国互联网协会"等行业组织，并制定了《中国新闻工作者职业道德准则》等自律性公约。为保证新闻职业道德准则的执行，许多国家还建立了新闻评议会，对报业与其他传媒的表现进行评议，并对一些违反新闻道德的案件作出不具有法律效力的裁决。行业自律已成为大众传媒的社会管理的不可或缺的一部分。

(二) 传播媒介的规范

大众传播媒介的社会控制是一个十分复杂的社会系统工程，其中不仅包含国家和政府媒介之间的关系、媒介与受众之间的关系、媒介内部的关系，而且还涉及自由与责任，权利与义务，竞争与秩序，生产与消费，社会效益与经济效益等多种矛盾关系的平衡。不同的社会制度和传播制度不仅呈现出不同的性质和特点，而且也产生出不同的媒介规范理论。历史上就曾经经历过极权主义制度下的媒介规范理论、资本主义制度下的媒介规范理论和社会主义制度下的媒介规范理论。

1. 极权主义制度下的媒介规范

极权主义理论是维护封建专制制度的理论。极权主义下的媒介规范理论同样体现了封建专制制度的特征。它的最大特点是主张传播媒介必须一切以权力的意志为转移，一切为统治者服务。这种理论产生于 15 世纪封建专制主义统治欧洲的时代。印刷技术的发明导致了现代报刊的诞生，随着文艺复兴和宗教革命的发展，欧洲各国出现了不少反对封建专制、宣传新兴资产阶级革命思想的书籍和报刊。封建王朝和专制政府把这些出版物视为洪水猛兽，采取了严厉的管制和镇压措施，并制定了包括禁书法案、出版特许制度、书刊检查制度在内的一套完整的出版管制制度。在极权主义的媒介制度下，报刊和出版受到的管制是严厉的、甚至是残酷的，对于违反出版管制的出版者不仅处以罚金，甚至苛以重刑。新兴的资产阶级和无产阶级为争取言论出版自由，都曾经经历过艰苦的斗争。中国经历了几千年的封建社会，历史上就有"文字狱"。自鸦片战争后中国进入了半殖民地半封建时代，清政府对宣传进步和革命思想的报刊采取了严厉的制裁和查封措施。1902 年制定的《大清报刊》就规定：报纸不得揭载"诋毁宫廷之语、淆乱政体之语"，并规定发行前检查制度。① 这些内容与西方极权主义的媒介规范一脉相承。

2. 资本主义制度下的媒介规范

资本主义的传播制度是现代多数西方发达国家实行的传播制度。现代资本主义制度经历了几百年的演变，其传播制度较为复杂。对这个制度发生影响的也有多种媒介规范理论，但起主导作用的还是自由主义报刊理论和社会责任理论。自由主义报刊理论起源于欧洲但却盛行于北美，其核心是维护资产阶级的新闻出版自由，如提出建立"意见自由市场"；主张报刊独立自主、不受政府的干涉；认为报刊拥有对政府的监督权，是行政、立法、司法以外的"第四种权力"；强调对事实的信念，崇尚并提倡客观性报道的原则。自由主义报刊理论曾对打破极权主义专制制度和等级支配观念，确立自由、平等和权利思想起了巨大作用。但是由于阶级的局限性和历史的局限性，自由主义报刊理论从其一开始就带有片面性和空想成分，而绝对自由化更使自由主义报刊理论陷入了深刻的危机。这个危机揭示了资本主义社会资本的私人占有和社会生产性之间的矛盾。

---

① 刘哲民：《近现代出版新闻法规汇编》，学林出版社 1992 年版，第 31 页。

社会责任理论是继自由主义理论之后出现的西方又一种媒介规范理论。它由美国"新闻自由委员会"在 20 世纪 40 年代提出，其代表性著作是 1947 年出版的《自由与负责的报刊》一书。社会责任理论认为大众传播具有很强的公共性，因而传播机构必须对社会和公众承担与履行一定的责任及义务；媒介的新闻报道和信息传播必须符合真实性、客观性、公正性；受众有权要求媒介从事高品位的传播活动。50 年代以后，社会责任理论被西方大多数国家所接受，并逐步取代自由主义理论成为西方大多数国家的主导理论。但必须指出的是，社会责任论并没有抛弃自由主义报刊理论，不过是对自由主义报刊理论的某些修正，它与自由主义理论的最大区别是认为媒介的自由不是绝对的，强调新闻出版自由应该是"国家干预的自由"①，当新闻自由与国家和公众的利益发生冲突的时候，前者必须无条件地服从和服务于后者。社会责任论在一定程度上适应了西方社会的变迁和西方国家的现实需要，在一定程度上缓和了大众传媒与公众、政府之间的矛盾，但并不能从根本上消除资本主义制度下大众传媒与社会大众的对立。

3. 社会主义制度下的媒介规范

社会主义传播制度是当今世界两大主要传播制度之一。社会主义制度下的媒介规范理论与资本主义制度下的媒介规范理论有着不同的历史渊源和理论渊源。社会主义媒介规范理论是在无产阶级革命的理论和实践的基础上产生的，无产阶级的思想家和政治家们都十分重视报刊在革命中的作用。马克思认为，党的报刊宣传活动是工人阶级政治行动的一部分，必须接受党的领导；党的政治纲领是党报进行宣传的最高准则。中国共产党在毛泽东等老一辈无产阶级革命家领导下，形成了自己的党

---

① ［英］托马斯·格林：《关于政治义务原理的讲演》，载《格林全集》第 2 卷，伦敦麦克米兰公司 1990 年版，第 354 页。

报理论和思想，如新闻工作的党性原则、全党办报和群众办报方针，以及理论联系实际、密切联系群众和批评与自我批评的党报工作作风等。

当无产阶级夺取政权、建立社会主义国家以后，应该建立什么样的传播制度和媒介规范，一开始就处在一个不断探索的过程之中。以苏联为代表的社会主义传播制度，一方面强调传播媒介必须为工人阶级服务，必须接受工人阶级先锋队——共产党的思想和组织上的领导，必须按照马克思列宁主义、社会主义的意识形态和价值体系来传播信息，宣传、组织、动员和教育群众；另一方面却忽视了随着党的中心任务由政治斗争转移到经济建设和国家发展，党的新闻、出版、传播事业也应该由旧制度的批判者转变为新社会的建设者，成为推动社会经济发展和民主建设的重要力量，特别是逐渐脱离了人民群众，而使传播媒介成为维护少数特权阶层既得利益的工具。其结果不仅延误了国家的经济建设和现代化进程，形成大多数人民群众与少数官僚阶层的对立，而且导致了20世纪90年代社会主义制度在苏联的解体。

社会主义中国的新闻传播事业的发展也不是一帆风顺的。虽然新中国成立初期的1954年，我们就把"言论出版自由"作为公民的基本权利写进了第一部《宪法》，但是受苏联社会主义传播制度和媒介规范理论的影响，在一个相当长的时期依然把政治斗争和意识形态斗争放在首位，把新闻媒介当作"阶级斗争的工具"。在"文化大革命"的十年浩劫中，甚至沦为了少数别有用心的人的工具。党的十一届三中全会以后经过拨乱反正和改革开放，我国的社会主义传播事业的发展进入了新的历史时期，具有中国特色的社会主义传播制度和规范也在探索中发展。我国目前的传播制度及其基本规范包括：社会主义的新闻传播事业既是党和政府的耳目和喉舌，也是人民的耳目和喉舌，全心全意为人民服务是中国新闻传播事业的最高宗旨；社会主义的新闻传播事业既要宣传党的路线方针政策，又要反映人民群众的呼声、愿望和要求；既是上情下达、下情上达畅通的通道，又是党和政府联系人民群众的桥梁；社会主义的新闻传播事业要执行报道新闻、传递信息、引导舆论、提供娱乐等多方面的社会功能，满足广大社会成员精神文化生活的各种需求；社会主义的新闻传播事业还要发挥它的经济功能，为国家的经济建设服务，促进国家和社会的全面发展。

（三）我国大众传播中形成的社会协商和公共话语平台

目前，我国又面临着一个伟大历史转折时期。党的十八大提出要坚定不移沿着中国特色社会主义道路前进，为全面建成小康社会而奋斗，这也为我国的社会主义新闻传播事业提出了更高的要求。在全面建成小康社会、实现中国梦的伟大历史进程中，要在充分发挥新闻传播事业在政治建设、经济建设、社会建设、文化建设和生态文明建设中的作用的同时，努力发挥新闻传播事业在推进社会主义民主政治建设中的作用。在当前的历史条件下，我们认为：一个以保证人民当家作主为根本，以扩大有序参与、推进信息公开、加强议事协商、强化权力监督为重点，以增强党和国家活力、调动人民积极性为目标，保障人民享有更多更切实的民主权利的社会协商和公共话语平台正在我国的大众传播中形成。这种判断主要基于以下三个基本条件：

1.社会主义民主政治为社会协商和公共话语平台建设提供了制度保证

在现代政治中，民主的基本形式被分为两种：一种是选举民主（又称票决民主），公民通过选举人民代表和国家工作人员行使自己的民主权利，这是一种间接的民主形式，又称作代议制民主；另一种是协商民主，公民通过与国家工作人员之间就经济社会发展重大问题和涉及群众切身利益的实际问题进行面对面的对话、讨论和协商，以达成最广泛的共识。协商民主是一种直接的民主形式，其核心要素是协商与共识。社会主义协商民主是我国人民民主的重要形式，同西方竞争式的民主相比，我国的协商民主既关注决策的结果，又关注决策的过程，从而拓宽了民主的深度；既关注多数人的意见，又关注少数人的意见，从而拓宽了民主的广度。它能够最广泛地动员人民群众有序地参与国家事务和社会事务的管理，广纳群言、广集民智、增进共识、增强合力，保证人民依法享有广泛的权利和自由。党的十八大报告中提出："要完善协商民主制度和工作机制，推进协商民主广泛、多层、制度化发展"，创造性地将选举民主和协商民主两种基本民主形式有机地结合起来，必将有助于拓展公民有序政治参与的渠道；有助于党和国家决策的科学化民主化；有助于改进党的领导方式和执政方式；有助于体现我国社会主义民主政治的特色和优势。

2. 大众传播体制改革为社会协商和公共话语平台建设提供了媒介平台

　　无论什么形式的社会协商都需要一个参与协商的各方能够各抒己见、畅所欲言的公共话语平台。从弥尔顿到马克思、从哈贝马斯到巴格迪坎，都对这个理想的平台作过种种描绘，憧憬着"让理想的讨论达到对国家最理想的境界"。然而理想与现实总是有一定的距离，受已有的种种传播制度和媒介规范的局限，这种理想的公共话语平台始终没有出现。从党的十一届三中全会召开到今天，中国的改革开放已经经历了39个年头，我国的大众传播领域与其他领域一样已经和正在发生着深刻的变化。我们坚决摒弃了"报纸是阶级斗争的工具"的性质说，重新认定了社会主义传播事业的性质，强调了社会主义的传播事业不仅是党和政府的耳目和喉舌，而且是人民的耳目和喉舌，是党和政府与人民群众联系的桥梁和纽带，明确了全心全意为人民服务是我们办报的最高宗旨；完成了从"以传播者为中心"向"以受众为中心"的传播观念的转变，充分发挥了大众传媒在满足人民群众的知情权、表达权、参与权和监督权等基本民主权利中的地位与作用；强调了大众传媒在社会主义民主政治建设中的作用，为坚持走中国特色社会主义政治发展道路和推进政治体制创造良好的舆论环境。大众媒介正以制度化的方式为执政党、政府与民众、不同利益群体搭建了一个表达诉求、增进了解，把社会生活与政治生活中的权力运作有机地结合起来的公共话语平台。目前，一个具有中国特色的以大众传播媒介为渠道、各政治主体广泛参加的，推动民主决策，民主管理、民主监督的公共话语平台正在我国大众传播领域内形成。

3. 互联网等新媒介为社会协商和公共话语平台建设提供了技术支持

20 世纪末 21 世纪初，传播领域爆发了一场深刻的革命。以互联网为代表的新媒体横空出世，从根本上颠覆的原有的大众传播的格局。从传播方式看，与传统的大众传播点对面的、单向的、线性的传播方式不同，网络传播是一种点对点的、双向的、交互式的传播，传播者与接受者之间不但具有完全平等的地位，而且其角色可以互换，传播者可以成为接受者，接受者也可以成为传播者，"智慧存在于传者与受者两端"；从技术层面看，与传统的大众传媒谁控制了媒介谁就控制了信息不同，网络传播无非是将世界上属于不同个人或群体的计算机按照"天空法则"连接起来，实现其相互间的通信，它不属于任何个人或群体，换句话说，任何个人或群体都能使用它，但不能占有它；从传播主体来看，网络上的每一个节点即每一台计算机既是接受者又是传播者，"人人都有麦克风"，网民上上网便有了从未有过的话语权。尤其是随着博客、播客、维客、微博等"自媒体"的普及，一个个人传播时代已经到来。在这个时代，人人都可以通过微博等个人传播工具将自己的意见、观点、态度、情绪畅通无阻地"晒"出来。网络传播不仅给传播领域带来一场深刻的革命，而且给人们的政治生活和社会生活带来了显著的变化，一种新的民主形式——网络民主正在全球范围内兴起。截至 2016 年 6 月底，中国网民的规模已达到 7.1 亿，微博用户规模为 3.09 亿，这也是一支任何政党和政府都不可小觑的政治力量。在我国，越来越多的网民通过互联网等新媒体，就国家经济社会发展重大问题和涉及群众切身利益的民生问题发表自己的意见、观点和诉求；参政议政，建言献策，参与公共管理和社会管理；对各级政府和官员履行社会监督的权利，网络问政、网络执政、网络协商、网上信访、网络监督已成为我国政治生活一道道亮丽的风景线。日趋成熟的网络民主和网络政治反过来又倒逼着我国的政治体制改革，加快了社会主义民主政治建设的步伐，给社会控制方式、政治制度、政治过程、政治权力和政府管理等带来重大的影响，它必将呼唤和推进一种建立在更加广泛、平等基础上的协商民主制度。

（四）公共话语平台建设需要建立和完善的相关制度

公共话语平台的建设不仅依赖社会主义协商民主制度的健全和完善，还需要建立包括信息公开制度、新闻发言人制度、听证咨询制度、网上提案制度、网络信访制度在内的一系列制度体系，这些制度同样与传播制度有着千丝万缕的联系。

1. 信息公开制度

信息公开又叫政务公开，主要是指政府的信息公开。作为最重要的信息资源的政府信息既是公众了解政府行为的直接途径，也是公众监督政府行为、进行社会协商的重要依据。政府的信息公开有利于保障公民的知情权，增强政府的公信力；有利于提高政府工作的透明度，约束公权力的滥用；有利于"服务政府、责任政府、法制政府"的建立，促进政府工作人员的廉洁自律。在一些重大突发事件中，特别是在社会公共安全和群体性事件中，政府的信息公开还能有效地消除危机、化解矛盾，维护社会的稳定。在我国，信息公开制度的建立以 2008 年 5 月 1 日起开始施行的《中华人民共和国信息公开条例》为标志。根据"公开为原则，不公开为例外"的基本要求，各级政府已逐步把信息公开作为自己的基本职责。如近几年来福建厦门、浙江宁波、四川什邡等地因石油化工工程对当地有可能造成的环境污染而引起了大规模的群体性事件，当地政府在第一时间里，主动与媒体联系，畅通沟通渠道，通过新闻媒体和政府网站向公众通报有关情况和采取的措施，回答公众提出的问题，有力地避免了流言蜚语的快速传播，使事件很快得到了平息。再如 2008 年 5 月 12 日汶川特大地震爆发后，我国政府打破了过去重大灾难不公布灾情的"惯例"，而在第一时间向社会和媒体公布了灾情，并把信息公开、"阳光救灾"贯彻到整个抗震救灾过程中。这些事件的处理和解决告诉我们，信息公开是进行社会协商、缓和社会矛盾、促进社会稳定的最有力的武器。

2. 新闻发言人制度

新闻发言人制度是与信息公开制度相联系的另一项重要的制度。对"新闻发言人"的词义，《辞海》曾作出过这样的解释：新闻发言人是指由国家机关、政党组织、社会团体任命或指定的新闻发言人员。其职责是就某一重大事件或时局问题，定期或不定期地约见记者或举行新闻发布会（记者招待会），向新闻媒体发布有关新闻和信息，阐述本部门对某个问题的看法和意见，并代表有关部门回答记者提出的问题。在我国，新闻发言人发布信息的这种形式在 20 世纪 50 年代就出现了，但并没有形成制度。1983 年，为了适应改革开放的需要，根据中央指示，一些国家机关和人民团体开始实行新闻发言人制度。30 多年来，我国的新闻发言人制度不断完善。到目前，不但国家机关的各部、委、办都有了新闻发言人，各省、市、自治区及地方政府也实施了新闻发言人制度。新闻发布的内容覆盖了国家经济社会发展的重大问题和与人民群众切身利益相关的方方面面。新闻发言人制度的兴起并不是一种偶然现象，它适应了社会主义民主政治建设的需要，为加强党和政府与新闻传媒和人民群众的联系提供了一条畅通的渠道，也促进了公众对政府工作的了解和支持，激发公众参政、议政的积极性，提高了党和政府的执政能力。当然，在新闻发布会上，新闻发言人并不一定全是主角，他也可能请某个部门的负责人或某个领域的权威人士来回答媒体记者所提出的问题，进一步扩宽政府与媒体、政府与公众沟通的渠道。如 2008 年"5·12"汶川特大地震发生以后，灾区信息的阻塞和滞后造成社会上各种流言谣言的蔓延。5 月 13 日至 6 月 13 日，国务院新闻办就汶川特大地震的灾情和抗震救灾的进展情况举办了多达 26 场的新闻发布会，在信息公开的同时，对社会舆论进行了全面引导，为夺取抗震救灾的胜利提供了强大的舆论支持。

3. 听证质询制度

听证质询制度又称听证会制度。它起源于英美，是一种把司法审判的模式引入到行政程序和立法程序的制度。政府部门和立法机关通常在重大决策之前（或重大决策实施之后）组织召开听证会议，充分听取社会各界的意见，广纳善言、广集民智、民主决策，提高决策的科学性。这也是把社会协商纳入决策程序，坚持协商于决策之前和决策之中，增强民主协商的实效性的重大举措。具体来说，凡是在听证会上提出的意见，决策者必须在最后裁决中作出回应，并作为行政和立法的重要依据，否则相关行政和立法行为可能因此而无效。听证会与其他听取意见的方式，如座谈会、论证会相比，最大的区别在于公开性。听证陈述人通过新闻媒体公开征集，从报名的公众中产生，而不是由会议的举办者在小范围内邀请。会议的举行也是公开的，允许公众旁听，允许记者采访和报道，整个听证会的过程必须通过报纸、广播、电视、网络等新闻媒体公开。听证会既是社会主义民主政治建设的"推进器"，又是弥合社会分歧、协调社会关系、增强社会合力的"润滑剂"。它一方面通过吸纳各方利益和意志参与社会公共事务，使公共决策与社会治理更加规范和科学；另一方面，也可以缓和社会矛盾，减少社会冲突，保持社会稳定，促进社会公共活动多元化、民主化。听证会内容也是广泛的，大到有关国家政治生活、社会生活和经济生活的重大决策，小到教育收费、解除燃放烟花爆竹的禁令、水电气涨价、民航机票价格、公交线路改变、拆迁户安置等有关民生的各个领域。据官方数据显示，自20世纪90年代听证会进入中国以后，截至2012年底，中国各地已举行了上万场各种类型的听证会，听证质询制度已成为协商民主制度的一部分。

4. 网上提案制度

党的十八大报告中提出"要完善协商民主制度和工作机制，推进协商民主广泛、多层、制度化发展"。强调要"以扩大有序参与、推进信息公开、加强议事协商、强化权力监督为重点，拓宽范围和途径，丰富内容和形式，保障人民享有更多更切实的民主权利"。随着传播科技的飞速发展和普及，以互联网为代表的新媒体不仅作为一种新的传播工具而且也作为一种新的工作方式和生活方式，进入到政治经济社会生活的各个领域。越来越多的网民利用互联网表达政治诉求，参与公共管理，从而催生出许多新的民主形式。其中网上提案制度就是一种新的网络民主的形式。提案是指会议提交讨论的建议。这里主要是指提请国家代表机关或一定的组织的会议讨论、处理的建议，在我国专指各级人大代表、政协委员和各级人民代表大会、政治协商会议提交讨论的建议。不同的是政协委员的提案是民主监督的一种形式，没有法律的约束力；而人民代表大会是权力机关，人大代表的提案可形成议案，一经通过就具有法律效力。自从互联网进入中国以后，每年国家和地方召开人大、政协"两会"期间，一方面，人大、政协代表主动将提案或议案挂到网上，汇聚民智民意；另一方面，网络媒体就人民群众当前最关心的热点问题在网上展开讨论，集中民心民声，一时间来自人民群众的呼声、愿望、要求在网上聚集、交汇和碰撞，众说纷纭、蔚为大观，极大地激发了人民群众关注"国是"的热情和参与公共事务的能力。经过近 10 年的运行，网上提案正在走向规范化、常态化和制度化，成为具有中国特色的协商民主的一种新形式。

5. 网络信访制度

与网上提案制度同时在中国兴起的还有网络信访制度。与网上提案不同的是网上提案是人民群众通过人大、政协间接地行使自己的民主权利，而网络信访则是人民群众通过网络与政府官员的直接对话。信访，是我国特有的政治表达形式，指的是人民群众通过书信的方式越过单位或底层相关国家机关到上级机关反映问题并寻求解决的途径。与提案反映正面的、建设性的建议不同，信访反映的大多数是单位或当地政府得不到解决或解决不当的问题，针对的往往是社会不公、贪污腐败、官僚主义、黑恶势力等社会的负面现象，很容易同"群体性事件"、"维稳"等敏感问题联系在一起。但从正面的、积极的意义去理解，信访既是上层政府了解民意的重要途径，又是人民群众行使对政府和官员民主监督的基本权利。互联网的普及为群众信访提供了一个快捷、安全、高效、低成本的工具，网络信访迅速成为人民群众表达诉求的一种重要形式。网络信访不仅是人民群众依法直接行使民主权利的重要方式，而且对于加强政府的廉政建设，提高政府的执政能力和办事效率具有重要的意义。网络信访从在网上设立市长（书记）信箱开始，进一步发展到在各级政府网站设立"投诉热线"。2013 年 7 月 1 日，国家信访局宣布全面放开网上投诉受理，要求建立健全网上信访事项办理机制和网上回访、网上督查制度，依托网络平台打造阳光信访，做到"事事有着落、件件有回音"。这标志着网络信访已进入到制度化建设的新阶段。

三、社会协商与公共话语平台构建的机制创新

"机制"一词的本义是"机器运转过程中各个零部件之间的相互联系、互为因果的连接关系及运作方式"①，后来被用于指"一个工作系统的组织和部门之间相互作用的过程"②。公共话语平台是一个多主体参与的复杂的社会系统，要它能够正常的运行，就必须建立与之相适应的一整套科学、高效、合理的运行机制。我们认为，这些机制包括：宣泄抚慰机制、社会对话机制、公共决策机制、舆论引导机制和应急管理机制。

（一）宣泄抚慰机制

宣泄，既是个生理学的概念，又是个心理学的概念。当人的忧愁、不满、愤怒等负面情绪累积到一定程度的时候就需要向外宣泄。宣泄，是指人通过倾诉或者其他的方式，将情绪以另外一种方式表达和释放出来，以达到缓解压力、舒缓心情的目的的行为。从中医的角度看，人的情志不舒，过忧、过怒、过思都会导致气血失和、经络阻塞、功能紊乱，通过针灸、拔罐等"泄"的方式祛火去邪、疏通经络，方能保持身体健康。而德国社会学家齐美尔认为，人的需要、动机、本能、行为等受到挫折后会产生消极情绪，给人造成心理压力，如果不能及时排解，心理压力就会转化为行为的反向动力，使人出现反常行为，如侵犯与攻击他人。传播学中的"宣泄理论"（又称净化作用假说）认为，受众通

---

① 宁煌：《政策执行阻滞机制及其对策》，人民出版社 2002 年版，第 32 页。

② 《现代汉语词典》，外语教学与研究出版社 2002 年版，第 893 页。

过观看经由媒介传递的暴力内容可以满足或减少内心的暴力冲动。因而通过观看电视暴力，可以降低实际的侵犯行为几率，即观看暴力场面，事实上可以宣泄观看者本身的攻击性情绪。大众传媒作为公共话语平台具有感知社会人情冷暖，宣抚各种社会情绪的功能。一个社会难免有各种各样的社会矛盾，由此而产生各种各样的社会情绪，这些情绪如果得不到合理的释放而长期积压，有朝一日就会像火山一样爆发。这也像地壳运动一样，地壳在运动中不断地积聚能量，如果越来越大的能量得不到适当的释放，就会引发强烈的地震。大众传媒是社会情绪表达和释放的最好的通道，不仅是社会情绪的"晴雨表"和"风向标"，而且是社会情绪的"减震器"和"解压阀"，对于疏导民众情绪，缓和社会矛盾，维护社会稳定，促进社会和谐都有着重要的作用。

大众传媒要建立宣泄抚慰机制，首先是要让人说话。在十届全国人民代表大会第三次会议上，有一位人大代表风趣地总结，"和"字一个"口"旁，"谐"字一个"言"旁，都和"说"字有关系，和谐社会最基本的要求就是人人能畅所欲言，表达自己的心声，这句话不无道理。大众传媒作为公共话语平台，就是个让老百姓说话的地方。马克思在论及报刊的作用的时候就说过，"报刊只是而且应该是大声的、人民（确实按人民的方式思想的人民）日常思想和感情的表达者，诚然有时这种表达是热情的、夸大的和荒谬的"。① 马克思还说过："报刊从理性上，同样也从感情上来看人民的生活状况。因此，报刊上所说的不仅是用来进行批评（这种批评从自己的角度来观察现存的关系）的理性的语言，而且还是生活本身的热情的语言，是官方的发言中所不能而且也不当有的语言。"②"记住，不耐心地对待自由报刊的短处，也就不可能利用它的

---

① 《马克思恩格斯全集》第 1 卷，人民出版社 1980 年版，第 187 页。
② 同上书，第 231 页。

长处，不带刺的玫瑰是没有的！"① 延安时期，陕北的老百姓因纳粮的问题对边区政府不满，有人用十分恶毒的语言诅咒毛泽东，传出去后，有人提议将诅咒者抓起来，被毛泽东制止。毛泽东还请来当地的老百姓作客，主动听取他们的意见。大众传媒，特别是作为党领导下的社会主义的新闻传播媒介，不但要让人说话，而且还要让人说错话、怪话、反对自己的话，这是作为社会公器应有的气度和胸怀，这也是由社会主义的传播媒介的性质所决定的。

当前，我国正处于一个向现代化、城市化、工业化转变的社会转型期，社会转型期又是社会矛盾的凸显期，各种社会矛盾交织在一起，如贫富分化加剧、社会分配不公、贪污腐败猖獗、官僚主义严重，以及出现的社会风气、社会治安、食品安全、环境污染、干群警民关系等问题。而在所有问题中最突出的是社会不公的问题，俗话说"不平则鸣"，反映在大众传媒上必然会出现不同的声音和负面的情绪。特别是随着互联网的普及和博客、播客、维客和微博等个人传播工具的兴起，"人人都有麦克风"，一时间网络上"拍砖"乱飞、"口水"四溅、骂街者有之、起哄者有之、围观者有之，"不骂白不骂、骂了还想骂"，互联网成为了社会情绪表达和释放的最大的平台。据统计，互联网上反映负面情绪的博文、发帖、跟帖的数量远远超过反映正面情绪的博文、发帖、跟帖。对于以上种种现象，首先，我们要持理解的态度。网民的情绪说明我们社会确实存在着一些问题，它从一个侧面表达了人民群众消除社会不公、追求美好生活的良好愿望，也是在敦促我们加快改革开放步伐，坚持维护社会公平正义，努力营造公平的社会环境，保证人民平等参与、平等发展的权利。其次，对网民的意见要持宽容的态度。君子之风、从善如流，言者无罪、闻者足戒，对于网上过激的言论，只要不是恶意攻

---

① 《马克思恩格斯全集》第 1 卷，人民出版社 1980 年版，第 74 页。

击、造谣惑众、诽谤、侵犯个人隐私等触犯法律的，皆可泰然处之，大可不必视为洪水猛兽，采取删帖、追查甚至以言治罪等极端措施。最后，对网民的情绪要持疏导的态度。"循水而导之"，主动为公众的情绪，特别是非理性的情绪提供宣泄和释放的渠道，对于公众的负面情绪，如果一味采取堵的方式，只能得到暂时的和虚假的平静，而随着社会矛盾的和压力的积累，维系社会稳定的成本会更高；如果采取导的方式，虽然可能造成暂时的失衡和不稳定，但从长远看，它却能"止之于始萌、绝之于无形"，有利于社会系统的真正稳定和动态平衡。总之，大众传媒的宣泄抚慰机制的建立，是社会协商和公共话语平台建设的必要条件和基础。

（二）社会对话机制

社会协商离不开对话和沟通，对话和沟通是公共话语平台最重要的功能。从一定意义上讲，社会协商的过程就是社会各方进行交流、对话和沟通的过程。社会对话，首先要明确社会对话的主体。我国社会对话的主体分三个层次：第一个层次是有独立行使民事权利和责任能力的公民，他们是现实社会政治生活中的政治主体，是我国政治生活中的基本组成部分，是作为政治权力直接或间接承担者的具体的人。参与社会对话，是公民有序参与公共管理、行使表达权的一种基本的民主权利。第二个层次是各种政治组织和社会团体，既包括共青团、工会、妇女联合会、各民主党派等政治组织，又包括各类协会、商会等民间社团。它们是公共利益的代表者，通过这一类社会组织，可以集中同类公众的意见，比较清楚地了解各个阶层和界别的社会公众在想什么、做什么，以及他们的要求和政府之间的差距。第三个层次是各级国家政府部门，它们是现实社会政治生活中当然的政治主体，掌握着社会的政治资源，在政治主体中处于核心的、关键的地位，对全社会具有普遍的约束力，是公众和社会组织的意见的倾听者、接受者和采纳者，同时也是将意见和建议转变为决策后的执行者。社会对话，就是不同的政治主体围绕着共同关心的问题所进行的交流、沟通、妥协和博弈。在社会对话中，大众传媒扮演的是一个"传声筒"的角色，它谁也不能代表，只有真实、客观、全面地传达各种声音的责任和义务，为政府与公众、政府与社会团体之间提供一个可以自由发表意见的公共话语平台，让对话各方通过自由平等的沟通和协商，最大限度地达成社会共识，形成社会的良性互动。

这里需要特别强调的是，在社会对话中，无论是政府与公众、政府与社会团体之间，对话双方的地位都是完全平等的。对话，既不是"上情下达"也不是"下情上达"，更不是居高临下的发号施令，自由、平等是社会对话的基本原则，没有平等，就没有对话。哈贝马斯曾提出"沟通的合理性"这一概念。所谓沟通的合理性，是指在不受利益和强烈的干扰的完全自由的状况下，当事人通过相互提出论据的方式达成共识的过程中所实现的合理性。他认为，沟通的正当性和有效性取决于对话有关的程序能否满足对话理论所阐明的关于理性对话、商谈或沟通的先决条件、前提和假设，即取决于作为对话是否符合理性对话的标准和要求。而现实生活中的对话却常出现这样的情况：一些政府官员习惯性地根据职权进行权威性的判断、规范性的宣示和教育性的语言行动，甚至将自己的意志强加给别人，对话变成了"指示"或"教育"。从自由平等的角度看，这种对话方式的缺陷是十分明显的。首要的是公平而合理的程序没有真正建立和健全，形成不了理想的对话环境，对话者的语言行为被力量对比关系所扭曲。我们不得不承认，现实生活中对话环境的不公正已成为干扰、影响对话效果和质量的重要的因素。因此，建立一个科学、高效、合理的社会对话机制，首先必须坚持权利公平、机会公平、规则公平的原则，营造一个公平、公正、公开的对话环境。

近年来，随着我国社会主义协商民主制度不断的健全和完善，我国的社会对话机制也不断地创新和发展。表现在对话的形式更丰富，对话的范围更广泛，对话的效果更明显。如随着我国社会主义市场经济的确立，一些企业、特别是民营和外资企业出现了劳资纠纷的问题，影响了社会的稳定。为适应劳动关系发生的新变化，我国政府借鉴国际经验，积极推动建立了由政府、雇员、工会三方组成的对话机制，以平等的地位开展对话、协商和谈判，并达成共识，从而保障了劳动者的权益，化解了社会矛盾，消除了社会不稳定的因素。

（三）公共决策机制

党的十八大报告提出，"把政治协商纳入决策程序，坚持协商于决策之前和决策之中，增强民主协商实效性"。建立公共决策的机制，是健全社会主义协商民主制度的重要举措，是政府决策民主化、科学化、法制化的关键一步。公共决策，是指公共组织在管理社会公共事务过程中广泛征求并采纳公众的意见所作出的决定。狭义上讲，它是指由公民有序参与，并在决策过程中起决定作用的一种决策机制。它是主权在民、还权于民的具体体现。从广义上讲，它是指政府在决策之前和决策之中广泛征求公众意见，广纳群言、广集民智的一种民主决策的方式。公共决策，起源于欧洲古希腊的城邦雅典的公民大会，是一种与代议制民主不同的直接民主制度，如选民就有关国家前途命运和国计民生的大事举行的全民公决，公决的结果具有不可更改的法律效力。例如，2011年11月4日，希腊政府宣布取消就欧洲联盟新救援方案全民公决的决定。20世纪后，公共决策引入了现代公共管理的概念，公共管理始终是围绕公共决策的制定、修改、实施进行的，可以说没有公共决策就没有公共管理。对公共决策的研究与探讨，对于提高我国公共管理的质量，有效实现公共管理的目标是非常必要的。

公共决策的核心和实质是公众参与。在人类社会的绵延发展中，公民参与是国家走向政治民主和政治文明不可分割的一部分，是公民进入公共领域生活、参与治理、对那些关系他们生活质量的公共政策施加影响的基本途径。公共决策的过程中是否有公民参与，是否符合大多数公众的利益，决定着公共决策的合法性、合理性和可行性。我们国家是人民当家作主的人民民主国家，我们要充分发挥我国社会主义政治制度的优越性，积极借鉴人类政治文明的有益成果，更广泛地动员组织人民依法管理国家事务和社会事务，管理经济和文化事业，我们要充分调动全体人民的积极性，发挥他们主人翁精神，积极投入到公共决策中来。既然公共决策的主体是公民，它对公民如何正确行使自己的民主权利，努力提高自己参政议政的能力提出了很高的要求，需要在公共决策的实践中努力学习，不断提高民主决策的能力和水平。美国公共管理专家、学者约翰·克莱顿·托马斯所著的《公共决策中的公民参与》一书就试图告诉我们，公共管理者应怎样肩负起推进公民参与各项社会事务的艰巨任务，同时又维持公共管理的效率和效益。作者勾勒出在政府决策过程中发展公民参与的策略途径，为读者提供了一个明确的公民参与操作指南，值得我们好好学习。

公共决策建立在广纳群言、广集民智的基础之上，无论是在决策之前还是决策之中，包括报纸、广播、电视、互联网在内的大众传播媒介毫无疑问是反映人民群众呼声、愿望和要求，为公共决策提供决策依据的最好的渠道。近年来，我国各级政府在重大政策，特别是有关民生的政策出台之前，越来越多的通过媒体广泛地征求人民群众的意见，经过充分的讨论最后形成政府部门的决策。近年来，地方政府出台的最多的与老百姓衣食住行相关的，如城市建设规划、交通等基础设施建设、城市居民住房改造、农民工待遇等决策都是在当地媒体上经过多方的讨论后作出决定的。随着以互联网为代表的新媒体的普及，网络传播的时效性、交互性和自主性使之成为公民参与公共决策的又一有力工具。2011年11月2日，一位网名为"江天一色"的网民在成都市政府门户网站上的"市民话题"栏目内发了一篇《关于着力改善城北城市交通的建议》的网帖，引起了网友们的热议，并迅速被相关工作人员上报到成都市委、市政府，成都市人民政府很快作出了"北改"的重大决策。"北改"工程是目前成都市最大规模的民生工程，据统计，2011年就启动项目200多个，总投资1500亿，工程完成后对提升成都国际化城市形象、全面建设小康社会具有重要的意义。随着"网络问政"、"网络行政"的兴起，各级政府利用互联网开展公共决策更加普及。如郑州市2011年10月依托中原网建立了"心通桥"网络问政全媒体平台，变"网络问政"为"网络行政"，"网络应对"为"网络运用"、"政府管理"为"社会管理"、"政府决策"为"公共决策"，拓宽政府与公众的沟通渠道，不断提高政府部门的行政效能，使互联网成为公共决策的有力工具和有效平台。公共决策机制的建立和完善，把政治权力运作同民主协商结合起来，提高了公众对社会公共事务管理的参与程度，增强了公共决策的透明度，促进了公共决策的民主化、科学化和法制化。

（四）舆论引导机制

社会协商的公共话语平台，需要公众广泛地参与，但公共话语平台并不是一个"想说就说、想唱就唱"的意见市场，"公说公有理、婆说婆有理"的自由论坛，它必须有以共同理想为核心的政治基础，有完整的法律秩序和游戏规则，有良好的文化与心理素质，让人民群众中各种不同意见和要求身临其境地在理性的对话中得到系统全面的反映。这就需要建立舆论引导机制，对舆论进行正确的引导，在多元中立主导，在沟通中求理解，在讨论中求共识，使舆论能够真正反映和代表大多数公众的最根本和最长远的利益。

舆论，既是新闻传播学的一个基本概念，也是社会管理学和公共政治学的一个概念，它是指在特定的时间空间里，公众对特定的社会公共事务公开表达的基本一致的意见或态度。① 舆论的本质特性和社会功能使它对公共事务具有强大的影响力，对公共权利具有社会控制的作用，具体体现在它对国家政权和政府行为的监督和制约，包括对国家和政府决策过程的监督，对决策执行过程和执行结果，对决策者和执行者的行为的监督，使之服从服务于既定的公众共同的意志，符合公众共同利益。法国 18 世纪的启蒙学者卢梭曾把舆论比作"国家真正的宪法"，认为没有一个政府能在舆论面前走得太远。②

需要特别指出的是，仅仅看到舆论对公共事务和公共利益的积极作用是远远不够的。舆论虽然是公众集中意志倾向的表达，但由于公众是由不同政治信仰、价值观念、社会地位、利益集团所组成的松散的群体，表现在社会舆论上会出现鱼龙混杂、泥沙俱下的复杂情况，即使是大多数人的共同意见，但由于受认识水平等自身条件的限制和外在客观条件的制约，这种意见也并不是在任何时候都是正确的。正如黑格尔所说，"公共舆论中发现和无穷错误混杂在一起"。③ 舆论是一把典型的"双刃剑"，正确的舆论可以成为推动社会进步的强大动力，而错误的舆论则可能给公共事务和公共利益造成损害，甚至给国家和人民带来巨大的灾难。因此，任何时候应该坚持正确的舆论导向，"利则扬之，坏则毁之"，使舆论朝着正确的方向发展。

---

① 李良荣：《新闻学概论》，复旦大学出版社 2004 年版，第 50 页。
② ［法］卢梭：《社会契约论》，红旗出版社 1997 年版，第 99 页。
③ ［德］黑格尔：《法哲学原理》，商务印书馆 1996 年版，第 333 页。

改革开放以来，特别是党的十八大召开以后，我国进入了改革发展、全面建成小康的关键时期，经济体制的深刻变革、社会结构的深刻变动、利益格局的深刻调整、思想观念的深刻变化，将使社会舆论呈现出更加复杂多元的状态。作为宣传思想舆论战线引导舆论的任务将会更加繁重和艰巨，正如胡锦涛同志所说："舆论引导正确，利党利国利民；舆论引导错误，误党误国误民。"努力提高对新时期社会舆论运行规律的认识，提升新时代舆论引导的能力，对建设中国特色社会主义，全面建成小康社会、实现富国强民的"中国梦"具有十分重要的意义。

大众传播媒介与舆论有着天然的关系，大众传媒是社会舆论的工具，是"作为社会舆论的纸币流通的"。首先，大众传媒具有反映舆论的功能。分散的个人意见要公开表达，参与大范围的社会讨论必须借助于一定的媒介，即公共话语平台，才能形成有实际意义的公众意见，作用于社会。大众传媒面向全体社会成员开放，其传播范围之广、公开程度之高都是其他任何媒介所不及的。公众很容易、也很自然地选择大众传媒发表评论，形成一致意见，与政府官员对话，进行社会协商，参与公共管理和公共决策。马克思曾把报刊比作"驴子"，每天驮着公众舆论在社会成员面前出现。报刊是如此，广播、电视、互联网也如此。其次，大众传媒具有引发舆论的功能。社会舆论的形成，必须要有明确的意见指向，即特定的公共事务或公共话题。无论公共话题的提出者（或叫议程设置者）是政府机构还是普通民众，但必须经过大众传媒广为传播才能成为公众关注的焦点，进而引发舆论。第三，大众传媒具有引导舆论的功能。这是大众传媒作为公共话语平台应承担的社会责任和义务，是我国社会主义的传播事业的性质、任务和作用所在。大众传媒的舆论引导，不是靠说教和灌输把自己的观点强加给公众，而是通过持续不断的信息流，构筑现代信息环境，作用于人们的认识，引导舆论；或者是通过稿件选择其中隐含的意见倾向来表达观点立场，引导舆论；要坚持以正面宣传为主的方针，让正面的、主流的舆论占领舆论阵地，形成强势舆论，为公众有序地参与社会协商营造一个良好的、健康的舆论环境。这正面临着前所未有的巨大的社会变迁的当代中国显得尤为迫切和重要。

网络传播是传播领域里一场深刻的革命，它不仅颠覆了传统的大众传播的格局，而且带来了民意聚合方式的变革，催生了一种新的社会舆论形态——网络舆论。网络舆论，是网民以互联网为媒介就各种社会现象或社会问题公开表达的意见、观点、看法的总称。网络舆论的兴起首先与网络传播的特性分不开。互联网以其点对点的、双向交互的传播方式改变了传统媒介点对面的、单向线性的传播方式，第一次打破了传播者对话语权的垄断，使网民能够在网上自由地发表各种意见和观点，从而促进了民间话语体系的崛起和加速了"舆论一律"传播格局的颠覆。网络传播的特性，使它迅速成为当今世界最重要的社会舆论工具，中国民众舆论表达最活跃的平台。网络舆论给我国舆论环境带来的影响，主流是积极的、正面的：它能够真实地感知社会舆情和人心向背的变化，成为社会、政治、经济、文化、生活的"风向标"；它能够为各种社会情绪的表达和释放提供更加便捷、畅通的渠道，成为社会稳定的"安全阀"；更为重要的是，网络舆论在我国政治生活中的作用越来越明显，它能够最广泛地动员和组织人民依法管理公共事务和社会事务，成为社会主义民主政治的"推进器"。当然，网络舆论也是一把"双刃剑"，它在给社会带来活力的同时也给公共管理和社会管理提出了严峻的挑战。应对这些挑战，我们同样不能一味地采取"堵"的方式，而应采取"导"的方式。胡锦涛总书记在 2008 年考察人民网时指出："互联网已成为思想文化信息的集散地和社会舆论的放大器，我们要充分认识以互联网为代表的新兴媒体的社会影响力，高度重视互联网的建设、运用、管理。"我们要创新互联网的管理，在运用法律、行政、技术手段的同时，深刻认识网络舆论的基本特性、运行特征和传播规律，建立起网络舆情监测机制和网络舆论引导机制，努力提高网络舆论引导的水平和艺术，掌握网络舆论引导的主动权，为社会主义民主政治建设创造一个良好的网络舆论环境。

（五）应急管理机制

"天有不测风云，人有旦夕祸福"。21 世纪以来，人类在经济社会高速发展的同时，也进入了一个高风险社会。各类自然灾难的频发，各种社会矛盾的加剧，使我们的生活充满了各种各样的危机。危机，是"对一个社会系统的基本价值和行为准则架构产生严重威胁，并且在时间压力和不确定性极高的情况下必须对其作出关键决策的事件"。[①] 在我国，危机事件又叫重大突发性事件，包括重大自然灾害、重大责任事故、卫生安全事件和公共安全事件（如群体性事件），无论哪一类事件都有可能加剧社会矛盾，影响社会稳定，甚至造成社会动乱。危机给人类社会带来的挑战，说到底是对人类主观能动性的挑战，认识危机，把握规律，转危为安、化危为机，这是所有社会管理系统所追求的目标。而危机管理（又叫应急管理），就是指一定的社会主体为了预防、转化危机而采取的一系列维护社会的正常运行的积极主动的行为，是对那些严重威胁公众生命财产安全和社会稳定的重大公共危机事件的应对，它是公共管理和社会管理的重要组成部分，是现代政府最重要的管理职能。在我国，危机管理还显示了"以人为本"的科学发展观，体现了人民利益高于一切的党的执政理念和宗旨，是党和国家执政能力的具体体

---

① 薛澜、张强、钟开斌：《危机管理：转型期中国面临的挑战》，《中国软科学》2003 年第 4 期。

现。近几年来，特别是随着《突发事件应对法》的出台，我国各级政府危机管理的能力得到很大提高，应急管理的体制不断健全和完善，一个统一指挥、功能齐全、反应灵敏、运转高效的应急管理机制正在形成。

与危机管理相联系的另一重要概念是危机传播（Crisis Communication）。危机管理的过程中离不开信息的交流和传播，正如危机管理专家里杰斯特所言："对交流的有效管理如同处理危机本身一样重要。"① 危机管理的过程，就是信息传播和交流的过程，危机传播就是"在危机事件之前、之中以及之后，介于组织和公众之间的传播"。② 危机传播的实质就是在危机管理的过程中，危机管理部门与组织、媒体、公众彼此之间进行的信息的传达、交流和沟通。当然，把危机传播仅仅解释为信息的传播是不够的，无论是在危机的潜伏期、爆发期，还是恢复期，都充满着错综复杂的矛盾和斗争，特别是一些对公共安全和社会稳定造成极大的社会群体性事件，更是社会矛盾和社会冲突的集中的表现。这些矛盾绝大多数属于人民内部的矛盾，不能采取强制的手段来解决，而是要通过耐心细致的思想工作，用对话、沟通、谈判、协商、妥协等方法来代替政治抗争，在以公共利益为基准的条件下实现各群体利益的均衡。事实上，社会协商已成为我国处理和应对危机事件、特别是社会群体事件的重要手段，也是政府危机管理的一部分。

危机管理和危机传播是一个由多方参与的社会系统工程。大众传媒在其中扮演着十分重要的角色，是党和政府危机管理的一支重要的力量，在危机管理中担负着危机预警、舆论引导、安抚民心、沟通协调、维护社会稳定，促进危机转化等重大职责。其一，大众传媒作为信息传播的工具，具有"环境监视"的功能，对社会环境的变化有着"瞭望哨"、

---

① ［美］罗伯特·希斯：《危机管理》，王成等译，中信出版社 2004 年版，第 187 页。
② 廖为建、李莉：《美国现代危机传播研究及其借鉴意义》，《广州大学学报》（社会科学版）2004 年第 3 卷第 8 期。

"晴雨表"和"预警器"的作用，能够在第一时间将自己的观察和在外部获得的信息告诉给公众，能够根据对舆情的监测对事态的发展作出预测，能够对危机事件的真相及有关背景作全方位客观的报道。在大众传媒的关注下，有关危机信息的传播速度、范围和影响有时甚至超越了危机事件本身的发展。反之，在危机事件中，大众传媒的任何缺席、失语和信息不对称，都会直接影响对危机的应对和防范，甚至会加重已有的危机，形成复合危机和多重危机。其二，大众传媒作为社会舆论的工具，在危机事件中同样担负着反映舆论和引导舆论的社会责任。危机事件爆发的前后，也是社会舆论最为活跃的时期，各种舆论纷至沓来、不期而至，干扰着人们对事件的正确判断并直接影响对事件的处理。舆论导向正确与否，是危机管理能否达到预期目的的关键所在，正确的舆论导向可以起到预警作用，增强人们对危机的防范意识；可以进行"舆论释缓"，帮助人们消除因为流言、谣言而造成的恐惧心理；还可以化解矛盾，努力营造化险为夷、转危为机的"意见环境"。江泽民同志说过，"舆论导向正确是党和人民之福；舆论导向错误是党和人民之祸"，这句话用在危机传播中可以说是非常的贴切。其三，大众传媒作为联系党和人民群众的桥梁，在危机事件中担负着上情下达和下情上达的任务。一方面，大众传媒要把党和政策应对和处置危机事件的有关政策及时、准确地传达到人民群众中去，增强他们众志成城、战胜困难的信心和勇气；另一方面，大众传媒还要及时地报道危机事件给人民造成的困难和疾苦，反映他们的呼声、愿望和要求，同他们同甘苦、共患难。在一些危机事件中，特别关系到人民群众切身利益，影响党群、干群、警民关系的重大责任事故和群体性事件；大众传媒还要为冲突各方提供对话、沟通、谈判、协商的公共话语平台，引导社会舆论沿着理智、建设性的轨道发展，为化解矛盾、求得理解、搭成共识、凝聚人心创造条件。

　　危机事件不可能是随时发生，但危机传播却需要建立一个合理的、长效的机制。根据近年来大众传媒应对公共危机的经验总结，我们可以把大众传媒的应急管理机制分为三种基本的机制：一、预警机制。任何危机的形成和发展都有一个从量变到质变的过程，潜在的危机无非有两种可能：如果未雨绸缪，防微杜渐，就会把危机扼制在萌芽状态之中；如果麻痹大意，掉以轻心，就会风生水起，促使潜在的风险转变为现实的危机。危机预警机制，就是在危机的潜伏期对有可能出现的风险所作的评估和预测，并提前向有关部门和公众敲响"警钟"，做到有备无患，把危机"止之于始萌，绝之于未形"。从经济学的角度讲，它是危机管理中最合理、最有效，因而成本最低的一种资源配置方式。媒体的预警机制，最重要的不是对自然灾害的预报，而是对反映社情民意的舆情的分析和判断。事实证明，如果能敏锐地发现产生群体性事件的苗头，大多数群体性事件是可以防患未然的。二、快速反应机制。快速反应机制又叫应急报道机制，是指在危机爆发以后，危机管理部门和新闻媒体在最短的时间内迅速作出反应并开展危机传播活动的运行机制。它既是政府危机管理组织系统的重要组成部分，也是大众传媒在危机传播中最为重要的传播机制。危机事件既然是"在时间压力和不确定性极高的情况下必须对其作出关键决策的事件"，就具有突发性、紧迫性和不可预测性。这就要求管理部门和新闻媒体在"第一时间"里公布事件发生的真相，解惑释疑，回答公众关心的问题；在"第一时间"里就应对和处置事件作出决策，有条不紊地开展各种救援工作。建立快速反应机制就是为化险为夷、转危为机争取主动、抢占先机。三、信息披露机制。危机管理专家奥古斯丁曾用六个字总结危机管理的经验："说真话、立即说"；英国学者罗杰斯也提出危机传播的"3T"原则，即主动提供情况、尽快的提供情况、提供全面的情况。信息披露机制的核心是信息的公开和透明。在危机事件中将人们面临的危机明白无误地告诉公众，这是尊重公众知情权的体现。只有做到信息公开，才能鼓足公众战胜困难的勇气和信心，才能创造有利化解危机的主流意见环境，才能构筑起抵制流言、谣言的传播。在过去的一些危机事件、特别是公共安全事件中，有关部门和媒体总不愿将事件的真相向公众公开，在公众要求公开事件的真相时，一方面吞吞吐吐、语焉不详；另一方面却斥责公众"受蒙蔽"、"不明真相"，不但没有消除公众的疑虑，反而成了事件升级的"导火索"。事实证明，"流言止于真相"，信息披露机制是战胜危机事件中流言和谣言的法宝。

四、社会协商与公共话语平台构建的策略和方法

既然社会协商是各种社会力量参与的政治博弈，作为公共话语平台的大众传媒不代表其中任何一方的利益，而在政府与社会团体、政府与公众的关系中扮演着"第三方"的角色。大众传媒要依照公平、公正、公开的"游戏"规则，让人民群众中各种不同意见和要求在理性的对话中得到综合系统的反映。这就需要积极审慎地调整媒体与政府、媒体与公众的关系，真实、全面、客观、平衡地反映各方的意见和诉求，而避免动辄提出"替谁说话"的问题。同时，大众传媒要调动和利用传媒资源，搭建多层次多渠道的对话平台，让更多的公民有直接参加社会协商的机会，为协商民主创造一个更为自由宽松的环境，提高协商的质量，使各方在充分表达的基础上化解社会矛盾和冲突，实现不同利益的统筹和协调。无论沟通、对话、交流、协商，从本质上讲都是一种信息的传播，大众传媒更要遵循传播的基本规律，注意社会协商中的传播策略和方法，提高传播的效果。在社会协商和公共话语的构建中有哪些主要策略和方法呢？

（一）发挥"议程设置"的作用

"议程设置"（the agenda-setting）理论是大众传播效果研究中的一个重要的理论假说，最早见于美国传播学家M.E.麦库姆斯和D.L.肖于1972年发表的一篇为《大众传播的议程设置功能》一文。这篇文章里，他们首次运用科学实验的方法，对美国总统选举期间传播媒介的选举报道对选民的影响所作的调查。在调查中，麦库姆斯和肖发现，大众传媒对某些命题的着重强调与这些命题在受众中重视的程度之间，存在着一种高对应的关系。也就是说，越是大众传媒报道的"热点"，越容易成为公众关心的"焦点"。麦库姆斯和肖认为，大众传播具有一种为公众设"议事日程"的功能，传媒的新闻报道和信息的传播赋予了各种"议题"不同程度的显著性，并影响人们对其重要性的判断。① 其实，"议程设置"反映的大众传媒对环境认知活动的影响，并不是从麦库姆斯和肖开始的，早在1922年，李普曼就在他的《舆论学》一书里就指出，大众传媒的报道活动是一种营造"拟态环境"的活动，它形成人们头脑中"关于外部世界的图像"，并由此而影响人们的行为。1958年，诺顿·朗对议题设置的作用已有相当的了解，他说："从某种意义上看，报纸是形成所在地议题的最重要的提供者，它在决定大多数人将要谈论什么，对事实会有什么看法以及对处理面对面的社会问题会有什么想法方面起着重要的作用。"②1963年，B.C.科恩在研究报纸和对外政策的关系时指出："在许多场合报刊在告诉人们应该'怎么想'时并不成功，但是在告诉读者'想什么'方面，

---

① 参见郭庆光：《传播学概论》，中国人民大学出版社1999年版，第214页。

② ［美］赛费林·坦卡特：《传播学的起源、研究与应用》，福建人民出版社1985年版，第214页。

却是惊人的成功。"①

议程设置理论对公共话语平台的建设以及健全社会主义民主协商制度具有重要的意义。在目前我国社会公共生活中存在着许多有待于解决的课题，例如环境污染问题、食品安全问题、人口老龄化问题、大学生就业问题、农民工进城问题、政治体制改革问题等等。在千头万绪的问题当中，哪些是最重要、最迫切、应该作为当务之急优先解决的？哪些是就目前来说重要性不那么突出，可以往后放一放？每一个关心公共事务和国家大事的人都会有自己的基本看法。换句话说，我们每个人心中都有一个无形的"议事日程表"。同样，在人大代表的议案中、在政协委员的提案中、在政府官员的文档里、在新闻媒体的报道计划中都有这样一个"议事日程表"。

谁是公共话语平台的议程设置者呢？首先，各级政府部门是议题的当然的设计者，如政府部门就经济社会发展重大问题和涉及群众切身利益的实际问题在报刊、广播、电视、互联网上组织公众进行公开讨论，在广泛协商、广纳群言、共集民智的基础上作出决策；其次，议程设置者也可能是公众，他们就当前国家政治生活、经济生活和社会生活的大事发表个人的意见、观点和看法，在一定的条件下，某些"个人议题"也可能成为公共议题，成为全社会关注的热点话题，有的甚至可能影响政府部门的决策；最后，新闻传媒也是公共议程的设置者，新闻传媒除了通过一段时间对某些社会热点问题进行连续的报道以外，还可以策划一系列公众参与度高的谈话栏目，设置当前公众关心的公共议题，让各种意见、观点和看法，通过充分交流、讨论和碰撞形成共识，为党和政府的决策提供依据。无论是谁设置的议题都要遵循"优先顺序"的原则，按照重要性和显著性进行排序。一些重大事件的发生本身就具有议程设

---

① Cohen, Bernard, *The Press and Foreign Policy*, Princeton University Press 1963, 13.

置的作用。危机管理专家史密斯·巴兰德就曾基于传播学的议程设置理论提出了"焦点事件理论",他认为那些"突然发生的、不可预知的事件"有极大的冲击力,能够唤起公众的注意力,同时为政府制定新的政策和危机解决方案提供了"机会之窗"。[①]

大众传媒在作好议程设置的同时还要作好议程的管理。对于各方设置的议题,媒体一方面要根据舆论的变化,随时掌握讨论的时机、节奏和强度,组织公众有序参与,实现"外部议题——组织议题——目标公众议题"的转化;另一方面,对于一些偏离方向或时机不成熟的议题,媒体要通过"热点转移",主动设置新的"议题",把公众的注意力集中到党和人民都关心的重大问题上。如"5·12"汶川特大地震中,大量的房屋倒塌导致中小学生伤亡惨重,有人在网上提出追查校舍中的"豆腐渣工程",很快成为公众议论的热点话题,一部分情绪激动的学生家长甚至组织上访,给当时的抗震救灾造成了严重的干扰。国内各大主流媒体就采用通过大量的新闻报道和评论,把公众的注意力转移到全国人民万众一心、众志成城、夺取抗震救灾的胜利这个压倒一切的重大"议题"上,成功地实现了"热点转移"。

(二) 寻找"意见领袖"

"意见领袖"是传播学中的一个经典概念,出自于传播学家拉扎斯菲尔德的"两级传播"理论。该理论认为,人们对特定信息的评价和据此采取的行为,总是受到少数权威的影响。这些权威影响着人们对某一事物的看法,是指引人们形成某种意见的领袖。大众传播中信息的流动

[①] 褚建勋:《复杂的危机传播——危机传播研究的理论述评》,《第四届亚太地区媒体与科技和社会发展研讨会论文集》第35页。

很多时候并不是从传播者直接"流"向接受者的简单过程，而要经过"意见领袖"这样一个中间环节，即一个从"传播者——意见领袖——一般受众"的两级传播的过程。谁是大众传播中的"意见领袖"呢？一般来说，它是指那些在某个方面具有权威性和号召力，能在一定程度上影响民意的人，如有关方面的专家、学者、社会知名人士、权威人士，群众组织、社会团体、宗教团体、行业协会的负责人等等。这些人在他所生活的阶层或群体中被人们所拥戴，给人以信赖感和亲和力，能够代表他所处的阶层或群体的利益，能够在人们迷惑不解的时候指点迷津，影响着人们对某一事物的看法。大众传媒所传播的信息包括各种观点、态度、意见，不是直接传达给一般的受众，而是通过"意见领袖"作用于他们。值得注意的是随着互联网的普及、特别是微博的发展而诞生的"新意见领袖"，他们主要由大学教授、学者、记者、律师、作家、艺术家等"公共知识分子"组成。他们的思想和评论会通过"粉丝"迅速地传播到普通网民，形成公共号召力，并决定某些特定事件的走向。

在社会协商和公共话语平台的构建中，同样需要有"意见领袖"。如政府部门将就某项有关民生的重大决策进行社会协商，它不可能、也没必要直接与所有利益攸关者对话，而只需要与他们的代理人——"意见领袖"进行沟通和协商。换句话说，社会协商不是"乱哄哄，你方唱罢我登场"的演出，而是由政府部门与"意见领袖"之间理性、有序地对话。"意见领袖"作为联系和沟通政府与公众关系的桥梁，一方面将政府的意见传达给其他社会成员；另一方面将其他群体成员的意见进行汇总和补充后反映给政府。因此，在社会协商中，要充分发挥"意见领袖"在政府与公众之间的传达、沟通、说服、解释的作用。如 2007 年，因一个年产 80 万吨二甲苯（英文 Para–Xylene，PX 即其缩写）的大型石化项目有可能造成环境污染而引发了"厦门 PX 项目危机"，厦门市上万人手绑黄丝带走上街头游行。面对巨大的舆论压力，厦门市政府顺应民意，作出了暂缓 PX 项目、重新进行区域规划环评的决定，并请中国科学院院士、厦门大学教授赵玉芬在媒体上发表声明。赵玉芬是事件的引爆者，而且是环境保护领域著名的科学家、"意见领袖"，他在声明中对政府的决定表示理解和支持，并向群众普及 PX 知识，澄清社会上的流言，很快平息了这场因舆论引起的危机。2008 年在四川藏区"3·16"事件中，少数僧人受"藏独"分裂分子煽动参与了打砸抢等暴力活动并围攻政府机关，部门就请出当地德高望重的具有"意见领袖"作用的爱国宗教人士，让他们通过广播、电视向广大僧尼和信教群众宣传藏传佛教以慈悲为怀，不使用暴力的教规戒律，稳定了社会秩序。

"意见领袖"既不是自封的，也不是上级部门任命的，而是在长期的社会活动中自然形成的。既然意见领袖在社会协商中位居要津，那么如何去发现和寻找"意见领袖"呢？一是观察其在大众媒介上的活跃度。"意见领袖"一般比群体其他成员更熟悉群体规范和群体利益，加之他们信息灵通，有深厚的知识背景和生活经验，因此在群体中更有话语权；他们经常在媒体（包括以互联网为代表的新媒体）上发表对相关问题的意见，为群体利益常常仗义执言、大声疾呼，最容易成为某一群体的"意见领袖"。二是通过各种渠道征寻"意见领袖"，如利用见面会、现场沟通、热线电话、BBS 等方式，主动向社会群体成员征寻他们心目中的代表者。有时，在一些特定问题上，他们会自发推举自己的"代言人"来与政府部门或其他社会群体对话和协商。对他们切忌不要当作"对立者"或"挑战者"，恰恰相反，要把他们当作劝服、影响、改变群体的态度和行为的"合作者"和"中间人"，通过他们引导社会舆论，使社会协商朝着理性、健康、有序的方向发展。

(三）关注"沉默的多数"

舆论，在传播学和政治学中有着不同的释义。传播学认为，舆论是代表民意的各种观点、意见、态度、情绪的总和以及这些观点、意见、态度、情绪形成、发展和消退的过程。而政治学则认为，舆论是一种"社会合意"（social con sensus）。它的产生是一个"问题出现→社会讨论→合意达成"的理性过程，与传播学强调舆论是一种"公开的意见"不同，政治学强调的是舆论是一种"共同的意见"，只有那些"被多数人共有的、能够在公开场合公开声明"的意见才能成为舆论。政治学把舆论看作一种"公意"，是民主政治的基础；而传播学中的舆论是"各种观点、意见、态度、情绪的总和"，因此，在大众传媒包括报刊、广播、电视、互联网等反映的"舆论"，未必就是事实上的"多数"的意见，而很可能只是表面上的或人们感觉中的"多数"或"优势"意见。德国著名女社会学家伊丽莎白·诺尔·诺依曼正是在对"舆论"形成过程中"多数"和"少数"意见关系的研究后，提出了"沉默的螺旋"理论。

"沉默的螺旋"是一种理论假说。这个假说由三个命题构成：第一，个人意见的表明是一个社会心理过程。人作为社会动物总是力图去适应周围的环境，避免孤立，这是人的天性。为了防止因孤立而受到社会惩罚，个人在表明自己意见时首先要对周围的意见环境进行观察，当发现自己的意见属于"优势"意见时，便倾向于大胆表明自己的观点；当发现自己属于"劣势"意见时，一般人就会屈于环境压力而转向"沉默"和附和；第二，意见的表明和"沉默"的扩散是一个螺旋式的社会传播过程。也就是说，一部分人的"沉默"造成另一部分人意见的增势，使"优势"意见显得更加强大，反过来又迫使更多持不同意见者转向"沉默"。如此循环往复，便形成了"沉默的螺旋"，甚至会出现舆论"一边倒"的现象；第三，大众传播营造的"意见环境"对舆论的走向有"强有力"的影响作用。根据诺依曼的观点，舆论的形成不是社会公众的"理性讨论"的结果，而是"意见环境"的压力作用于人们害怕孤立的心理，强制人们对"优势意见"采取趋同行动这一非合理过程的产物，是大众传播和人们对"意见环境"的认知心理二者相互作用的结果。经大众传媒强调提示的意见由于具有公开性和传播的广泛性，更容易被当作"多数"或"优势"意见认知。

"沉默的螺旋"是一种考察大众传播与社会舆论关系的理论，对公共话语平台的构建有着十分重要的意义。作为公共话语平台的大众传媒所反映的"社会舆论"是一种"公开的意见"，但并不一定是一种"共同的意见"。在现实社会生活中，会有很多人迫于大众传媒营造的"意见环境"的压力，要么选择"附和"，要么选择"逃避"，而他们真实的意见和想法却很容易被忽视。从这种意义上讲，公共话语平台所反映的"舆论"并不一定能够代表大多数人的意见。这就告诉我们，在社会协商的过程中，我们更要关注"沉默的多数"。他们处于社会的最底层，在政治博弈中属于"弱势群体"，但他们却是社会的主体，是推动社会发展的真正动力，是最不能忽视的社会力量。要努力营造一个让所有人都能够自由地表达自己意见的"意见环境"，让社会能够听到"最弱小者的声音"，这是保证社会协商结果的公平公正，最大限度地调动社会各方面的积极性，使整个社会充满生机和活力的前提。

（四）搞好"沟通管理"

沟通是社会协商最重要的工具，也是公共话语平台构建的基础。事实上，社会协商中的大多数问题都可以通过沟通来解决，特别是一些因社会矛盾加剧而引发的群体性事件，沟通成了弥合关系、消除误解、缓和矛盾、化解危机的重要武器。在社会协商中，沟通主要在政府与公众、即组织与利益相关者之间进行。它是组织与利益相关者建立契约关系的一个基本维度。在沟通的过程中，沟通的符号系统和意义系统在不同情境下建构出不同的沟通形态，体现并影响着组织与利益相关者契约关系的发展和变化。

沟通，因其在大众传播和公共管理中的重要作用，成为了传播学、管理学、社会学、心理学等诸多学科研究的对象。传播学者卡尔·霍夫兰在深入考察劝服效果形成的复杂性后，提出了一系列对劝服传播实践有指导意义的理论观点，为沟通管理提供了指南。他认为，劝服者决定劝服的内容和形式，因而是劝服效果达成的第一要素。人们总是首先根据劝服者的可信性来选择是否接受劝服。劝服者的可信性包括两个方面的内容：第一是劝服者的信誉，包括诚信、负责、客观、公正等品格；第二是专业权威性，即劝服者对特定问题是否具有话语权和权威性。一般而言，劝服者的可信度越高，劝服的效果就越大；劝服者的可信度越低，劝服的效果就越小。霍夫兰还认为，在劝服活动中，以什么方式打动对象也是影响效果的重要因素。人们通常采用两种做法：一种是摆事实、讲道理，运用理性和逻辑的力量来达到劝服的目的；另一种是通过营造某种气氛或使用感情色彩来感染对方，以达到劝服的效果。在劝服研究中，前者为诉诸理性，后者为诉诸感情。一般说来，在阐明重大问题时，以理性诉求为宜；而在疏通细节问题上，以感情诉求为宜，沟通管理要"动之以情、晓之以理"。在沟通实务上，沟通管理还要注意沟通内容的规划，沟通渠道的整合。沟通技巧的培养。

沟通管理尤其是劝服传播，因其在社会协商中的重要作用越来越受到重视。当前，我国正处于全面建设小康社会，实现中华民族伟大复兴的历史转折期，虽然我们在经济建设、政治建设、社会建设、文化建设、生态建设和党的建设取得了有目共睹的成绩，但前进道路上仍存在着不少困难和问题。如发展中不平衡、不协调、不可持续问题依然突出，社会矛盾明显增多，社会不公现象十分严重。人民群众对这些问题有不满情绪，提出批评、质疑甚至抗议，这是可以理解的。解决这些困难和问题除了采取切实措施、加快改革发展的步伐以外，通过沟通管理、特别是劝服传播做大量的深入细致思想工作是非常必须和有效的。在劝服活动中，我们要以诚信的态度，老老实实地承认我们工作中的缺点和不足，明明白白地告诉党和政府在解决这些问题上所作的努力，消除人民群众对我们工作的一些误解，一句话："主动沟通、充分沟通、尽快沟通"，在沟通中求得群众的理解和谅解，化解矛盾、凝聚人心、达成共识。如中石油和成都市政府决定在地处成都市郊区的彭州市建设一大型石化工程，由于成都市民对工程可能产生的环境污染问题心存疑惑在网上发了大量反对开工的帖子，有人主张上街游行抗议，一场群体性事件一触即发。成都市政府和有关部门为此利用报纸、广播、电视等大众传媒作了大量的劝服传播工作，包括请专业人员介绍工程对环境保护采取的措施、请社会各界人士和普通市民到现场参观并在媒体上发表自己的感受，通过政府与公众的反复沟通，终于使成都市市民消除了疑虑，平息了一场风波。

（五）加强"正当性建构"

正当性，又译为正统性、合法性、正确性、合理性，① 是一个被广泛使用的政治概念，通常指一个组织或团体被民众所认可的程度。正当性概念的结构有两个层面：其一是理性的层面：正当性要求一种客观要素，即符合某种规范或客观标准。从这一层面来说，正当性是经过道德

①　孙关宏：《政治学概论》，复旦大学出版社 2003 年版，第 54—63 页。

哲学取得的合理性。如在群体性事件中，群众通过上访、自发聚集来表达自己的诉求，这在法律范围内是允许的，具有"正当性"。一般来说，一个组织，包括政府部门和民间社团、企事业单位，只要其创办的手续齐全，并且其活动是在规定范围内，那么它作为社会协商的主体在客观上便具有正当性；其二是经验的层面：正当性要求一种主观要素，即公众主观意志的表达。在这一层面上，正当性表现为得到社会普遍认同和尊重。如农民工因为工资被拖欠而同资方进行的协商和谈判，就明显具有正当性。斯科特从内涵上将正当性分为三种：一种是制度正当性，指行动符合国家的政策法规，并以此获得社会的认可；一种是道德正当性，指行动符合社会的道德规范，并以此获得社会大众的信任。这两者构成了正当性的理性层面。一种是认知正当性，指社会大众既认可某组织存在，并且可以辨识和认可其行动所展示的意义，这事实上构成了正当性的经验层面。[①]

正当性首先是一种概念化的观念，其次还具有普遍认同的结果。在协商中对峙的双方为顺利实施或阻止实施某项行动，必须要有一个把该行动所具有的制度、道德的正当性广泛传播的过程，这样才能被社会大众所认知并认可，在社会协商中处于有利的地位。这个过程就是正当性建构的过程。社会协商一般是政府、企业、组织、团体之间就某个问题、某个事件而发起的有计划、有组织的行动，因而正当性建构主要是围绕着行动进行的。但由于行动的推行涉及实施的主体，即组织或团体，还涉及实施的立场和实际的做法，因此，行动正当性建构一般包括三个方面：一是组织正当性，即组织和团体具有推行和阻止这项行动的资格；或者指组织对议题具有发言权，其言说足以被公众接受；二是立场正当性，即指议题或政策所代表的价值观要有正当性。议题如果能引

---

① 刘杨：《正当性与合法性根式概念辨析》，《法制与社会发展》2008 年第 3 期。

起公众的广泛关注，认为议题与自己的切身利益相关，并愿意配合组织采取行动，这表示议题具有正当性；三是做法正当性，即政策计划或实际做法被公众认为是切实可行的。正当性建构中还要注意其策略和方法，主要有正当性来源策略；叙事的话语策略；说服与宣传的策略；质疑对方正当性策略等。①

　　参与社会协商的各方都有明确的目标，围绕各方利益的博弈和互动既体现一种自我选择与公共选择的矛盾，也体现一种自我意志与社会秩序的矛盾。在处理这类矛盾中，正当性建构不但是必要的而且是必须的，因为任何一方的诉求和目标只有在获得正当性后，才能构成双方的博弈和互动，可以说，社会协商就是建立在对峙双方正当性建构的基础上。换句话，社会协商各方只有把与对方的对话和谈判建立在正当性上，才有可能避免不同利益的冲突上升为不可化解的质，而转化成是可以分解的量。因此，社会协商中的各方都要在法律和制度允许的范围内进行正当性建构，以求形成双方都能接受的合情、合理、合法的共识。我们以厦门 PX 项目事件为例：2007 年"两会"召开期间，中科院院士、厦门大学教授赵玉芬等 105 名全国政协委员联名提交了《关于厦门海沧 PX 项目迁址建议的议案》，至此，厦门市政府引进台资兴建的海沧 PX 化工项目进入公众的视野，引起厦门市民的广泛关注和强烈反对。在经过长期的争论之后，2007 年 6 月 1 日，厦门一万多市民上街游行抗议，使得厦门 PX 项目事件从单纯的正当性论述升级为群体性事件，形成了市民与政府的对峙。在事件处理的过程中，对峙双方都依托媒体进行了大量的正当性建构，包括组织正当性建构、立场正当性建构和做法正当性建构。最后，事件以厦门市政府决定将 PX 项目迁往漳州古雷半岛而得到彻底解决，也成为用社会协商成功处理群体性事件的一个范例。

---

　　① 李蔚、曾庆香：《群体性事件对峙双方的正当性建构》，《传媒观察》2009 年第 4 期。

第六章

社会协商法律机制的建构与完善

中国文化源远流长，"以和为贵"作为我国传统文化的精髓之一，根深蒂固地扎根于炎黄子孙的思想深处，是几千年中国社会发展的思想动力，并推动着我国数千年文明的发展。在此基础上形成的中国式协商文化，也成为社会协商理念的思想渊源。随着当今社会主义民主政治的不断推进，从法治方向来吸收古代协商思想精华，建设中国特色社会协商机制，必将使社会协商的重要性进一步得以彰显。

党的十八届四中全会通过的《中共中央关于全面推进依法治国若干重大问题的决定》强调，"面对新形势新任务，必须更好发挥法治的引领和规范作用"，提出了"加强社会主义协商民主制度建设，推进协商民主广泛多层制度化发展"的任务。社会协商作为协商民主的主要表现形式，制度化是其不断发展的重要内容和保障。在法治社会中，法律化是制度化的必然结果。应当看到，我国社会协商的制度化法律化的程度还很低。哈贝马斯曾希望其设想的商谈可以法律化与制度化，"商谈原则要能够通过法律媒介而获得民主原则的形式，只有当商谈原则和法律媒介彼此交叠，并形成一个使私人自主和公共自主建立起互为前提关系的权利体系"。① 对于社会协商的制度化建构，应满足如下基本判断：在新的历史背景下，符合社会发展趋势，以权力机构与社会主体互动为基础，彼此对与社会主体利益息息相关的社会事务进行沟通、磋商、交流，柔性化解群体性事件与危机。

社会协商法律机制建构的现实意义至少包括四点：首先，作为一种制度，它具有一种固定性和稳定性，不因领导人的改变而改变，亦不因领导人意志的改变而改变。这就意味着社会协商制度有利于切实保障社会主体参与社会事务和行使权利；其次，它具有手段性和工具性，在制度的规范和导向下，通过具体的协商对话以及沟通和交流，可以化解社会矛盾，减轻社会的混乱状态，从而有利于维护社会的稳定，实现安定和谐的社会秩序；再次，它具有协调性和融合性，在制度的规范和约束之下，能够较大限度地加强权力主体与社会主体之间的国家大局观和社会认同感，协调各主体之间的利益关系；最后，它具有民主性和群众性，社会事务的解决以及因社会事务所产生的社会矛盾的化解，都需要社会协商制度以权力主体和社会主体的民主互动来完成，无论是启动社会协商制度，还是协商过程中，乃至协商之后，都能够增强社会的民主气氛以及人们的群众意识。

社会协商法律机制的建构是一项庞大的系统工程，具有涉及面广、政策性强、层次多、规范性不足的特点。它既是一个双向或多向的良性互动机制，也是一个动态发展的机制，随着形势的发展和社会的需要，其内涵和外延得以不断地丰富发展和完善。在现有的政治体制和宪法框架内，其在社会治理和矛盾调处方面发挥着其他机制所无法代替的功

---

① ［德］哈贝马斯：《在事实与规范之间——关于法律和民主法治国的商谈理论》，童世骏译，生活·读书·新知三联书店 2011 年版，第 156 页。

能：社会协商机制是以制度化手段调解利益纠纷的管道；是权力机构与民众沟通的必要机制；是民众诉求得以有效表达的形式之一；是社会治理的良好机制之一。但是，由于我国对社会协商机制研究起步较晚，且中间曾一度中断，因此社会协商机制本身在理论上尚不成熟，机制上尚不完善，尤其是其法治化水平较低，大多停留在政策文件层面，尚没有形成规范化、常态化的制度实践。这严重制约了其在化解社会矛盾、应对群体性事件当中功能作用的发挥。

本章以研究社会协商法律机制的建构为宗旨，紧紧围绕社会协商机制的重点和难点问题展开研究，主要目的在于对社会协商法律机制的构建进行"软"约束：一方面使矛盾各方的利益诉求通过沟通得到应有的平衡与疏通；另一方面解决已有协商制度中强势方进行强制协商的状况，逐步将强制协商转变为软性协商，从而达致国家的政府治理代价与国家运行成本的双降低，为社会矛盾纠纷解决提供新的可行性进路，最终提高国家与社会治理水平的目的。

一、社会协商法律机制的历史考察

（一）社会协商的政策与法制演变

党的十三大报告曾提出"社会协商"这一概念，党的十六届四中全会通过的《中共中央关于加强党的执政能力建设的决定》指出要"建立健全社会利益协调机制，引导群众以理性合法的形式表达利益要求、解决利益矛盾，自觉维护安定团结"。十六届五中全会通过的《中共中央关于制定国民经济和社会发展第十一个五年规划的建议》也强调，要"正确处理新形势下的人民内部矛盾，畅通诉求渠道，完善社会利益协调和社会纠纷调处机制"。十六届六中全会通过的《中共中央关于构建社会主义和谐社会若干重大问题的决定》则进一步强调，要健全社会利益协调机制、诉求表达机制、矛盾调处机制和权益保障机制，提出要拓宽社情民意表达渠道，推行领导干部接待群众制度，完善党政领导干部和党代表、人大代表、政协委员联系群众制度，健全信访工作责任制，建立全国信访信息系统，搭建多种形式的沟通平台，把群众利益诉求纳入制度化、规范化、法制化的轨道。同时，六中全会《决定》强调，要"完善矛盾纠纷排查调处工作制度，实现人民调解、行政调解、司法调解有机结合，更多采用调解方法，综合运用法律、政策、经济、行政等手段和教育、协商、疏导等办法，把矛盾化解在基层、解决在萌芽状态"。2007 年党的十七大报告提出要"建立健全党委领导、政府负责、社会协同、公众参与的社会管理格局"。这些都表明了党和政府对社会协商机制的重视。

表 6-1　社会协商法律机制在中央政策中的历史演变

时间	会议	内容	意义
1987 年	党的十三大	"建立协商对话制度的基本原则是发扬'从群众中来，到群众中去'的优良传统，提高领导机关活动的开放程度，重大情况让人民知道，重大问题经人民讨论。当前首先要制定关于社会协商对话制度的若干规定，明确哪些问题必须由哪些单位、哪些团体通过协商对话解决，对全国性的、地方性的、基层单位内部的重大问题的协商对话，应分别在国家、地方和基层三个不同的层次展开。各级领导机关必须把它作为领导工作中的一件大事去做。要进一步发挥现有协商对话渠道的作用，注意开辟新的渠道。"	在我国政治生活中正式出现，系统建立社会协商制度的任务被正式提上党和各级政府的议事日程。
1992 年	党的十四大	"领导机关和领导干部要认真听取群众意见、充分发挥各类专家和研究咨询机构的作用，加速建立一套民主的科学的决策制度。"	再次强调了建立社会协商制度的任务。

续表

时间	会议	内容	意义
1997 年	党的十五大	"各级决策机关都要完善重大决策的规则和程序，建立社情民意反映制度，建立与群众利益密切相关的重大事项社会公示制度和社会听证制度，完善专家咨询制度，实行决策的论证制度和责任制度，防止决策的随意性。"	第一次系统提出了社会协商制度应包含的主要内容。
2002 年	党的十六大	"扩大公民有序的政治参与"，切实做到"深入了解民情、充分反映民意、广泛集中民智、切实珍惜民力。"	指出建设社会协商制度的总体要求。
2003 年	党的十六届三中全会	"提出要将社会协商决策机制建设，实现决策的科学化、民主化和规范化作为转变政府职能、建设服务型政府的重要内容。"	推动实现社会协商的制度化。
2007 年	党的十七大	"推进决策科学化、民主化，完善决策信息和智力支持系统，增强决策透明度和公众参与度，制定与群众利益密切相关的法律法规和公共政策原则上要公开听取意见。" "人民依法直接行使民主权利，管理基层公共事务和公益事业，实行自我管理、自我服务、自我教育、自我监督，对干部实行民主监督，是人民当家作主最有效、最广泛的途径，必须作为发展社会主义民主政治的基础性工程重点推进。"	把建设社会协商制度提升到发展社会主义民主政治的基础性工程的高度来加以阐述。
2012 年	党的十八大	"完善协商民主制度和工作机制推进协商民主广泛、多层、制度化发展。"	强调要将健全社会主义协商民主制度，作为当前我国推进政治进度和政治体制改革的基本任务之一。

时间	会议	内容	意义
2013 年	党的十八届三中全会	"推进协商民主广泛多层制度化发展。" "在党的领导下，以经济社会发展重大问题和涉及群众切身利益的实际问题为内容，在全社会开展广泛协商，坚持协商于决策之前和决策实施之中。" "构建程序合理、环节完整的协商民主体系，拓宽国家政权机关、政协组织、党派团体、基层组织、社会组织的协商渠道。深入开展立法协商、行政协商、民主协商、参政协商、社会协商。加强中国特色新型智库建设，建立健全决策咨询制度。" "发挥统一战线在协商民主中的重要作用。完善中国共产党同各民主党派的政治协商，认真听取各民主党派和无党派人士意见。中共中央根据年度工作重点提出规划，采取协商会、谈心会、座谈会等进行协商。完善民主党派中央直接向中共中央提出建议制度。贯彻党的民族政策，保障少数民族合法权益，巩固和发展平等团结互助和谐的社会主义民族关系。" "发挥人民政协作为协商民主重要渠道作用。重点推进政治协商、民主监督、参政议政制度化、规范化、程序化。各级党委和政府、政协制定并组织实施协商年度工作计划，就一些重要决策听取政协意见。完善人民政协制度体系，规范协商内容、协商程序。拓展协商民主形式，更加活跃有序地组织专题协商、对口协商、界别协商、提案办理协商，增加协商密度，提高协商成效。在政协健全委员联络机构，完善委员联络制度。" "开展形式多样的基层民主协商，推进基层协商制度化，建立健全居民、村民监督机制，促进群众在城乡社区治理、基层公共事务和公益事业中依法自我管理、自我服务、自我教育、自我监督。健全以职工代表大会为基本形式的企事业单位民主管理制度，加强社会组织民主机制建设，保障职工参与管理和监督的民主权利。"	首次在中央文件中正式提出具有体系化特征和具体内容的协商民主制度。尤其是其中的"在全社会开展广泛协商"，为协商民主具有社会协商内核提供了重要依据。文件首次明确提出"社会协商"，为社会协商在制度规范层面推进落实提供了顶层指导。

续表

时间	会议	内容	意义
2014 年	党的十八届四中全会	"加强和改进政府立法制度建设，完善行政法规、规章制定程序，完善公众参与政府立法机制。" "健全立法机关主导、社会各方有序参与立法的途径和方式。" "健全立法机关和社会公众沟通机制，开展立法协商，充分发挥政协委员、民主党派、工商联、无党派人士、人民团体、社会组织在立法协商中的作用，探索建立有关国家机关、社会团体、专家学者等对立法中涉及的重大利益调整论证咨询机制。拓宽公民有序参与立法途径，健全法律法规章草案公开征求意见和公众意见采纳情况反馈机制，广泛凝聚社会共识。" "加强社会主义协商民主制度建设，推进协商民主广泛多层制度化发展，构建程序合理、环节完整的协商民主体系。完善和发展基层民主制度，依法推进基层民主和行业自律，实行自我管理、自我服务、自我教育、自我监督。" "构建对维护群众利益具有重大作用的制度体系，建立健全社会矛盾预警机制、利益表达机制、协商沟通机制、救济救助机制，畅通群众利益协调、权益保障法律渠道。" "把公众参与、专家论证、风险评估、合法性审查、集体讨论决定确定为重大行政决策法定程序，确保决策制度科学、程序正当、过程公开、责任明确。""保障人民群众参与司法。坚持人民司法为人民，依靠人民推进公正司法，通过公正司法维护人民权益。在司法调解、司法听证、涉诉信访等司法活动中保障人民群众参与。完善人民陪审员制度，保障公民陪审权利，扩大参审范围，完善随机抽选方式，提高人民陪审制度公信度。" "发挥人民团体和社会组织在法治社会建设中的积极作用。建立健全社会组织参与社会事务、维护公共利益、救助困难群众、帮教特殊人群、预防违法犯罪的机制和制度化渠道。支持行业协会商会类社会组织发挥行业自律和专业服务功能。发挥社会组织对其成员的行为导引、规则约束、权益维护作用。加强在华境外非政府组织管理，引导和监督其依法开展活动。"	进一步在立法、决策、司法和社会法治领域提出适用协商、协商沟通和社会参与、公众参与、人民群众参与等社会协商机制，使社会协商有机融入法治的立法、司法、守法等关键环节，为这些领域的法律规范制定、修改、执行等提供了直接动力。

时间	会议	内容	意义
2015 年	中共中央关于加强社会主义协商民主建设的意见	"加强协商民主建设，必须坚持党的领导、人民当家作主、依法治国有机统一，贯彻民主集中制，坚定不移走中国特色社会主义政治发展道路。坚持围绕中心、服务大局，促进经济持续健康发展，维护社会和谐稳定。坚持依法有序、积极稳妥，确保协商民主有制可依、有规可守、有章可循、有序可遵。坚持协商于决策之前和决策实施之中，增强决策的科学性和实效性。坚持广泛参与、多元多层，更好保障人民群众的知情权、参与权、表达权、监督权。坚持求同存异、理性包容，切实提高协商质量和效率。" "继续重点加强政党协商、政府协商、政协协商，积极开展人大协商、人民团体协商、基层协商，逐步探索社会组织协商。发挥各协商渠道自身优势，做好衔接配合，不断健全和完善社会主义协商民主制度。各类协商要根据自身特点和实际需要，合理确定协商内容和方式。" "从实际出发，按照科学合理、规范有序、简便易行、民主集中的要求，制定协商计划、明确协商议题和内容、确定协商人员、开展协商活动、注重协商成果运用反馈，确保协商活动有序务实高效。"	首次以中央专门文件的形式明确了社会主义协商民主的本质属性和基本内涵，将社会主义协商民主从渠道和载体上区分为政党协商、人大协商、政府协商、政协协商、人民团体协商、基层协商、社会组织协商。以"广泛参与、多元多层、求同存异、理性包容"为原则的这七种协商形态中，除政党协商外其他几种都直接体现了社会协商的特征。

十八大一改十三大之后"协商"消隐而"参与"显现的中央政策文本格局，成为协商民主制度和社会协商理念的政策突变点。从十八大、十八届三中、四中全会以及《中共中央关于加强社会主义协商民主建设的意见》的文本演变来看，具有人民参与、协商讨论的协商民主越来越成为国家和社会治理的显著线索。并且，中央文件对协商民主、社会协商规定的内容越来越多、越来越具体，并依据"促进党的政策和国家法律互联互动"使这些政策规范转变为法律制度。较为典型的例证，是十八届四中全会提出完善行政法规、规章制定程序，完善公众参与政府

立法机制，健全立法机关主导、社会各方有序参与立法的途径和方式，健全立法机关和社会公众沟通机制等之后，全国人大就在最快时间内修改了《立法法》，对于原法中"保障人民通过多种途径参与立法活动"规定不充分、不细致的缺陷进行了完善，进一步加强了立法活动的社会协商和公众参与法律机制。如《立法法》第 36 条规定："列入常务委员会会议议程的法律案，法律委员会、有关的专门委员会和常务委员会工作机构应当听取各方面的意见。听取意见可以采取座谈会、论证会、听证会等多种形式。法律案有关问题具有较强的专业性或者需要进行可行性评价的，可以召开论证会，听取专家、有关部门等方面的意见。论证情况应当向常务委员会报告。法律案有关问题存在重大意见分歧或者涉及利益关系重大调整的，可以召开听证会，听取基层和有关群体代表、有关部门、人民团体、社会组织和有关专家等方面的意见。听证情况应当向常务委员会报告。常务委员会工作机构应当将法律草案发送相关领域的全国人民代表大会代表、有关机关、组织和专家征求意见。常务委员会工作机构应当收集整理分组审议的意见和各方面提出的意见以及其他有关资料，送法律委员会和有关的专门委员会，并根据需要，印发常务委员会会议。"《立法法》第 67 条规定："重要行政管理的法律、行政法规草案由国务院法制机构组织起草。行政法规在起草过程中，应当广泛听取相关领域的人民代表大会代表，有关地方人民代表大会常务委员会，有关机关、组织和公民的意见。听取意见可以采取座谈会、论证会、听证会等多种形式。行政法规草案应当通过网络等媒介向社会公布，征求意见，但是经国务院决定不予公布的除外。"同时，这些加强立法活动社会协商的规定也在《立法法》体系中直接影响到地方性法规案、自治条例和单行条例案的提出、审议和表决程序，以及国务院部门规章和地方政府规章的制定程序。

（二）社会协商法律机制的文本分析——以现有政策性文件为路径

1. 检索说明

检索我国现行法规中带有"社会协商"字样的内容，目前暂时有30个搜索结果（详见表5-1）。对这个检索结果至少可以作出如下四点说明：

首先，从检索时间不同导致的不同检索结果来看，笔者曾在2012年7月进行过检索，当时只搜到14个带有"社会协商"字样的政策性文件。可是，时隔近两年左右再次检索，数据量由原来的14个增加到了30个。要知道原来的14个政策性文件可是自20世纪80年代以来近三十年的积累形成，而现在却在不到两年的时间里，政策性文件的数量就增加了一倍。其中增加的政策性文件绝大多数都是吸收和沿用党的十八届三中全会通过的《中共中央关于全面深化改革若干重大问题的决定》的有关内容。

其次，从检索结果的数量来看，可以将30个规范性文件转化为29个规范性文件。原因在于，虽然经过检索，数据显示有1个法律，但实际上其是对原李鹏总理代表国务院所作的《政府工作报告》经由第七届全国人民代表大会第五次会议审议并批准的决议，决议原文并没有"社会协商"字样，只是在决议所附的1988年的《政府工作报告》中才出现"社会协商"四个字，因此与图表中的第29个规范性文件《政府工作报告》重复。换句话来讲，可以认为只检索到29个规范性文件的内容里带有"社会协商"的字样。

再次，从检索结果的效力等级来看，"社会协商"在法的渊源中存在效力等级较低的问题，对其的适用尚没有上升到法律的层面，而基本被规定在行政法规、地方性法规、地方性规章、地方性规范性文件、团体规定、行业规定等中。

最后，从检索结果的内容来看，虽然检索结果只有 30 个，但"社会协商"（法律）制度在这些政策性文件中却存在着不同的用法，这些用法不仅指向了该词的不确定性，也证明了实践者对社会协商的基本定义认识的不同。由此导致不同的研究者形成了自己心目中所界定的不同定义，相互之间持有不同理解，使得各自基于所下定义而构建的社会协商法律制度与体系难以统一。

表6-2　北大法宝——中国法律检索系统中的全文包含
"社会协商"字样的搜索结果表

序号	渊源类型	文件名称	发布日期/实施日期	用法
1	法律	第七届全国人民代表大会第一次会议关于《政府工作报告》的决议	1988.4.13 1988.4.13	作为社会管理的手段之一
2	行政法规	国务院关于福建省深化改革、扩大开放、加快外向型经济发展请示的批复	1988.4.11 1988.4.11	作为政治体制改革的方式之一
3		国务院关于广东省深化改革扩大开放加快经济发展请示的批复	1988.2.10 1988.2.10	作为政治体制改革的方式之一
4	部门规章	教育部社会科学研究与思想政治工作司关于印发《普通高等学校硕士研究生马克思主义理论课教学基本要求》的通知	2003.9.16 2003.9.16	作为理论交流的手段之一
5	团体规定	中国残疾人联合会办公厅关于转发中国残联专门协会 2014 年工作安排的通知	2014.1.20 2014.1.20	作为协商民主的表现之一
6		中共中央关于全面深化改革若干重大问题的决定	2013.11.12 2013.11.12	作为协商民主的表现之一
7	地方性法规	云南省文山壮族苗族自治州自治条例	1988.1.21 1988.4.1	主要作为政治体制改革的方式之一
8	地方政府规章	北京市人民政府工作规则（试行）[失效]	1988.3.8 1988.3.8	主要作为民主监督的方式之一

序号	渊源类型	文件名称	发布日期/实施日期	用法
9		中共江西省委、江西省人民政府关于印发《法治江西建设规划纲要（2014—2020年）》的通知	2014.2.9 2014.2.9	作为协商民主的表现之一
10		中共深圳市委办公厅、深圳市人民政府办公厅关于印发《深圳市2014年改革计划》的通知	2014.1.21 2014.1.21	作为协商民主的表现之一
11		中共北京市委关于认真学习贯彻党的十八届三中全会精神全面深化改革的决定	2014.1.13 2014.1.13	作为协商民主的表现之一
12		中共广东省委贯彻落实《中共中央关于全面深化改革若干重大问题的决定》的意见	2014.1.12 2014.1.12	作为协商民主的表现之一
13		内蒙古自治区党委贯彻落实《中共中央关于全面深化改革若干重大问题的决定》的意见	2014.1.10 2014.1.10	作为协商民主的表现之一
14	地方规范性文件	中共甘肃省委关于贯彻落实《中共中央关于全面深化改革若干重大问题的决定》的意见	2013.11.26 2013.11.26	作为协商民主的表现之一
15		中共江苏省委贯彻落实《中共中央关于全面深化改革若干重大问题的决定》的意见	2013.11.25 2013.11.25	作为协商民主的表现之一
16		中共苏州市委办公室、苏州市人民政府办公室转发《关于进一步推进"政社互动"工作的实施意见》的通知	2013.9.4 2013.9.4	作为协商民主的表现之一
17		盐城市人民政府关于进一步加强全市城乡和谐社区建设的实施意见	2013.1.16 2013.1.16	作为社区管理的手段之一
18		中共广州市委关于推进民主法治建设的实施意见	2012.9.19 2012.9.19	主要作为政治体制改革的方式之一
19		浙江省司法厅关于在加强和创新社会管理中充分发挥司法行政职能作用的指导意见	2011.7.11 2011.7.11	作为社会管理的手段之一
20		上海市浦东新区人民政府关于印发《2008年区政府工作要点》的通知	2008.1.17 2008.1.17	作为社区管理的手段之一
21		上海市浦东新区人民政府关于印发2007年区政府工作要点的通知	2007.2.27 2007.2.27	作为社会管理的手段之一

序号	渊源类型	文件名称	发布日期 / 实施日期	用法
22		广州市人民政府办公厅转发广州市人民代表大会常务委员会关于广州市人民政府办理关于改善广州市饮用水水质问题的议案实施方案的决议的通知	2003.2.21 2003.2.21	作为价格磋商的方式之一
23		山东省政府关于印发山东省人民政府工作规则的通知〔已被修订〕	1989.7.31 1989.7.31	主要作为民主监督的方式之一
24		天津市人民政府办公厅印发《天津市人民政府办公厅关于办理人大代表意见和政协委员提案工作的暂行规定》的通知	1988.8.8 1988.8.8	作为政治体制改革的方式之一
25		贵州省人民政府关于改进省政府工作的暂行规定	1988.6.5 1988.6.5	主要作为民主监督的方式之一
26		福建省人民政府关于颁发《福建省人民政府工作规则》（试行）的通知	1988.6.4 1988.6.4	作为民主监督的方式之一
27		山东省人民政府工作规则（试行）〔失效〕	1988.4.2 1988.4.2	主要作为民主监督的方式之一
28	立法背景	习近平关于《中共中央关于全面深化改革若干重大问题的决定》的说明	2013.11.15 （发布）	作为协商民主的表现之一
29	政府工作报告	中华人民共和国第七届全国人民代表大会第一次会议政府工作报告	1988.3.25 （发布）	作为社会管理的手段之一
30	行业规定	中国法治建设年度报告（2011）	2012.7.1 2012.7.1	作为法学研究课题内容之一

说明：中国法律法规规章司法解释全库命中 8 篇；最高人民法院公报案例库命中 0 篇；中国地方法规规章库命中 21 篇；中国法院裁判文书库命中 0 篇；中华人民共和国条约库命中 0 篇；立法背景资料命中 1 篇；外国与国际法律库命中 0 篇；仲裁裁决与案例库命中 0 篇；香港法律法规库命中 0 篇；台湾法律法规库命中 0 篇；澳门法律法规库命中 0 篇

分析表 6-2 的具体条文内容，可以明晰"社会协商"一词至少能被应用到如下至少六种语境中：

"社会协商"的第一种用法即是其作为政治体制改革的方式之一，具体的标志为"社会协商"一词基本被置于政策性文件中"政治体制改革"或"政治参与"字样的标题之下。表 7-2 中序号为第 2、第 3、第 7、第 18、第 24 共计有 5 个政策性文件使用该用法。提到政治体制改革，就意味着不能动摇现有政治基本制度与格局，而只是进行领导体制、权力配置、政府机构、干部人事制度、其他等等改革，其中，还包括社会协商制度的构建。这种用法更加注重"社会"二字，要求坚持社会的根本（政治）制度，仅仅是对社会的政治体制进行完善，此处的"社会"属于广义概念。

"社会协商"的第二种用法即是其作为社会 / 社区管理的手段之一，具体的标志为"社会协商"一词基本被置于政策性文件中"社会管理"或"社区管理"字样的标题之下。表 7-2 中序号为第 1、第 17、第 19、第 20、第 21、第 29 共计有 6 个政策性文件使用该用法。这种用法亦是更加注重"社会"二字，但与第一种用法不同的是，此处的"社会"为中义概念，无论进行社会管理，还是社区管理，社会协商都离不开"社会"这个事务范围。

"社会协商"的第三种用法即是其作为民主监督的方式之一，具体的标志要么为"社会协商"一词基本被置于政策性文件中"民主监督"字样的标题之下，要么"社会协商"条文的核心内容包括"支持群众批评工作中的缺点和错误"、"提高政务活动的开放程度"、"宜于公布的可以向社会公布"、"定期举行新闻发布会"、"发挥舆论的监督作用"等等。表 7-2 中序号为第 8、第 23、第 25、第 26、第 27 共计有 5 个政策性文件使用该用法。这种用法也是更加注重"社会"二字，说明社会协商内在地要求接受社会主体（社会公众与社会组织）的监督。不同于前两种用法，此处的"社会"属于狭义概念。民主的对立面是专制专断，以民主监督来击破执政者的专制，来排斥执政者的专断。

"社会协商"的第四种用法即是其作为价格磋商的方式之一，具体的标志为"社会协商"作为价格协商手段使原有合同中的内容得以变更。

表 7–2 中序号为第 22 共计有一个政策性文件使用该用法，表现为合同价格经过协商而降低形成新的价格。与前三种用法注重"社会"二字不同的是，本种用法更加注重"协商"二字，具有各方主体之间相互商量以取得一致的意见的意味，并包含着竞争、妥协、博弈的要素。在价格磋商的过程中，需要各方主体在协商时进行反复论争。

"社会协商"的第五种用法即是其作为学术研究之一（动态的作为理论交流的手段之一与静态的作为法学研究课题内容之一），具体的标志为"社会协商"的含义从文件中推测出来或者"社会协商"一词基本被置于政策性文件中"法学研究课题"字样的抬头和内容之下。表 7–2 中序号为第 4、第 30 共计有两个政策性文件使用该用法。这种用法对"社会"与"协商"两个概念均同等重视，将其合并作为待研究的对象。

"社会协商"的第六种用法即是其作为协商民主的表现之一，具体的标志为"社会协商"一词基本被置于政策性文件中"协商民主"字样的抬头和内容之下，更为关键的是与党的十八届三中全会决议的表述一致。表 7–2 中序号为第 5、第 6、第 9、第 10、第 11、第 12、第 13、第 14、第 15、第 16、第 28 共计有 11 个政策性文件使用该用法。这种用法亦同于第五种用法那样，对"社会"与"协商"两个概念均同等重视，将其合并作为待研究的对象。

如果从所占比例的角度来看（参见图 6–1），作为政治体制改革方式的社会协商占比 17%（5 个 /30 个），作为社会治理方式的社会协商占比 20%（6 个 /30 个），作为民主监督方式的社会协商占比 17%（5 个 /30 个），作为价格磋商方式的社会协商占比 3%（1 个 /30 个），作为学术研究的社会协商占比 7%（2 个 /30 个），作为协商民主表现的社会协商占比 36%（11 个 /30 个）。在这六种情况下，社会协商都有适用的空间，只不过所占的比例不同而已，由此证明了"社会协商"确为一个不确定性的概念，同时又是一个开放性的概念。于是，如何梳理和完

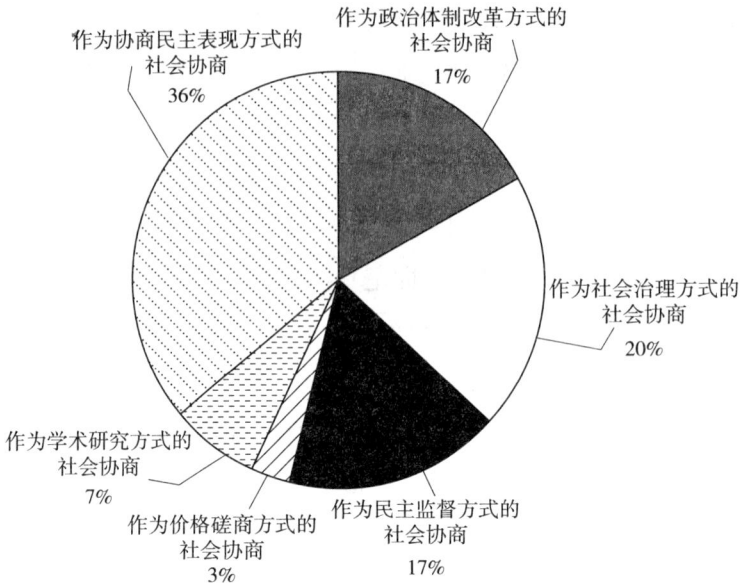

图 6-1　社会协商六种用法在政策性文件中所占比例图

善现有政策性文件中社会协商（法律）制度就成为了值得研究的问题。一个可能的研究的路径就是对现有政策文件中关于"社会协商"用法予以类型化探讨。当然，从这个思路出发，逻辑递进地可以引申出对"社会协商"进行交流和沟通时是在何种语境下才能不会导致自说自话的局面的问题。对现有政策性文件中社会协商（法律）制度的探讨，有助于未来从法律层面将社会协商制度化、规范化、常态化。

2. 不同语境下"社会协商"用法的法理分析

正是因为社会协商在 30 个政策性文件中存在着六种不同的用法，从而需要从语境论的角度出发对其进行类型化的探究，以期从中寻找现有政策文件中关于"社会协商"用法的不足，为后文建构和完善社会协商法律制度奠定基础。

（1）将社会协商作为政治体制改革的方式之一。政治体制改革的取向之一就是在政治上坚持社会主义民主，解决权力过分集中的问题。权力过分集中不受制约就可能演变成极权主义。"极权主义具有危害性——对伦理的破坏、对思想的控制、对自由的剥夺、对人性的扼杀、对历史的捏造和篡改，如果任它横行，在不久的将来，人类将陷入万劫不复的境地……奥威尔曾在 1948 年写完一部政治恐怖寓言小说，为表示这种可怕情景的迫在眉睫，他把'48'颠倒成'84'，于是便有了《1984》的书名。"① 奥威尔的名著《1984》就是在善意地警醒世人提防这种预想中的黑暗转变成现实中的黑暗，而"社会协商"作为政治体制改革的构成部分，是还权于民、还权于社会的重要方式，可以起到防止权力过分集中不受约束的作用。

政治体制改革的取向之二就是进一步地彰显社会主义民主。应该说，我国在发展社会主义民主方面作出了不少的努力，如完善选举制度、政治协商制度等等。不过，在社会主义民主完善上，还有许多方面需要不断改进和加强，比如在协商民主的多层制度化发展上，就存在着明显的不足，社会协商作为协商民主的一个层级还没有形成，检索到的带有"社会协商"字样的现有政策性文件仅有 30 个，相比其他制度可以搜到成百上千甚至上万个法律及政策文件而言，确实需要对其进行制度建构。我们注意到，政策性文件的制定者期望通过社会协商这种政治体制改革的方式，可以充分吸收社会主体关于政治体制改革的意见，接触到第一手的下层民众生存状况的信息，从而为执政者进行政治体制改革进行意见传递。可见，立法的愿望是"社会协商"作为体现政治体制改革取向较好方法，能减少矛盾对立，还可以广泛地建立群众基础。

（2）将社会协商作为社会管理 / 社区管理 / 社会治理的方式之一。"社会协商"的第二种用法即是其作为社会管理 / 社区管理的手段之一。

---

① 参见［英］乔治·奥威尔：《1984》，董乐山、傅惟慈译，北方联合出版传媒（集团）股份有限公司与万卷出版公司 2010 年版，第 11 页序言。

在这种语境下来谈论"社会协商",其具有两层重要的意义:首先,集权式的管理方式可能会导致管理者的随意性,一旦由素质不高的庸才来作为管理者,所进行的社会/社区管理,要么可能导致社会主体的郁闷与无望,要么可能引发社会主体的不满。然而,社会协商作为社会管理/社区管理/社会治理的手段,虽然是依靠"人"进行管理,但从某种意义上来讲,其可以最大限度地保障即使是最无能的执政者,也能让国家正常的运转发展下去。社会协商要求社会主体积极参与、建言献策,以多数的民主方式保障社会管理/社区管理/社会治理的合法、合理与有效。这就恰如亚里士多德所说过的那样,"多数人比少数人更不容易堕落,好比一缸水比一杯水更难弄脏一样,个人容易受愤怒或其他感情支配,因而判断常出差错,但是很难设想许多人同样感情用事,同时发生错误"①。当然,"民主下的争权夺利,不能反证专制下道貌岸然的合理;相反,因开放透明看到的某些政治人物的缺失,才让人们警惕,对其进行相应的制衡"。此外,社会协商得以约束限制管理权的理论基础,就在于权力与社会主体息息相关。美国思想家及政治理论家汉娜·阿伦特曾说过,"在权力的产生中,唯一不可取少的物质要素,是人们的共同生活。只有在人们如此密切地生活在一起,以致行动的潜能始终在场的地方,权力才与他们同在"。② 由此,运用权力进行管理需要相应的社会民众基础,也需要群策群力,这就为社会协商制度对权力的运行进行约束限制奠定了理论基石。其次,"社会协商"是一种非对抗性的社会管理手段,这种管理手段更易于被社会主体所接受与认可。社会协商是执政者处置社会群体性事件、维护社会稳定的重要选项。

---

① [美]威尔·杜兰特:《哲学简史》,梁春译,中国友谊出版公司2004年版,第60页。

② [美]汉娜·阿伦特:《人的境况》,王寅丽译,上海世纪出版集团2009年版,第158页。

　　2012 年 7 月 23 日，时任中共中央总书记胡锦涛同志在省部级主要领导干部专题研讨班上发表重要讲话（被媒体称为"7·23 重要讲话"），其中的内容之一就是使用"社会治理"的提法替代了原来的"社会管理"。这一转变具有实质上的重要意义。因为"社会管理"含有管理与被管理、以上对下的意味，与"社会协商"所内含的平等及无上下隶属关系的要求有所冲突，而"社会治理"一词则重新审视上下关系，许可上下之间平等对话、上下之间互相沟通与交流。如果说"社会管理"是上对下的单线运行，那么"社会治理"则是上与下的双线运行，社会治理具有明显的"参与"和"制衡"的涵义。"洛克已明确地肯定了政治权力因有人类的天赋权利而受限制"，[①] 也就是说，权力要为人民的根本利益服务，同时人类的基本权利要高于（政治）权力。就像亚里士多德所想的那样，"人民拥有相当大的权力，而且还由于人民拥有行使权力的可能性而使统治阶级受到控制，但是只要统治者行为适当，那么人民就会让他们有自由去做他们认为最好的事情"。[②] 正因为如此，狄骥才会讲出发人深省的话语，即"政府是公共意志的勤务员"。[③] 这也恰恰呼应了胡锦涛"7·23 重要讲话"的内容：既然政府是"勤务员"，自然是服务于社会主体而非管理社会主体；既然政府是"公共意志"的勤务员，自然有社会协商（法律）制度适用的空间。党的十八届三中全会所形成的《中共中央关于全面深化改革若干重大问题的决定》更是在第十三部分专门提出"创新社会治理体制"。因此将社会协商"作为社会管理／社区管理的手段之一"的提法可以与时俱进地转化或归结为"作为社会治

---

　　① ［法］莱翁·狄骥：《宪法论——法律规则和国家问题》（第一卷），钱克新译，商务印书馆 1959 年版，第 413 页。

　　② ［美］乔治·萨拜因、托马斯·索尔森：《政治学说史》（上卷），邓正来译，世纪出版集团和上海人民出版社 2008 年版，第 149 页。

　　③ ［法］莱翁·狄骥：《宪法论——法律规则和国家问题》（第一卷），钱克新译，商务印书馆 1959 年版，第 414 页。

理的手段之一"。

（3）将社会协商作为民主监督的方式之一。首先，社会协商可以增加政府工作的透明度，以监督政府的工作行为。实际上，政府也应该虚心听取社会主体的意见，而非单纯地依靠自身的判断或少数专家的意见来采取相应的工作措施或方案。社会协商正常运行的前提，是让社会主体享有充分的知情权，为此，政府不仅需要建立便利社会主体获取政府工作信息的渠道，还需要在此渠道建立之后能够保障及时、快捷地公开相应的信息，以获取社会主体的舆论监督，在批评中进步。也就是说，社会协商作为民主监督的方式之一，通过监督与被监督，可以在一定程度上消除、化解政府行为的不可预见性。"不可预见性具有双重性质：一方面，不可预见性在于'人心灵的黑暗'，即人基本上是不可靠的，谁也无法保证今天的人明天会怎样；同时，不可预见性的另一方面在于，在一个由平等者组成的、每个人都有同等行动能力的共同体内，不可能预见行动的后果。"[①] 社会协商以民众的知悉和信息的公开来发挥监督功能，以民众的群策群力和共同的理性来预见政府行为的结果并保障该行为结果沿着合法合理的方向前进。

其次，社会协商还可以对政府权力进行监督。培根在《论高位》中谈到职居高位的恶行表现主要有四种"迟延、贪污、粗暴与易欺"。[②] 由此，导致"在我们的历史上，对权力的信任总是十分短命……直到现代，没有什么比'权力腐败'更能得到人们普遍的认同了"。[③] 权力在没有制约的情况下，就容易被滥用，以谋求私人的不当利益，诚如孟德

---

① 参见[美]汉娜·阿伦特：《人的境况》，王寅丽译，上海世纪出版集团2009年版，第189—190页。

② [英] 培根：《培根论说文集》，水天同译，商务印书馆1983年版，第39页。

③ 参见[美]汉娜·阿伦特：《人的境况》，王寅丽译，上海世纪出版集团2009年版，第160—161页。

斯鸠说的那样，"一切有权力的人都容易滥用权力，这是万古不易的一条经验。有权力的人们一直到遇有界限的地方才休止"。① 一旦某个行政长官受利益的驱动能够积极地滥用权力与消极地怠于行使权力，就说明监督的缺失。权力的行使需要有所限制，其边界应当限定在法律规定的范围之内，并以向人民的权利服务为目的。国家机关工作人员依法行使职权不仅需要内心的道德约束，还需要有更为强力的监督机制的制约。其中，行政权力治理的有效途径之一就是通过社会协商（法律）制度，构成从外部约束权力的方法和策略。也就是说，为了维护国家秩序的正常运转以及保障公民权利的实现，在社会协商（法律）制度的监督下，执政者自觉或不自觉地会从人民的权益出发，以保证权力沿着正当合法路线行走。

（4）将社会协商作为价格磋商的方式之一。对有关国计民生或与群众切身利益息息相关的物品如火车票、猪肉等通过社会协商，使社会主体尤其是民众减少价格的支出，以使其生活成本尽可能地降低。这亦与藏富于民的执政思维相对接。不应该使作为社会协商实现方式之一的听证会成为涨价会、领导意志会，而是需要权力主体与社会主体之间进行平等的协商和谈判，以求获得共识。将社会协商作为价格磋商的方式，是改进党的领导方式和执政方式的重要举措。

（5）将社会协商作为学术研究之一。此种用法具体由两方面内容组成，即动态的作为理论交流的手段之一和静态的作为法学研究课题内容之一。可以说，这应当是一种最不具有研究价值的用法，因为就前者而言，任何学术研究内容都存在理论交流的问题。就后者而言，任何与法律制度、法律理念、法律思维、法律方法等相关的内容都可以作为法学

---

① ［法］孟德斯鸠：《论法的精神》（上册），张雁深译，商务印书馆 1961 年版，第154 页。

研究课题待研究的对象，从用法的角度来讲属于一种不会被认可的"固定模板"。① 但是，这并不排除"社会协商"作为学术研究的一部分，通过经过理性思维的创造所成就的研究成果具有的理论和实践价值。

将社会协商作为协商民主的表现之一，能够较为迅速地推广和使用，表明了自上而下的推动作用。中央层面的决定引发了地方层面的推行，进而惠泽社会主体。这种用法具有三点好处：首先，能够彰显我国与西方国家不一样的民主形式和民主推行方式，在中国共产党领导下，以协商民主的推行来带动选举民主，而后者则是在选举民主基础上实行协商民主；其次，自上而下地推行表现协商民主的社会协商，能够更加有利于实现对社会协商的制度化建设和有效实施；再次，由协商民主的本质所决定，社会协商的适用必将促使权力主体与社会主体的有效互动，实现理性沟通、双向互动和民众自治的优质社会治理效果。

3."社会协商"六种用法的逻辑关系

语境论下，"社会协商"在现有政策性文件中六种用法依次为：作为政治体制改革的方式之一、作为社会治理的方式之一、作为民主监督的方式之一、作为价格磋商的方式之一、作为学术研究之一、作为协商民主的表现之一。这六种用法的核心从 30 个政策性文件中的分析可以提炼出就是两个字"民主"②（这也是社会协商作为协商民主的下位概念、作为民主的下下位概念的逻辑结果）。由于都内含着"民主"成分，即使类型化为六种语境下的用法，实际上相互之间也可能存在交叉、包容的关系，这也是表 5–1 中有些政策性文件所标示出的用法被加上"主要"

---

① 不具有研究价值的"固定模板"在本文中即为"'XXX'属于法学研究课题的内容之一"。这样的例子在生活中随处可见。比如，在小学的语文课堂上，语文教师经常会让学生以"XX"词汇来造句，如果学生以固定模板诸如"老师让我们用'XX'造一个句子"等作为最终的成句，将不被认可，并会被认为毫无意义。

② 当然，"民主"二字是从 30 个政策性文件中分析出来的，如果从时代发展与建设内容的角度，还可以再提炼出"公正"二字。

（是 XX 用法）的原因。

　　应该说，这六种用法之间可以按照一定的逻辑关系勾连起来。通过对"社会协商"在实践层面与理论层面的用法区分是对其进行第一次分类。之后针对实践层面的"社会协商"，还可以依据其偏重"社会"的内容还是偏重"协商"的内容抑或者是同等重视"社会"与"协商"的内容进行第二次区分。仅仅偏重"社会"内容的社会协商，具体还可以再次划分为政治体制改革的方式、社会治理的方式、民主监督的方式，前者使用了广义的社会概念来包含政治，中者使用了中义的社会概念来处理社会事务，后者使用了狭义的社会概念为社会主体（含社会成员与社会组织）的参与开辟道路。同等重视"社会"与"协商"内容的社会协商包括了协商民主的表现，这两类用法都不具有价格磋商的意味。相比之下，仅仅偏重"协商"内容的社会协商其用法具有价格磋商的意味。（见图 6-2）

　　第一次分类的意义在于，针对理论层面用法上的"社会协商"，其研究成果可以有价值评判，但针对实践层面用法上的"社会协商"，因

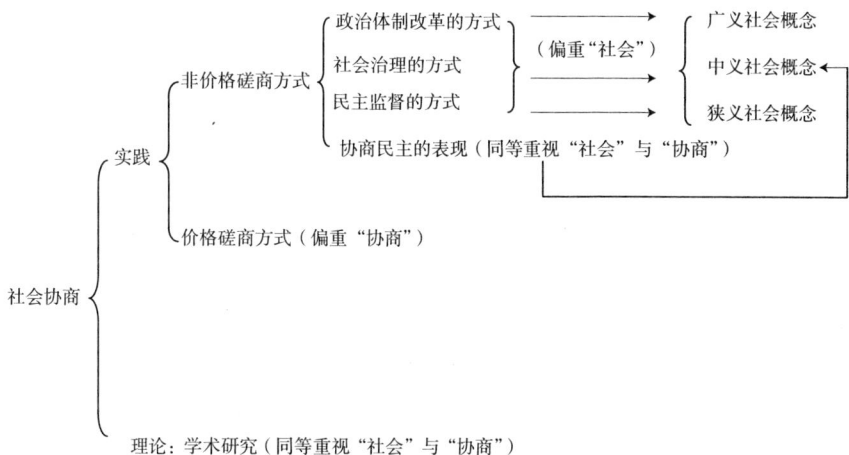

图 6-2　现有政策性文件中"社会协商"概念的用法类型化图示

其仅仅是现实经验的反应，基本表现为事实判断。理论层面用法上的"社会协商"可以为实践层面用法上的"社会协商"的改进与完善作出努力，实践层面用法上的"社会协商"亦可以为理论层面用法上的"社会协商"提供制度支撑。

第二次分类的意义首先在于概念的覆盖范围有所不同。仅仅偏重"社会"含义的内容具有非价格磋商的意味，其涵盖范围非常广泛，"社会"既可以理解为广义的社会概念之下的政治体制，也可以理解为中义的社会概念之内社会事务领域，还可以理解为狭义的社会概念之内行使监督职能的社会主体。同等重视"社会"与"协商"的内容使用了能够标示出社会事务意味的中义社会概念，从而将社会协商与政治协商、经济协商等并列，其本身具有非价格磋商的意味。仅仅偏重"协商"含义的内容具有价格磋商的意味，其所使用的社会基本是狭义的社会概念，毕竟缔结合同的为社会成员或社会组织等社会主体。

第二次分类的意义其次在于可以对缺失制度进行努力。偏重"协商"意味的社会协商用法将竞争机制与讨价还价、反复论争引入进来，与合同协商一样，已有经济法、民商法等予以调整。但偏重"社会"意味以及同等重视"社会"与"协商"的社会协商用法中，都有待上升到法律层面予以调整并有值得进一步制度化的努力空间。

4. 六种用法的重新整合

虽然已经明确了对社会协商进行法律化或制度化的目标，但是鉴于其在现有政策性文件中的六种不同用法可能会导致其未来在立法时的混乱，因此需要结合前述对"社会"概念的理解和历史解释的三阶段，来重新整合一下这六种社会协商的用法，以期能够减少或消除立法混乱状态的可能性。

从图6-2对社会协商进行第一次分类时，可以考虑将处于理论层面的学术研究的内容剔除出去。因为前面已经指出此种用法属于"固定模板"的套路，毫无意义。同时，不管其学术研究争论的如何激烈甚至天花乱坠，只要没被立法所采纳，就意味着没有对社会协商法律制度产生影响。出于这两点理由，目光投向实践层面的社会协商即可。

当关注图6–2对社会协商进行第二次分类时，可以考虑首先将作为价格磋商的方式的社会协商剔除出去。这主要是让其回归到本来面貌，这种用法的社会协商所指向的是经济事务，并不是社会事务，而且已经上升为法律被合同法等所制度化。其次，剩余的作为非价格磋商的方式的社会协商表面上有四种之多，但实际上可以被一种（即作为协商民主表现的社会协商）所替代，为此需要作"一个排除"和"两个暗含"的说明。所谓"一个排除"，是因为社会协商的客体本应为社会事务，于是可以将指向政治事务的作为政治体制改革的社会协商剔除出去。虽然从图6–2中对"社会"概念分别使用了广义、中义和狭义三种情况，逻辑上的确较为周延，但从技术操作层面来讲，剔除政治体制改革的社会协商用法可能更为妥当一些或更具优点。第一个理由，虽然作为政治体制改革的社会协商是通过广义的社会概念来涵盖政治(当然还涵盖经济、社会、文化等)，但这里的"政治"本身与中义的"社会"处于同一位阶，而我们所设想的社会协商使用的就是中义的社会概念，其不能包含处于同一位阶的政治概念，更不会关注政治事务；第二个理由在于社会协商这个概念本身也需要面对从政治改革向社会改革进行转向的问题。假设继续保留作为政治体制改革的社会协商，那一方面就要使该项制度为政治服务；另一方面社会协商又要上升到法律层面，从而不可避免地产生政治与法律的问题。当二者冲突时，根据经验，要么舍弃一个，要么安排二者先后实现的序位。如果舍弃政治，或者让政治后实现，就可能会陷入不讲政治的困境中；如果舍弃法律，或者让法律后实现，就可能会陷入不讲法律的困境中。因此，有必要将作为政治体制改革的社会协商剔除出去。所谓"两个暗含"，就是说作为协商民主表现的社会协商完全可以收到社会治理和民主监督的功效，这两种用法均可以被作为协商民主表现的社会协商所吸收暗含。

通过对现有政策性文件中"社会协商"概念六种用法类型化的探究，实际上可以将六种用法转化为"一加二"种用法，明里是六种用法只使用一种用法，暗里是可以同时使用三种用法的综合。

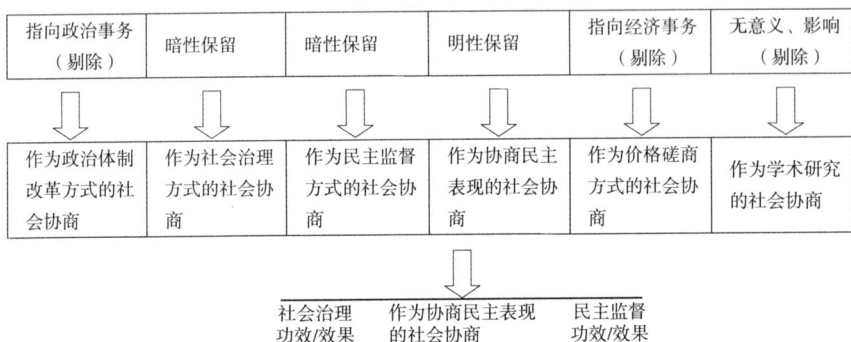

指向政治事务（剔除）	暗性保留	暗性保留	明性保留	指向经济事务（剔除）	无意义、影响（剔除）
作为政治体制改革方式的社会协商	作为社会治理方式的社会协商	作为民主监督方式的社会协商	作为协商民主表现的社会协商	作为价格磋商方式的社会协商	作为学术研究的社会协商

社会治理功效/效果　　作为协商民主表现的社会协商　　民主监督功效/效果

图6-3　社会协商六种用法的重新整合图【6→1（3）】

（三）社会协商法律机制类型化研究

明晰社会协商制度，还需要在外延上予以了解和把握。而对于社会协商法律机制外延的研究，最基本的研究方式就是进行类型化思考，同时这种思考还必须符合体系化的思维方式，不能背离其内涵的基本要求。关于社会协商法律机制的类型化研究，应当对其制度设计或实践形式有所把握，然后再进行理论上的抽象和分类。对此，可以从两个方面进行探索。

首先，由于我国对社会协商制度的研究因循着协商民主的理论和范式，因此在对社会协商法律机制进行外延思考时，在很大程度上，可以借鉴学者对协商民主的外延来展开思考。例如，山东大学的马奔副教授认为，"协商民主的主要制度设计包括了公民会议、协商式民意调查、公民陪审团、愿景工作坊，其在大陆实践的主要形式包括公民评议会、社区议事会、民主恳谈会"①。再如，甘肃省社会主义学院的辛刚国教授总结和归纳出"协商民主的经验做法主要有民主恳谈会、听证会、社区议事会、网络民主、三方机制模式"②。从他们的研究成果中，可以通过对协商民主的制度设计和实践形式做一个移植和复制的工作，从而可以基本得出社会协商法律机制设计和实践形式。

其次，当对协商民主的研究进行到更为精细的程度时，学术研究就会将视野限缩并聚焦到协商民主的表现形式"社会协商"制度上，于是，在对社会协商法律机制进行类型化思考时，还可以直接吸收学者对社会协商的外延来展开思考。比如，有的学者认为，"当代中国政府与社会协商对话的实践形式包括了各种形式的听证会制度、民主恳谈制度、领导接待制度、协商民意测验、社情民意直通车、便民窗口、民主评议会、市民对话一把手等"。③ 再比如，中央党校的林喆教授曾经列举了社会协商制度的具体表现形式，包括了"首长接待日制度、听证制度、发言人制度、对话制度、特别领域的信息公开制度、党务公开制度、举报人保护制度、人大代表政协委员公开述职制度、谈话制度"④9 种。从他们的研究成果中，可以看出协商民主对社会协商的影响，但更为重要的是社会协商的确可以表现为多种多样的法律形态和实践形式。

---

① 参见马奔：《参与式治理：大陆与台湾地区协商民主实践比较研究》，《东岳论丛》2011 年第 11 期。

② 参见辛刚国：《近十年来协商民主理论在社会领域的成功实践》，《四川省社会主义学院学报》2011 年第 1 期。

③ 参见孙存良：《当代中国民主协商研究——协商民主理论的视角》，中国人民大学博士学位论文，2008 年，第 123 页。

④ 这 9 种社会协商制度的具体表现形式来源自林喆教授于 2011 年 3 月 16 日在中国人民大学明德法学楼 725 室所作的演讲"社会协商机制的建立"整理而成。

通过这两个方面的挖掘和寻找，其实完全还可以再搜索或列举出更多的社会协商法律机制的外延即实践形式。不过，这种作法一定会有三个结果。第一个结果，即所列举的社会协商法律机制的实践形式基本大同小异，甚至还会交叉重复。第二个结果，即所列举的社会协商法律机制的实践形式不可能穷尽所有的情形，一定存在挂一漏万的情况。第三个结果，即所列举的社会协商法律机制的实践形式将会限制社会协商法律机制的发展，无法为未来其形式的完善和丰富预留空间。为了避免这三个结果的出现，就不可能在把握学者对于社会协商实践形式的基础上比较比谁占有的资料多，也不可能比较谁列举的多，而较为可行的办法就是依据一定的标准，对社会协商法律机制予以类型化。这种类型化，就是在具体列举的基础上，结合抽象的理性思维将一个个具体的社会协商法律机制表现形式进行分类和整理。在此之前，还需要经过如下三个步骤进行排除工作，以求更为准确地对社会协商法律机制予以类型化。

第一个步骤，区分社会协商法律机制运行的前提和社会协商法律机制本身，进而排除社会协商法律机制运行的前提。具体说来，单向度的信息公开或表达制度如政务公开、特别信息公开、公众旁听、网络舆情表达等等，就可能会被作为社会协商法律机制运行的前提，而非被作为社会协商法律机制本身予以看待。单向度的信息公开制度为权力主体和社会主体提供了相关的信息，这些信息作为协商的事项将在协商过程中进行沟通、交流以及磋商。第二个步骤，有些事项虽然属于双向度或多向度，但从客体上需要排除指向重大政治事务、经济事务、文化事务的协商表现形式。这就将政治协商会议、生意谈判、劳资纠纷三方协商等实践形式排除出社会协商的实践形式之外。第三个步骤，还需要进一步排除刚性的治理方式，化解冲突的矛盾调处制度如复议、诉讼，它们不属于社会协商的实践形式，在对社会协商法律机制类型化时不应考虑这些刚性的治理工具。

经过三个步骤的排除工作，至少可以从四个方面对社会协商法律机制进行类型化，而这四个方面实际上都是从社会协商内涵中所汲取出的关键词。

第一个方面，是从主体的角度，根据何者起到主导作用（特别是启动社会协商的作用）来进行划分，可以将社会协商区分为权力主体主导型社会协商和社会主体主导型社会协商。前者还可细化为党委主导型社会协商与政府主导型社会协商，后者则可细化为社会公众主导型社会协商与社会组织主导型社会协商。这四类主体中，可能社会公众主导型社会协商出现的频率较其他三类主体主导型的社会协商出现的频率要低一些，原因或许在于社会公众的数量较多，而且实践中不可能长期地频繁地使党委或政府听命于社会公众。这种分类的意义在于明晰主导社会协商的主体的责任，启动社会协商以解决社会事务或化解因社会事务所产生的矛盾冲突。

第二个方面，是从客体的角度，根据不同的客体内容来进行划分，可以将社会协商区分为关涉单一事务的社会协商和关涉多重事务的社会协商。前者可以细化为关涉养老的社会协商、关涉教育的社会协商、关涉环境保护的社会协商、关涉医疗卫生的社会协商、关涉住房保障的社会协商等等不完全列举，后者则是前者中不完全列举的各种排列组合。这种分类的意义在于明晰所关涉的不同客体，来追寻出相关的权力主体作为相关社会主体的协商对象。当然，相比之下，包含了某一单一事务的关涉多重事务的社会协商的难度、成本等可能均要超过关涉某单一事务的社会协商。

第三个方面，是从载体的角度，根据不同的载体内容与方式，可以将社会协商区分为面对面交流的社会协商和非面对面的社会协商。前者处于同一个时空中，后者要么处于不同时间的同一空间中，要么处于同一时间的不同空间中。这种分类的意义在于可以将协商扩充至网络虚拟空间，借助面对面交流或公共交流平台来最大限度地从事协商活动，以求对利益相关者最大限度地拓宽救济渠道。

第四个方面，是从效果的角度，根据不同的协商效果，可以将社会协商区分为花瓶式社会协商、半有效性社会协商和有效性社会协商。顾名思义，前者表明相关的社会协商可能只是打着一个旗号或幌子，并不会真正解决社会事务或化解因社会事务所产生的矛盾冲突，如经常被诟病的听证会制度；中者意味着相关的社会协商仅在一定程度上取得了效果，并没有完全发挥其功效；后者则表明相关的社会协商其实施效果较好，能够解决社会事务或化解因社会事务所产生的矛盾冲突。当然，不同的社会协商实践形式，可能会产生不同的实施效果，甚至同一种社会协商实践形式也完全会产生不同的实施效果，即协商的实践形式与效果之间没有必然的因果关系。这种分类的意义在于启发相关主体尽可能地使用有利于实现目的的社会协商制度，来最大限度地解决社会事务或化解因社会事务所产生的矛盾冲突。

前述学者们所列举的不同的社会协商实践形式其实可以依据不同的标准分别归入到这四个方面的法律机制类型中。从主体、客体、载体和效果四个方面对社会协商法律机制进行类型化，基本可以将各种各样的社会协商实践形式囊括在其中，避免出现交叉重复、挂一漏万、限制形式的情况。

二、理念契合：社会协商法律制度的构建思路

在当代我国社会转型期，公民和行政职能机构之间、公民和公民之间的矛盾纠纷频发。某些矛盾由于不能获得有效的预防性化解，继而升

级为暴力冲突事件。我们以"供给"与"需求"双重视域为理念思路，以"实体解构"与"程序建构"两个层面为理论视角，针对社会治理进程中的纠纷矛盾化解提出社会协商法治化、制度化的路径选择与政策建言，这是提升我国政府社会治理能力与保障全面建成小康社会的重要论题。

学术界对社会协商法律制度的既有研究，大多选取不同的视角进行差异化的制度构建与路径选择，尝试从自身已有的知识构造中摸索和搭建适合我国实践语境的社会协商法律制度。不可否认的是，已有研究大大促进了中国社会协商法律的制度建设进程。① 概括而言，既有研究似乎更偏爱于：其一，把诉讼与调解等刚性制度纳入社会协商法律制度的范畴；② 其二，以制度供给的视域，借镜国外"协商民主"的相关经验，提出应增强"自上而下"的社会协商制度构建，以达到化解或减轻社会治理中复杂交错的矛盾冲突。③ 然而，我们认为对国家供给的诉讼与调解制度是否属于社会协商法律制度，制度供给是否应是社会协商法律制度的唯一构建路径等观点存在值得商榷之处。社会协商的法律制度供给与社会治理实践的应然需求二者之间是否契合，是我们在研讨社会协商法律制度时一个不可回避的论题。因此，如果以公民需求的视域考察公民对社会协商的具体需求，并据此反思与检验供给视域下社会协商法律制度的构建与完善路径，将会是法学界需要认真考辨的新论题。本部分

---

① 孙铁城、李淳：《论社会协商对话制度的法律调整》，《法学研究》1988 年第 4 期；郁忠民：《社会协商对话制度的法律选择》，《现代法学》1989 年第 1 期；王洪树：《社会协商：中国的内生缘起与理论探索》，《探索》2015 年第 1 期。

② 李钟、金霞：《论我国诉讼协商制度的探索与构建》，《法学杂志》2012 年第 11 期；郭东敏：《行政诉讼中协商和解行为的法律规制——兼论行政诉讼调解的制度设计》，《法制与社会》2013 年第 31 期。

③ 参见张献生、吴茜：《西方协商民主理论与我国社会主义民主政治》，《中国特色社会主义研究》2006 年第 4 期；孙枝俏、孙奔：《协商民主视野下的社会稳定与国家安全研究》，《江海学刊》2015 年第 4 期。

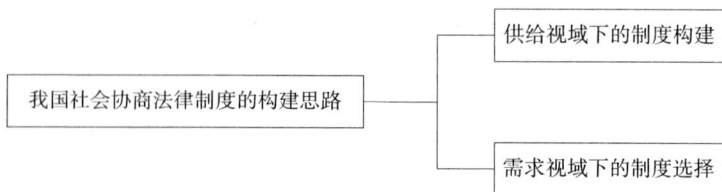

图6-4 我国社会协商法律制度构建思路

对学术界已有的与社会协商法律制度相关的文献进行理论梳理与分析，侧重于考辨社会协商理论及其法律制度的潜藏研究契机与开拓领域。

（一）供给视域下的制度构建

针对社会协商法律制度，其研究或可聚焦于下面若干论题：在学理上，应该构建何种社会协商法律制度？以及在中国现实法治语境下，应该形成何种社会协商制度模型？以主体作为划分标准，社会协商法律制度可类型化为诉讼与调解机制、公权力主体与社会主体间协商法律机制以及民间社会主体间协商法律机制三种。① 而且，部分学者对完善诉讼与调解机制，以推进社会协商法律制度的观点持以肯定，为达到此种应然的制度建设，其路径选择指向现有诉讼与调解制度的完善与司法制度的配套改革。②

---

① 公权力主体与社会主体间的协商机制与"行政协商"概念在内涵上有所重合但具有差异性。张翔教授认为："行政协商"包含三个方面的内容：第一，行政主体既包括政府，也包括政府部门；第二，行政过程从"任务型行政"向"协商型行政"转变；第三，行政目标兼具社会性目标与政治性目标。参见张翔：《地方政府的"行政协商"：定位、内涵与建设》，《云南社会科学》2015年第1期。而公权力主体与社会主体间的协商机制是我们论述的重点，具体内容在下文中将予以展开。

② "社会协商机制的法律体系建构研究"课题组、孙建、洪英、卜开明：《社会协商机制的法律体系建构研究》，《中国司法》2011年第12期。

　　此种路径选择是自上而下的供给侧制度改革思路，此种思路往往蕴含的逻辑进路是：以国内外文献的文本剖析与比较分析为基础，进行规范理论研究，梳理、借鉴与研究内容相适应和匹配的内容。① 此种研究社会协商法律制度的逻辑进路迎合了我国学界的主流研究范式。

　　从供给角度的制度改革视域来审视，以诉讼、调解为主导的司法协商矛盾纠纷化解机制以及公权力主导型的公权力主体与社会主体间协商矛盾纠纷化解机制，应当在法治实践中被更好地发展与强化，以预防因矛盾纠纷未能化解而引致的群体性事件，从而真正给公民带来公平正义。但在实践语境中，由于诉讼途径本身所受限制颇多且公民所付出的时间精力成本高、公权力主体与社会主体协商过程中公权力主体与社会主体的地位不对等等因素，导致了法治实践语境下广义的社会协商法律制度与学者的规范化分析之间产生不重合之处。② 这在某种程度上归因于社会协商中的司法协商、公权力主体与社会主体间协商具有两面性：一方面，透过协商机制来平衡主体间的失衡地位以改善社会治理质量；另一方面，通过协商机制形成各方一致合意的困难性使权力的运行产生某种不协调性。③ 最后，社会协商法律制度在我国整个矛盾解决纠纷化解制度中究竟属于"制度补充"还是"主体构成"，是我国学界需要审视的一个重要论题。

---

　　① 马永堂：《以完善法律为支柱重在协商调解——澳大利亚劳动争议处理机制对我国的启示》，《中国劳动》2005 年第 1 期。

　　② 按照社会协商机制的协商实质属性为考虑标准，我们认为，广义的社会协商法律制度可类型化为诉讼与调解机制、公权力主体与社会主体间协商法律机制与民间社会主体间协商法律机制三种。而狭义的社会协商机制是指公权力主体与社会主体间协商法律机制，也是下文所研讨的重点。

　　③ 韩福国、张开平：《社会治理的"协商"领域与"民主"机制——当下中国基层协商民主的制度特征、实践结构和理论批判》，《浙江社会科学》2015 年第 10 期。文中提出"中国协商民主在实践过程中，出现了对协商结果追求超越了民主诉求，追求意见征集的形式结果重于实践程序的合理性和透明性的制度要求"。

（二）需求视域下的制度选择

与供给视域下的制度构建相对，社会协商法律制度也可考察公民是如何主动通过不同的社会协商表现形式来化解矛盾纠纷，从而选择需求视域下的制度路径。

从公民需求的视域，我国公民面对矛盾纠纷时，并未如某些刻板印象所认为的那样：普遍缺乏法律意识。反而在社会矛盾纠纷案件的解决中往往会体现公民自身极强的维权意识，只是源于其法律意识的提升仍处于量变阶段，仍未以"意识"到"行为"突破至法律行为的质变阶段，但不可否认的是，公民的维权意识是社会协商法律制度的个体思想根源与理念基石。另一方面，以社会协商化解社会治理中的矛盾纠纷也呈现倾向性的制度需求。① 换句话说，面对矛盾纠纷的突然爆发，公民选择以社会协商途径满足自身诉求的倾向性与可能性大于诉讼等司法途径，此种现象的原因部分在于使用诉讼等司法途径的时间、精力成本高，并与公民预期获得的法律效果不相匹配。② 所以从需求的视域，社会协商法律制度的构建也应对公民所期待的相对平等的协商制度进行回应，以使法律制度的完善符合社情民意。③ 在此种视域下，我们或可聚焦于公民为何选择协商途径、选择何种协商途径以及公民如何通过协商途径来化解公民之间、公民与政府部门之间的矛盾纠纷。

对上述论题，应当进一步考察影响公民选择狭义社会协商法律制度

---

① 何红彬、张俊国：《"无直接利益冲突"矛盾防范与化解机制探索——基于协商民主与协商治理视角的分析》，《行政论坛》2011 年第 1 期。

② 戴桂斌：《协商民主：化解社会矛盾冲突的有效形式》，《求实》2009 年第 11 期。

③ 陈鼎：《协商民主视野下的社会矛盾纠纷化解机制创新——关于"民主恳谈"调解民间纠纷的个案研究》，《上海市社会主义学院学报》2014 年第 5 期。

即体现公民对社会协商法律制度需求的两个影响因子，包括"法律意识"即对社会协商及其形成法律制度的接纳程度，以及"法律行为"即选择社会协商解决矛盾纠纷的法律行为。而两个影响因子"法律意识"及"法律行为"是否具体显现在公民个体身上，则受公民以自身已有知识基础所做出的实用主义判断所局限。具体来说，如果公民了解协商相关法律条款及其实施程序、接受协商并选择该法律制度以化解自身面临的矛盾纠纷，则可认为该公民具备运用社会协商机制的"法律意识"。[①] 如果公民在具备协商机制的法律意识基础上，把矛盾纠纷理性地诉诸协商法律行动并愿意承担"机会成本"以解决矛盾纠纷，则被认为该公民实施了社会协商机制的"法律行为"。当社会协商机制的"法律意识"和"法律行为"因素均具备，则可视作该公民内在与外在具有对社会协商法律制度的需求，该状态下也体现为公民对矛盾纠纷化解的理性选择。而且在谈论公民需求的同时，不能忽略以下两个问题：

其一，我国法学界对于公民法律意识论题的研究持续不断，总体上已有研究体现了两个具体特征：一是个体层面，在当代社会转型时期，公民个体在社会矛盾纠纷个案上所体现的维权意识与法律意识获得提升；[②] 二是整体层面，公民的整体法律意识仍亟须提高，特别是城市与农村、东中西部地区公民法律意识的提升水平差异较大，需要针对性地补其"短板"。[③] 公民整体法律意识的有待提高与城乡间、地区间法律意识提升的失衡将是社会协商法律制度发展的阻碍。

其二，公民，尤其是接受西方权利思想影响的公民，在面对矛盾纠

---

① 季卫东：《论法律意识形态》，《中国社会科学》2015 年第 11 期。

② 宋慧宇：《公民法律意识在地方法治建设中的功能及提升途径研究》，《理论月刊》2015 年第 1 期。

③ 秦华、任大鹏：《公民法律意识的量表测量：一个基于调查数据的分析》，《法学家》2009 年第 5 期。

纷时，通常会采取实用主义理性作为判断标准。在此种情形下，社会协商与其他纠纷解决方式之间的比较，会被视作一种解决自身实际问题的手段，一种最具备效率与时效的理性选择。而社会协商与其他纠纷解决方式的关系，应属于"复合"或"叠加"使用的关系，而非相互排斥的关系。在普通公民的视角，或许社会协商等多种矛盾纠纷解决方式的叠加使用或复合使用，才能使矛盾纠纷解决的可能性提升至最大。

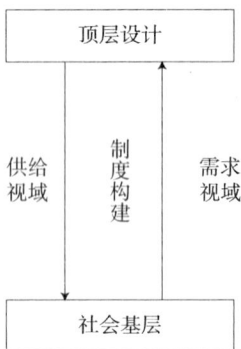

图 6-5 社会协商法律制度的理念契合

综上，如图所示，供给视域与需求视域下，社会协商法律制度的构建与完善路径范式各有不同。供给视域的制度构建与完善着重考察顶层设计，坚持与采用"自上而下"的改革进路；而需求视域的制度构建与完善聚焦于社会基层，坚持与采用"自下而上"的思路范式。显而易见的是，无论是供给视域下的制度构建研究，或者是需求视域下的制度构建探讨，对于我国社会协商法律制度的形成与完善都具有深刻的启发意义。供给与需求两种视域、顶层设计和基层关注两种路径互为补充，每一种范式都不可偏废，均可从中获取社会协商法律制度的构建与完善的灵感和方向。

一方面，从供给视域下的制度构建角度剖析，顶层设计虽然有着实践欠缺的局限，但从长远发展的视角来看，如果能够构建一个体现实质公平且运行高效的社会协商法律制度，促使更多具有"实用主义理性"观念的公民使用社会协商的法律途径去解决矛盾纠纷，则我国社会治理的整体质量将会获得很大的提升。①

另一方面，在需求视域下对制度构建进行考辨，基层关注虽然包含着理论薄弱的限制，但从中短期探索的角度来说，能够知悉基层公民个体对社会协商及其法律制度的具体需求，②明悉其思想中对社会协商法律制度的原始勾勒与描绘，这对我国社会协商法律制度的构建也具有深远的意义。意义的焦点并非是以需求视域代替供给视域，也并非是以基层关注路径代替顶层设计，而是为供给视域制度构建，为社会协商法律制度的顶层设计开拓新的空间、新的视野。当代我国公民整体法律意识与上世纪80、90年代相比已有相当程度的提升，并逐渐明晰法治作为纠纷化解途径的可取之处。然而，具备法律意识和法治观念，并不能直接与公民使用法律途径化解矛盾纠纷画上等号。学者供给的法律制度构想与公民需求的法律制度勾勒存在着客观的差异性。而这种差异性的消弭需要理解社会协商运用的实践语境，需要明悉公民对社会协商法治化的真实需要。在了解社会协商法治化的现实情况下，以此为基石从供给视域提出顶层设计的进路，才能使社会协商法律制度的构建更为贴近我国法治实践，并具备可行性。

社会协商法律制度在供给视域与需求视域的二元契合，或许是社会协商法律制度研究所需要关注的新趋势。这归因于顶层设计需要满足制度所指向对象的需求，这些对象才是社会协商法律制度的使用者，是真正进行制度实践的主体。在此意义上，需要进一步研究以了解公民思

① 黄铮：《多元主体协商：社会治理必由之路》，《联合时报》2015年6月9日。

② 徐敏宁、陈安国、冯治：《走出利益博弈误区的基层协商民主》，《中共中央党校学报》，2013年第4期。文中指出："基层协商根本关涉民众的切身利益、政策的合法性、党和政府的信任度，直至社会的稳定与发展。"

想、分析公民认知、判定其法治需求。

当然，我们仍需要考虑两个重要因素：

其一，因我国公民群体的多样性而可能产生的需求的差异性和多层次性的问题，这也是学者在探寻社会协商法律制度在供给视域与需求视域契合点时，需要洞察与考虑的重要因素；

其二，在社会协商法律制度构建过程中回应公民对社会协商的具体需求，也需要设置底限，而非对公民需求的完全迎合，否则会致使社会协商的理论探析和制度设计走向极端。①

三、实体层面：社会协商法律关系解构

社会协商应是我国社会主义法治的应有之意。② 不可否认的是，无论是法学界对社会协商理论建构的研究，或者是与协商相关的政策法律，均存在其不完善而需深入探讨之处。

学界对社会协商法律制度构建的认知与研究视野，并不能局限于制度构建的意义、价值与重要性等层面上，也不可仅对政策文件中零散的、有"协商"字眼的条文进行扩张式的文本解读和制度归纳，而应聚焦于社会协商的法律关系，包括社会协商的主体、客体及其权利义务。

① 阎孟伟：《协商民主中的社会协商》，《社会科学》第 2014 年第 10 期。文中提出"社会协商促进政府职能的转变并不意味着削弱政府的功能；政府在自己的权限之内或责任范围内应当足够强大，这也是社会协商的必要条件"。

② 马一德：《论协商民主在宪法体制与法治中国建设中的作用》，《中国社会科学》2014 年 11 期。文中提到"社会主义协商民主系统回应了社会主义的规定性、党的领导、新中国的民主传统和法治中国建设的本土资源等核心命题，是法治中国建设的重要资源"。

对于社会协商法律实践语境中所呈现的问题，可尝试以社会协商所折射的法律关系为基础，提出社会协商法律制度的理论构建与完善的可行性建议。

以法律关系的法理为基础，笔者尝试对社会协商法律关系的概念进行初步的考量与拟定，即社会协商法律关系是以社会协商法律规范为基础，以协商主体间权利和义务作为呈现形式，为解决政治经济社会发展问题和与公民切身利益相关的社会问题而形成的协商法律关系。社会协商法律关系的主体、客体、内容三个层面的阐析将在下文予以展开。在此需要作出说明的有两点：其一，由于社会协商法律在我国法治实践中仍呈现零散的分布状态，相关系统的立法缺乏。① 因此，本部分对社会协商法律关系主体、客体与内容的分析均是指顶层设计过程中"应然"状态下的法律关系构建形态，而非"实然"状态；其二，社会协商法律关系的主体，包括公权力主体与社会主体均享有其权利与承担其义务，但由于社会协商主体间地位的不平衡性，社会协商法律制度的顶层设计应着重考量公权力主体所应履行的义务与社会主体所应享有的权利。

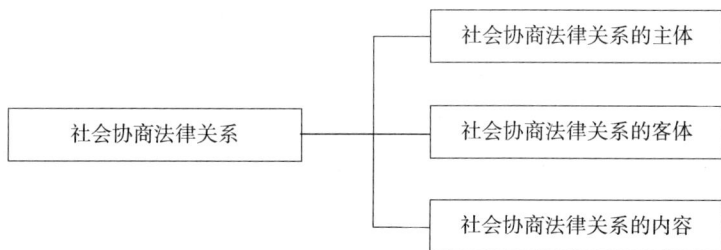

```
社会协商法律关系 ┬─ 社会协商法律关系的主体
                ├─ 社会协商法律关系的客体
                └─ 社会协商法律关系的内容
```

图6-6　社会协商法律关系解构

---

① 王丛伟：《社会主义协商民主视阈下立法协商问题研究》，《山西社会主义学院学报》2014年第1期。

（一）社会协商法律关系的主体

对社会协商法律关系主体的界定问题，由于没有明确的法律规定，而是散见于政策文件的片言只语中，因此在学术界尚未有定论。我们认为，要界定社会协商法律关系的主体需要以"社会协商"该上位概念的类型化以及我国社会治理语境为基础进行分析，社会协商根据内涵的不同，有广义社会协商主体与狭义社会协商主体之分。广义的社会协商包括具有协商性质的刚性国家制度（司法制度、调解制度）、公权力主体与社会主体间的协商、社会主体之间的协商。① 而狭义的社会协商仅包括公权力主体与社会主体间的协商、社会主体之间的协商两种类型。而在我国的法治实践语境中，社会协商主体的类型存在多样性，各种主体因自身的特性与法律地位呈现不同之处，导致其各自社会协商权利的行使方式与程序各异。② 在本部分，从构建适合的社会协商法律制度的视角出发，如果将广义的社会协商主体全部视作社会协商法律关系的主体，并不太恰当，例如，如果把司法制度与调解制度中具有协商功能的关系主体归纳为社会协商法律关系的主体，会导致社会协商法律制度与司法制度、调解制度中主体法律关系的重叠与冲突。这是由于在我国法治语境下，社会协商法律关系的主体具有自身特性，此种自身特性形成于我国社会治理的宏观环境中，社会协商被认为系纠纷化解与社会治理能力提升的新途径，并逐渐在宏观背景的影响与交融中具备治理的特征。③

---

① "社会协商机制的法律体系建构研究"课题组、孙建、洪英、卜开明：《社会协商机制的法律体系建构研究》，《中国司法》2011 年第 12 期。

② 蔡艳：《浅论社会主义协商民主的协商主体建设》，《湖南省社会主义学院学报》2014 年第 3 期。

③ 韩福国、张开平：《社会治理的"协商"领域与"民主"机制——当下中国基层协商民主的制度特征、实践结构和理论批判》，《浙江社会科学》2015 年第 10 期。

具体而言，社会协商法律关系主体所具备的特性在于：

第一，从社会治理的视角，社会协商法律关系所体现的是各主体在社会事务中相互协同、博弈的关系，因而社会协商法律关系主体蕴含很强的"平等性"与"参与性"要求，[①] 相对应的，作为主体之一的公权力主体在社会协商法律关系中也展现了从"单方行政强制"向"多方社会参与"的逐渐转变的"趋向性"。[②]

第二，社会协商法律关系的存在目的在于通过双方或多方间的沟通和意见表达以使各方加深理解，达成共识或妥协的柔性结果，因而社会协商并非以公民之间的"讨价还价"的形式，而是主要通过公权力主体与社会主体协商而展现的各方合意与权力平衡。[③]

综上，依据社会治理视角下社会协商主体所体现的特性与法律地位，可把社会协商法律关系的主体区分为公权力主体与社会主体两类，具有协商性质的国家制度的相关主体暂不在本部分的界定与分析范围内。

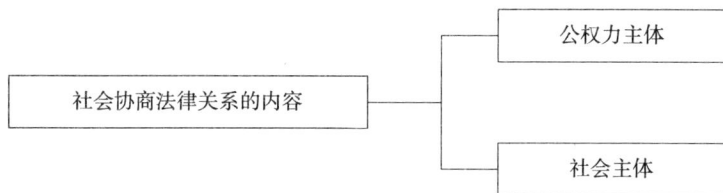

图6-7　社会协商法律关系的主体

---

① 向群雄、徐银华：《"行政法律关系主体法律地位不平等性"质疑》，《中南政法学院学报》1992年第3期。

② 卫文：《法律关系主体的构成及其法律地位》，《求实》2005年第S2期。

③ 陈炳辉、王卫：《民主共识的达成——协商民主解决多元偏好冲突的路径选择》，《厦门大学学报》（哲学社会科学版）2012年第5期。

1. 公权力主体

公权力主体是指党委、政府以及其他具有公共事务、社会事务决策权的主体。① 党委指向的是具有行政决策权的执政党的各级党委，而政府指向的是行使行政决策权的各级政府部门及其行政首长。

2. 社会主体

社会主体是指社会事务、公共事务的行政决策所指向的利益关联者，其构成包括团体性的社会组织以及独立性的公民个体。团体性的社会组织是指各类性质的企业基金会、社会团体等非企业单位，是代表群体性公民利益的特殊联合体。在社会协商中，以党委政府为代表的公权力主体与团体性的社会组织所代表的社会主体之间的协商效果，往往比之公权力主体与公民个人之间进行的协商效果要明显，更容易达到双方的合意与利益平衡。而独立性的公民个体则是指法律规定的具备完全行为能力的自然人。

在社会协商法律关系中，社会协商的呈现形式多样，可将最重要的两类归纳为：公权力主体和社会主体的协商以及社会主体（社会组织、公民）之间的协商。也即是说，以公民作为微观个体进行审视，公民作为社会协商法律关系的基本主体，可通过三种具体形式参与社会协商：

其一，以公民身份独立参与；

其二，以团体性社会组织的代表人参与；

其三，公民让其所参与的社会组织代替其行使权利参与。②

因此，在本部分中，主要探究的社会协商法律关系是公权力主体与

① 张献生：《关于我国政治协商的主体问题》，《上海市社会主义学院学报》2009年第2期。肖存良：《人民政协政治协商主体研究——以上海市1993—2009年的政治协商主体建设为例》，《中国政协理论研究》2012年第4期。

② 陈怀平：《内涵、主体与范围：梳厘中国协商民主的理论与实践》，《湖南师范大学社会科学学报》2014年第2期。

社会主体间的协商，具体体现为党委政府与公民间的协商，而社会组织作为代表群体性公民利益的联合体，在实践中沟通党委政府与公民之间的联系，因而党委政府与社会组织的协商在本质上也是党委政府与公民协商的顺延性表现。①

（二）社会协商法律关系的客体

以法理学的视角进行回顾，法律关系客体的普通性定义为法律关系主体所拥有的权利和所承担的义务共同指向的对象。② 依据法律关系客体的法理学定义，可尝试对社会协商法律关系的客体进行概念拟定如下：社会协商法律关系客体是指公权力主体的协商义务和社会主体的协商权利所共同指向的对象。社会协商的社会主体有权利就特定事项提起与公权力主体之间的协商行为，而公权力主体也具有把自身的协商行为放于社会主体监督下的义务，因此社会协商法律关系的客体是公权力主体和社会主体间的协商行为。③

对社会协商法律关系客体进行概念界定的意义在于：确定社会协商法律关系的内部结构。拟定了社会协商法律关系客体，下一步则需探讨客体即协商行为所适用的特定事项范围。关于社会协商事项的范围，在有关协商的政策文件与零散法律条款中并未明确界定，尤其是列入社会协商具体事项的确定标准，是选择列举的形式确定还是以某个具体标准进行类型化划分，是一个值得深思的问题。随着依法治国向纵深推进，我国公民的法治观念和法律意识逐步增强。在面临矛盾纠纷时，公民对

---

① 宋雄伟：《政府协商的逻辑起点、基本内涵与完善路径》，《江汉论坛》2016 年第 6 期。

② 刘翠霄：《论法律关系的客体》，《法学研究》1988 年第 4 期。

③ 高健：《法律关系客体再探讨》，《法学论坛》2008 年第 5 期。

社会协商的制度需求会增多，对社会协商的制度要求会增强。因此，社会协商中协商行为的适用范围也会呈现逐渐扩张的趋势。

在本部分的论述中，对于社会协商适用的事项范围，我们采取的是类型化的标准，而排除了列举方式。至于类型化标准的确定，在宪法和法律尚无明确规定的情况下，则应从国家权威解读中寻求理论突破契机。党的十八届三中全会对社会协商的专门论述可归结为两点：其一，明确将协商行为贯穿于行政权力行使的事前与事中阶段；① 其二，对社会协商适用事项范围予以规定。以类型化的划分方式，将社会协商的适用事项范围划定为：第一，涉及经济、社会发展的重大问题。以领域为标准进行划分，包括但不限于供给侧改革等经济发展问题，教育社保、医疗卫生、司法体制等社会发展问题，网络文化监管、公共文化服务体系完善等文化发展问题，海绵城市构建等生态文明发展问题。第二，关联公民切身利益的重要问题。② 因此类涉及特定或不特定数量公民的实际问题，与社会公共问题相比较，具备普遍性与群体性，容易由单一的公民个体问题因处置不慎而演变为社会舆论的焦点问题，这也是公民最有动机行使协商主体的协商权利，做出协商行为的主要原因之一。而上述两种问题若以表现形式作为划分标准，则可划定为党委政府颁布的重大社会改革的政策、方案以及人大的重要法律提案等重大决策问题。

从学理的视角分析，公权力主体所承担的协商义务应当与社会主体所享有的协商权利的范围相重合，即协商权利应和协商义务相对应。但从当前零散型的社会协商法律规范来看，大部分的协商行为以及其承载

---

① 党的十八届三中全会《中共中央关于全面深化改革若干重大问题的决定》明确要求"以经济社会发展重大问题和涉及群众切身利益的实际问题为内容，在全社会开展广泛协商，坚持协商于决策之前和决策实施之中"。

② 参见中共中央《关于加强社会主义协商民主建设的意见》，2015 年 2 月 9 日印发。该《意见》明确指出："涉及经济社会发展重大问题、重大公共利益或重大民生的，重视听取社会各方面的意见和建议，吸纳社会公众特别是利益相关方参与协商。"

的协商权利义务仍未被社会协商立法纳入其内，而长期的法治实践似乎已经表明，作为社会协商法律制度客体的协商行为，其所承载的权利义务往往不能完全实现，即社会主体所享受的协商权利不能完全行使或者是公权力主体的协商义务不能得到完全履行。因此，社会协商法律制度构建应注意对社会协商法律关系客体及特定事项范围的立法规范进行梳理，在立法层面确保对社会协商行为的权利保障与义务履行不存在空白，从而在法律制度构建层面保证公权力主体协商义务与社会主体协商权利的一致性。

（三）社会协商法律关系的内容

关于社会协商法律关系的内容，在已有的社会协商文献中，对其理论构建的关注度较低，也是本部分要对其进行尝试性探讨的一个重要论题。而法理学理论对法律关系内容的普遍性定义是：法律关系主体享有之权利与承担之义务。① 具体至社会协商法律关系的语境中，社会协商法律关系的内容包括公权力主体的义务与社会主体的权利。

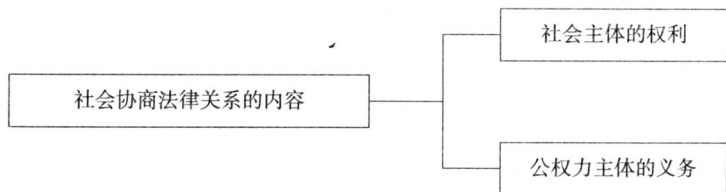

图6-8　社会协商法律关系的内容

---

① 童之伟：《法律关系的内容重估和概念重整》，《中国法学》1999 年第 6 期。隋彭生：《绝对法律关系初论》，《法学家》2011 年第 1 期。

1. 社会主体的权利

作为社会协商法律关系的特定主体，社会主体的权利也体现了社会协商法律关系的权利。而社会主体的权利也区分为公民个体权利以及社会组织的团体性权利。[①]

在我国的法治实践中，社会主体尤其是公民在面临矛盾纠纷时行使协商权利的阻力很大，其缘由大致可以归纳为如下几点：

其一，强势的行政权导致公权力主体与公民等社会主体之间的协商地位长期处于不平衡的状态；[②]

其二，社会协商制度中权利机制构建并不健全；

其三，社会主体所享有的社会协商权利尚未在法律层面进行系统化、规范化、程序化规定。

尽管在当代我国法治语境下，社会主体行使协商权利的阻碍性较大，但在理论完善的角度对社会主体的社会协商权利进行构建，可以为实践中社会治理水平的提升以及平衡公权力主体与公民等社会主体的利益和地位缔造出崭新的可行性进路。[③]

对社会主体所享有的社会协商权利问题的探讨，应当包括三个层面：一是社会协商权利行使所要遵循的基本原则；二是社会协商权利的具体内容；三是社会协商权利的实现方式。具体阐析如下：

第一，社会协商权利行使所要遵循的基本原则。

社会主体所享有的协商权利的设定不仅属于重要的理论性问题，而且也属于亟须解决的实践难题，因此该权利的设定应遵循两个基本

---

① 贾西津：《个人权利：公权力的边界和责任》，《法学研究》2009 年第 4 期。

② 杨守涛：《政府与社会协商的主体实质性不平等初探——关于固有性及负面影响的规范性分析》，《党政干部学刊》2011 年第 12 期。

③ "社会协商机制的法律体系建构研究"课题组、孙建、洪英、卜开明：《社会协商机制的法律体系建构研究》，《中国司法》2011 年第 12 期。

原则：

（1）平衡原则。首先，社会主体协商权利的设定不能偏小，否则不能达到社会协商权利制衡公权力的制度设计目的和社会治理效果，更有甚者会被公权力主体以社会协商权利设置太小为借口，削弱其履行与承担社会协商义务的目的，反而会加剧社会主体的协商权利与公权力主体的协商义务的不平衡关系；① 其次，社会主体协商权利的设定也不能偏大，不然会对公权力在社会治理中的正当运行产生阻碍，而且也会引发因公权力主体所承担的协商义务过重，而导致社会协商的权利与公权力间产生摩擦和冲突②、社会主体协商权利与公权力协商义务之间新的不平衡。③

（2）效益原则。社会主体的协商权利不仅能要平衡与公权力的关系，而且要平衡与公权力主体所承担的协商义务的关系，因而在实践中所呈现的平衡成本会较高。这需要社会主体的协商权利在设定时要对社会治理层面产生较高的治理效益，否则从制度设计的成本收益分析视角来审视，社会协商权利的治理效益不足以支撑高昂的运转成本，从顶层设计的角度此种不平衡的权利设定也不会被决策者作为国家制度进行推行。因此，社会主体协商权利的设定也必须要遵循效益原则，从而达到社会治理效益的最大化。

第二，社会协商权利的具体内容。

社会协商权利的内容与社会协商权利的设定问题紧密关联，是社会协商权利在微观上进行设定的具体化与实定化。社会协商权利在内容层

---

① 杨守涛：《国内协商民主研究的回顾与反思——协商主体不平等研究述评》，《哈尔滨师范大学社会科学学报》2011 年第 4 期。

② 刘作翔：《权利冲突的几个理论问题》，《中国法学》2002 年第 2 期。

③ 罗豪才、袁曙宏、李文栋：《现代行政法的理论基础——论行政机关与相对一方的权利义务平衡》，《中国法学》1993 年第 1 期。

面的模糊化、抽象化使其在我国法治实践中发挥不了其应有的社会治理功能和作用。对社会协商权利的内容进行反思和考辨，可以认为社会协商权利包括信息权、评价权以及保证权。

（1）信息权。信息权又称为知情权，其作为一种宪法意义上的公民权利，是指公民知悉官方信息之权利与获取官方信息之自由。[①] 本部分把信息权这一概念运用于社会协商法律制度的语境下，其含义是指公民、社会组织等社会主体具有知悉、掌握与获取公权力主体在协商过程中与协商事项相关联的所有信息。[②] 公民等社会主体在协商过程中必须具有知悉社会协商过程与社会协商行为信息的权利，如果公民等社会主体不具备信息权或者信息权行使不完全，会造成公权力主体与公民等社会主体协商信息的不对称，在此种情况下有效的社会协商实践并不能正常开展。[③] 例如在社会协商实践中，公民等社会主体在与公权力主体进行协商前对相关材料的调阅权或申请信息公开的权利，则是信息权的重要表现形式。对协商相关材料的调阅权或申请信息公开的权利等信息权，进行明确化和法定化当属需要解决的问题，然而无论是在实践层面或者是在立法层面均并未得到有效解决。[④] 因而在社会协商实践中，常常会因上述问题而使社会协商进程在一定程度上受到阻碍。

（2）评价权。评价权是指社会协商过程中对公权力主体的应然衡量。[⑤] 行使信息权后，即知悉、明确协商进程中所需相关材料后，对

---

① 颜海娜：《论公民知情权的宪法确认》，《国家行政学院学报》2003年第5期。

② 何生根：《知情权属性之学理研究》，《法律科学·西北政法学院学报》2005年第5期，第11—20页。黄德林、唐承敏：《公民的"知情权"及其实现》，《法学评论》2001年第5期。

③ 洪伟：《论公民的知情权与政府信息公开》，《浙江师范大学学报》2003年第5期。

④ "社会协商机制的法律体系建构研究"课题组、孙建、洪英、卜开明：《社会协商机制的法律体系建构研究》，《中国司法》2011年第12期。王丛伟：《社会主义协商民主视阈下立法协商问题研究》，《山西社会主义学院学报》2014年第1期。

⑤ 郝铁川：《权利实现的差序格局》，《中国社会科学》2002年第5期。

公权力主体在矛盾纠纷化解时所使用社会协商法律的准确性以及公权力主体在社会协商过程中是否严格遵循社会协商程序两个论题所作出的法律层面上的评价。此种法律性评价不但应以实体法律条文为依据，也应当具备法律层面的效力。社会主体对公权力主体的协商行为的法律评价应是判定公权力主体社会治理能力是否得到有效提升的重要依据之一。

（3）保证权。保证权是指社会主体按照社会协商法律条款监督协商过程和协商行为能够获得正当实施的权利，是有效提升公权力主体社会治理能力的关键举措。依据社会主体对公权力主体所采取的协商行为之评价等级，保证权也呈现为三种不同的具体形式，包括：保护权、矫正权和敦促权。

一是保护权。具有两种表现形式：一方面，如果社会主体认定其所进行的社会协商行为遭受妨碍与阻断时，应具有保护社会主体自身依照社会协商相关法律规定继续保障其协商行为正常进行的权利；另一方面，如果社会主体认定公权力主体所进行的社会协商行为或所履行的社会协商义务在缺失合法理由的情况下停止时，应具有保护社会协商行为继续进行或社会协商义务继续履行的权利。然而这种权利在立法层面和已有的制度规范层面尚没有获得确认。

二是矫正权。矫正权是指如果公权力主体所实施的协商行为或公权力主体所推进的社会协商进程作出不符合社会协商实体法律与程序法律，而社会主体对此作出否定性的评价，其应当具备依照社会协商法律对公权力主体所作出的协商行为或其所推进的协商进程提起纠正程序的权利。

三是敦促权。敦促权是指如果公民等社会主体知悉并确认公权力主体对应当属于社会协商范围内实施协商行为或推进协商进程的情况，公权力主体却消极不作为时，社会主体应当具备向公权力主体提起积极作为的权利。在法治实践中公权力主体的行政不作为常以不同的表现形式存在，从已有的社会协商法律情况看，公权力主体的不作为行为仍然未被明确至敦促范围之中。①

总之，社会协商法律关系的内容至少包括但不限于信息权、评价权、保证权，三者的相互联系形成了整体意义上的社会协商法律关系内容。信息权是社会协商权利行使过程的逻辑起点与基础，评价权是社会协商权利行使过程的连接点，保证权则是社会协商权利实现的目标。权利的内部结构如果过于抽象而不能明确分拆为具体的权利，则社会协商权利不能获得真正地行使实效。②

第三，社会协商权利的实现措施。

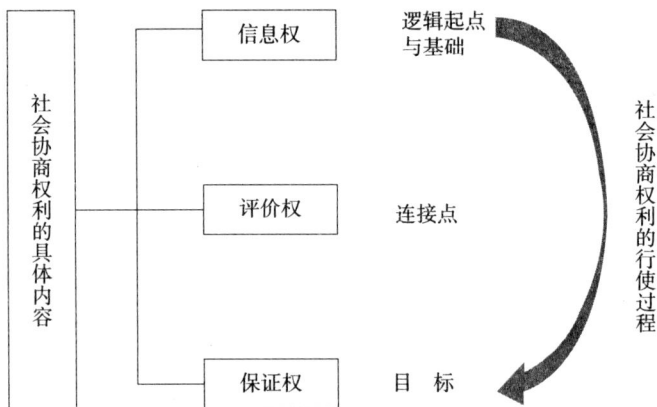

图6-9　社会协商权利的内容与行使过程

社会协商权利的实现措施，是指以实现社会协商权利为目标，公民、社会组织等社会主体应具备的权利实现保障措施。在实践中，权利需要相应的措施进行保障才会更为便捷地获得实现。

---

① 马怀德：《预防化解社会矛盾的治本之策：规范公权力》，《中国法学》2012年第2期。

② 陈忠诚、邵爱红：《"法权"还是"权利"之争——建国以来法学界重大事件研究(25)》，《法学》1999年第6期。黄文艺：《权利本位论新解——以中西比较为视角》，《法律科学（西北政法大学学报）》2014年第5期。

在我国的法治实践中，公民等社会主体协商权利的实现措施主要包括但不限于以下的实现措施：

一是调阅复制措施。即公民等社会主体可以按照程序调阅与社会协商相关的不涉密材料，并可以对上述社会协商材料进行复制或摘抄。①

二是否决救济措施。即当公权力主体拒不公开社会主体所调阅的社会协商材料时，社会主体可按照相关程序向人民检察院等有权监督机构申请，否决公权力主体所做出的不予调阅的决定。这是基于检察机关作为宪法赋予的法律监督机关而行使其对公民权利进行救济的职能。

三是保护措施。社会主体认定其所进行的社会协商行为遭受妨碍与阻断或认定公权力主体所进行的社会协商行为或所履行的社会协商义务在缺失合法理由的情况下中止时，应按程序向人民法院提起保护社会协商行为继续进行或社会协商义务继续履行的诉求。法院作为社会公平正义的最后一道屏障，理应肩负起权利保障的职责，以维护社会的公平正义。

四是矫正措施。社会主体对公权力主体所实施的协商行为或公权力主体所推进的社会协商进程做出不符合社会协商实体法律与程序法律的评价，其应当向检察机关等有权监督机关提起纠正程序。如果公权力主体在接到纠正通知书后，在法定的期限内不予矫正或不提起纠正异议，则检察机关可单方予以矫正。

五是敦促措施。公民等社会主体知悉并确认公权力主体对应当属于社会协商范围内实施协商行为或推进协商进程的情况，公权力主体却消极不作为时，社会主体可向人民法院提起行政诉讼，敦促公权力主体积极做出协商行为。②

---

① 黄德林、唐承敏：《公民的"知情权"及其实现》，《法学评论》2001年第5期。

② 马怀德：《预防化解社会矛盾的治本之策：规范公权力》，《中国法学》2012年第2期。

上述措施中，调阅复制措施和否决救济措施两项实现措施均是信息权得以实现的基本保障。信息权的行使是评价权与保证权行使的前置性权利，其对社会协商法律关系内容的构建具有根本性的意义。所以，保障措施的存在对社会主体行使信息权提供了有效的保障。在社会协商权利的实现措施中，保护措施、矫正措施和敦促措施是面临阻力最大而实现最难的措施，当人民法院或检察机关发出保护通知、矫正通知或敦促通知后，公权力主体如果拒不执行，也不提出矫正异议或敦促异议，此时无论是人民法院、检察机关或是公民、社会组织很难有具体的应对措施。如果没有法定的强力有效的保护措施、矫正措施和敦促措施，在实践中往往会造成对社会主体的保护效果以及对公权力主体的矫正和敦促效果大打折扣，最终使社会协商权利徒具形式。

2. 公权力主体的义务

如上文所述，如果公权力主体是社会协商的重要主体，则社会协商法律关系中的义务也主要是指公权力主体的义务。

在我国，公权力主体在面对矛盾纠纷时倾向于使用行政权力进行单方性地管理以解决矛盾纠纷，而主动使用社会协商等柔性途径作为治理手段的情况所存不多，就算是我国地方所出现的以"民主恳谈会"等为表现形式的社会协商实践也大多基于地方管理者的大胆尝试而得以实现。① 导致上述现象的原因具有多样性，可简要概括为如下几点：

其一，社会协商制度在我国尚未成为党和政府自上而下推行的社会治理制度，而导致其制度不健全、仅停留在地方制度创新的先行先试的

---

① 郎友兴：《商议式民主与中国的地方经验：浙江省温岭市的"民主恳谈会"》，《浙江社会科学》2005 年第 1 期；马海波：《恳谈协商与群众工作方法创新：党群关系视野中的温岭民主恳谈会》，《社会主义研究》2013 年第 1 期；陈明：《国家与社会合力互动下的乡村协商民主实践——温岭案例分析》，上海人民出版社 2012 年版，第 128 页。

阶段；①

其二，公权力主体及其决策者的意识大多保留强势行政权的观念，与公民等社会主体进行协商以解决社会治理问题的观念尚未形成；②

其三，社会协商的表现形式多样化，缺乏统一化、规范化、程序化，社会协商并未具备法治化保障；

其四，公权力主体采用社会协商的程度在很大比例上与做出行政决策的决策者对社会协商认可度高低有直接的关联性影响。③

上述初步概括的原因反映出公权力主体在面对社会治理矛盾纠纷时，不首选履行协商义务而首选行使行政权力，表面上是强势行政权力解决社会治理中的矛盾纠纷的便利性所导致，而实际上公权力主体不愿意履行协商义务的根本原因在于社会协商制度立法对协商权利和义务的设置力度不强，国家强制力和权威性均不够。

作为社会协商法律关系的主体，公权力主体所履行的义务与社会主体所享受的权利是相对应的。④公权力主体所履行的社会协商义务从理论上来说均应法定化，其原因无需在此赘述。但是无论在理论探讨层面或者是在实践探索层面，不论是在制度构建层面还是在立法规范层面，我国公权力主体履行社会协商义务的现状都不容乐观。我们认为，公权力主体所履行的社会协商义务可归纳为两种类型。

第一，核心义务。

---

① 黄国华：《社会主义协商民主若干基本问题辨析——兼及十八大后社会主义协商民主一些新认识》，《中国政协理论研究》2014 年第 1 期。

② 徐靖：《论法律视域下社会公权力的内涵、构成及价值》，《中国法学》2014 年第 1 期。

③ 汪渊智：《理性思考公权力与私权利的关系》，《山西大学学报》（哲学社会科学版）2006 年第 4 期。

④ 童之伟：《再论法理学的更新》，《法学研究》1999 年第 2 期。该文指出，权利义务的法理学在当今已经暴露出其在中国语境下的缺陷，需要引入新的理论基础，并认为："法律上最重要的现象是权利和权力，最基本的矛盾是权利与权力的矛盾"。

（1）接受监督义务。接受监督义务是指公权力主体应当主动接受公民的监督，该义务呼应公权力主体的强势行政权力，源于《宪法》第27条第2款中的相关表述。①

（2）信息公开义务。信息公开义务是指公权力主体在实施社会协商行为或者在社会协商进程中均需向公民等社会主体公开社会协商相关信息和材料，除涉密的信息或材料外，不得向社会主体保留或选择性公开相关信息和材料。其原因在于公民等社会主体在知悉的信息和材料的前提下，才能在社会协商进程中与公权力主体保持平衡的对话地位。因而，信息权的性质属于绝对权，相对应的信息公开义务的性质也属于绝对义务。

（3）评价吸收义务。评价吸收义务是指在社会协商进程中社会主体对公权力主体所作的协商行为的正面或负面的法律评价，公权力主体对社会主体合理合法的意见建议应当吸收，对不采纳的理由应作出合理的解释和说明。公民等社会主体的评价权属于信息权和保证权的衔接性权利，因而公权力主体的评价吸收义务在性质上也属于衔接性的义务。

（4）矫正采纳义务。矫正采纳义务在性质上属于相对义务，是指公权力主体对社会主体所提出的矫正协商内容的意思表示。如果公权力主体在审查后对社会主体所提出的矫正意见表达出"异议"的意思表示，则应向社会主体进行解释说明，如果在审查后属于"无异议"情况时，则应对其先前所做出的不适当协商内容进行矫正。

（5）敦促接纳义务。敦促接纳义务在性质上属于相对义务，这是由社会主体所享有的敦促权在性质上也属于相对权所决定的。也就是说，公权力主体对社会主体所提起的"敦促"具有是否提出异议的选择权，

---

① 现行《宪法》第27条第2款规定："一切国家机关和国家工作人员必须依靠人民的支持，经常保持同人民的密切联系，倾听人民的意见和建议，接受人民的监督，努力为人民服务。"

公权力主体在对该敦促进行审查后，决定选择提出敦促异议或者接纳敦促、实施应有的协商行为。

第二，操作性义务。

操作性义务又可理解为社会协商义务的实现措施，是指以履行社会协商义务为目标，公权力主体应履行义务的实现措施。在实践中，义务的履行需要相应的具体义务进行约束，才能更为顺畅地获得履行。[①]

在我国的法治实践中，公权力主体的社会协商义务的实现措施，主要包括但不限于以下的实现措施。

（1）告知义务。当公权力主体面临"社会协商特定事项"，需要启动公权力主体与社会主体之间的协商活动，公权力主体应依据"社会协商特定事项"中不同的事项情况与事项性质，在合理时间内告知具有利害关系的公民、社会组织等社会主体，以使有参与社会协商主体资格的社会主体通过相关信息和材料，能够及时知悉该社会协商特定事项的具体情况。此外，公权力主体在组织社会协商活动（例如民主恳谈会等）之前，应在合理时间限度内告知社会协商活动的参与各方关于协商进程的详细信息，以使社会协商活动各参与主体能为协商活动的顺利进行做好准备工作。

（2）信息真实义务。公权力主体为公民等社会主体提供社会协商活动相关的信息和材料时，对自身所提供的信息和材料具有保障其真实的义务，以防止公民等社会主体因虚假信息而在参与民主恳谈会等社会协商活动时因使用错误的协商策略而处于更加劣势的地位。

（3）送达义务。当人民法院或检察院发出矫正通知或敦促通知后，公权力主体如果提出矫正异议或敦促异议，应及时将其送达至人民法院

---

① 罗豪才、袁曙宏、李文栋：《现代行政法的理论基础——论行政机关与相对一方的权利义务平衡》，《中国法学》1993 年第 1 期。

或检察院。

总之，社会协商法律关系中公权力主体应注重主动履行其应有的义务，公民等社会主体也需注意主动行使其权利，两者共同推进社会协商活动的进行。但在现行与社会协商相关的法律中，社会协商法律关系的主体义务尚未法定化、明确化，是社会协商法律制度所面临的一项长期性问题。

四、程序层面：社会协商法律机制建构

社会协商法律制度的构建，除了需要在实体法层面对社会协商法律关系的主体、客体与内容进行法律规定，也需要在程序法层面对社会协商活动的正常运行提供既定的法律程序。①在我国当代的法治实践进程中，由于社会协商法律制度尚处于萌芽阶段，无论实体法还是程序法的相关规范都较为零散，缺乏统一完善的社会协商法律。因此，社会协商法律程序的完善需要在基层法治实践或先行先试中进行经验归纳并把基层实践总结进行制度化构建，最后通过立法上升至法定程序。再者，在基层法治实践中，由于公民、社会组织等社会主体对不同的特定社会协商事项和主体权利有着差异化的需求，因而公权力主体在面对差异化的社会协商特定事项和主体权利需求时会制定不同的社会协商活动具体程序。②

---

① 季卫东：《法律程序的意义——对中国法制建设的另一种思考》，《中国社会科学》1993年第1期。

② 孙笑侠：《论法律程序中的人权》，《中国法学》1992年第1期。该文指出"程序规则的设定目的主要是为了权力制约，因而它是保障人权的有效措施；应当把人权作为法律程序的一项价值标准，从而在程序中切实尊重和保障人权"。

因此，本部分在程序视域下对社会协商机制构建所进行的讨论属于社会协商的一般性程序。从法律制度顶层设计的应然角度看，社会协商的法律程序机制可以概括为如下三大机制。

（一）启动机制

针对政府施行的某种社会治理行为、党委政府颁布的某种社会改革的政策或方案、人大颁布的某种法律提案、某项社会活动等，是否启动社会协商法律程序或者是否适用社会协商法律程序，必须具备一个法定的判定标准。而这个判定标准的拟定涉及多种影响因素，难以准确拟定。本部分尝试把该判定标准拟定为：需要符合公权力主体与社会主体共同商定的社会协商特定事项范围（详见本部分对社会协商法律关系客体的阐述）。从启动需遵循的原则看，由于公权力主体与社会主体在地位上的天然不平衡，因而在启动社会协商程序上，要遵循平衡原则，具体包括合意启动与单方启动两个方面内容，即公权力主体提起社会协商行为需要与公民、社会组织等社会主体达成合意；[1] 而公民等社会主体提起社会协商程序仅需公民或社会主体单方提起，或公民与公民之间、公民与社会组织之间、社会组织与社会组织之间，内部达成合意即可提起，而无需公权力机关的批准。当然，在当前的基层社会治理中，启动社会协商以解决矛盾纠纷等社会事务的先行先试范围窄、效果尚需加强。[2] 而在已有的政策与法律文本中，往往仅出现"协商"、"参与"等词汇，社会协商程序大多仅停留在文本的语境中，而缺乏对具体启动

---

[1]　杨守涛：《国内协商民主研究的回顾与反思——协商主体不平等研究述评》，《哈尔滨师范大学社会科学学报》2011 年第 4 期。

[2]　郎友兴：《商议式民主与中国的地方经验：浙江省温岭市的"民主恳谈会"》，《浙江社会科学》2005 年第 1 期。

程序的规定。

（二）过程机制

1. 确定社会协商当事人

在我国的法治语境下，公民、社会组织等社会主体以及党委、政府等公权力主体均可成为社会协商的当事人。[①] 社会主体是指社会事务、公共事务决策所指向的利益关联者，其构成包括团体性的社会组织以及独立性的公民个体。公权力主体主要包括党委、政府以及其他具有实行公共事务、社会事务决策权的主体。为了推进社会协商工作的顺利进行，社会协商法律制度在顶层设计与制度安排时，应当在公权力主体中进行专门的机构设置，设立社会协商常设机构、社会协商组织机构、社会协商实施机构以及社会协商监督机构，其各自的功能具体阐述如下：

社会协商常设机构的主要功能在于接受公民、社会组织等社会主体向公权力主体针对社会协商特定事项所提起的社会协商申请，接受社会主体关于社会协商具体事务与程序的咨询。

社会协商组织机构的功能在于筹划社会协商年度规划，审查公民、社会组织等社会主体所提起的社会协商申请是否符合社会协商政策、法律法规，决定针对社会协商特定事项而组织的社会协商活动，对不同的协商方式进行选择，对社会协商中重大的问题与争论焦点进行讨论，以及针对社会协商事项协调社会协商实施机构的相关事项。

社会协商实施机构是公权力主体中社会协商活动的具体施行者，其基于社会协商法律制度与社会协商政策，承办社会协商活动与会议，直

---

① 陈怀平：《内涵、主体与范围：梳厘中国协商民主的理论与实践》，《湖南师范大学社会科学学报》2014 年第 2 期。

面公民、社会组织等社会主体，其运行效率是否良好与社会协商结果具有紧密的联系。社会协商实施机构的功能主要在于：与公民、社会组织等社会主体就社会协商的争论内容、双方焦点等问题在社会协商整个过程中进行沟通与协调，安排社会协商的时间和地点等具体事项，推进社会协商的具体进程。

社会协商监督机构对社会协商实施机构进行监督。针对社会协商事项的推进进程，监督社会协商过程中公权力主体与社会主体是否有违反法律法规的情形，监督社会协商意见是否合法、是否符合社会公众的核心利益。

2. 明确社会协商当事人的权利义务

由于社会协商当事人之间，尤其是党委、政府等公权力主体以及公民、社会组织等社会主体在协商地位上具有基于行政权力所引起的地位不对等[①]，以及在提起社会协商议程时社会主体常具有的主动性与公权力主体常具有的消极性。因此，在考察社会协商当事人的权利与义务时，需重点关注党委、政府等公权力主体所应履行的义务，以及公民、社会组织等社会主体所应享受的权利。

社会主体在社会协商中具有不同类型的权利，如接受社会协商邀请的权利、提出社会协商申请的权利、拒绝社会协商结果的权利等。但社会主体通常所具有的社会协商权利包括信息权、评价权以及保证权。而基于社会主体对公权力主体所采取的协商行为的具体评价，保证权也呈现为三种不同的具体形式，包括：保护权、矫正权和敦促权。

公权力主体具有公开与履行社会协商程序和步骤的义务，公权力主体所履行的社会协商义务可归纳为核心义务与操作性义务两种主要类

---

① 杨守涛：《国内协商民主研究的回顾与反思——协商主体不平等研究述评》，《哈尔滨师范大学社会科学学报》2011 年第 4 期。

型。核心义务包括：公民监督义务、信息公开义务、评价吸收义务、矫正采纳义务、敦促接纳义务。而操作性义务包括：告知义务、信息真实义务、送达义务。

3.确定社会协商的事项范围

确定特定的社会协商事项范围是社会协商启动的基础，本部分初步讨论社会协商事项范围的采集渠道以及社会协商事项范围的内涵两个问题：

其一，特定的社会协商事项范围的采集渠道。主要包括：如果特定的社会协商事项与公权力主体和公民、社会组织等社会主体均有特定紧密的利益关系，公权力主体或公民、社会组织等社会主体均可单方提出；如果特定的社会协商事项与公共利益紧密相关，则应由公权力主体依职权提出，公权力主体不作为或怠于提出社会协商，则可由一定数量的公民联合提出或社会组织代表公民团体利益提出社会协商。

其二，特定的社会协商事项范围。包括但不限于：创新创业等经济发展问题、教育医疗等社会发展问题、矛盾纠纷化解等社会治理问题、中华文化繁荣等文化发展问题，雾霾治理等生态文明发展问题中，涉及特定或不特定数量公民切身利益以及公共利益的事项。

4.公示公告社会协商信息

公示公告社会协商信息应当包括：公示公告社会协商信息的内容、公示公告社会协商信息的原则、公示公告社会协商信息的形式。①

其一，公示公告社会协商信息的内容。公示公告社会协商信息的内容应覆盖社会协商的事前过程、事中过程、事后过程三个时间段。具体包括：

① 应松年、陈天本：《政府信息公开法律制度研究》，《国家行政学院学报》2002年第4期。

①公示公告社会协商当事人的信息（公权力主体以及公民、社会组织等社会主体）；

②公示公告社会协商当事人的权利义务；

③公示公告社会协商事项范围以及确定的过程；

④公示公告社会协商的具体程序；

⑤公示公告社会协商过程中的争论内容与双方争辩的焦点；

⑥公示公告社会协商各方所达成一致的协商意见的内容；

⑦公示公告社会协商各方不能达成一致的协商意见的原因与理由；

⑧公示公告社会协商意见的应用与执行；

⑨公示公告第三方评估的社会协商实效；

⑩公示公告社会协商监督机构的监督情况与结果；

其他依法应应当公示公告的情形。

其二，公示公告社会协商信息的原则。社会协商信息的公示公告遵循以应当公示公告为一般情形、特定内容为例外的原则。也就是说，除了国家秘密、特定商业秘密、个人隐私以及公示公告会损害国家利益、公共利益、不特定公民的利益的情形之外，均应当对社会协商信息进行公开。

其三，公示公告社会协商信息的形式。公示公告社会协商信息的形式包括：以书面形式进行公示公告、以公告栏的形式进行公示公告以及以媒体（报纸等传统平面媒体与微信微博等互联网新媒体）的形式进行公示公告。至于采取哪种形式，以信息能传达至社会协商参与各方和社会大众，并兼顾公示公告的便利性为原则。①

---

① 章剑生：《知情权及其保障——以〈政府信息公开条例〉为例》，《中国法学》2008 年第 4 期。

（三）保障机制

社会协商法律机制的建构，需要保障机制的支撑以保证其实效。[1]
而保障机制具有多个的面向，现着重就应用执行与评估保障两个层面进
行阐述。

1. 协商结果的运用

协商意见的应用与执行是社会协商成败的重要体现，也是社会协商
获得实效的重要保障。其程序如下：

首先，如果在社会协商进程中，公权力主体与公民、社会组织等社
会主体在社会协商进程期间能够达成一致的协商意见，则公权力主体具
有针对所协商的特定事项适用该协商意见的义务。如果公权力主体在协
商活动后，认为对所协商的特定事项，仍不适用双方达成意思表示一致
的协商意见时，公民、社会组织等社会主体可采取公证、诉诸法律等途
径，以提升社会协商意见的强制力和执行力。

其次，如果公权力主体与公民、社会组织等社会主体在社会协商进
程期间不能够达成一致的协商意见，则公权力主体应当向社会公告公示
在社会协商过程中公权力主体与社会主体之间的争论焦点、双方的观点
和意见、各方不能达成协商意见的具体原因等信息。[2] 再次，如果协商
事项涉及较大范围的群众切身利益，或者所协商的特定事项较为复杂，
该级公权力主体认为自身对该协商事项不具有处理权限，可向上级公权

---

[1]　张勇：《试论构建协商民主制度的保障机制》，《云南社会主义学院学报》2014 年
第 1 期。

[2]　欧阳君、马岩：《论行政协商决策及其制度保障》，《河南师范大学学报》(哲学
社会科学版)2012 年第 2 期。文中提出："行政协商决策可能遇到诸如公共理性不足、参
与者实际上的不平等及达成共识困难等问题，有必要建立起信息公开与社会组织化等多
维度的行政协商决策制度保障体系。"

力主体提出协商建议。

最后，如果公权力主体认为公民、社会组织等社会主体所提出的协商事项的内容不符合法律法规的相关规定，可对公民、社会组织等社会主体所提起的社会协商申请予以驳回。

2. 评估保障

社会协商的实效需要第三方评估对其进行监督与保障[1]，具体评估的内容包括：

首先，对公权力主体及其所履行的协商义务进行评估，内容包括社会协商进程中公权力主体对社会协商活动的组织性、规范性、公开性等内容进行评估；[2]

其次，对社会协商的进程进行评估，内容包括对社会协商活动的步骤设计、进程调控、实际效果与社会影响力等进行第三方评估；

最后，对社会主体在社会协商活动中的权利行使进行评估，内容包括对公民、社会组织等社会主体在社会协商活动中行使其应有的合法社会协商权利的实际状况进行评估，评估中注重对社会主体行使社会协商权利过程中所遇到的实际阻力与困难，以及如何平衡与公权力主体的协商地位等重要论题进行评估。

---

[1]　王国华、陈敬贤、梁樑：《基于协商均衡的第三方评估机制研究》，《现代管理科学》2013 年第 9 期。该文指出："从评估目的、评估主体选择等方面对第三方评估进行了分析，在此基础上提出了一种基于协商均衡的第三方评估机制。"

[2]　徐双敏：《政府绩效管理中的"第三方评估"模式及其完善》，《中国行政管理》2011 年第 1 期。

主要参考文献

一、文件类

1.《中共中央关于全面深化改革若干重大问题的决定》
2.《中共中央关于全面推进依法治国若干重大问题的决定》
3.《中共中央关于加强社会主义协商民主建设的意见》
4.《中共中央关于构建社会主义和谐社会若干重大问题的决定》
5.《中共中央关于加强党的执政能力建设的决定》

二、著作类

1.《〈中共中央关于全面深化改革若干重大问题的决定〉辅导读本》，人民出版社 2013 年版

2. 陈家刚选编：《协商民主》，上海三联书店 2004 年版

3. 陈家刚主编：《协商民主与政治发展》，社会科学文献出版社 2011 年版

4. 陈力丹：《马克思主义新闻思想概论》，复旦大学出版社 2003 年版

5. 陈明：《国家与社会合力互动下的乡村协商民主实践——温岭案例分析》，上海人民出版社 2012 年版

6. 褚松燕：《权利发展与公民参与：我国公民资格权利发展与有序参与研究》，中国法制出版社 2007 版

7. 高建、佟德志主编：《协商民主》，天津人民出版社 2010 年版

8. 郭庆光：《传播学教程》，中国人民大学出版社 1999 年版

9. 韩冬梅：《西方协商民主理论研究》，中国社会科学出版社 2008 年版

10. 何包钢：《协商民主：理论、方法和实践》，中国社会科学出版社 2008 年版

11. 何显明：《群体性事件的发生机理及其应急处置：基于典型案例的分析研究》，学林出版社 2014 年版

12. 贾西津：《中国公民参与——案例与模式》，社会科学文献出版社 2008 年版

13. 李良荣：《新闻学概论》，复旦大学出版社 2004 年版

14. 娄胜华、潘冠瑾、林媛：《新秩序：澳门社会治理研究》，社会科学文献出版社 2009 年版

15. 罗豪才：《软法的理论与实践》，北京大学出版社 2010 年版

16. 罗豪才：《软法与协商民主》，北京大学出版社 2007 年版

17. 孟春、侯玉兰：《协商对话的理论与艺术》，白山出版社、沈阳出版社 1989 年版

18. 宁煌：《政策执行阻滞机制及其对策》，人民出版社 2002 年版

19. 庞金友：《现代西方国家与社会关系理论》，中国政法大学出版社 2006 年版

20. 戚建刚：《我国群体性事件应急机制的法律问题研究》，法律出版社 2014 年版

21. 沈荣华主编：《社会协商对话》，春秋出版社 1988 年版

22. 孙关宏：《政治学概论》，复旦大学出版社 2003 年版

23. 陶富源、王平：《中国特色协商民主论》，安徽师范大学出版社 2011 年版

24. 王赐江：《冲突与治理：中国群体性事件考察分析》，人民出版社 2013 年版

25. 王洪树主编：《社会协商对话》，中央文献出版社 2015 年版

26. 王锡锌：《行政过程中公众参与的制度实践》，中国法制出版社 2008 年版

27. 吴丕、袁刚、孙广厦：《政治监督学》，北京大学出版社 2007 年版

28. 燕道成：《群体性事件中的网络舆情研究》，新华出版社 2013 年版

29. 于建嵘：《抗争性政治：中国政治社会学基本问题》，人民出版社 2010 年版

30. 俞可平：《增量民主与善治》，社会科学文献出版社 2005 年版

31. 俞可平：《治理与善治》，社会科学文献出版社 2000 年版

32. 员文贤主编：《社会协商对话引路》，陕西人民教育出版社 1988 年版

33. 张炜：《公民的权利表达及其机制建构》，人民出版社 2009 年版

34. 张文显：《二十世纪西方法哲学思潮研究》，法律出版社 2006 年版

35. 张文显主编：《法理学》，高等教育出版社和北京大学出版社 1999 年版

36. 赵鼎新：《民主的限制》，中信出版社 2012 年版

37. 赵鼎新：《民主的限制》，中信出版社 2012 年版

38. 郑杭生：《社会学概论新编》，中国人民大学出版社 2003 年版

39. 郑泰安主编：《四川法治发展报告（2015）》，社会科学文献出版社 2015 年版

40. 郑永年：《中国模式——经验与困局》，浙江人民出版社 2010 年版

41. [奥] 凯尔森：《法与国家的一般理论》，沈宗灵译，中国大百科全书出版社 1996 年版

42. [澳] 约翰·S.德雷泽克：《协商民主及其超越：自由与批判的视角》，丁开杰译，中央编译出版社 2006 年版

43. [德] 哈贝马斯：《公共领域的结构转型》，学林出版社 1999 年版

44. [德] 哈贝马斯：《交往行动理论（第一卷）——行为合理性与社会合理化》，上海人民出版社 2004 年版

45. [德] 哈贝马斯：《在事实与规范之间——关于法律和民主法治国的商谈理论》，修订译本，童世骏译，生活·读书·新知三联书店 2011 年版

46. [德] 黑格尔：《法哲学原理》，商务印书馆 1996 年版

47. [德] 拉德布鲁赫：《法学导论》，修订译本，米健译，商务印书馆 2013 年版

48. [法] 奥古斯特·孔德：《论实证精神》，黄建华译，商务印书馆 1996 年版

49. [法] 霍尔巴赫：《自然政治论》，陈太先、眭茂译，商务印书馆 1994 年版

50. [法] 莱翁·狄骥：《宪法论（第一卷）——法律规则和国家问题》，钱克新译，商务印书馆 1959 年版

51. [法] 卢梭：《社会契约论》，红旗出版社 1997 年版

52. [法] 孟德斯鸠：《论法的精神》（上册），张雁深译，商务印书馆 1961 年版

53. [法] 皮埃尔·勒鲁：《论平等》，王允道译，商务印书馆 1988 年版

54. [法] 托克维尔：《论美国的民主（上卷）》，董果良译，商务印书馆 1988 年版

55. [美] H.W.埃尔曼：《比较法律文化》，贺卫方、高鸿钧译，清华大学出版社 2002 年版

56. [美] 阿布里埃尔·A.阿尔蒙德·维巴：《公民文化》，华夏出版社 1989 年版

57. [美] 本·巴格迪坎：《传播媒介的垄断》，新华出版社 1986 年第 1 版

58. [美] 汉娜·阿伦特：《人的境况》，王寅丽译，上海世纪出版集团 2009 年版

59. [美] 卡罗尔·佩特曼：《参与和民主理论》，陈尧译，上海人民出版社 2006

年版

60.[美] 科恩：《论民主》，聂崇信等译，商务印书馆 2005 年版

61.[美] 罗伯特·希斯：《危机管理》，王成等译，中信出版社 2004 年版

62.[美] 罗斯科·庞德：《通过法律的社会控制》，沈宗灵译，商务印书馆 2010 年版

63.[美] 曼瑟尔·奥尔森：《集体行动的逻辑》，陈郁、郭宇峰、李崇新译，生活·读书·新知三联书店和上海人民出版社 1995 年版

64.[美] 穆勒：《论自由》，商务印书馆 1982 年版

65.[美] 乔治·萨拜因、托马斯·索尔森：《政治学说史》（第四版上卷），邓正来译，世纪出版集团、上海人民出版社 2008 年版

66.[美] 塞缪尔·亨廷顿：《第三波——20 世纪后期民主化浪潮》，刘军宁译，上海三联书店 1998 年版

67.[美] 威尔·杜兰特：《哲学简史》，梁春译，中国友谊出版公司 2004 年版

68.[美] 约·埃尔斯特主编：《协商民主：挑战与反思》，周艳辉译，中央编译出版社 2009 年版

69.[美] 约瑟夫·熊彼特：《资本主义、社会主义与民主》，吴良健译，商务印书馆 1999 年版

70.[美] 詹姆斯·M.布坎南、戈登·塔洛克：《同意的计算——立宪民主的逻辑基础》，陈光金译，中国社会科学出版社 2000 年版

71.[美] 詹姆斯·博曼：《公共协商：多元主义、复杂性与民主》，黄相怀译，中央编译出版社 2006 年版

72.[美] 詹姆斯·博特和威廉·雷吉主编：《协商民主：论理性与政治》，陈家刚等译，中央编译出版社 2006 年版

73.[印] 阿马蒂亚·森：《以自由看待发展》，任赜、于真译，中国人民大学出版社 2002 年版

74.[英] 弗雷德里希·奥古斯特·哈耶克：《通往奴役之路》，王明毅、冯兴元、马雪芹、胡永革、王坚勇、杨玉生等译，中国社会科学出版社 1997 年版

75.[英] 弗雷德里希·奥古斯特·哈耶克：《自由宪章》，杨玉生、冯兴元、陈茅等译，中国社会科学出版社 1998 年版

76.[英] 梅因：《古代法》，沈景一译，商务印书馆 1959 年版

77.[英] 培根：《培根论说文集》，水天同译，商务印书馆 1983 年版

78.[英] 约翰·格雷：《自由主义的两张面孔》，顾爱彬、李瑞华译，凤凰出版传媒集团、江苏人民出版社 2008 年版

79.[英] 约翰·密尔：《论自由》，许宝骙译，商务印书馆 1959 年版

三、论文类

1."社会协商机制的法律体系建构研究"课题组：《社会协商机制的法律体系建构研究》，《中国司法》2011 年第 12 期

2. 蔡艳：《浅论社会主义协商民主的协商主体建设》，《湖南省社会主义学院学报》2014 年第 3 期

3. 昌业云：《浅析我国治理群体性事件的政策范式转换》，《国家行政学院学报》2011 年第 1 期

4. 陈炳辉、王卫：《民主共识的达成——协商民主解决多元偏好冲突的路径选择》，《厦门大学学报（哲学社会科学版）》2012 年第 5 期

5. 陈怀平：《内涵、主体与范围：梳厘中国协商民主的理论与实践》，《湖南师范大学社会科学学报》2014 年第 2 期

6. 陈家刚：《协商民主引论》，《马克思主义与现实》2004 年第 3 期

7. 戴桂斌：《协商民主：化解社会矛盾冲突的有效形式》，《求实》2009 年第 11 期

8. 德平、陈琦：《社会转型时期群体性事件研究》，《社会科学研究》，2003 年第 4 期

9. 房宁：《从实际出发推进中国民主政治建设》，《求是》2013 年第 23 期

10. 房宁：《发展协商民主是中国民主建设的重点》，《中国政协·理论研究》2014 年第 1 期

11. 龚群：《中国协商民主与西方协商民主的本质区别》，《红旗文稿》2011 年第 8 期

12. 韩福国、张开平：《社会治理的"协商"领域与"民主"机制——当下中国基层协商民主的制度特征、实践结构和理论批判》，《浙江社会科学》2015 年第 10 期

13. 郝铁川：《权利实现的差序格局》，《中国社会科学》2002 年第 5 期

14. 何包钢、陈承新：《中国协商民主制度》，《浙江大学学报》（人文社会科学版）2005 年第 3 期

15. 侯莎莎：《协商民主视野下完善工资集体协商制度的思考》，《求实》2011 年第 6 期

16. 黄国华、吴碧君、王小明：《社会主义协商民主体系视域下的基层协商民主研究》，《重庆社会主义学院学报》2014 年第 6 期

17. 黄国华：《社会主义协商民主若干基本问题辨析——兼及十八大后社会主义协商民主一些新认识》，《中国政协·理论研究》2014 年第 1 期

18. 黄建武：《试论我国社会协商对话制度的法律建设》，《社会科学研究》1988 年第 4 期

19. 黄杰：《社会协商对话：中国共产党沟通和回归社会的有效机制》，《甘肃理论学刊》2013 年第 5 期

20. 季卫东：《论法律意识形态》，《中国社会科学》2015 年第 11 期

21. 焦娅敏：《社会冲突理论对正确处理我国社会矛盾的启示》，《湖南大学学报》（社会科学版）2012 年第 1 期

22. 李金河：《如何正确认识社会主义协商民主》，《中央社会主义学院学报》2014 年第 2 期

23. 李夕思：《论社会协商对话的制度化》，《探索》1988 年第 3 期

24. 林尚立：《社会协商与社会建设：以区分社会管理与社会治理为分析视角》，《中国高校社会科学》2013 年第 4 期

25. 刘春湘、姜耀辉：《服务型政府建设中非政府组织参与能力提升》，《中南大学学报》（社会科学版）2012 年 4 期

26. 刘岩、邱家林：《转型社会的环境风险群体性事件及风险冲突》，《新华文摘》2013 年第 24 期

27. 马奔：《参与式治理：大陆与台湾地区协商民主实践比较研究》，《东岳论丛》2011 年第 11 期

28. 马一德：《论协商民主在宪法体制与法治中国建设中的作用》，《中国社会科学》2014 年第 11 期

29. 马长山：《民间社会组织能力建设与法治秩序》，《华东政法学院学报》2006 年第 1 期

30. 彭宗超、薛澜、沈旭辉：《国外立法听证制度的比较分析》，《政治学研究》2003 年第 1 期

31. 齐卫平、陈朋：《中国协商民主 60 年：国家与社会的共同实践》，《中国延安干部学院学报》2009 年第 5 期

32. 宋宝安、于天琪：《我国群体性事件的根源与影响》，《吉林大学社会科学学报》2010 年第 5 期

33. 宋慧宇：《公民法律意识在地方法治建设中的功能及提升途径研究》，《理论

月刊》2015 年第 1 期

34.宋雄伟：《政府协商的逻辑起点、基本内涵与完善路径》，《江汉论坛》2016 年第 6 期

35.孙铁城、李淳：《论社会协商对话制度的法律调整》，《法学研究》1988 年第 4 期

36.童伟华：《公民素质、民主素质与社会主义民主的关系》，《探索》2012 年第 5 期

37.汪仕凯：《后发展国家的治理能力：一个初步的理论框架》，《复旦学报》（社会科学版）2014 年第 3 期

38.王丛伟：《社会主义协商民主视阈下立法协商问题研究》，《山西社会主义学院学报》2014 年第 1 期

39.王洪树：《社会协商：中国的内生缘起与理论探索》，《探索》2015 年第 1 期

40.王清：《公共协商：作为偏好强度问题的解决机制》，《华中师范大学学报》（人文社会科学版）2010 年第 4 期

41.韦幼苏：《试论健全与发展中国特色社会主义协商民主》，《江淮论坛》2013 年第 5 期

42.夏金梅：《群体性事件与协商民主》，《唯实》2011 年第 2 期

43.徐靖：《论法律视域下社会公权力的内涵、构成及价值》，《中国法学》2014 年第 1 期

44.徐勇、项继权主持的《现代国家建构中的乡村治理》专题研究，《华中师范大学学报》（人文科学版）2007 年第 5 期

45.许华、王邨：《立法听证制度初探》，《人大研究》2002 年第 4 期

46.薛澜、张强、钟开斌：《危机管理：转型期中国面临的挑战》，《中国软科学》2003 年第 4 期

47.阎孟伟：《协商民主中的社会协商》，《社会科学》2014 年第 10 期

48.杨弘、张等文：《中国社会协商对话制度的现实形态与发展路径》，《理论探讨》2011 年第 6 期

49.杨建华：《社会凝聚与协商对话》，《科学社会主义》1990 年第 1 期

50.杨守涛：《政府与社会协商的主体实质性不平等初探》，《党政干部学刊》2011 年第 12 期

51.殷啸虎：《协商精神与宪政建设》，《法学论坛》2002 年第 1 期

52.尹长海：《政府公共决策与偏好的民主转换》，《江汉论坛》2010 年第 5 期

53.俞可平：《从统治到治理》，《学习时报》2001 年 1 月 22 日

54. 郁建兴、周俊：《论当代资本主义国家与社会关系的变迁》，《中国社会科学》2002 年第 6 期

55. 郁忠民：《社会协商对话制度的法律选择》，《现代法学》1989 年第 1 期

56. 展江：《哈贝马斯的"公共领域"理论和传媒》，《中国青年政治学院学报》2002 年第 2 期

57. 张勇：《试论构建协商民主制度的保障机制》，《云南社会主义学院学报》2014 年第 1 期

58. 赵志宇：《当代中国社会协商对话：要素、特征与功能》，《中央社会主义学院学报》2013 年第 1 期

59. 郑杭生、张建明：《试论社会协商对话制度》，《中国社会科学》1988 年第 2 期

60. 钟楚男：《论社会协商机制及其运行》，《贵州大学学报》1988 年第 2 期

61. [爱尔兰] 梅维·库克：《协商民主的五个观点》，载陈家刚选编：《协商民主》，上海三联书店 2004 年版，第 44 页

62. [澳] 卡罗林·亨德里克斯：《公民社会与协商民主》，郝文杰等译，载陈家刚选编：《协商民主》，上海三联书店 2004 年版，第 126 页

63. [英] 戴维·米勒：《协商民主不利于弱势群体?》，载 [南非] 毛里西奥·帕瑟琳·登特里维斯主编：《作为公共协商的民主：新的视角》，王英译，中央编译出版社 2006 年版，第 139—140 页

64. [英] 格里·斯托克：《作为理论的治理：五个论点》，华夏风译，《国际社会科学杂志》（中文版），1999 年第 1 期